Rüdiger Jacob, Andreas Heinz, Jean Philippe Décieux
Umfrage

Rüdiger Jacob, Andreas Heinz,
Jean Philippe Décieux

Umfrage

Einführung in die Methoden der Umfrageforschung

4., überarbeitete und ergänzte Auflage

ISBN 978-3-11-059731-8
e-ISBN (PDF) 978-3-11-059738-7
e-ISBN (EPUB) 978-3-11-059959-6

Library of Congress Control Number: 2019948122

Bibliografische Information der Deutschen Nationalbibliothek
Die Deutsche Nationalbibliothek verzeichnet diese Publikation in der Deutschen Nationalbibliografie; detaillierte bibliografische Daten sind im Internet über http://dnb.dnb.de abrufbar.

© 2019 Walter de Gruyter GmbH, Berlin/Boston
Umschlaggestaltung: marchmeena / iStock / Getty Images Plus
Satz: le-tex publishing services GmbH, Leipzig
Druck und Bindung: CPI books GmbH, Leck

www.degruyter.com

Vorwort zur vierten Auflage

Auch die dritte Auflage des Lehrbuchs hat sich großer Nachfrage erfreut, so dass wir nun die vierte Auflage veröffentlichen. In einer Rezension hat ein Leser über die dritte Auflage geschrieben: „Das Buch bietet eine mehr als ausführliche Einführung in die Welt der Umfrageforschung. Ich habe es für meine Bachelor-Thesis bestellt und wurde nicht enttäuscht, es bietet selbst auf Fragen, die ich mir vorher nicht gestellt hatte, eine Antwort." Wir freuen uns über dieses Kompliment und sehen es als Bestätigung unserer Beobachtung, dass sich viele Initiatoren von Befragungen (zunächst) nicht genug Gedanken darüber machen, wie sie fragen sollen. Stattdessen stehen häufig Fragen der statistischen Datenanalyse im Vordergrund, obwohl Fehler in der Analyse so gut wie immer repariert werden können, Fehler in der Datenerhebung aber so gut wie nie.

Daher ist das Ziel des Buches auch in der vierten Auflage unverändert geblieben: Wir wollen die theoretischen Grundlagen und praxisnahe Kenntnisse zu quantitativen Umfragen vermitteln, damit die Leser die Qualität von fremden Befragungen beurteilen, aber auch eigene Befragungen durchführen können.

Neben wohl immer notwendigen Korrekturen haben wir einige Abschnitte aktualisiert. So haben wir eine Reihe zusätzlicher Praxisbeispiele aus zumeist eigenen Studien integriert, gehen stärker auf neuere Befragungstechniken für heikle Themen ein und vertiefen u. a. das Thema „Incentives", welches im Zuge sinkender Rücklaufquoten immer relevanter wird. Auch befassen wir uns intensiver als vorher mit den Themen Antwortverhalten sowie Umfragen auf mobilen Endgeräten. Den Abschnitt zum Datenschutz haben wir aufgrund vielfältiger und für Nichtjuristen teilweise auch unübersichtlicher Änderungen und Regelungen – wir nennen hier die DSGV – gestrichen. Wir empfehlen unseren Lesern hier, im Zweifelsfall den Rat einschlägig ausgewiesener Ethikkommissionen oder Juristen einzuholen.

Als praktische Arbeitshilfe stellen wir weiterhin eine Checkliste zum Buch zur Verfügung, in der die wichtigsten Regeln zur Erstellung eines Fragebogens zusammengefasst sind. Zu finden ist diese Liste im Anhang dieses Lehrbuchs und online auf der Seite orbilu.uni.lu/handle/10993/39403 (letzter Abruf: 26.04.2019). Leider konnten wir das Word-Makro zur Erstellung von Fragebögen (mit vorgefertigten Skalen, Intervieweranweisungen, Einleitungstexten und weiterem Feldmaterial) nicht weiterentwickeln, da es in den neuen Versionen von Word nicht mehr möglich ist, diese Makrofunktionen zu editieren. Die alte Version ist allerdings weiterhin erhältlich und funktionsfähig und kann unter orbilu.uni.lu/handle/10993/21421 (letzter Abruf: 26.04.2019) angefordert werden.

Vorwort zur zweiten Auflage

Nach 10 Jahren – mittlerweile in der Forschung eine sehr lange Zeit – war eine Überarbeitung und Erweiterung des vorliegenden Lehrbuchs dringend erforderlich. Wir haben diese Neuauflage zum einen genutzt, um die Fehler und Unklarheiten der ersten Auflage zu korrigieren. Ob uns das vollständig gelungen ist, muss der Leser entscheiden, für entsprechende Rückmeldungen sind wir in jedem Fall sehr dankbar. Zum anderen bedurfte das Buch aber auch einiger Ergänzungen, denn gerade in der Umfrageforschung ist die Entwicklung seit der Jahrtausendwende beileibe nicht stehen geblieben. Die Onlineumfrage als neue Erhebungsform, die in den 1990er-Jahren noch kaum eine Rolle gespielt hat, prägt in zunehmendem Maß die Forschungslandschaft. Dagegen haben sich die Erwartungen, die mit der damals neuen Methode der telefonischen Befragung verbunden wurden, nicht erfüllt, der Telefonsurvey ist wohl nicht „der Königsweg" der Umfrageforschung. Bedenkt man die methodischen Restriktionen dieser Erhebungsform und die zusehends schlechter werdenden Response-Raten, dann spricht Vieles sogar für eine Renaissance der klassischen Face-to-Face-Interviews (früher PAPI – *paper-assisted personal interview* oder *paper-pencil interview* genannt, jetzt im neuen Gewand des *computer-assisted personal interview* – CAPI), wenn man an für die Bevölkerung repräsentativen Daten interessiert ist. Zu neuen Erhebungsformen kommen Weiterentwicklungen bei den Fragetechniken, und auch in der Forschungsinfrastruktur gab es in den letzten zehn Jahren deutliche Veränderungen – nicht zuletzt auch durch die Weiterentwicklung der Informationstechnologie und des Internets. Wir haben die entsprechenden Abschnitte deutlich gekürzt, da vor dem Hintergrund der sehr dynamischen Entwicklung gedruckte Texte recht schnell veralten. Wir beschränken uns nunmehr auf eine knappe Darstellung zentraler Institutionen und Datenquellen und verweisen ansonsten auf die Webseiten der jeweiligen Anbieter sowie auf eine Linkliste zu den Themen Datenanalyse und Statistik auf unserer Webseite (www.uni-trier.de/index.php?id=61912; letzter Abruf: 26.04.2019). Zur Erstellung eigener Umfragen stellen wir auf der Webseite www.uni-trier.de/index.php?id=34328 (letzter Abruf: 26.04.2019) weitere Hilfsmittel zur Verfügung:
– ein Word-Makro zur Erstellung von Fragebögen mit vorgefertigten Skalen, Interviewanweisungen, Einleitungstexten u. Ä.;
– eine Kurzanleitung zur Software EFS Survey inklusive einer Kurzanleitung zur Programmierung von HTML-Befehlen sowie eine Formatvorlage in Excel zum Import von Adressdaten in EFS Survey.

Umfrageforschung ist Teamarbeit, bei der Entwicklung von Fragebögen ist eine Gruppe von Forschern immer effektiver und effizienter als ein einzelner Autor. Diese Einsicht manifestiert sich auch in der Zusammensetzung der Autorenschaft. Lehrbücher wie das vorliegende Buch sind sinnvollerweise in einem Team zu erstellen. Auch dabei gab es Veränderungen – erfreuliche, aber leider auch sehr traurige. Mit Andreas Heinz und Jean Philippe Décieux wurde das Autorenteam um zwei junge Wissenschaftler erweitert, die beide intensiv auf dem Gebiet der Umfrageforschung arbeiten und aufgrund ihrer fachspezifischen Ausbildung – der eine ist Volkswirt, der andere Betriebswirt – und ihrer spezifischen Interessen zu einer deutlichen Bereicherung des Themenspektrums beigetragen haben.

Leider ist Willy Eirmbter nicht mehr dabei. Er verstarb nach schwerer Krankheit im Jahr 2001. Die Lücke, die durch seinen viel zu frühen Tod gerissen wurde, spüren wir noch heute. Ihm ist dieses Buch gewidmet.

Vorwort zur ersten Auflage

Es ist schon eine sozialwissenschaftliche Trivialaussage: Wir leben an der Schwelle zur Informationsgesellschaft, in der dem theoretischen Wissen der Primat zukommt und in der Information und Wissen als „neue" Produktionsfaktoren eine herausragende Bedeutung haben. Damit kommt auch der empirischen Grundlage von Information und Wissen, den Daten sowie dem Prozess der Datengewinnung eine ganz besondere Bedeutung zu. In den Naturwissenschaften werden die Prozesse der Datengewinnung und die Qualität der Daten kontinuierlich und systematisch verbessert. Die Beobachtungsverfahren in den Naturwissenschaften sind heute problemspezifisch hoch spezialisiert und differenziert, und entsprechend spezialisiert sind auch die Methodenentwicklung und die Methodenanwendung. In den Kulturwissenschaften wird die Datenqualität dagegen häufig (immer noch) als zweit- oder gar drittrangig hinter Theoriereflexion und Dateninterpretation angesehen.

Dennoch: Die Vermittlung empirischer Forschungsmethoden und das Wissen über deren erkenntnistheoretische Grundlagen sind für alle Sozialwissenschaften und alle Sozialwissenschaftler immer bedeutsamer geworden. Analysen von Stellenanzeigen für sozialwissenschaftliche Berufsfelder bestätigen dies, und die Zunahme umfassender Lehrbücher zur Methodenlehre empirischer Forschung, die von der wissenschaftstheoretischen Grundlegung bis zur Datenanalyse jedes Thema behandeln, unterstreichen dies mit Nachdruck.

Für die Sozialwissenschaften stellen Daten, die über die Anwendung von Befragungstechniken gewonnen werden, immer noch die gebräuchlichste und wichtigste Datenquelle in der Primärdatenanalyse dar, wenngleich auch andere Daten, insbesondere prozessproduzierte Daten, eine zunehmend größere Anwendung finden. Trotz der Bedeutung, die den Befragungsdaten zukommt, gibt es aber so gut wie keine lehrbuchhafte Einführung, die sich ganz speziell und entsprechend detailliert um die Vermittlung der Methoden und Techniken der quantitativen Befragung bemüht, die es praxisnah und gleichzeitig methodenkritisch insbesondere Anfängern erleichtert, selbst ein Umfrageprojekt durchzuführen, und die es den Konsumenten von Befragungsergebnissen leichter macht, die Methodik der Datengewinnung nachzuvollziehen und die Qualität der Ergebnisse zu beurteilen.

Zwar behandeln die schon genannten allgemeinen Einführungen in die Methoden der empirischen Sozialforschung natürlich auch Befragungen, und es existieren auch einige fundierte und umfassende Übersichtsbände speziell zur Umfrageforschung, was aber auf dem deutschen Markt (anders als in den USA) bisher fehlt, ist ein Lehrbuch für die Formulierung von Fragen und die Konstruktion von Fragebögen.

Dabei ist insbesondere dieser Arbeitsschritt der Konstruktion des Fragebogens, also der Erstellung des Mess- und Datenerhebungsinstruments, in einem empirischen Forschungsprojekt von zentraler Bedeutung. Fehler, die hier gemacht werden, lassen sich später nicht mehr korrigieren. Man kann gar nicht oft genug betonen, dass nichts für die Ergebnisse und die Qualität einer Untersuchung entscheidender ist als der Fragebogen. Der beste Auswahlplan und die ausgefeiltesten Analysetechniken nützen überhaupt nichts, wenn man die falschen Fragen gestellt und ein fehlerhaftes Messinstrument konstruiert hat.

Trotzdem – oder vielleicht auch gerade weil diese zentrale Arbeitsphase in einem empirischen Forschungsprojekt bislang in der Literatur ein wenig zu stiefmütterlich behandelt wurde – lässt sich nicht nur bei Anfängern in der Umfrageforschung immer wieder die Vorstellung finden, dass die Formulierung der Fragen sowie die Konstruktion des Fragebogens die kleinsten Probleme einer Untersuchung darstellen und hierfür weder viel Zeit noch besonderes Können notwendig sind. Viele unserer Studenten in Lehrforschungsprojekten oder bei empirischen Examensarbeiten und Dissertationen mussten allerdings die mitunter recht leidvolle Erfahrung machen, dass sie in ihrem wissenschaftlichen Arbeiten mit wenigen Einschätzungen so falsch gelegen haben wie mit dieser. Aber nicht nur Studenten der Sozialwissenschaften zeigen diese Fehleinschätzung, auch im Kollegenkreis der Soziologen, Psychologen, Pädagogen, Politikwissenschaftler, Volks- und Betriebswirte herrscht oft die Meinung vor, dass Frageformulierung, Fragebogenkonstruktion und die Befragung selbst „vorwissenschaftliche" Bereiche wissenschaftlichen Tuns seien. Diesen „handwerklichen" Abschnitt der Forschungsarbeit überlässt man irgendwelchen Hilfskräften oder zuarbeitenden Institutionen, eine Differenzierung zwischen Wissenschaft und Handwerk, die heute ohnehin fragwürdig geworden ist, man denke z. B. an die zunehmende Professionalisierung der Berufe.

Dementsprechend wenig Zeit, Engagement und Wissen werden für diese Forschungsphase der Instrumentenentwicklung aufgewendet. Damit kommt der Datengewinnung durch Anwendung von Befragungstechniken in den Sozialwissenschaften häufig eine Geringschätzung zu, die sich ein Naturwissenschaftler nicht erlauben würde und dürfte. Die Folgen dieser mangelnden methodischen Qualität bei Befragungen sind evident:

Zweifel an der Gültigkeit der Messergebnisse, Widersprüche in den Messergebnissen und – wohl am schlimmsten – Scheingenauigkeiten, weil elaborierte Datenanalysen mit zweifelhaften Daten und mit Koeffizienten, die bis zur dritten Stelle hinter dem Komma ausgewiesen werden, dies suggerieren.

Dass die Schwierigkeiten bei der Konstruktion von Fragebögen häufig massiv unterschätzt werden, dürfte auch damit zusammenhängen, dass sich die Umfrageforschung bei oberflächlicher Betrachtung kaum von der gängigen Informationsbeschaffung des Alltagslebens unterscheidet: Wenn man etwas vom anderen wissen will, dann fragt man ihn eben – eine Handlungsroutine, die man schon in frühester Kindheit parallel zur Sprachentwicklung erwirbt.

Nur: Eine Befragung ist eben kein „natürliches" Gespräch zwischen zwei Personen, sondern eine spezielle Technik der Erhebung von Daten, die gelernt werden muss und nicht lediglich eine kurze „Anlernphase" oder ein kurzes Einlesen erfordert. Nur zu häufig bekommen wir Fragebögen in die Hand, deren Anwendung zu allen möglichen Messungen, nur nicht zu den eigentlich intendierten führt, oder die gar Datensätze zur Konsequenz haben, die man besser einstampfen denn analysieren und interpretieren sollte.

Mit diesem Buch wollen wir versuchen, durch eine praxisnahe Vermittlung von Kenntnissen zu wissenschaftlichen Umfragen diesen Problemen mangelnder Gültigkeit und Zuverlässigkeit von Befragungsdaten entgegenzuwirken. Der Schwerpunkt der Darstellung liegt auf Hinweisen zur Formulierung von Fragen und zur Konstruktion von Fragebögen, aber natürlich werden auch viele andere Probleme eines Projekts zur Umfrageforschung behandelt, wie z. B. Fragen des Forschungsdesigns, der Planung und Durchführung der Feldarbeit etc. Lediglich die Phase der Datenaufbereitung und -analyse wird nur sehr knapp dargestellt. Wir verweisen hier auf die Vielzahl der Lehrbücher, die sich mit Fragen der Datenanalyse und Statistik befassen. Genau die Lücke zwischen allgemeinen und sehr umfassenden Lehrbüchern zur empirischen Sozialforschung einerseits und speziellen Lehr- und Handbüchern zur Datenanalyse andererseits wollen wir mit dem vorliegenden Band schließen helfen.

Wir haben diese Einführung ganz bewusst als Lehrbuch im positiven Sinne eines „Kochbuchs" mit vielen praktischen Beispielen konzipiert und zugunsten einer besseren Lesbarkeit auf einen ausführlichen wissenschaftlichen Apparat weitgehend verzichtet. Stattdessen finden sich Verweise auf weiterführende und vertiefende Literatur am Ende der Hauptkapitel, geordnet nach den jeweiligen in den Kapiteln behandelten Themen.

! Wir wollen damit studierenden und praktizierenden Sozialforschern eine Einführung in die Hand geben, die bei Lehrforschungsprojekten, Forschungspraktika, empirischen Examensarbeiten und Dissertationen, Forschungsprojekten und Befragungen in der beruflichen Praxis zu Rate gezogen werden kann und bei der Planung und Durchführung von Befragungen direkte praktische Hilfestellung geben soll.

Dieses Lehrbuch hätte ohne die Unterstützung vieler Kollegen nicht geschrieben werden können. Für die vielfältigen Hilfen bei Literatur- und Beispielrecherchen, Korrekturlesen, der Endredaktion, für viele kritische Anmerkungen und wichtige Hinweise danken wir insbesondere unseren Trierer Kollegen Alois Hahn, Paul Hill, Inge Jansen, Stephanie Kern, Rainer Meckes und Alexandra Uhly. Außerdem möchten wir Jürgen Hoffmeyer-Zlotnik, Achim Koch, Peter Prüfer, Margit Rexroth und Michael Schneid vom Zentrum für Umfragen, Methoden und Analysen (ZUMA), Sabine Haars und Barbara von Harder von GFM/GETAS (heute IPSOS) für Anschauungsmaterial aus Befragungen und eine langjährige konstruktive Zusammenarbeit im Rahmen drittmittelfinanzierter Umfrageforschung sowie Jörg Blasius, Heidi Dorn und Maria Rohlinger vom Zentralarchiv für empirische Sozialforschung (ZA) recht herzlich für die verschiedensten Anregungen, Hinweise und Korrekturen danken. Unser ganz besonderer

Dank aber gilt Isabel Dittgen, Sven Hinrichs, Nina Jakoby und Michael Kern, die uns bei der Gestaltung des Typoskripts, der Module für den Fragebogen und der Erstellung der Diskette eine kompetente und stets zuverlässige, unermüdliche und unersetzliche Hilfe gewesen sind.

Wir sind uns bewusst: Dieses Lehrbuch stellt einen vielschichtigen, möglicherweise recht prekären Kompromiss dar zwischen einführendem und detailbetontem Charakter, zwischen Praxisnähe und Methodenkritik, zwischen Anwendungsorientierung und reflektierender Wissenschaftlichkeit. In Ansehung dieser Gratwanderung bitten wir um Anregungen und Kritik, aber auch um Nachsicht für nicht ganz gelungene Kompromisse.

Trier, im Juni 1999

Dr. phil. Rüdiger Jacob, Akademischer Rat für Soziologie, insbes. Empirische Sozialforschung, Fachbereich IV/Abt. Soziologie, Universität Trier

Dr. rer. pol. Willy H. Eirmbter, Universitätsprofessor für Soziologie, insbes. Empirische Sozialforschung, Fachbereich IV/Abt. Soziologie, Universität Trier

Inhalt

Vorwort zur vierten Auflage —— V

Vorwort zur zweiten Auflage —— VI

Vorwort zur ersten Auflage —— VIII

1	**Einleitung: Vom Nutzen der Umfrageforschung —— 1**	
1.1	Ergebnisse und Aussagekraft von Umfragen —— 2	
1.2	Zur Funktion der Umfrageforschung —— 3	
1.3	Zur Geschichte der Umfrageforschung —— 6	
1.4	Weiterführende Literatur —— 23	
2	**Theoretische Grundlagen: Befragung als Datenabrufprozess? —— 25**	
2.1	Messtheorie —— 26	
2.2	Das Interview als soziale Situation —— 41	
2.3	Weiterführende Literatur —— 56	
3	**Der Forschungsprozess: Die Planungsphase —— 58**	
3.1	Worum geht es? Die Forschungsfrage —— 60	
3.2	Art der Forschung —— 66	
3.3	Grundgesamtheit und Stichprobe —— 70	
3.4	Auswahlverfahren I: Zufallsauswahlen —— 73	
3.5	Auswahlverfahren II: Nicht-zufällige Auswahlen —— 86	
3.6	Access-Panels —— 92	
3.7	Querschnitt oder Längsschnitt? —— 94	
3.8	Auswahlplan —— 96	
3.9	Zeit- und Kostenplan —— 97	
3.10	Der Forschungsantrag —— 102	
3.11	Weiterführende Literatur —— 104	
4	**Der Forschungsprozess: Die Erhebung der Daten —— 105**	
4.1	Befragungsarten —— 106	
4.2	Fragen —— 133	
4.3	Aufbau des Fragebogens —— 200	
4.4	Feldarbeit —— 207	
4.5	Weiterführende Literatur —— 234	

5	**Der Forschungsprozess: Eingabe, Analyse und Präsentation der Daten —— 238**	
5.1	Datenaufbereitung und Datenanalyse —— 238	
5.2	Der Forschungsbericht: Checkliste —— 247	
5.3	Weiterführende Literatur —— 249	
6	**Forschungsinfrastruktur —— 251**	
6.1	Infrastruktureinrichtungen der empirischen Sozialforschung —— 251	
6.2	Markt- und Meinungsforschungsinstitute —— 253	
7	**Replikative Surveys und amtliche Statistik —— 254**	
7.1	Sozio-oekonomisches Panel (SOEP) —— 256	
7.2	Allgemeine Bevölkerungsumfrage der Sozialwissenschaften (ALLBUS) —— 257	
7.3	International Social Survey Programme (ISSP) —— 258	
7.4	Eurobarometer —— 258	
7.5	European Social Survey (ESS) —— 259	
8	**So nicht: Beispiele für schlechte Fragen —— 260**	

Anhang: Checkliste für Fragebögen —— 275

Glossar —— 279

Quellenverzeichnis —— 287

Weiterführende Literatur —— 293

Stichwortverzeichnis —— 299

1 Einleitung: Vom Nutzen der Umfrageforschung

Sozialforscher nutzen Befragungen als Verfahren der Datengewinnung in zwei Varianten: In der qualitativen Sozialforschung werden u. a. offene, narrative oder Leitfadeninterviews geführt, wobei selten mehr als 50 Personen befragt werden. Demgegenüber werden in der quantifizierenden Forschung mit standardisierten Befragungen meist Daten über eine Vielzahl von Personen oder Institutionen erhoben.[1] Mit dem Begriff „Umfrageforschung" und dem meist synonym verwendeten Begriff „Demoskopie" wird dabei die quantitative Variante bezeichnet. Mit Umfragen werden unterschiedliche und in den Sozialwissenschaften zumeist qualitative Sachverhalte so aufbereitet, dass sie unter Verwendung von Zahlen als Variable behandelt und numerischen Operationen unterworfen werden können. Nur solche quantitativen Verfahren eignen sich zur Beschreibung und Analyse von gesellschaftlichen Massenphänomenen – wobei Umfrageforschung inzwischen selbst zu einem Massenphänomen geworden ist.

Meinungsumfragen und die alsbaldige Verkündigung ihrer zahlenmäßigen „Ergebnisse" gehören heute so selbstverständlich zu unserem Alltag und scheinen uns vielfach so folgenlos oder auch so banal zu sein, dass wir sie kaum noch zur Kenntnis nehmen und schon gar nicht mehr darüber nachdenken, welche wichtige Bedeutung Umfragen für demokratisch verfasste Gesellschaften in vielerlei Hinsicht haben.

Es vergeht ja auch wirklich kein Tag, an dem man nicht in den Medien sehen, hören oder lesen kann, wer regieren würde, wenn am nächsten Sonntag Wahl wäre, wie viele Deutsche gegen Kampfeinsätze der Bundeswehr oder für die LKW-Maut auch auf Landstraßen sind, wie viele fürchten, Opfer eines Verbrechens zu werden, oder den Zuzug von Ausländern begrenzen wollen, Angst vor der Zukunft haben, den Missbrauch sozialer Leistungen beklagen oder kein Bier einer bestimmten Marke trinken, aber gerne Volksmusik hören. Über 90 % aller sozialwissenschaftlichen Daten stammen aus Umfragen – auch wenn sich durchaus darüber streiten lässt, ob die Umfrageforschung der Königsweg der empirischen Sozialforschung ist: Die Hauptstraße ist sie allemal.

Trotz oder vielleicht gerade wegen dieser Inflation und Allgegenwart von „Ergebnissen" der Umfrageforschung, bei der bisweilen eine gewisse Beliebigkeit der Themen einhergeht mit trivialen Befunden, erfreut sich dieser Zweig der Forschung in der Bevölkerung allerdings keines allzu guten Rufs. Dies hängt nicht zuletzt mit der Qualität dieser Umfragen zusammen: Jeder – vorausgesetzt er hat das notwendige Geld – kann heute zu jedem Thema Umfragen durchführen oder durchführen lassen. Dabei sind die Qualität der einzelnen Fragen, des gesamten Fragebogens, die Durchführung

---

[1] Probleme qualitativer Interviews behandeln wir in diesem Lehrbuch nicht, sondern verweisen auf die weiterführende Literatur am Ende dieses Kapitels. Wenn in diesem Buch von Befragungen oder Interviews die Rede ist, dann sind damit stets standardisierte, quantitative Befragungen gemeint, sofern nicht ausdrücklich anders vermerkt.

der Befragung, die Techniken zur Sicherstellung der Repräsentativität, die Codierung der Befragungsergebnisse, die Datenbereinigung etc. nahezu immer von nachrangiger Bedeutung.

Diese zentralen Bereiche der Forschung werden nicht nur häufig unterschätzt, sie werden oft auch als weniger wichtig angesehen und – als vermeintlich der Wissenschaft vorgelagert – an externe Organisationen oder an Hilfskräfte delegiert. Selbst die Meinung, bei der Praxis der Umfrageforschung handele es sich um eine besondere „handwerkliche Kunst", die man am besten an spezialisierte Institute vergibt, zeugt meist nicht davon, dass die Datengewinnung im Prozess der empirischen Forschung ein hohes Ansehen genießt.

Von Interesse ist das möglichst schnell erzielte und möglichst spektakuläre „Ergebnis", die Qualität der Daten ist kaum ein Thema. Übersehen wird dabei stets, dass jede Datenanalyse nur so gut sein kann wie die zuvor erhobenen Daten, auf denen sie basiert. Folgen dieser Art von schlechter Umfrageforschung sind fehlerhafte oder widersprüchliche Ergebnisse, Ergebnisse von einer relativen Beliebigkeit, interessengesteuerte Manipulation. Die eher harmlose Konsequenz dieser auf Umfragen basierenden Sozialforschung ist die Übersättigung der Öffentlichkeit mit „Daten" über Trivialitäten. Problematischer ist es aber, wenn mit unprofessionellen, inflationär durchgeführten Befragungen eine allgemeine Geringschätzung der Umfrageforschung, eine Anzweiflung der Seriosität aller Sozialforschung und nicht zuletzt auch die Ablehnung der Kooperation bei Befragungen verbunden sind, welche die Feldbedingungen für seriöse und wichtige Forschung verschlechtern.

1.1 Ergebnisse und Aussagekraft von Umfragen

Zu diesen Zweifeln an der Seriosität der Umfrageforschung hat sicherlich auch die übliche „Ergebnispräsentation" beigetragen: Man konfrontiert die Öffentlichkeit mit eindimensionalen Tabellen, in denen die univariaten Verteilungen als prozentuale Häufigkeiten bestimmter Merkmale dokumentiert werden, also z. B. wie viele Befragte am nächsten Sonntag die SPD, eine der Unionsparteien, die Grünen, die FDP oder sonstige Parteien wählen würden.

Auf der Grundlage – tatsächlicher oder behaupteter – repräsentativer Stichproben suggerieren die üblicherweise verwendeten Prozentzahlen ein genaues Ergebnis im Sinne eines Punktwertes, der den „wahren" Wert für die Grundgesamtheit darstellen soll. Diese Insinuation blendet zum einen aus, dass wir stets mit Messfehlern bei Befragungen rechnen müssen und schon deshalb Gewissheit über „wahre" Werte nicht zu erlangen ist. Zum anderen widerspricht die Präsentation von Umfrageergebnissen in Form von sogenannten „Punktschätzern" (d. h., die Ergebnisse der Befragung werden mit den jeweiligen Anteilswerten in der Grundgesamtheit gleichgesetzt) der Logik des zugrundeliegenden induktiven Schließens. Auf diese Einschränkungen wird in der Regel aber nicht hingewiesen, weil sie angeblich der interessierten Öffentlichkeit nicht vermittelbar sind. Tatsächlich können die Ergebnisse von Befragungen, die auf zufällig ausgewählten Stichproben basieren, nur als ungefähre Hinweise interpretiert werden, keinesfalls aber als exakte Größen.

Abgesehen von Wahlprognosen ist dies im Grunde auch nicht so wichtig, da Einzelbefunde vergleichsweise uninteressant sind. Interessant sind dagegen Antwortunterschiede, die aber wiederum statistisch signifikant sein müssen. Dies ist gerade bei Wahlprognosen mit einem Kopf-an-Kopf-Rennen der großen oder der kleinen Parteien oder aber bei Parteien nahe der Fünf-Prozent-Grenze problematisch. Wenig erhellend ist auch ein Ergebnis, wonach – um ein Beispiel aus unseren eigenen Forschungen zu nennen – 8,7 % der Befragten glauben, eine Ansteckung mit HIV drohe auch bei flüchtigen Körperkontakten (Eirmbter, Hahn und Jacob 1993), auch wenn dies tatsächlich exakt dem wahren Wert der Grundgesamtheit entspräche. Soziologisch bedeutsam ist hingegen, dass dieser Prozentsatz erstens gruppenspezifisch erheblich differiert und zweitens mit anderen Merkmalsausprägungen in typischer Weise korreliert und theoretisch gut erklärt werden kann.

Eindimensionale Häufigkeitstabellen sind deshalb auch nicht das *Ergebnis* seriöser Umfrageforschung, sondern der *Ausgangspunkt* der eigentlichen Datenanalyse unter Einbeziehung mehrerer Merkmale, wobei komplexe Muster und Zusammenhänge aufgedeckt werden sollen. Das Ergebnis eines Forschungsprojekts ist die Interpretation, die Deutung der in den Tabellen dokumentierten Daten vor dem Hintergrund bestimmter Annahmen. Diese sind im Idealfall in einer dem Analyseteil vorangestellten theoretischen Begründung der Forschungsfrage dokumentiert.

1.2 Zur Funktion der Umfrageforschung

Wenn man Umfrageforschung betreibt, ist man nicht an der Meinung konkreter einzelner Personen interessiert, obwohl naturgemäß immer nur Einzelpersonen befragt werden können. Dies mag widersprüchlich anmuten, ist aber eine unabdingbare Voraussetzung für Befragungen bzw. für jede Form von quantifizierender Forschung.

Die Abstraktion von Individuen ist eine formale Notwendigkeit, wenn man soziale Sachverhalte zählen oder messen will. Dazu muss man eine gemeinsame Basis herstellen. Dies gelingt dadurch, dass man nicht die gesamte, komplexe und vermutlich auch mehr oder weniger widersprüchliche Persönlichkeit von Menschen zu erfassen versucht, sondern nur bestimmte Ausschnitte, bestimmte Merkmale misst. Diese Merkmale werden noch dazu künstlich eingeengt, indem man sie in der Regel einigen wenigen vorformulierten und deshalb für alle Befragten gleichen Kategorien zuordnet, sogenannten standardisierten Merkmalsausprägungen, die wiederum mit Zahlen codiert werden – zum Zweck quantifizierender Darstellung und numerischer Kalkulationen.

Nicht Individuen in ihrer ganzen Komplexität werden also gemessen (was im Übrigen auch ein hoffnungsloses Unterfangen wäre), sondern ausgewählte Eigenschaften von „Merkmalsträgern" eines klar definierten Kollektivs. Diese Merkmalsträger werden anonym erfasst und gezählt und sind für die Zwecke der Forschung prinzipiell austauschbar. Quantitative Befragungen richten sich immer an eine Mehrzahl, an ein Aggregat von Personen mit dem Ziel der Beschreibung und Analyse von Merkmalsverteilungen, von komplexen Mustern oder Konfigurationen, von sozialen Regelmäßigkeiten. Abgesehen von Vollerhebungen basieren Ergebnisse quantifizierender empirischer Forschung somit nicht auf den Angaben von allen Mitgliedern eines Kollektivs, verfolgen zumeist aber den Anspruch, Aussagen über alle Mitglieder einer solchen, durch bestimmte Merkmale definierten Grundgesamtheit machen zu können.

Untersucht werden stets nur einige Merkmale und Merkmalskombinationen unter bewusster Ausblendung aller sonstigen Charakteristika, die die befragten Personen noch aufweisen, die aber für die anstehende Forschungsfrage als irrelevant angesehen werden. Schon aus diesem Grund ist es unerlässlich, eine Forschungsfrage zu formulieren und zumindest in Grundzügen theoretisch zu begründen: Man muss entscheiden und begründen, welche Merkmale man für die Untersuchung eines bestimmten Sachverhaltes als wichtig ansieht. Bereits hier wird die Gültigkeit des allgemeinen Anspruchs an jede empirische Forschung offensichtlich:

> **!** Keine Empirie ohne Theorie!

Die Beschränkung des Interesses auf standardisierte Merkmale erklärt auch, warum ein Interview kein Gespräch ist. Interviewer sind üblicherweise Fremde, die plötzlich und unerwartet vor der Tür stehen oder anrufen und dann mitunter recht intime Themen ansprechen. Dazu stellen sie vorformulierte Fragen und liefern die Antworten gleich mit, wechseln das Thema anscheinend nach Gusto (tatsächlich bestimmt der Fragebogen die Reihenfolge der Fragen), gehen auf ihr Gegenüber aber kaum ein (wann sie dies dürfen, wird ebenfalls durch den Fragebogen bestimmt). Die Leistung der Befragten reduziert sich in der Regel auf die Wahl einer Antwortalternative, ein „Einbringen" der ganzen Persönlichkeit in das „Gespräch" ist gerade nicht erwünscht.

Diese hochgradig künstliche und asymmetrische soziale Situation ist ein wesentlicher Grund für eine relativ weitverbreitete Kritik an quantitativen Datenerhebungen mit standardisierten Fragebögen. Dabei wird insbesondere moniert, dass solche Fragebögen komplexe Strukturen über Gebühr reduzieren und vereinfachen und deshalb weniger zur Erhebung von Fakten als vielmehr zur Produktion von Artefakten beitragen, also zu Ergebnissen, die nicht der Realität entsprechen.

Solche Einwände sind berechtigt und sehr ernst zu nehmen. In der Tat besteht bei Datenerhebungen mit standardisierten Fragebögen die Gefahr, dass man Artefakte produziert. Denn es ist für Befragte leicht, sich für irgendeine der vorgegebenen Antwortalternativen zu entscheiden – auch wenn sie zu dem erfragten Sachverhalt keine Kenntnisse oder keine Meinung haben bzw. ihre tatsächliche Meinung nicht äußern wollen. Befragungen sind psychische Low-Cost-Situationen: Die Wahl inhaltlicher Antworten auch bei Meinungslosigkeit oder Unkenntnis der untersuchten Sachverhalte bleibt sozial folgenlos, vermittelt aber in der Situation den Eindruck, ein informierter und kompetenter Zeitgenosse zu sein.

Die durchaus berechtigte Kritik kann aber kein Grund sein, auf quantitative Befragungen zu verzichten. Ganz im Gegenteil ist diese Kritik Anlass, auf die Konstruktion des Messinstruments viel Sorgfalt und Mühe zu verwenden, um solche Fehlerquellen zu minimieren. Zudem darf man nicht übersehen, dass beide Varianten der Befragung – qualitative wie quantitative – versuchen, latente Phänomene zu erfassen, die der direkten Beobachtung entzogen sind, nämlich Einstellungen, Werthaltungen, Wünsche, Hoffnungen, Kenntnisse, Verhaltensdispositionen usw. All dies ist nur indirekt durch Befragungen zu erfahren. Dabei sind sowohl Fragen eines standardisierten Fragebogens als auch solche aus einem Leitfadeninterview stets nur Indikatoren für das eigentlich interessierende Phänomen. Damit besteht in beiden Fällen auch die Gefahr der Artefakt-Produktion.

Es kann denn auch nicht darum gehen, die eine Form der Datenerhebung durch die andere zu ersetzen. Beide sind notwendig und haben je spezifische Vor- und Nachteile. Das unbestrittene Verdienst aller qualitativen Befragungsformen liegt darin, bestimmte Sachverhalte und Zusammenhänge, bestimmte Einstellungsensembles wesentlich detaillierter und tiefgehender zu erforschen, als dies mit quantitativen Befragungen möglich wäre. Dabei werden oft auch Zusammenhänge aufgedeckt, die verblüffend oder kontraintuitiv sind und bei quantitativen Befragungen so nie aufgefallen wären.[2] Wenn man aber wissen will, wie verbreitet solche Konstellationen von Einstellungen in einer bestimmten Population sind, ob und wenn ja für welche Gruppen sie typisch sind, ob sie sich im Zeitverlauf wandeln, dann lässt sich dies nur mit quantitativen repräsentativen Befragungen ermitteln.

Bei qualitativen Befragungen erkauft man sich den Vorteil der inhaltlichen Tiefe und der Nähe zur Lebenswelt ganz konkreter Interviewpartner durch den Nachteil eines Mangels an Reproduzierbarkeit und Generalisierbarkeit der Ergebnisse. Umgekehrt ist eben dies nur um den Preis eines vereinheitlichten Messkonzeptes, vorgegebener Fragen mit wenig Spielraum für die Interviewpartner und der völligen Abstraktion von Einzelpersonen zu haben. Welche Form der Datenerhebung angezeigt ist, hängt von den jeweiligen Forschungsinteressen und den Zielen der Untersuchung ab.

---

[2] Beispielsweise hat Jutta Dornheim in qualitativen Interviews durch konkrete Verhaltensfragen zum Umgang mit Krebskranken herausgefunden, dass Krebs von den meisten der von ihr befragten Personen als ansteckend eingeschätzt wird, obwohl diese die direkte Frage nach der Infektiosität von Krebs (wie sie als dichotome Frage mit den Antwortvorgaben „ja" und „nein" auch in quantitativen Befragungen eingesetzt würde) verneint haben (Dornheim 1983).

Zur Erforschung sozialen Wandels, als Datengrundlage für Politik und Verwaltung oder als Stimmungsbarometer in einer pluralistischen Gesellschaft sind quantitative Befragungen unverzichtbar. Pointiert haben Noelle-Neumann und Petersen dies zusammengefasst:

> In unserer Zeit ist Demoskopie ein unentbehrliches Hilfsmittel geworden, weil man sich über die so groß und abstrakt gewordene Gesellschaft, die der unmittelbaren Beobachtung entrückt ist, anders nicht zuverlässig informieren kann. Die Demoskopie liefert dabei keine Informationen über bestimmte Personen, sondern nur über die Gesellschaft oder bestimmte, durch Merkmale zusammengefaßte Gruppen der Gesellschaft. Unsere Sprache besitzt schon diese Unterscheidungsfähigkeit: Das Forschungsobjekt sind alle, nicht jeder. (Noelle-Neumann und Petersen 2005, S. 625)

Analysegegenstand der quantifizierenden empirischen Forschung sind also Kollektive, strukturelle Effekte und soziale Regelmäßigkeiten, Untersuchungseinheiten sind aber meist Individuen als Träger spezifischer Merkmale. Träger gleicher Merkmale und Merkmalskombinationen werden zu Gruppen zusammengefasst. Damit geht zwangsläufig eine gewisse Egalisierung einher. Personen mit gleichen Merkmalsausprägungen bei bestimmten Merkmalen werden ungeachtet aller sonstigen (möglichen) Unterschiede als gleich und austauschbar behandelt. Sie werden bei weitergehenden Analysen zudem auch noch mit Gruppen, die andere Merkmalsausprägungen aufweisen, verglichen, indem man Anteilswerte, Mittelwerte oder sonstige Kennziffern in diesen Gruppen unterscheidet: Haben Männer andere Ansichten zu Auslandseinsätzen der Bundeswehr als Frauen? Haben Personen aus der Unterschicht ein höheres Herzinfarktrisiko als Personen aus der Mittelschicht? Haben Studenten verhaltensbedingt ein höheres AIDS-Risiko als ältere Landbewohner, und haben sie deshalb auch mehr Angst vor AIDS?

Jede Form der Datenanalyse basiert im Grunde auf solchen Gruppenvergleichen, mittels derer Gesamtheiten von Merkmalsträgern immer wieder neu untergliedert und zum Gegenstand numerischer Kalkulationen gemacht werden können.

1.3 Zur Geschichte der Umfrageforschung

Ein solches Unterfangen wäre Menschen der ständisch geprägten Gesellschaft des Mittelalters wahrscheinlich nie in den Sinn gekommen und mutet ja auch heute noch für viele fremdartig an. Die Idee der Quantifizierung und die damit verbundene gedankliche Abstraktion von konkreten Menschen sind an einen bestimmten gesellschaftlichen Entwicklungsstand gekoppelt. Die agrarisch geprägte Gesellschaft des Mittelalters mit relativ kleinen und ähnlichen, aber weitgehend autarken Dörfern und nur wenigen (ebenfalls nach heutigen Maßstäben nicht sehr großen) Städten bot für Quantifizierungsversuche wenig Raum und wenig Anlass. Die Produktion war weitgehend als Subsistenzwirtschaft zu bezeichnen, Märkte existierten nur in Ansätzen bzw. ganz im Sinne heutiger Wochenmärkte und waren lokal begrenzt. Der überlokale Warenverkehr blieb wenigen Handelshäusern oder Händlergilden wie der Hanse vorbehalten.

Erst mit der zunehmenden Entwicklung von marktvermittelten Tauschbeziehungen unter allgemeiner Verwendung des universellen Zahlungsmittels Geld – einer abstrakten Größe – änderte sich die Situation. Mit dem Medium des Geldes ließen sich ganz unterschiedliche Waren und Dienstleistungen vergleichen, beziffern und quantifizieren, nämlich durch ihren Preis. Höchst unterschiedliche Sachverhalte wurden in dem Einheitsmaß von Zahlen ausgedrückt, berechenbar und vergleichbar.[3] Die Menschen des Mittelalters lebten in einer Feudalgesellschaft mit klaren und zugeschriebenen Gruppenzugehörigkeiten und einer – im Vergleich zur modernen Gesellschaft – nur geringen Rollendifferenzierung. Ihnen wäre auch der Gedanke der analytischen Kombination immer neuer Gruppen anhand bestimmter Merkmale fremd gewesen, bei der ein immer gleiches Individuum mal als Mann, mal als Maschinenschlosser, mal als 53-Jähriger, mal als Gewerkschaftsmitglied verschiedenen Gruppen zugerechnet wird. Die Egalisierung durch Zahlen und die Typisierung von ganz unterschiedlichen Individuen sind als neuartige Betrachtungsweisen gesellschaftlicher Zusammenhänge ein Produkt des Bürgertums.

Quantifizierung geht also einher mit der Entwicklung und Ausdifferenzierung der modernen Gesellschaft, die sich, um es auf einen verkürzten Nenner zu bringen, selbst als ein immenser Quantifizierungsprozess darstellte. Nicht nur nahm im Zuge des Prozesses des demografischen Übergangs die Zahl der Menschen in den europäischen Gesellschaften ganz beträchtlich zu, es vermehrten sich auch die Rollen und Funktionen. Die Produktion von Gütern wurde im Zuge der industriellen Revolution exponentiell ausgeweitet, das Wissen über die Welt wuchs ebenfalls explosionsartig an und damit auch die Möglichkeiten der Weltanschauung, der Werte, Lebensziele und Erwartungen. Die Kirche, ursprünglich tatsächlich nur im Singular als katholische Kirche existent, hatte bis zur Reformation ein Deutungsmonopol in allen weltanschaulichen Fragen. Dieses Monopol wurde durch alternative Deutungsmuster verschiedener Reformatoren nachhaltig beseitigt. Die mentalen Voraussetzungen für die wirtschaftlichen Entwicklungen der Neuzeit, die sich unter die Überschrift „Industrielle Revolution" subsumieren lassen, wurden durch die Reformation überhaupt erst geschaffen, wie Weber in seiner berühmten Abhandlung über die protestantische Ethik und den Geist des Kapitalismus ausführlich dargestellt hat.

Parallel dazu wurde das kirchliche Deutungsmonopol auch durch die Entwicklung und Ausdifferenzierung der abendländischen Wissenschaften beginnend in der

---

[3] Geld als Zahlungsmittel ist natürlich sehr viel älter und war bereits in den Stadtstaaten Mesopotamiens in Gebrauch. Ein universell anerkanntes Zahlungsmedium wie Geld stellt aber nur die notwendige Voraussetzung für die Entwicklung überlokaler Märkte und Handelsverbindungen dar. Weitere Bedingungen sind u. a. sichere Handelswege, leistungsfähige Transportmittel und das Vorhandensein von überschüssigen Gütern für den Tausch.

Renaissance angegriffen. Der Beginn der Quantifizierung von Weltanschauungsangeboten ist mithin zeitlich noch vor dem Beginn der Vermehrung von materiellen Ressourcen durch die einsetzende Industrialisierung anzusetzen.

Als Konsequenz dieser vielfältigen Entwicklungen leben wir heute in einer pluralistischen, funktional ausdifferenzierten Massengesellschaft, die in der Tat jeder direkten Beobachtung entzogen ist – anders als die funktional äquivalenten kleinräumig organisierten Sozialverbünde feudaler Gesellschaften. Zugleich ist der Informationsbedarf zur Verwaltung und Steuerung solcher Gesellschaften aber beträchtlich, wobei sich dieses Informationsbedürfnis historisch zunächst auf objektive Bestandsdaten für militärische oder fiskalische Zwecke beschränkte. Die Kriegführung mit stehenden Heeren und ein (auch) dafür benötigtes kalkulierbares Steueraufkommen waren frühe Triebfedern für die Sammlung bestimmter Daten. Die Zentralgewalten der sich etablierenden Nationalstaaten waren deshalb zunächst an bevölkerungs- und wirtschaftsstatistischen Daten interessiert, die durch Zählungen erhoben wurden. Die Geschichte der empirischen Sozialforschung ist zunächst also eine Geschichte des Datensammelns und mit der Entwicklung der modernen Statistik eng verknüpft. Die Entwicklung der Statistik, wie wir sie heute kennen, begann in Form der Sammlung und Auswertung größerer Datenmengen um ca. 1650 in England und Frankreich, den beiden großen europäischen Staaten, in denen sowohl die Zentralisierung und die Entwicklung von Nationalstaaten als auch die Industrialisierung historisch zuerst eingesetzt haben. Statistik war immer schon ein wichtiges Hilfsmittel der merkantilistischen Staatsverwaltung und hat diese Funktion auch in demokratischen Staaten nicht verloren, ihre Entwicklung wurde aber von Anfang an auch von wissenschaftlich interessierten Privatgelehrten und Universitätsprofessoren vorangetrieben. Dabei nutzte die damalige Staatsverwaltung zunächst nur Daten, die wir heute als „prozessproduzierte Daten" bezeichnen würden – Daten, die automatisch als Nebenprodukt staatlichen Handelns anfallen. Als Beispiel ist etwa das Erheben von Steuern zu nennen, das vor allem dazu dient, den Staatshaushalt zu finanzieren, aber gleichzeitig auch Daten liefert, die zu statistischen Zwecken genutzt werden können (Hald 1990, S. 82; Peters 1987, S. 79). Später wurden dann auch Zählungen mit dem Ziel der Dokumentation von Beständen durchgeführt, zielgerichtete Erhebungen blieben bis Anfang des 19. Jahrhunderts auf solche Zählungen beschränkt, Surveys im heutigen Sinn wurden erst im Gefolge der einsetzenden Industrialisierung entwickelt. Für den Informationsbedarf und die Verwaltungsaufgaben des absolutistischen und ständisch geprägten Staates, in dem die Masse der Bevölkerung nur sehr wenige (legitime) Handlungsalternativen hatte, waren diese Daten völlig ausreichend.

Die Erfassung von Meinungen, Bewertungen, Erwartungen, Lebenszielen, Wünschen usw. wurde erst in dem Maß wichtig, in dem auch die individuellen Dispositionsmöglichkeiten zunahmen und kollektiv-strukturelle Konsequenzen haben konnten. Der erste Schritt auf dem Weg zur modernen Statistik und empirischen Sozialforschung bestand mithin – wenn diese überspitzte Dichotomisierung zulässig ist – in der Entwicklung der Demografie: Die Verwaltung der absolutistischen Staaten benötigte möglichst genaue Angaben über die Zahl gebärfähiger Frauen und wehrfähiger Männer und über Steuerbürger. Der nächste Schritt hin zur Demoskopie verlief parallel zum politischen Wandel von absolutistisch zu demokratisch verfassten Staaten und der damit verbundenen zunehmenden Pluralisierung von Lebenslagen und Lebensstilen.

Dabei muten auch die Probleme hinsichtlich der Datenlage und der Datenbeschaffung auffallend modern oder zeitlos an:

> No reliable data were available [...] Two obstacles are mentioned by the authors who have dealt with the work in this period: the unwillingness of the population to give information, because of their fear of increased taxes; and the tendency of governments, whenever statistical information was available, to treat it as highly classified because of its possible military value. (Lazarsfeld 1961, S. 149).[4]

Damals ging es allerdings noch im Wesentlichen um einfache Bevölkerungsstatistiken, heute hingegen handelt es sich bei Surveys und dem Problem des *non response* neben Vermögensfragen, die immer schon eine hohe Non-Response-Rate aufgewiesen haben, um sogenannte heikle oder sensitive Fragen etwa nach der persönlichen Hygiene oder der religiösen Orientierung. Aspekte ökonomischer Verwendbarkeit von Informationen werden häufig von Unternehmen geltend gemacht und entsprechende Angaben als betriebliche Interna behandelt. Wettbewerbsgründe werden z. B. immer wieder von Krankenkassen als Begründung angeführt, Strukturdaten über ihre Versicherten nicht zu publizieren. Schon früh wurden deshalb in der Statistik Schätzverfahren und Indikatoren verwendet, wenn der eigentlich interessierende Sachverhalt einer direkten Beobachtung nicht zugänglich war:

> Thus, the ingenuity of early scholars was directed mainly toward obtaining estimates of population size and age and sex distribution from [...] indirect evidence. Multiplying the number of chimneys by an assured average family size or inferring the age structure of the population from registered information regarding age at the time of death were typical procedures in what was then called political arithmetic. (Lazarsfeld 1961, S. 150)

Sehr früh lassen sich aber auch eindeutig wissenschaftlich geprägte Ansätze beobachten, die zentrale Beiträge zur heutigen Statistik und empirischen Sozialforschung geliefert haben.

---

4 So auch Hahn und Braun 1973, S. 43 f.: „Daß die Universitätsstatistiker so gut wie keine Zahlenangaben machen, hängt [...] auch mit der Tatsache [zusammen], daß es zu dieser Zeit nahezu unmöglich ist, quantitatives Datenmaterial über ein Land oder ein Gebiet zu erhalten. Zum einen ist die Bevölkerung aus Furcht vor Steuererhebungen nur schwer dazu zu bewegen, Angaben über ihre Situation zu machen, zum anderen werden die wenigen statistischen Informationen, die in den einzelnen Staaten zusammengetragen werden können, oft wegen ihres wirtschaftlichen und militärischen Wertes geheim gehalten, eine Praxis, die sich bis in das 19. Jahrhundert hinein erstreckt."

1.3.1 Politische Arithmetik und Moralstatistik

1662 deckte John Graunt (1620–1674), der „Kolumbus der Statistik", unter Verwendung von Geburts- und Sterbelisten Londons, die von den Kirchengemeinden geführt wurden, bis dahin unbekannte Regelmäßigkeiten auf. Der naheliegende Schluss, dass es in anderen Bereichen des gesellschaftlichen Lebens ebenfalls solche Regelmäßigkeiten geben müsse, etwa bei Selbstmordraten oder Straftaten, wurde in der Folge dann immer wieder untersucht und bestätigt. Diese in England von John Graunt, William Petty (1623–1687) und Edmund Halley (1656–1742) entwickelte Form der tabellarischen Analyse großer Datensätze wird als „politische Arithmetik" bezeichnet. Sie wird heute als der eigentliche Vorläufer der amtlichen Statistik sowie generell der quantitativen Darstellung und Analyse sozialer Phänomene angesehen (Pearson 1978; Lazarsfeld 1961; John 1884).

Die Entdeckung bestimmter Regelmäßigkeiten in großen Datensätzen, etwa die langjährige Konstanz von Heirats- oder Geburtenraten oder bestimmten Straftaten, führte schon relativ früh auch zu der expliziten Forderung nach einer staatlich organisierten systematischen Datenerhebung, also nach einer amtlichen Statistik. So postulierte August Ludwig von Schlözer (1735–1809):

> Die wichtigsten statistischen Daten kann nur die Regierung, nicht der Privatmann schaffen. Die Regierungsstatistik ist schon darum notwendig, weil manches Datum sich nur selten zeigt und seine Erheblichkeit erst durch die Summe aller kleinen Zahlen offenbar wird; diese aber kann nur eine Regierung veranstalten. (zit. nach John 1884, S. 112)

Bis zur Umsetzung dieser Forderung dauerte es allerdings noch etwas – insbesondere in Deutschland. Erst mit Ernst Engel (1821–1896), von 1860 bis 1882 Leiter des Preußischen Statistischen Büros und Entdecker des „Engelschen Gesetzes"[5], wurde in Preußen eine amtliche Statistik mit einem kontinuierlichen Erhebungsprogramm institutionalisiert. Engel war ein überzeugter Anhänger des belgischen Mathematikers Adolphe Quetelet (1796–1874), der den Ansatz der englischen politischen Arithmetiker konsequent weiterentwickelt hatte (zu Quetelet vgl. John 1884, S. 332 ff.).

Quetelet ging von der These aus, dass das menschliche Leben von der Geburt bis zum Tod von bestimmten Gesetzmäßigkeiten strukturiert wird, die sich nur durch die Analyse aggregierter Zahlen, durch die Abstraktion von den zahllosen individuellen Besonderheiten erkennen lassen. Erst bei der Betrachtung einer großen Zahl von Fällen lassen sich Zufälligkeiten von sozialtypischen Regelmäßigkeiten unterscheiden. Quetelet interessierte sich also nicht für individuelle Besonderheiten oder die Lebensgeschichten von einzelnen Persönlichkeiten, sondern für bestimmte Typen von Sozi-

---

[5] Das Engelsche Gesetz besagt, dass bei steigendem Einkommen einer Familie ein immer kleinerer Prozentsatz dieses Einkommens für Lebensmittel verwendet wird.

alcharakteren, für „mittlere Menschen" als idealtypische Aggregierungen immer wieder auftretender Eigenschaften und Verhaltensweisen.[6]

Quetelet verwendete für seine Betrachtungen und Analysen vor allem bevölkerungsstatistische Daten wie Eheschließungen, Geburten- und Sterberaten, Selbstmorde oder sonstige Daten der Kriminalstatistik. Subsumiert wurden all diese Statistiken unter den Begriff der „Moralstatistik". Dieser Begriff wurde zwar nie eindeutig bestimmt, es wurden darunter aber sukzessive alle aggregierten Darstellungen menschlicher Handlungsweisen gefasst. Man kann also sagen, dass „Moralstatistik" ein Synonym für den heute üblichen Begriff der „Sozialstatistik" ist, mit der heutigen Bedeutung von „Moral" dagegen nichts zu tun hat. Der Begriff implizierte nie eine ethische Dimension, sondern sollte nur deutlich machen, dass es hier – anders als in den Naturwissenschaften – um gesellschaftliche Phänomene ging.

Was Quetelet mit seinen Arbeiten in einer vorher nicht dagewesenen Systematik anwendete und deutlich machte, war das sogenannte Gesetz der großen Zahl, wonach bestimmte typische Eigenschaften in einem Aggregat umso deutlicher sichtbar werden, je größer die Zahl der betrachteten Fälle ist.[7]

Der Gedanke der Quantifizierung sozialer Phänomene und der Aufdeckung sozialer Gesetze erhielt im 19. Jahrhundert eine zusätzliche Dynamik, weil die Naturwissenschaften und insbesondere die Physik mit eben diesem Programm und der Entdeckung von Naturgesetzen außerordentlich erfolgreich waren. Deren Methodik, theoretische Begründungen und das zentrale Paradigma der Determiniertheit aller physischen Vorgänge wurden von frühen quantitativ orientierten Sozialforschern wie Quetelet bis in die Begrifflichkeit übernommen. Quetelet etwa nannte seinen Ansatz „Soziale Physik".

Ganz unzweifelhaft hat Quetelet die empirische Sozialforschung durch sein Lebenswerk ein gutes Stück vorangebracht, allerdings blieb sein Verständnis von sozialen Regelmäßigkeiten letztlich sehr formal und atheoretisch, da er buchstäblich alles als typisch für eine Gesellschaft ansah, was sich quantifizieren ließ.

> Quetelet arbeitete letztlich ohne Augenmaß. Er sammelte Material über alle möglichen Faktoren – über körperliche Eigenschaften und demographische Sachverhalte (Fruchtbarkeit/Geburt/Totgeburten, Eheschließungen, Sterbefälle, Bevölkerung, Kraft der Bevölkerung, Einatmung und Pulsschläge, Gewicht des Bluts, Schnelligkeit und Beweglichkeit der Menschen) sowie über die

---

6 Diese Vorgehensweise hat sich bis heute in bestimmten Bereichen erhalten, etwa wenn Warenkörbe des typischen Konsums zusammengestellt werden und man z. B. konstatiert, dass „der deutsche Staatsbürger" durchschnittlich 2,3 Tassen Kaffee pro Tag trinkt, dreimal in der Woche Fleisch isst, 1,2 Zeitungen abonniert hat und 2,4-mal pro Jahr in Urlaub fährt (um fiktive Zahlen zu nennen).
7 Das Gesetz der großen Zahl findet heute vor allem in der Stichprobentheorie Anwendung. Bei Zufallsauswahlen steigt mit wachsendem Stichprobenumfang die Wahrscheinlichkeit, dass der Stichprobenmittelwert (und andere Kennwerte der Stichprobe) mit den Werten der Grundgesamtheit (fast) übereinstimmen. Das Gesetz der großen Zahl ist deshalb ein wichtiges Hilfsmittel zur Festlegung des Stichprobenumfangs, vgl. dazu Abschnitt 3.3 „Grundgesamtheit Grundgesamtheit und Stichprobe".

> sittlichen und geistigen Eigenschaften der Menschen (intellektuelle Fähigkeiten, Geisteskrankheiten, moralische Eigenschaften) – und registrierte eifrig Regelmäßigkeiten, wo immer sie im Material auftraten. Nicht jedes Muster, das in statistischem Material erkennbar ist, sagt nun aber Wesentliches über die Gesellschaft aus, auf die sich die statistischen Daten beziehen. [...] Über die Feststellung statistischer Regelmäßigkeiten allein stößt man nicht auf die typischen Strukturen einer bestimmten Gesellschaftsformation. [...] Welche Regelhaftigkeiten sind letztendlich für die Struktur und Entwicklungsdynamik der bürgerlichen Gesellschaft in der zweiten Hälfte des 19. Jahrhunderts bedeutsam? Auf diese Frage kann Quetelet, von seinem rein statistischen Gesetzesverständnis herkommend, keine Antwort geben. (Kern 1982, S. 43 f.)

Was Quetelet fehlte, war ein theoretischer Zugang zu seinem Material, ein Interpretationsrahmen, der es ihm ermöglicht hätte, sinnvolle Zusammenhänge von bloßen Häufigkeitsverteilungen zu trennen. Auguste Comte (1798–1857), der Schöpfer des Begriffs „Soziologie" und große Gegenspieler von Quetelet, brachte dies auf die noch heute verwendete und zuvor bereits vorgestellte Formel, dass sinnvolle Empirie ohne Theorie nicht möglich ist (Comte, 1923).

1.3.2 Wahrscheinlichkeitstheorie und das Gesetz der großen Zahl

Ebenso bedeutsam wie das Gesetz der großen Zahl (und damit eng zusammenhängend) ist für die moderne Statistik und empirische Sozialforschung die Wahrscheinlichkeitstheorie. Deren Grundlegung begann 1654, als der Chevalier de Méré dem Philosophen und Mathematiker Blaise Pascal (1623–1662) wegen der Gewinnchancen in einem damals sehr populären Würfelspiel um Rat fragte (Kennedy 1993, S. 88 f.). Pascals Überlegungen dazu haben die Brüder Jakob (1654–1705) und Johann Bernoulli (1667–1748), beide Mathematiker in Basel, bei der Weiterentwicklung der Wahrscheinlichkeitstheorie und der Formulierung des Gesetzes der großen Zahl wesentlich beeinflusst. Die Stichprobentheorie zur Ziehung repräsentativer Zufallsstichproben basiert wesentlich auf diesen Überlegungen (Kennedy 1993, S. 101 ff.).

1.3.3 Deutsche Universitätsstatistik

Demgegenüber ist der deutsche Beitrag zur Entwicklung der modernen Statistik zunächst eher marginal und beschränkte sich im Prinzip auf die Wortschöpfung des Begriffs „Statistik", wie er in der „deutschen Universitätsstatistik" zum Ausdruck kommt. Diese Disziplin lässt sich auf Vorlesungen von Herman Conring (1609–1681) an der damals noch existierenden Universität Helmstedt und auf Weiterentwicklungen durch Gottfried Achenwall (1719–1772) zurückführen. Der Begriff „Statistik" ist ein Lehnwort aus dem Italienischen und leitet sich ab von *statista*, womit ein Mann bezeichnet wurde, der sich mit Angelegenheiten des Staates befasst (Pearson 1978, S. 2).

Die Universitätsstatistik Conringscher und Achenwallscher Prägung ist denn auch ganz wesentlich eine Hilfsdisziplin der Staatswissenschaften, die sich vor allem mit der Beschreibung von „Staatsmerkwürdigkeiten" befasst. Die Universitätsstatistik informierte in verbaler Form über die Bevölkerung und die Finanzen von Staaten, über deren militärisches Potenzial, die Staatsverfassung und sonstige rechtliche Fragen, die landwirtschaftliche Produktion, aber auch über klimatische und geografische Besonderheiten. Die deutsche Universitätsstatistik ist damit eher eine Vorläuferin der politischen Wissenschaften als der quantifizierenden Statistik. Sich selbst mit quantifizierenden Darstellungen zu befassen, kam den Universitätsstatistikern nicht in den Sinn. Vertreter und Anhänger der politischen Arithmetik wurden von ihnen als „Tabellenknechte" diffamiert. Zur Beschreibung von Staaten verwendeten die Universitätsstatistiker in der Regel allgemeine qualitative Ausdrücke wie: dicht bevölkert, groß oder klein, stark oder schwach, tugendsam oder lasterhaft, aber keine Quantifizierungen.

Dass sich heute gleichwohl der Begriff „Statistik" mit der methodischen Tradition der politischen Arithmetik verbindet, ist darauf zurückzuführen, dass John Sinclair (1754–1835) diesen Begriff 1798 einfach übernahm und erfolgreich für deren Methodik reklamierte (Pearson 1978, S. 2).

1.3.4 Sozialenqueten

Weder die politischen Arithmetiker noch die deutschen Universitätsstatistiker führten allerdings eigene systematische Erhebungen durch. Sie stützten sich bei ihren Arbeiten entweder auf gewissermaßen prozessproduzierte, d. h. durch Verwaltungshandeln entstandene, Daten (im Fall der Verwendung von Moralstatistiken) oder auf Reiseberichte oder sonstige narrative Berichte.

Die stetig zunehmenden und evidenten Probleme der raschen Industrialisierung führten allerdings schon bald zu einem reformerisch orientierten Informationsbedürfnis über die Lage „der Armen" bzw. der Arbeiterschaft, das nur mit speziellen Erhebungen zu befriedigen war. Mit diesen Erhebungen wurden, beginnend in englischen Industriestädten in den 1930er- und 1940er-Jahren Daten über Arbeits- und Wohnbedingungen und die gesundheitliche Lage der Arbeiterschaft erhoben. Neben diesen objektiven Indikatoren der sozialen Lage wurden erstmals auch subjektive Aspekte erfasst, etwa zur religiösen Einstellung.

So, wie die Industrialisierung in Deutschland später einsetzte als in England und verstärkt erst mit der Reichsgründung 1871 in Gang kam, so wurde auch die „soziale Frage" im Gefolge dieses Wandlungsprozesses erst später als Problem erkannt, dem man mithilfe sozialer Reformen und staatlicher Sozialpolitik begegnen wollte.

Die dazu benötigten Daten wurden in Orientierung an den englischen Enqueten seit 1873 von dem *Verein für Socialpolitik* erhoben. Wie in England ging es dabei vor allem um die Lage der Arbeiterschaft, und zwar sowohl in den Industriestädten als auch – der spezifischen Wirtschaftsstruktur Deutschlands entsprechend – auf dem Land. Besonders bekannt geworden ist die Enquete von 1892, *Die Verhältnisse der Landarbeiter im ostelbischen Deutschland*, an der Max Weber maßgeblich beteiligt war.

Für die Datenbeschaffung der Enqueten des *Vereins für Socialpolitik* wurden hauptsächlich Fragebögen verwendet. Allerdings blieben die Ergebnisse solcher Untersuchungen vielfach unbefriedigend, was vor allem damit zusammenhing, dass die Auswahl der Zielpersonen oft willkürlich erfolgte und die Teilnahmebereitschaft der Arbeiter eher schwach ausgeprägt war. Zudem steckte die Methodik zur Erfassung und Messung von Einstellungen noch in den Kinderschuhen und konnte auch deshalb nur schwer systematisch vorangetrieben werden, weil es keine geeignete dauerhafte Forschungsinfrastruktur gab.

1.3.5 Institutionalisierung der empirischen Sozialforschung

Entsprechende Bemühungen lassen sich in Deutschland erst in der Phase der Weimarer Republik mit einer Reihe von Gründungen sozialwissenschaftlicher Forschungsinstitute beobachten. 1919 wurde an der Universität zu Köln das *Forschungsinstitut für Sozialwissenschaft* von Lindemann, Scheler, von Wiese und Brauer gegründet, 1924 folgte das *Institut für Sozialforschung* an der Universität Frankfurt a. M., dem u. a. Wittfogel, Horkheimer, Fromm, Marcuse und Adorno angehörten. Beide Institute wurden von den Nationalsozialisten geschlossen, und die meisten ihrer Mitarbeiter emigrierten. Nach dem Zweiten Weltkrieg stellten beide Standorte wichtige Kristallisationskerne für einflussreiche Richtungen der sich neu entwickelnden Soziologie und Sozialforschung dar, die unter den Begriffen *Kölner Schule* und *Frankfurter Schule* bekannt geworden sind (vgl. dazu und zu den folgenden Anmerkungen Kern 1982).

Ein ganz wesentlicher Impuls für die Methodenentwicklung während der Zwischenkriegszeit kam außerdem aus Wien, und zwar von der *Österreichischen Wirtschaftspsychologischen Forschungsstelle* um Paul F. Lazarsfeld. Er und seine Mitarbeiter entwickelten und verwendeten zur Erforschung gesellschaftlicher Probleme eine Vielzahl unterschiedlicher Methoden, die von der quantifizierenden Statistik bis zu qualitativen Interviews und teilnehmender Beobachtung reichten.

Ein besonders eindrucksvolles Beispiel für eine solche Multi-Methoden-Untersuchung ist der inzwischen als Klassiker zu bezeichnende Forschungsbericht *Die Arbeitslosen von Marienthal* von Marie Jahoda, Paul F. Lazarsfeld und Hans Zeisel (1997). Ziel der Untersuchung war eine möglichst umfassende Beschreibung und Analyse des Problems „Arbeitslosigkeit" und seiner psychischen und sozialen Konsequenzen. Zu diesem Zweck hielt sich ein Forscherteam mehrere Wochen in dem kleinen Ort Marienthal auf. In dieser Zeit wurden – um nur einige Beispiele zu nennen – umfassende Beobachtungen über die Wohnverhältnisse und das Familienleben von 478 Familien erstellt, mit 62 Personen wurden vertiefende biografische Interviews geführt, 80 Personen füllten Zeitverwendungsbögen aus. Schulaufsätze von Kindern zu den Themen „Was ich mir wünsche" und „Was will ich werden" wurden inhaltsanalytisch ausgewertet. Die Lehrer wurden zu den Leistungen und der Motivation der Schüler befragt. Statistisch ausgewertet wurden die Umsätze von Gasthäusern und Geschäften. Berühmt geworden ist insbesondere die die Beobachtung der Ortsbewohner beim Gehen durch Marienthal, wobei die Schrittgeschwindigkeiten verglichen wurden. Dabei stellte sich heraus, dass die Arbeitslosen signifikant langsamer gingen als Personen, die (noch) Arbeit hatten.

Möglich war diese Art der engagierten und nicht ganz billigen Forschung allerdings nur, weil Lazarsfeld das Institut auch durch die Erstellung von sogenannten Marktstudien finanzierte, also Marktforschung betrieb und im Auftrag verschiedener Produzenten auch die Absatzchancen etwa für Schokolade, Bier oder Konfektionsartikel bestimmter Marken erforschte.

Auch das Wiener Institut wurde nach dem „Anschluss" Österreichs 1938 von den Nationalsozialisten geschlossen. Lazarsfeld, der schon 1936 in die USA emigriert war, führte seine Arbeit dort allerdings weiter. Bekannt geworden ist er insbesondere durch seine Forschungen im Rahmen des *Radio Research Project* am *Office of Radio Research*, mit dem er 1937 an der Princeton University begann und das er 1939 an der Columbia University in New York weiterführte, woraus 1944 das *Bureau of Applied Social Research* wurde. Nachhaltigen Einfluss hat Lazarsfeld vor allem auf die Massenkommunikationsforschung ausgeübt. Die heute geläufigen Konzepte des *two-step flow of communication* und des *opinion leader*, wie sie gerade auch in deutschen Marktforschungsstudien vielfach Verwendung finden, basieren auf einer Untersuchung über den Präsidentschaftswahlkampf von 1940. Aber auch Datenanalyseverfahren wurden in dieser Untersuchung entscheidend verbessert. Lazarsfeld hat hier die heute noch sehr gebräuchliche mehrdimensionale Tabellenanalyse entwickelt und vorgestellt.

Die Entwicklung der empirischen Sozialforschung in den USA wurde mithin stark von deutschsprachigen Emigranten beeinflusst, die in den USA ihre Arbeit sehr erfolgreich fortsetzen konnten. Allerdings hat sich dort sehr früh auch eine eigenständige empirische Sozialforschung entwickelt, die es überhaupt erst ermöglichte, dass die von den Nationalsozialisten vertriebenen Forscher ihre Arbeit vergleichsweise nahtlos fortsetzen konnten. Anlass zu dieser eigenständigen Entwicklung in den USA waren ebenfalls soziale Probleme im Gefolge der Industrialisierung, der Expansion nach Westen und der massenhaften Immigration.

1.3.6 Social Research in den USA

Zur Untersuchung solcher sozialen Probleme wurden ähnlich wie in Europa Untersuchungen durchgeführt, nur waren diese nicht gruppenspezifisch, sondern regional organisiert. Diese frühen *social surveys* lieferten für spezifische Fragen eine Bestandsaufnahme für bestimmte Regionen – in der Regel für Städte –, etwa zur kommunalen Infrastruktur oder zum Gesundheitswesen. Allerdings waren die Methoden der Datengewinnung dieser Untersuchungen noch sehr heterogen, wobei vor allem bereits verfügbares Material verwendet und analysiert wurde (Kern 1982, S. 182 ff. Ausführlich mit der Entwicklung in den USA von 1890 bis 1960 befasst sich Converse 1987).

Die begriffliche Gleichsetzung von *survey* und Umfrageforschung erfolgte erst später und wurde geprägt durch Arbeiten von Soziologen der sogenannten *Chicago School*, von Gallup und seinen Mitarbeitern, von Soziologen der *Columbia School* um Lazarsfeld sowie von Cantril mit seinem *Office of Public Opinion Research*.

Die *Chicago School* mit ihren prominenten Vertretern Robert E. Park, Louis Wirth, William I. Thomas, William F. Whyte und Ernest W. Burgess arbeitete zunächst insbesondere mit Methoden der Feldforschung, wie sie in der Ethnologie verwendet werden, es wurden also primär Beobachtungsverfahren eingesetzt. Diese wurden aber in der Folge ergänzt durch Befragungen, mit denen man die Einstellungen der Untersuchungspersonen zu bestimmten Sachverhalten erfassen und quantifizieren wollte.

Die Idee, nicht unmittelbar beobachtbare und durchaus auch recht unterschiedliche Phänomene wie subjektive Einstellungen durch bestimmte Messoperationen zu quantifizieren und damit in gewisser Weise auch zu objektivieren, wurde in dieser Form erstmals im Kontext der Attitüdenforschung von Soziologen der Chicago-Schule ausformuliert und umgesetzt (Maus 1973, S. 42). Die dazu entwickelten Messinstrumente werden auch heute noch als Skalen bezeichnet. Die erste dieser Skalen wurde 1926 von Emory S. Bogardus entwickelt und sollte die soziale Distanz zwischen Personen aus der Sicht des Befragten erfassen. Ebenfalls Ende der 1920er-Jahre hat Louis Thurstone eine Reihe von Skalen entwickelt, von denen die „Methode der gleicherscheinenden Intervalle" zumindest in einführenden Lehrbüchern bis heute vorgestellt wird. Auch die heute wohl am häufigsten verwendete Rating-Skala zur Messung von Einstellungen, die sogenannte Likert-Skala, stammt aus dieser Zeit und wurde von Rensis Likert 1932 veröffentlicht.

Neben der Erforschung von Einstellungen gab es in den USA in Vorwahlzeiten immer schon ein großes Interesse daran, wie anstehende Wahlen und insbesondere die Präsidentschaftswahlen ausgehen würden. Zu diesem Zweck wurden sogenannte *pre-election surveys* oder *polls* durchgeführt, und zwar vorrangig von kommerziellen Instituten.

In diesem Zusammenhang bekannt geworden ist vor allem das „Desaster" der Zeitschrift *Literary Digest*, die 1936 die bislang größte Befragung in der Geschichte der Umfrageforschung durchführen ließ: Es wurden an 10 Millionen Telefonbesitzer Fragebögen verschickt und 2,4 Millionen ausgefüllt zurückgeschickt. Die aus dieser Umfrage abgeleitete Prognose des Wahlsiegs des republikanischen Bewerbers Landon erwies sich als falsch.[8] Demgegenüber lag George Gallup mit seiner auf einer alters- und geschlechtsquotierten Stichprobe von nur 1.500 Personen richtig, der einen Sieg Roosevelts vorhergesagt hatte (Bryson 1976).

Zwar diskutierte man schon seit den 1920er-Jahren Zufallsstichproben als optimale Verfahren zum Gewinnen von Erkenntnissen über größere Grundgesamtheitenn,

---

[8] Näheres zu dieser Umfrage und den Gründen ihres Scheiterns findet sich im Abschnitt „Grundgesamtheit Grundgesamtheit und Stichprobe" in Abschnitt 4.3.

jedoch erwies es sich als Problem, dass es in den USA keine Meldepflicht gibt. Über ein geeignetes Verfahren, wie eine Zufallsauswahl aus einer nicht genau bekannten Population gezogen werden kann, verfügte man noch nicht. Deshalb wurden zunächst andere Verfahren entwickelt, mittels derer man auf der Basis von Stichprobenuntersuchungen zu brauchbaren Ergebnissen zu gelangen glaubte. Die Überlegung, dass man aus einem verkleinerten Abbild der amerikanischen Wahlbevölkerung dann auch präzise das Wahlergebnis ableiten könnte, führte zur Entwicklung von Quotenauswahlverfahren. Zwar war klar, dass man dabei nicht alle Merkmale der Bevölkerung berücksichtigen konnte, man ging aber davon aus, dass die Berücksichtigung der wichtigsten Merkmale hinreichend valide Daten liefern würde. Als „wichtigste" Merkmale galten Alter und Geschlecht, und dementsprechend wurden die Stichproben quotiert. Die dazu notwendigen Daten entnahm man den Ergebnissen der Volkszählungen. Obwohl die Quotenauswahl Repräsentativität nicht sicherstellen kann (siehe dazu Abschnitt 3.5.2), stellte dieses Verfahren im Vergleich zu den vorher üblichen, völlig willkürlichen Methoden der Rekrutierung von Befragungspersonen einen deutlichen Fortschritt dar, wie sich an dem Erfolg Gallups gegenüber der „Literary-Digest-Stichprobe" gezeigt hatte. Damit gelangten Polls und Meinungsumfragen auch zu einem gewissen Ansehen in der Bevölkerung.

Dass aber auch die Quotenauswahl nur ein suboptimales Verfahren ist, zeigte sich wiederum bei einer Präsidentschaftswahl, und zwar 1948. Bei dieser Wahl lag das Gallup-Institut falsch und prognostizierte einen Sieg des republikanischen Kandidaten Dewey. Stattdessen wurde aber Truman wiedergewählt.

Allerdings gab es inzwischen auch ein Zufallsauswahlverfahren für nicht genau bekannte Grundgesamtheiten, wie sie etwa die Bevölkerung der USA darstellt. Das *Bureau of the Census* hatte in den 1940er-Jahren ein solches Verfahren auf der Basis einer Flächenstichprobe entwickelt, welches in der Folge zum Standardverfahren der großen amerikanischen Umfrageinstitute avancierte und in modifizierter Form auch von der deutschen Umfrageforschung übernommen wurde (siehe Abschnitt 3.4).

Dass Gallup zunächst an der Quotenauswahl festhielt (und einige deutsche Marktforschungsinstitute wie das Institut für Demoskopie (IfD) Allensbach dieses Verfahren bis heute anwenden), liegt an den niedrigeren Kosten. Quotenauswahlen sind bei gleichem Stichprobenumfang deutlich billiger als Flächenstichproben.[9]

Allerdings waren nicht nur private Meinungsforschungsinstitute an der Entwicklung einer stichprobenbasierten Survey-Forschung beteiligt, sondern auch die Universitäten. Neben den schon erwähnten Arbeiten von Lazarsfeld und seinen Mitarbeitern zuerst an der Princeton- und dann an der Columbia University ist hier nochmals Hadley Cantril zu nennen, der 1940 das *Office of Public Opinion Research* ebenfalls in Princeton gegründet hatte. Cantril wurde kurz darauf zum Berater des Präsidenten

---

[9] Für die Bundesrepublik kann als grober Richtwert gelten, dass eine Quotenauswahl – je nach Art der Quotierung – zwischen 20 % und 40 % billiger ist als eine Flächenstichprobe.

berufen. Dies führte dazu, dass der Survey-Forschung eine wichtige politikberatende Funktion zukam und eine Reihe von Umfragestudien über die Akzeptanz bestimmter administrativer Maßnahmen und Einstellungen zur amerikanischen Politik allgemein durchgeführt wurden. Diese Untersuchungen wurden zum Teil vom Präsidenten, zum Teil von den zuständigen Fachministerien in Auftrag gegeben und ab 1941 in zunehmendem Maß von dem neu gegründeten *National Opinion Research Center* (NORC) an der Universität Chicago organisiert und durchgeführt.

1.3.7 Umfrageforschung in Deutschland nach 1945

Nach der Zäsur durch die Barbarei des Nationalsozialismus und den Krieg waren die Bedingungen für empirische Sozialforschung in Deutschland nach 1945 aus mehreren Gründen grundsätzlich recht günstig. Soziologie als die Wissenschaft, die in erster Linie für empirische Sozialforschung (zumindest im größeren Stil) zuständig war, galt als unbelastetes Fach, da nahezu alle deutschen Vertreter dieser Disziplin von den Nationalsozialisten verfolgt und – soweit sie nicht ins Ausland fliehen konnten – ermordet worden sind. Re-emigrierte Soziologen hatten deshalb nach dem Krieg gute Chancen, Fördermittel und Stellen zu bekommen, zumal man vor dem Hintergrund der Nachkriegsprobleme – gänzlich andere Sozialstruktur als vor dem Krieg, Notwendigkeit der Integration von Millionen von Flüchtlingen aus den Ostgebieten, Wiederaufbau – auf soziologische Untersuchungen und Daten dringend angewiesen war (Kern 1982, S. 218). Außerdem sahen insbesondere die Amerikaner Soziologie als wichtiges Hilfsmittel bei der *reeducation* der Deutschen an, was damit zusammenhing, dass die Soziologie in den USA als akademisches Fach wie auch in ihrer praktischen Anwendung seit Beginn des Jahrhunderts einen hohen Stellenwert besaß.

Neben diesem Interesse an konkreten, praktisch verwertbaren Erkenntnissen sollte die Soziologie in gewisser Weise aber auch „Sinnerklärungen" liefern. Soziologie, verstanden als Gesellschaftsanalyse, bot Erklärungen für die Entwicklung unterschiedlicher Gesellschaftsformen und machte deutlich, dass es keine gleichsam „natürlichen" Gesellschaften gibt, sondern dass diese stets das Produkt bestimmter, immer nur vorläufiger historischer Konstellationen und sozialer Zusammenhänge sind.

Diese grundsätzlich begrüßenswerte Doppelorientierung des Fachs – praktische empirische Sozialforschung auf der einen Seite und allgemeine Gesellschaftstheorie auf der anderen Seite – ist allerdings bis heute auch ein zentraler Anlass für Konflikte und Auseinandersetzungen innerhalb der deutschen Soziologie. Dabei wurde ein kultur- und gesellschaftskritischer Ansatz bei gleichzeitiger Kritik an einem unmittelbaren Praxisbezug empirischer Sozialforschung vor allem von der schon erwähnten *Frankfurter Schule* um Horkheimer und Adorno verfolgt, die sich mit der Wiedereröffnung des Frankfurter Instituts für Sozialforschung 1950 zu etablieren begann. Aber auch andere bekannte Soziologen der Nachkriegszeit standen der empirischen Sozialforschung trotz der eigentlich günstigen gesellschaftlichen und politischen Rahmenbedingungen eher reserviert gegenüber. Zwar wurde:

> der empirischen Forschung eine wichtige Funktion zugeschrieben, als Korrektur gegen Ideologiebildung (Adorno), als Tatsachenbeschreibung der Gegenwartsgesellschaft (Schelsky), als Aufweis der mangelnden Geltung von Normen (Plessner), doch im ganzen erschien sie nachrangig und bloß ergänzend gegenüber der historisch-philosophischen Reflexion der menschlichen Existenz. So tritt schon am Anfang eine eher abwehrende als fördernde Haltung der akademischen Soziologie gegenüber der empirischen Sozialforschung ein [...]. (Lepsius, 1979, S. 41)

Demgegenüber suchte zunächst lediglich René König als Begründer der *Kölner Schule* der Soziologie den Anschluss an eine empirische Sozialforschung, wie sie in den USA betrieben wurde. Es dauerte aber noch einige Jahrzehnte, bis sich auch in der Bundesrepublik eine Survey-Forschung und Forschungsinfrastruktur etablierte, die mit den Verhältnissen in den USA vergleichbar war. Erwin K. Scheuch hat an der Universität zu Köln mit seinem *Institut für Vergleichende Sozialforschung* (später zusammen mit Renate Mayntz mit dem umbenannten *Institut für Angewandte Sozialforschung*) sowie dem *Zentralarchiv für empirische Sozialforschung* (ZA) diese Pionierarbeit von René König vorbildlich weiter vorangetrieben und zum heutigen Weltstandard erhoben.

Sehr früh wurden dagegen die für empirische Sozialforschung und Umfrageforschung günstigen Rahmenbedingungen in der Nachkriegszeit von außeruniversitären Sozialforschern genutzt. So wurden eine Reihe von Meinungsforschungsinstituten in den 1940er-Jahren gegründet, z. B. *GFM*/Hamburg (heute Ipsos GmbH) und *Emnid*/Bielefeld (heute KANTAR) bereits 1945, *Infratest Kommunikationsforschung*/München (heute KANTAR) und das Institut für Demoskopie (IfD)/Allensbach 1947.

Obwohl oder vielleicht auch gerade weil sich die Markt- und Meinungsforschung sehr schnell zu einem lukrativen und stetig wachsenden Markt entwickelte, führte der Boom bei privaten Instituten zunächst zu einer noch stärkeren Abgrenzung großer Teile der akademischen Soziologie von empirischer Sozialforschung, die vielfach umstandslos mit einer – wenn auch wichtigen – ihrer Methoden, der Umfrageforschung, gleichgesetzt wurde. So sah sich König schon 1965 genötigt, festzustellen,

> daß die besonderen Umstände, unter denen seit 1948 auch in weiten Kreisen der europäischen Öffentlichkeit über die praktische Sozialforschung diskutiert wurde, keineswegs als glücklich zu bezeichnen sind. Denn sie wurden zur unmittelbaren Ursache einer höchst fragwürdigen Identifizierung, als beschränke sich nämlich die praktische Sozialforschung darauf, „Meinungsforschung" im eigentlichen Sinne zu sein. Schon dies ist vollkommen untragbar. Dazu kamen aber nun noch einige ungemein oberflächliche Kenntnisse über keineswegs als seriös anzusprechende „Institute" der Meinungsforschung (sowohl in Europa als auch in Amerika); so zeichnet sich jene Gefahr immer deutlicher ab, gegen die heute alle Beteiligten anzukämpfen haben: Daß nämlich der simpelste (und oft auch einfältigste) „Pollster" als Prototyp der praktischen Sozialforschung angesehen wurde. Die schwere Belastung der praktischen Sozialforschung kommt ihr also nicht aus ihr selber zu, sondern von seiten jener, die sie durch unzulängliche Arbeiten kompromittieren. (König 1965, S. 18 f.)

Diesem Urteil Königs ist wenig hinzuzufügen, außer dem bedauerlichen Umstand, dass die Zahl wenig seriöser Institute und kompromittierender Arbeiten, die wissenschaftlichen Standards nicht genügen, seit 1965 deutlich zugenommen hat. Die sogenannte „Quick-and-Dirty"-Forschung, wo in möglichst kurzer Zeit angeblich repräsentative „Blitzumfragen" durchgeführt werden, ohne dass man Näheres über Untersuchungs- wie Erhebungsdesign erfährt, erfreut sich zunehmender Verbreitung. Umso wichtiger wird die Einhaltung von Standards, und umso wichtiger ist auch die Vermittlung zumindest von Grundkenntnissen über die Methoden und Probleme von Umfrageforschung, um seriöse von nichtseriösen Umfragen besser unterscheiden zu können.

Allerdings gab es seit 1965 auch teilweise erfreuliche Entwicklungen. Dazu zählt die kontinuierliche Survey-Forschung, die durch die Diskussion über soziale Indikatoren, Lebensqualität und Wohlfahrt angestoßen und in der Folge etabliert wurde. Mit ihr sollten eine gesellschaftliche Dauerbeobachtung zur Messung sozialen Wandels und eine dauerhafte Sozialberichterstattung verwirklicht werden. Zu diesem Zweck wurde – zunächst im Rahmen eines von der Deutschen Forschungsgemeinschaft (DFG) geförderten Sonderforschungsbereichs an den Universitäten Frankfurt und Mannheim – der sogenannte „Wohlfahrtssurvey" entwickelt, mit dem Aspekte der objektiven Lebenslage und ihrer subjektiven Bewertung erhoben werden sollten. Der Wohlfahrtssurvey wurde als repräsentativer replikativer Survey konzipiert und in den Jahren 1978, 1980, 1984 und 1988 in den alten Bundesländern, nach dem Beitritt der DDR zur Bundesrepublik 1993 und zuletzt 1998 dann auch in Gesamtdeutschland durchgeführt – seither allerdings nicht mehr.

Neben dem Wohlfahrtssurvey-Programm gibt es noch weitere Survey-Programme zur gesellschaftlichen Dauerbeobachtung. Hier ist zunächst der ALLBUS zu nennen, die Allgemeine Bevölkerungsumfrage Sozialwissenschaften, die seit 1980 in zweijährigem Abstand durchgeführt wird.

Vorbild für die Wohlfahrtssurveys wie auch für die Konzeption des ALLBUS waren wiederum die USA, wo es eine „Quality-of-Life-Diskussion" und „Welfare-Surveys" bereits seit den 1960er-Jahren gab. Die Konzeption des ALLBUS orientierte sich unmittelbar am General Social Survey (GSS), der seit 1972 in ein- bis zweijährigem Abstand von dem *National Opinion Research Center* in Chicago durchgeführt wird. In Deutschland haben diese periodisch durchgeführten Befragungen, aus denen temporäre Datenreihen generiert werden, die Funktion, die gesetzlich festgelegten sogenannten „harten" Daten der amtlichen Statistik um weitergehende Fakten und insbesondere um Meinungs- und Einstellungsdaten zu ergänzen. Dabei wird darauf geachtet, dass ein Kanon von stets gleichbleibenden Fragen um Fragen zu aktuellen Problemfeldern der jeweiligen Zeitpunkte der Befragungen ergänzt wird.

Stärker auf ökonomische Aspekte fokussiert ist das „Sozio-oekonomische Panel" (SOEP). Hier stehen Fragen zur Ausbildungs- und Erwerbsbiografie, zur wirtschaftlichen Lage, zur sozialen Absicherung und zur beruflichen Weiterbildung im Zentrum des Interesses. Das SOEP wird vom Deutschen Institut für Wirtschaftsforschung (DIW) in Berlin organisiert. Im Rahmen dieser Untersuchung werden seit 1984 jedes Jahr die gleichen Personen (ein einmal ausgewähltes Panel) befragt.

Eine stärkere institutionelle Absicherung erhielten die Umfrageforschung und die empirische Sozialforschung durch die Etablierung entsprechender Forschungseinrichtungen, die sich parallel zu der Ausweitung des eben skizzierten Survey-Programms vollzog. 1986 wurden diese Forschungseinrichtungen durch die Gründung der GESIS Gesellschaft Sozialwissenschaftlicher Infrastruktureinrichtungen e. V. (jetzt GESIS – Leibniz-Institut für Sozialwissenschaften) zu einem Verband zusammengefasst. Aufgabe dieses von Bund und Ländern finanzierten Verbands ist es, grundlegende sozialwissenschaftliche Dienstleistungen für Wissenschaft und Praxis zu erbringen. Dazu gehören:
- Akquisition und Bereitstellung von Beständen quantitativer Daten einschließlich deren Archivierung und kontinuierlicher Aufbereitung
- Aufbau und Bereitstellung von Forschungs- und Literaturdatenbanken
- Methodenentwicklung, -schulung und -beratung
- Organisation von Repräsentativbefragungen und Dauerbeobachtung gesellschaftlicher Entwicklungen.

Diese Aufgaben werden von fünf verschiedenen wissenschaftlichen Abteilungen der GESIS und von den Forschungsdatenzentren mit Standorten in Köln und Mannheim wahrgenommen.[10]

1.3.8 Fazit

Empirische Sozialforschung im Allgemeinen und Umfrageforschung im Besonderen stellen unverzichtbare Instrumentarien bereit, um Informationen über Massengesellschaften zu erhalten und die Vorstellungen, Kenntnisse, Wünsche, Meinungen und Verhaltensweisen der Bevölkerung zu erforschen. Dabei ist es natürlich nicht so, als ob Demoskopie ein Ersatz für eine plebiszitäre Demokratie wäre oder auch nur ein Forum bietet, wo sich „das Volk" so wie in antiken Stadtstaaten gleichsam direkt artikulieren könnte. Ersteres ist aus unterschiedlichen Gründen nicht erstrebenswert. Es gibt immer wieder Stimmungsschwankungen in der Bevölkerung, die je nach aktuellem Anlass Positionen mehr oder weniger lange mehrheitsfähig werden lassen, welche mit demokratischen Grundrechten nur schwer vereinbar sind. Aber auch auf verfassungskonforme Stimmungsschwankungen kann eine verantwortungsvolle und damit notwendig längerfristig angelegte Politik nicht unmittelbar reagieren. Zudem – und dieser Einwand tangiert auch den zweiten Aspekt der Artikulation von Interessen – lassen sich die Ergebnisse von Umfragen durch entsprechende Frageformen

---

[10] Nähere Erläuterungen zur GESIS finden sich unter www.gesis.org (letzter Abruf: 26.04.2019) und in Abschnitt 6.1 Infrastruktureinrichtungen der empirischen Sozialforschung.

und Analysetechniken manipulieren und determinieren, wie wir noch zeigen werden. Ganz abgesehen davon kann das „Volk" via Umfrageforschung nur zu solchen Fragen Stellung nehmen, die ihm von den Umfrageforschern vorgelegt werden. Ein unmittelbares Forum der Artikulation von Meinungen und Standpunkten kann Demoskopie nicht bieten.

Gleichwohl hängen (wissenschaftliche) Demoskopie und Demokratie eng zusammen. Die Stimmung der Bevölkerung möchten die Vertreter aller Herrschaftssysteme kennen, auch die in autoritären, diktatorischen oder totalitären Regimes. Mit den Mitteln freier sozialwissenschaftlicher Forschung ist diese Stimmungslage aber nur in demokratisch verfassten Gesellschaften zu erforschen. Es ist ein unverzichtbares Essential dieser Forschung, dass sowohl die Methodik der Datenerhebung als auch die Ergebnisse frei zugänglich sein müssen und veröffentlicht werden, die Beantwortung der Fragen zudem für die Teilnehmer sozial wie auch rechtlich folgenlos bleibt und die Ergebnisse und die Methodik in einem freien, unzensierten Diskurs öffentlich kritisch diskutiert werden – Kriterien, die man in nichtdemokratisch verfassten autoritären oder totalitären Gesellschaften vergeblich sucht. Nicht umsonst haben die Nationalsozialisten neben der Aufhebung der Pressefreiheit und der Gleichschaltung der Medien sofort nach ihrer Machtübernahme sozialwissenschaftliche Forschungsinstitute geschlossen und Sozialwissenschaftler verfolgt. In den osteuropäischen Staaten hat sich erst nach dem Zusammenbruch der Zwangssysteme des „real existierenden Sozialismus" eine Umfrageforschung etabliert, die sich an westlichen Standards orientiert. Zuvor wurde, etwa in der ehemaligen DDR, das Geschäft der empirischen Sozialforschung von der Stasi betrieben, allerdings mit deutlich anderen Methoden und Erkenntnisinteressen.

Das alles soll nun nicht in dem Sinn missverstanden werden, als ob in demokratisch verfassten Gesellschaften alles zum Besten stünde. Wie schon angedeutet, lassen sich Ergebnisse manipulieren oder zurückhalten, „innovativ" interpretieren oder bestimmte Themen schlicht nicht behandeln – und all dies kommt in der Praxis auch immer wieder vor. Zumindest aber besteht in demokratisch verfassten Gesellschaften die prinzipielle Chance, solche Praktiken zu untersuchen und zu kritisieren sowie auf Fehler, Defizite und Manipulationen hinzuweisen. Diese Chance zu nutzen liegt auch an jedem Einzelnen. Denn wenn auch nie jeder bei Umfragen um seine Meinung gefragt wird, so kann sich doch jeder eine Meinung über die Methodik und die Qualität von Ergebnissen bilden. Wir hoffen, mit dem vorliegenden Buch einen Beitrag zu dieser Meinungsbildung zu leisten.

! Umfrageforschung hat keine demokratisch verfassten Gesellschaften zur Folge, aber Umfrageforschung setzt demokratisch verfasste Gesellschaften voraus.

1.4 Weiterführende Literatur

Lehrbücher zur empirischen Sozialforschung

Die folgenden allgemeinen Lehrbücher behandeln (nahezu) alle Aspekte empirischer Sozialforschung und sind deshalb als (zum Teil sehr detaillierte) Übersichts- und Nachschlagewerke hervorragend geeignet.

Babbie, E.: The Practice of Social Research, 13. Auflage, Belmont 2012
Baur, N.; Blasius, J.: Handbuch Methoden der empirischen Sozialforschung, Wiesbaden 2014
Bryman, A.: Social Research Methods, 5. Auflage, Oxford 2016
Diekmann, A.: Empirische Sozialforschung – Grundlagen, Methoden, Anwendungen, 20. Auflage, Hamburg 2009
Döring, N.; Bortz, J.: Forschungsmethoden und Evaluation in den Human- und Sozialwissenschaften, 5. Auflage, Berlin 2016
Häder, M.: Empirische Sozialforschung – eine Einführung, 3. Auflage, Wiesbaden 2015

Lehrbücher zur Umfrageforschung

De Leeuw, E. D.; Hox, J. J.; Dillman, D. A. (Hrsg.): International Handbook of Survey Methodology, New York 2008

Ein für Einsteiger konzipiertes Kompendium zur Umfrageforschung stellt der bei Sage Publishing erschienene „Survey Kit" dar, der folgende Bände enthält:

Bourque, L. Fielder, E. P.: How to Conduct Self-Administered and Mail Surveys, 2. Auflage, Thousand Oaks 2002
Fink, A.: How to Ask Survey Questions, 2. Auflage, Thousand Oaks 2002
Fink, A.: How to Design Surveys, 2. Auflage, Thousand Oaks 2002
Fink, A.: How to Manage, Analyze and Interpret Survey Data, 2. Auflage, Thousand Oaks 2002
Fink, A.: How to Report Surveys, 2. Auflage, Thousand Oaks 2002
Fink, A.: How to Sample in Surveys, 2. Auflage, Thousand Oaks 2002
Fink, A.: The Survey Handbook, 2. Auflage, Thousand Oaks 2002
Frey, J. H.; Mertens, S.: How to Conduct Telephone Interviews, 2. Auflage, Thousand Oaks 2002
Litwin, M. S.: How to Assess and Interpret Survey Psychometrics, 2. Auflage, Thousand Oaks 2002
Oishi, S. M.; How to Conduct In-Person Interviews for Surveys, 2. Auflage, Thousand Oaks 2002

Ebenfalls zu empfehlen sind die Handbücher von Sage:

Fielding, N.; Lee, R.; Blank, G.: The Sage Handbook of Online Research Methods, 2. Auflage, Los Angeles 2017
Groves, R. M.; Fowler Jr, F. J.; Couper, M. P.; Lepkowski, J. M.; Singer, E.; Tourangeau, R.: Survey Methodology, 2. Auflage, Hoboken 2009
Outwaite, W.; Turner, S.: The Sage Handbook for Social Science Methodology, Los Angeles 2007

Geschichte der empirischen Sozialforschung

Einen vergleichsweise knappen Überblick über die Anfänge der empirischen Sozialforschung findet man in:

Maus, H.: Zur Vorgeschichte der empirischen Sozialforschung, in: König, R. (Hrsg.): Handbuch der empirischen Sozialforschung, Bd. 1, 3. Auflage, Stuttgart 1973, S. 21–65

Ausführlicher über die Geschichte der empirischen Sozialforschung informiert:

Fleck, C.: Transatlantische Bereicherungen – Zur Erfindung der empirischen Sozialforschung, Frankfurt a. M. 2007

Speziell mit der Entwicklung von Sozial- und Gesundheitsberichterstattung vor dem Hintergrund der Geschichte von empirischer Sozialforschung und Statistik befasst sich:

Jacob, R.: Sozial- und Gesundheitsberichterstattung, Frankfurt a. M. 2006

Qualitative Sozialforschung

Wer sich mit qualitativer Sozialforschung im Allgemeinen und qualitativen Interviews im Besonderen befassen will, dem seien als Einstieg folgende Bücher empfohlen:

Flick, U.: Qualitative Sozialforschung – Eine Einführung, 2. Auflage, Reinbek 2009
Mayring, P.: Einführung in die qualitative Sozialforschung, 6. Auflage, Weinheim 2016
Przyborski, A.; Wohlrab-Sahr, M.: Qualitative Sozialforschung – Ein Arbeitsbuch, 4. Auflage, München 2014

2 Theoretische Grundlagen: Befragung als Datenabrufprozess?

Wir haben schon einleitend darauf hingewiesen, dass (nicht nur) Laien häufig der Ansicht sind, eine Befragung sei eine relativ simple Angelegenheit – und dementsprechend sehen viele Fragebögen auch aus (siehe dazu auch Kapitel 8). Dass es bei der Konstruktion von Fragebögen mannigfaltige Schwierigkeiten gibt, wird von Anfängern häufig verkannt bzw. erst zu spät bemerkt, nämlich nach Abschluss der Befragung bei der Datenanalyse. Diese Fehleinschätzung dürfte vor allem damit zusammenhängen, dass sich eine Befragung bei oberflächlicher Betrachtung kaum von der üblichen und habitualisierten Informationsbeschaffung des Alltags unterscheidet: Wenn man etwas wissen will, dann fragt man andere eben. Es handelt sich dabei um eine so grundlegende und vermeintlich triviale Handlungsroutine, dass man darüber normalerweise nicht mehr nachdenkt. Nun ist aber schon die Alltagskommunikation nicht gar so trivial, wie sie uns erscheint, solange sie reibungslos funktioniert. Erst recht gilt dies für eine wissenschaftliche Befragung, die zwar einige Strukturelemente eines „natürlichen" Gesprächs zwischen zwei Personen enthält, insgesamt aber mit einem solchen Gespräch nicht gleichzusetzen ist, sondern eine höchst spezifische und voraussetzungsreiche Technik der Erhebung von Daten ist.

Ein mündliches Interview ist eine soziale Situation, in der Interviewer Fragen stellen, die ein in der Situation nicht anwesendes Forscherteam formuliert hat. Interviewer sind nicht frei zu fragen, was sie wollen, und ihre Fragen nach Gusto zu formulieren, sondern an den Fragebogen gebunden. Auch Befragte sind in ihren Reaktionsmöglichkeiten nicht frei, von ihnen wird (außer bei offenen Fragen) erwartet, dass sie ihre Antworten einer vorgegebenen Form anpassen (geschlossene Fragen). Speziell diese Art der Befragung produziert zwar bei (fast) jeder Frage auch eine Antwort, aber wie diese Antwort zu interpretieren ist, hängt davon ab, wie die Frage gestellt wurde.

Das bedeutet einerseits, dass man bei naiver und unreflektierter Handhabung des Instruments „Befragung" und schlechter Operationalisierung der theoretischen Konstrukte mit sehr hoher Wahrscheinlichkeit Artefakte produziert. Andererseits kann man mit Befragungen (fast) alles belegen, wenn man weiß, welche Stimuli welche kognitiven Prozesse mit entsprechendem Antwortverhalten hervorrufen, und wenn man diese Antworten isoliert vom übrigen Fragenkontext interpretiert. Auch aus diesem Grund sollten in Forschungsberichten stets der genaue Wortlaut der jeweiligen Fragen inklusive aller Antwortvorgaben sowie an irgendeiner Stelle auch der gesamte Fragebogen dokumentiert werden. Nur so sind die Leser in der Lage, die von den Autoren angebotenen Interpretationen der Daten nachzuvollziehen. Dokumentation und Nachvollziehbarkeit sind elementare Grundlagen von Wissenschaftlichkeit und gerade bei der Präsentation von Befragungsergebnissen unverzichtbar.

Dieses grundsätzliche Problem der gleichsam automatischen Produktion von Antworten bei geschlossenen Fragen sollte nun aber nicht zu dem Schluss verleiten, einfach nur noch offene Fragen zu stellen, bei denen die Befragten in ihren Antworten völlig frei sind. Offene Fragen weisen andere Probleme auf und sind bei quantitativen Befragungen oft die schlechtere Alternative (siehe die Einleitung von Kapitel 4). Vielmehr muss man sich *vor* der Formulierung von Fragen und der Konstruktion von Fragebögen mit messtheoretischen Überlegungen, mit soziologischen und sozialpsychologischen Erkenntnissen situativ bedingten Verhaltens, mit kommunikations- und kognitionstheoretischen Aspekten vertraut machen. Die folgende Darstellung dieser Thematik wird kurz ausfallen, da es zu allen genannten Bereichen eine Vielzahl von ausführlichen Abhandlungen in der einschlägigen Literatur gibt.

2.1 Messtheorie

Jede Art von empirischer Forschung hat zumindest das Ziel der Beschreibung realer Sachverhalte, zumeist sollen diese außerdem aber auch ursächlich erklärt werden. Beides ist ohne irgendeine Form von Beobachtung (im weitesten Sinn als Verfahren zur Datenerhebung) solcher Sachverhalte nicht zu leisten. Diese Beobachtung wiederum muss sich notwendig immer auf bestimmte Ausschnitte der Realität beziehen – schon aufgrund der begrenzten menschlichen Wahrnehmungs- wie Informationsverarbeitungskapazität. Nie – in keiner Wissenschaft – ist die gesamte reale Welt (was immer das sein mag) Gegenstand von Forschung und Beobachtung, sondern immer nur ein sehr kleiner Ausschnitt. *Welcher* Ausschnitt dies sein soll, wird durch inhaltliche theoretische Überlegungen festgelegt; *wie* die jeweiligen Beobachtungen vorzunehmen sind, wird durch die Messtheorie bestimmt.

Unter Messen versteht man auch in den Sozialwissenschaften spätestens seit Stevens (1946) die Zuordnung von Zahlen (den Messwerten) zu bestimmten Objekten bzw. Zuständen von Objekten anhand bestimmter Regeln. Man unterscheidet dabei zwischen der (empirischen) Objektmenge und der (numerischen) Symbolmenge. Durch eine Messung werden als relevant angesehene Eigenschaften der Elemente der Objektmenge durch Elemente der Symbolmenge abgebildet. Man verwendet als Symbole in der Regel Zahlen, weil man nur mit Zahlen mathematisch-statistische Analysen durchführen kann. Die Zuordnung von Zahlen zu bestimmten empirischen Zuständen wird auch als Quantifizierung, der Prozess der Zuordnung von Zahlen zu solchen Zuständen als Codierung bezeichnet, die Zahlen nennt man Codes. Jede Messung produziert zudem immer diskrete Daten, auch wenn die Zieldimension theoretisch ein Kontinuum und damit ein stetiges Merkmal darstellt, etwa bei Größe oder Gewicht.

Bei Messungen geht es stets um Vergleiche zwischen den Messwerten verschiedener Merkmalsträger, bei Befragungen also in der Regel Personen. Im Prinzip basiert die ganze Datenanalyse auf solchen Vergleichen. Damit man Messergebnisse vergleichen, also statistisch auswerten kann, müssen diese allerdings auf die immer gleiche Art und Weise gemessen werden. Bei physikalischen Messungen, etwa bei Temperaturmessungen, ist dies unmittelbar einleuchtend. Wenn man die Temperatur in Trier an einem bestimmten Tag mit der in Boston vergleichen will, müssen beide mit dem gleichen Messinstrument in der gleichen Messdimension (also entweder in Grad Celsius oder in Grad Fahrenheit) und zu vergleichbaren Zeitpunkten (z. B. morgens um 7:00 Uhr Ortszeit) gemessen werden.

Das gleiche gilt im Prinzip auch für Messungen durch Befragungen. Nur ist hier die Messsituation ungleich komplexer, denn neben dem eigentlichen Messinstrument – einer Frage bzw. dem gesamten Fragebogen – können weitere Faktoren das Messergebnis beeinflussen. Dazu zählen Verhaltensweisen der Interviewer wie auch situative Elemente und Lerneffekte – neben der Definition der Grundgesamtheit und der Auswahl der Zielpersonen. Solche Einflüsse lassen sich nicht vermeiden, sondern nur (in Grenzen) kontrollieren. Man spricht in diesem Zusammenhang von der Standardisierung der Messsituation. Das bedeutet, dass die gegenüber physikalischen Messungen ungleich komplexeren Messbedingungen für alle Befragten möglichst identisch sein sollen. Zu dieser Standardisierung der Messsituation gehört zunächst, dass man allen Befragten exakt die gleichen Fragen in identischer Formulierung und identischer Reihenfolge stellt – es sei denn, man ist gerade an möglichen Effekten unterschiedlicher Formulierung oder Reihung interessiert. Man bezeichnet diesen Teilaspekt als Standardisierung des Erhebungsinstruments. Deshalb werden standardisierte Fragebögen entwickelt, bei denen die Formulierungen und die Reihenfolge der Fragen festliegen. Bei sogenannten hochstandardisierten Fragebögen (dem Normalfall in der quantitativen Umfrageforschung) werden zudem auch die Antwortmöglichkeiten vorgegeben. Die Fragebögen dürfen von den Interviewern nicht verändert werden.

Auch das sonstige Verhalten der Interviewer wird normiert, damit diese sich weitgehend ähnlich verhalten. Diese Standardisierung des Interviewerverhaltens erfolgt zum einen durch Intervieweranweisungen im Fragebogen und zum anderen durch Interviewerschulungen (Abschnitt 4.4.1). Idealerweise sollen Interviewer einen seriösen Eindruck machen, interessiert wirken, sich aber dem Thema und den Befragten gegenüber völlig neutral verhalten. Ziel der Interviewerschulung ist es, die Interviewer gewissermaßen zu „austauschbaren" Erhebungsinstrumenten zu erziehen. Diese idealtypische Vorstellung ist so in der Praxis kaum je umsetzbar, denn aus ganz unterschiedlichen Gründen lassen sich Interviewereffekte nicht völlig vermeiden. Deshalb werden üblicherweise bei größeren Befragungen viele Interviewer eingesetzt, von denen jeder dann nur eine relativ kleine Zahl von Interviews durchführen soll (als Faustregel: nach Möglichkeit nicht mehr als 10 pro Befragung), um Interviewereffekte zu minimieren bzw. um eine möglichst normalverteilte Streuung von interviewerbedingten Messfehlern zu erreichen. Darüber hinaus kann man bei wissenschaftlichen Untersuchungen und bei genügend Zeit und Finanzmitteln Zusatzfragen zur Interviewsituation etc. vom Interviewer dokumentieren lassen, die dann später gesondert im Hinblick auf die Befragungsergebnisse analysiert werden können.

Die angestrebte Standardisierung der Situation lässt sich z. B. dadurch erreichen, dass nach Möglichkeit Interviews bei den Zielpersonen zu Hause, also in einer diesen vertrauten Atmosphäre stattfinden und keine weiteren Personen während des Interviews anwesend sein sollten. Diese Forderungen sind nicht immer zu realisieren. In solchen Fällen müssen Abweichungen von der Standardsituation protokolliert werden (siehe zu den Anforderungen an den Methodenbericht Abschnitt 4.4.4).

Die wichtigste Regel bei einer Messung ist die strukturtreue Abbildung. Es ist darauf zu achten, dass die als relevant erachteten Relationen der Objektmenge in der Symbolmenge erhalten bleiben, so dass man die Objekte entsprechend diesen Eigenschaften unterscheiden und gegebenenfalls auch ordnen kann. Welche Relationen als relevant angesehen werden, hängt von dem jeweiligen Erkenntnisinteresse ab. So kann es für eine bestimmte Untersuchungsfrage z. B. völlig ausreichend sein, Befragte danach zu unterscheiden, ob sie einer Konfessionsgemeinschaft angehören oder nicht, weil man nur mögliche Unterschiede zwischen konfessionell ungebundenen Personen und Mitgliedern von organisierten Religionsgemeinschaften untersuchen will. Das Merkmal „Zugehörigkeit zu einer Konfessionsgemeinschaft" wird dann in den dichotomen Ausprägungen „ja" und „nein" gemessen. Erstere Ausprägung wird mit 1 codiert, letztere mit 0. Wenn man dagegen auch an der konfessionellen Orientierung interessiert ist, muss man das Merkmal differenzierter messen und z. B. nach der Zugehörigkeit zu bestimmten Konfessionsgemeinschaften fragen. Hier müssen etwa die Ausprägungen „evangelisch", „katholisch", „andere christliche Konfessionsgemeinschaft", „andere nicht christliche Konfessionsgemeinschaft" und „konfessionslos" vorgegeben werden. Für jede dieser Ausprägungen ist eine andere Codezahl zu verwenden. Bei religionssoziologischen Untersuchungen wird man die Merkmalsausprägungen noch weiter differenzieren.

An diesem Beispiel wird auch deutlich, dass jede Messung eine Konstruktion ist, die auf Entscheidungen basiert und sich nicht zwingend aus den Eigenschaften von Untersuchungsobjekten ergibt. Dies gilt auch für die Naturwissenschaften und andere Bereiche, in denen sich Messungen scheinbar evident aus den Untersuchungsobjekten ergeben, etwa Tore in Ballsportarten. Messungen von Länge, Gewicht oder Geschwindigkeit stellen grundsätzlich willkürliche Interpunktionen in einem Kontinuum dar. Was man hier noch „entdecken" kann, hängt von der Verfeinerung der Messinstrumente ab, wie etwa die Fußball-Weltmeisterschaften 2010 und 2018 zeigen: Die Schiedsrichter im WM-Spiel England–Deutschland haben im Jahr 2010 nicht erkannt, dass der Ball beim „Bloemfontein-Tor" die Torlinie überquert hat, während dies in der Zeitlupe für die Fernsehzuschauer klar zu sehen war. Bei der WM 2018 stand den Schiedsrichtern hingegen der Videobeweis zur Verfügung, also ein verfeinertes Messinstrument, welches es den Schiedsrichtern wahrscheinlich ermöglicht hätte zu erkennen, dass der Ball die Torlinie überquert hat.

Nun hat man es in den Sozialwissenschaften nur selten und bei Befragungen so gut wie nie mit direkt beobachtbaren und damit unmittelbar messbaren Merkmalen zu tun. Bei Befragungen ist man neben soziodemografischen Merkmalen interessiert an Einstellungen, Bewertungen und Erwartungen, an Kenntnissen oder an Verhaltensweisen von Personen. Damit sind zudem häufig auch noch recht komplexe, abstrakte und somit interpretationsfähige Phänomene gemeint, z. B. subjektive Krankheitstheorien, Autoritarismus, Attributionsstile, aggressives oder minderheitenfeindliches, erinnertes oder zukünftig beabsichtigtes Verhalten. Vor der Beantwortung der Frage, *wie* gemessen werden soll, muss daher die Frage geklärt werden, *was* gemessen werden *soll* und was gemessen werden *kann*.

2.1.1 Theoretisches Konstrukt und Indikator

Man unterscheidet dazu zwischen theoretischen Begriffen oder theoretischen Konstrukten (bisweilen findet sich auch der Begriff der „latenten Variable") und ihren Indikatoren. Theoretische Konstrukte bezeichnen die eigentlich interessierenden und aus einer Theorie abgeleiteten Sachverhalte, die aber nicht direkt beobachtbar sind. Um solche Konstrukte beobachten und messen zu können, muss man sie operationalisieren.

Operationalisierung meint, dass man – wiederum theoretisch begründet – direkt beobachtbare Merkmale benennt, anhand derer man auf das Vorliegen und die Ausprägung des theoretischen Konstrukts schließen kann. Diese Merkmale werden als Indikatoren bezeichnet, als Stellvertreter oder Anzeiger für nicht direkt messbare Sachverhalte. Untersuchungseinheiten, die solche Merkmale aufweisen, werden auch Merkmalsträger genannt.

Dabei ist man in der Regel an Sachverhalten interessiert, die in ihrer Ausprägung variieren und anhand derer man Untersuchungseinheiten unterscheiden, klassifizieren und typisieren kann. Indikatoren, die für diese Sachverhalte gefunden werden, bezeichnet man als Variable, ihre jeweiligen Merkmalsausprägungen als Variablenwerte. Als Konstante werden solche Merkmale bezeichnet, deren Merkmalsausprägung für alle betrachteten Untersuchungseinheiten gleich ist. So ist etwa nach derzeitigem Kenntnisstand die Verwendung einer Sprache für menschliche Gesellschaften eine Konstante und als solche soziologisch uninteressant. Interessant wiederum ist, *wie* verschiedene Gesellschaften Sprachen nutzen, weil hier Unterschiede feststellbar sind.

Bei sozialwissenschaftlichen Untersuchungen sind die weitaus meisten theoretischen Konstrukte zu abstrakt oder auch zu vage, um umstandslos in Indikatoren umgesetzt zu werden und zudem häufig auch zu komplex, um durch nur einen Indikator hinlänglich gemessen werden zu können. Deshalb ist es ein wesentlicher Bestandteil jeder Untersuchung, begründet darzulegen, welche Aspekte das interessierende Phänomen beinhaltet und welche davon für die Untersuchung als wichtig angesehen werden. Man muss die Untersuchungsdimensionen eines theoretischen Konstrukts spezifizieren. Diese sogenannte Konzeptspezifikation ist ein wesentlicher Bestandteil der theoretischen Begründung der Forschungsfrage. Für die Qualität und Angemessenheit einer Konzeptspezifikation gibt es allerdings keine objektiven, sondern lediglich Plausibilitätskriterien (Abbildung 2.1).

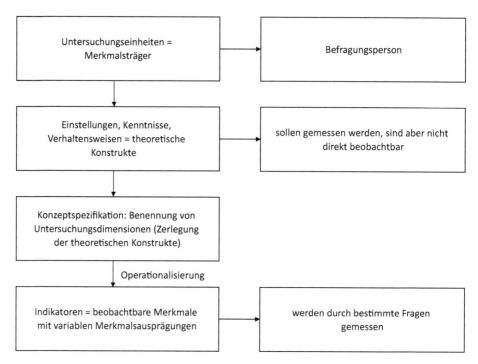

Abb. 2.1: Elemente einer Messung bei einer Befragung (Quelle: eigene Erstellung).

Die aus der Konzeptspezifikation resultierende Ableitung von Indikatoren ist damit ebenfalls nicht objektivierbar, sie muss aber in allen Schritten so dargestellt werden, dass sie für Dritte nachvollziehbar ist, weil anders eine Plausibilitätskontrolle nicht möglich ist. Diese Kontrolle kann sich an folgenden Fragen orientieren:
- Ist ein theoretisches Konstrukt überhaupt begründet worden?
- Ist der aktuelle Erkenntnisstand bei der Begründung eines theoretischen Konstruktes berücksichtigt worden?
- Ist die theoretische Darstellung in sich kohärent und widerspruchsfrei?
- Sind die Indikatoren logisch korrekt aus der Konzeptspezifikation abgeleitet worden?
- Decken die Indikatoren wesentliche Teile oder nur Randbereiche des theoretischen Konstruktes ab?

Ein Beispiel soll dies verdeutlichen: Die Zugehörigkeit einer Person zu einer sozialen Schicht ist eine zentrale sozialwissenschaftliche Kategorie und wird in vielen Untersuchungen als wichtiges erklärendes Merkmal verwendet, d.h., feststellbare Unterschiede zwischen Personen können häufig (auch) auf deren unterschiedliche Schichtzugehörigkeit zurückgeführt werden. So zeigt sich etwa, dass Morbidität und Mortalität in der Unterschicht höher sind als in der Mittel- und Oberschicht und die durchschnittliche Lebenserwartung dementsprechend niedriger (Robert Koch-Institut 2015). Angehörige unterschiedlicher Schichten haben zudem unterschiedliche Lebensziele und Wertvorstellungen, unterschiedliche kulturelle Präferenzen usw.

„Soziale Schicht" ist als theoretisches Konstrukt allerdings nicht unmittelbar messbar, sondern muss in Untersuchungsdimensionen zerlegt werden. Entsprechende Überlegungen zu solchen Dimensionen und Indikatoren wie auch zu der Frage, warum die Schichtzugehörigkeit ein wesentlicher Einflussfaktor für Lebensbedingungen, Einstellungen und Verhaltensweisen ist und wie dieser Einfluss sich auswirkt, wurden und werden in Theorien zur sozialen Ungleichheit angestellt. Als wesentliche und ausreichende Bestandteile des Konzeptes „Schichtzugehörigkeit" sah man lange Zeit die Dimensionen „Bildung", „Einkommen" und „Berufsprestige" an (Abbildung 2.2). Als Indikatoren dafür wurden die Formalbildung, Einkommensklassen und berufliche Position verwendet. Die Merkmalsausprägungen dieser Indikatoren wurden einzeln gemessen und die Schichtzugehörigkeit einer Person dann bei der Datenanalyse durch Verknüpfung der Einzelindikatoren ermittelt. Besonders bekannt dürfte in diesem Zusammenhang der Scheuch'sche Schichtungsindex sein (Scheuch und Daheim 1985). Zur Konstruktion dieses Indexes wurden den Merkmalsausprägungen der drei genannten Indikatoren Punktwerte zugeordnet und diese dann addiert. Das komplexe Merkmal Schichtzugehörigkeit wurde in sechs Ausprägungen untergliedert, und zwar in „untere Unterschicht", „obere Unterschicht", „untere Mittelschicht", „mittlere Mittelschicht", „obere Mittelschicht" und „Oberschicht". Entsprechend dem erreichten Summenwert wurden die Befragten dann einer dieser Schichten zugeordnet.

Dieses Verfahren ist vielfach kritisiert worden, nicht zuletzt deshalb, weil mit einem so gemessenen Schichtungsbegriff in den 1980er- und 1990er-Jahren bei bestimmten Fragen zunehmend weniger Varianz erklärt werden konnte – bestimmte Phänomene ließen sich auf die Schichtzugehörigkeit nicht (mehr) zurückführen. Die Ermittlung der Schichtzugehörigkeit durch Indexbildung wurde unter anderem als zu formalistisch kritisiert, weil Personen mit ganz unterschiedlichen Ausprägungen in den Einzelindikatoren gleiche Summenwerte erhalten können und dann in die gleiche Schicht eingeordnet werden (Geißler 1987, S. 10 ff.). Die hinter diesem Verfahren stehende Vorstellung, dass die gewählten Indikatoren wechselseitig kompensationsfähig (indem etwa niedrige Formalbildung durch – wie auch immer erzieltes – hohes Einkommen „ausgeglichen" werden kann) und damit inhaltlich äquivalent sind, wird der sozialen Realität nicht gerecht. Außerdem wurde kritisiert, dass diese Konzeptspezifikation von „Schicht" einseitig auf objektive Merkmale der ökonomischen Leistungsfähigkeit beschränkt ist und andere Determinanten sozialer Ungleichheit, z. B. Alter bzw. Kohortenzugehörigkeit, Geschlecht oder regionale Herkunft, unberücksichtigt bleiben (Hradil 1987, S. 117 f.). Heute muss man zusätzlich anmerken, dass eine hohe Formalbildung eine entsprechende berufliche Position keinesfalls garantiert. Es gibt auch arbeitslose und taxifahrende Juristen, um den Soziologen nicht immer wieder zu bemühen. Schließlich sind die Zahl der Schichten und deren

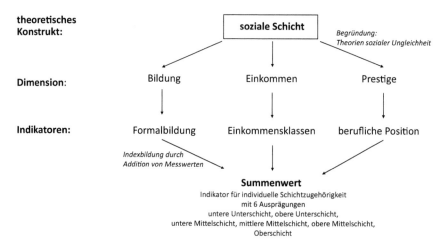

Abb. 2.2: Soziale Schicht: Operationalisierung eines theoretischen Konstruktes (Quelle: eigene Erstellung).

wechselseitige Abgrenzung ein ungelöstes Dauerproblem der Soziologie sozialer Ungleichheit. Ein eher praktisches Problem sind zudem die hohen Verweigerungsraten bei der Frage nach dem Einkommen.

Diese Kritik hat zu anderen Versuchen der Konzeptspezifikation von „sozialer Schicht" geführt, die natürlich ebenfalls wiederum kritisiert worden sind. An diesem Problem der Messung von Schichtzugehörigkeit wird nochmals deutlich, dass eine Messung eine entscheidungsabhängige Angelegenheit ist und es verschiedene Varianten der Messung eines Phänomens gibt, je nachdem, um welche Forschungsfrage es sich im konkreten Fall handelt.

Das Beispiel verdeutlicht auch den Sinn der Forderung nach der Verwendung multipler Indikatoren: Gerade bei komplexen Konstrukten, wie z. B. Einstellungen gegenüber Minoritäten oder eben der Schichtzugehörigkeit, decken einzelne Indikatoren stets nur (kleine) Teilaspekte dieses Konstruktes ab. Messungen solcher Konstrukte werden deshalb umso genauer, je mehr Indikatoren verwendet werden (in Grenzen natürlich; Grenzen, die in der psychologischen Forschung für Praktiker der Sozialforschung allzu häufig gesprengt werden, siehe dazu exemplarisch das Beispiel 2 im Kapitel 8 „So nicht: Beispiele für schlechte Fragen").

Außerdem sind Messungen stets fehlerhaft, wobei zwischen zufälligen und systematischen Fehlern unterschieden wird. Bei zufälligen Messfehlern wird angenommen, dass diese unsystematisch variieren und annähernd normalverteilt sind, der Messfehler-Mittelwert mehrerer unabhängiger Messungen somit gegen Null geht.[1]

---

[1] Zu systematischen Messfehlern und den dazugehörigen Messfehlermodellen sowie zu weiteren zentralen Annahmen der für sozialwissenschaftliche Messungen sehr wichtigen „klassischen Testtheorie" vgl. die weiterführende Literatur.

Zusammengefasste Messungen, etwa durch Berechnungen von Mittelwerten, liefern bei Vorliegen von unsystematischen Messfehlern genauere Messergebnisse als Einzelmessungen, weil sich die Messfehler in der Tendenz aufheben. Praktisch bedeutsam wird dies z. B. bei der Messung von Einstellungen durch sogenannte Skalen. Hier wird eine bestimmte Einstellung durch mehrere (nochmals: nicht beliebig viele) Statements gemessen und dann für jeden Befragten ein Skalenwert berechnet, wobei jedoch das Messniveau zu beachten ist.[2]

2.1.2 Messniveaus

Die angesprochene Zusammenfassung verschiedener Messungen durch das arithmetische Mittel ist nicht bei jeder Art von Merkmal möglich. Man muss bei dem Messniveau eines Merkmals beachten, welche mathematischen Transformationen der Codezahlen vor dem Hintergrund der empirischen Merkmalsausprägungen, die sie repräsentieren, sinnvoll sind und welche nicht. Diese Überlegung ist auch bei der weiteren Datenanalyse wichtig, weil das Messniveau darüber entscheidet, welche Analyseverfahren angewendet werden dürfen und welche nicht. So ist es natürlich sinnlos, den Mittelwert des Merkmals „Geschlecht" berechnen zu wollen, auch wenn dies technisch bei Verwendung der Codezahlen 1 und 2 für die beiden Merkmalsausprägungen kein Problem darstellt. Eine detaillierte Übersicht findet sich in Tabelle 2.1.

Nominalskala
In dem eben genannten Beispiel des Geschlechts bedeuten unterschiedliche Codes lediglich, dass sich die Merkmalsträger unterscheiden. Dieser einfachsten Form der Klassifikation von Merkmalsträgern entspricht die Nominalskala. Nominalskalierte Merkmale lassen also nur die Aussage zu, dass sich Personen mit unterschiedlichen Merkmalsausprägungen unterscheiden. Neben der Berechnung von Mittelwerten verbietet sich bei nominalskalierten Merkmalen auch die Erstellung einer Rangordnung. Nominalskalen weisen lediglich die Eigenschaft einer sogenannten Äquivalenzrelation auf. Es ist daher bei solchen Merkmalen auch völlig irrelevant, welche Codes für einzelne Merkmalsausprägungen vergeben werden, solange diese sich nur voneinander unterscheiden.

Ordinalskala
Dagegen spielt die Abfolge der Codezahlen bei der Ordinalskala sehr wohl eine Rolle. Unterscheidet man Personen etwa hinsichtlich ihres Schulabschlusses, so ist es zwar

---

[2] Siehe dazu Abschnitt 4.2.4 zu Skalen. Skalen zur Messung von Einstellungen sollten nicht verwechselt werden mit den in Abschnitt 2.1.2 behandelten allgemeinen Messmodellen, die ebenfalls als Skalen bezeichnet werden.

inhaltlich gleichgültig, ob man die Ausprägungen „Hauptschulabschluss", „Mittlere Reife" und „Abitur" mit „1", „2" und „3" oder mit „1", „15 und „231" codiert (was man aber aus codierungstechnischen Gründen nicht tun sollte, weil so die Wahrscheinlichkeit von Codierfehlern steigt). Man dürfte hier aber nicht „Hauptschulabschluss" mit 3, „Mittlere Reife" mit 2 und „Abitur" mit 6 codieren. Dieses Vorgehen würde der empirischen Struktur des Merkmals widersprechen, da Art und Umfang des Lehrstoffs für die drei Schultypen in einem hierarchischen Verhältnis stehen und die regulären Schulzeiten mit höherem Schulabschluss steigen. Ordinalskalen haben also neben der Eigenschaft des Vorliegens einer Äquivalenzrelation eine Ordnungsrelation der Über-, Unter- oder Nebenordnung der Objekte.

Auf ordinalem Messniveau sind die Abstände zwischen Merkmalsausprägungen nicht interpretierbar, weshalb sich hier strenggenommen auch Rechenoperationen wie die Berechnung des arithmetischen Mittels verbieten. Die Variablenwerte lassen sich aber in eine bestimmte Rangfolge bringen. Im vorliegenden Beispiel lässt sich demnach zwar nicht sagen, dass Abiturienten dreimal mehr theoretisches Wissen als Hauptschüler erworben haben, wohl aber, dass sie im Lauf ihrer Schulzeit mehr Wissen erworben haben.

Intervallskala
Die Abstände zwischen den Messwerten, die auch exakte Quantifizierungen ermöglichen, lassen sich erst auf metrischem Messniveau sinnvoll interpretieren, da sie bei diesem Messniveau durch die Merkmalsausprägungen selbst und nicht erst durch die Verwendung von Zahlencodes bestimmt und festgelegt werden (Äquidistanz der Messpunkte als zusätzliche Eigenschaft). Unterschieden wird hier zwischen Intervallskala und Ratioskala.[3] Bei der Intervallskala gibt es keinen absoluten Nullpunkt, weshalb hier Punktrechenarten noch nicht zulässig sind. Deren Anwendung ist erst auf Ratioskalen-Niveau möglich, wo es einen absoluten Nullpunkt für die Ausprägungen der Objektmenge gibt.

Das typische Beispiel für diese Unterschiede innerhalb des metrischen Messniveaus sind immer Temperaturmessungen in Grad Celsius und Kelvin. Die Celsius-Skala ist eine Intervallskala, da hier der Nullpunkt willkürlich festgelegt wurde (Gefrierpunkt des Wassers). Man kann damit z. B. sagen, dass Wasser mit einer Temperatur von 30 °C um 15 ° wärmer ist als solches, das nur 15 °C misst. Nicht möglich ist dagegen die Aussage, dass 30 °C warmes Wasser doppelt so warm ist wie 15 °C warmes. Demgegenüber gibt es bei der Kelvin-Skala einen absoluten Nullpunkt (dieser entspricht rund −273 °C), der dadurch bestimmt ist, dass jede Form von Molekülbewegung zum Erliegen kommt. Bei 300 K ist Wasser tatsächlich doppelt so warm wie bei 150 K, weil dann die Wassermoleküle doppelt so viel Bewegungsenergie aufweisen.

---

3 Nur der Vollständigkeit halber sei angemerkt, dass es hier noch detailliertere Klassifikationen gibt; vgl. dazu die weiterführende Literatur.

Im Bereich der Sozialwissenschaften sind „echte" intervallskalierte Merkmale extrem selten. Üblicherweise werden hier schulische Leistungen oder die Intelligenz angeführt, in Anbetracht der nicht unumstrittenen Art der Messung dieser Merkmale (Noten, IQ) ist diese Zuordnung aber durchaus diskussionsfähig.[4] Weitere echte Merkmale mit Intervallskalen-Niveau sind das Geburtsjahr und das daraus abgeleitete Alter einer Person in Jahren. Eindeutig kein Intervallskalen-Niveau haben Rating-Skalen aller Art, auch wenn diese mit 5, 7, 10 oder mehr Skalenpunkten konstruiert werden. Das Messniveau dieser Skalen zur Messung von Intensitäten ist und bleibt ordinal.

Ratioskala
Ratio-skalierte Merkmale sind etwa die Dauer der regulären Schulzeit in Jahren, das Einkommen in € und überhaupt alle numerischen quantitativen Angaben zu Merkmalen, die einen absoluten Nullpunkt aufweisen. Zu beachten ist, dass die Zusammenfassung von eigentlich Ratio-skalierten Merkmalen zu Merkmalsklassen das Messniveau senkt. Wenn man z. B. das Merkmal „Einkommen in €" zu Einkommensklassen zusammenfasst, dann hat dieses neue Merkmal nur noch ordinales Messniveau, weil eine Zuordnung von Merkmalsträgern zu genauen Merkmalsausprägungen nicht mehr möglich ist.

Tab. 2.1: Eigenschaften von Messniveaus (Quelle: eigene Erstellung).

Art der Daten	Messniveau	Charakteristika	Beispiele
Kategoriale Daten	Nominal	Unterschiede zwischen Merkmalsausprägungen	Geschlecht, Nationalität, Konfessionszugehörigkeit
	Ordinal	Rangunterschiede, hierarchische Ordnung	Schichtzugehörigkeit, Wohnort in Wohnortgrößenklassen, Rating-Skalen zur Einstellungsmessung
Metrische Daten	Intervall	Feste Abstände zwischen den Merkmalen	Intelligenzquotient, Geburtsjahr, Alter in Jahren
	Ratio	Natürlicher Nullpunkt	Einkommen in Euro

Die messtheoretischen Fallstricke der Klassierung von metrischen Merkmalen möge der interessierte Leser in den entsprechenden Grundlagenwerken der einführenden Statistik nachlesen, da die Datenanalyse nicht das zentrale Thema dieses Buches ist. Dennoch sind zum Abschluss dieses Abschnitts zwei generelle Anmerkungen angezeigt: Die erste Anmerkung betrifft Implikationen des Messniveaus für die Datenanalyse:

---

[4] Die bei uns übliche Jahreszählung ist ein unstrittiges Beispiel für ein intervallskaliertes Merkmal mit einem willkürlich festgelegten Nullpunkt (Christi Geburt).

Viele übliche Verfahren der Datenanalyse basieren auf Mittelwertberechnungen, ob es sich nun um Faktoren-, Varianz-, Regressions- oder sonstige Analysen des allgemeinen linearen Modells handelt. Strenggenommen dürften diese Verfahren deshalb bei ordinalskalierten Merkmalen, wie sie mit Einstellungs- oder Rating-Skalen erhoben werden, nicht angewendet werden, da diese Merkmale nicht die notwendige Mindestvoraussetzung der Äquidistanz der Messpunkte erfüllen. Verschiedene Simulationen (Allerbeck 1978; Diehl und Kohr 2004; Labovitz 1970) haben aber gezeigt, dass die Analyse solcher Variablen auch mit Verfahren des allgemeinen linearen Modells nicht zu nennenswerten Verzerrungen der Analyseergebnisse führt. Hinsichtlich der Anwendung solcher Verfahren können eigentlich ordinalskalierte Merkmale pragmatisch also als quasi-intervallskalierte Merkmale angesehen werden. Man sollte dann aber nicht den Fehler machen, auch die Ergebnisse solcher Analysen im Sinn einer Intervall- oder sogar einer Ratioskala zu interpretieren. Unterschiedliche Faktorladungen, Betagewichte oder Mittelwerte lassen sich bei solchen Merkmalen nur ordinal interpretieren. Beispielsweise besagen ein Betawert von .105 bei einer Pfadanalyse für das Merkmal Alter und ein Wert von .210 für das Merkmal Bildung lediglich, dass eine analysierte Einstellung als abhängiges Merkmal stärker von der Bildung als von dem Alter determiniert wird. Dagegen kann man aus diesem Ergebnis nicht ableiten, dass der Bildungseffekt doppelt so groß ist wie der Alterseffekt.[5]

Die zweite Anmerkung bezieht sich auf das Verhältnis von Indikator und Konstrukt: Gerade bei soziodemografischen Merkmalen muss man sich sehr genau überlegen, was diese eigentlich indizieren. Dies gilt insbesondere für das Merkmal „Alter", bei dem man, wenn es als nicht klassiertes erfasst wird, zumeist davon ausgeht, dass es metrisches Messniveau hat. Hinsichtlich der biologischen Implikationen dieses Merkmals und der schlichten Zahl von Lebensjahren, die man schon hinter sich hat, ist dies auch zutreffend. Wer 30 Jahre alt ist, ist 15 Jahre älter als jemand, der erst 15 ist. Verglichen mit dem 15-Jährigen hat der 30-Jährige statistisch gesehen eine geringere weitere Lebenserwartung, die quantifizierbar ist. Abgesehen von Berechnungen zur Lebenserwartung spielen biologische Aspekte des Merkmals „Alter" in sozialwissenschaftlichen Untersuchungen aber kaum eine Rolle.

Alter wird in solchen Untersuchungen in der Regel verwendet als Indikator für Kohortenzugehörigkeit und die damit verbundenen Erfahrungen, Lebenschancen und Sozialisationsschicksale, für „Lebenserfahrung" generell, für die Stellung im Lebenszyklus. Das heißt, es interessiert z. B., wer zu welcher Zeit sozialisiert wurde und gelebt hat. All dies sind aber keine abzählbaren Merkmale, die metrisches Messniveau aufweisen, sondern bestenfalls ordinalskalierte Merkmale. Man muss hier – wiederum mit Blick auf die Datenanalyse – zwischen dem Skalenniveau des Indikators und dem Skalenniveau des relevanten theoretischen Konstrukts unterscheiden. Das gleiche gilt

---

5 Wir weisen außerdem darauf hin, dass es auch eigens für ordinal – und nominalskalierte Daten entwickelte leistungsfähige multivariate Analyseprozeduren gibt.

auch für das Merkmal „Schulzeit in Jahren" als Indikator für erworbene Bildung. Das Merkmal selbst ist eindeutig ratioskaliert, die Untersuchungsdimension „Bildung" dagegen nur ordinal.

2.1.3 Gütekriterien einer Messung

Ziel jeder Messung ist es, möglichst genaue und fehlerfreie Messwerte zu erhalten. Dies ist schon in den Naturwissenschaften ein Problem, erst recht aber in den Sozialwissenschaften. Messungen in Befragungen enthalten Messfehler, weil Befragte die Frage anders verstehen und interpretieren als die Forscher, weil sie ihre Antwort an anderen Stimuli als dem Wortlaut der Frage orientieren oder auch, weil die gewählten Indikatoren etwas anderes messen als das eigentlich gemeinte theoretische Konstrukt (Mergener und Décieux, 2018). Für Messungen sind deshalb Gütekriterien entwickelt worden, die Aufschluss über die Genauigkeit und Qualität von Messungen geben sollen. Neben der grundsätzlichen Forderung nach Objektivität und Nachvollziehbarkeit, was eine genaue Dokumentation des Forschungsdesigns impliziert, sind messtheoretisch die Kriterien Zuverlässigkeit und Gültigkeit von zentraler Bedeutung (ausführlicher dazu Diekmann 2009, S. 247 ff.; eine stärker mathematisch ausgerichtete Darstellung findet sich bei Krauth 1995).

Zuverlässigkeit
Zuverlässigkeit (Reliabilität) einer Messung meint, dass wiederholte Messungen mit dem gleichen Messinstrument auch gleiche Ergebnisse bringen müssen. Ein Messinstrument, das bei wiederholten Messungen desselben Objektes unterschiedliche Ergebnisse liefert, ist vermutlich nicht zuverlässig. Der einfachste Test auf Zuverlässigkeit besteht in wiederholt durchgeführten Messungen. Bei dieser Test-Retest-Methode gilt ein Instrument dann als zuverlässig, wenn die verschiedenen Messwerte nicht voneinander abweichen. Dieses Verfahren unterstellt eine Konstanz der zu messenden Eigenschaften im Zeitverlauf. Diese Annahme ist bei Messungen von Einstellungen oder Kenntnissen allerdings kritisch zu beurteilen, da diese im Zeitverlauf sehr wohl geändert werden können. Dabei kann eine solche Änderung möglicherweise sogar auf die erste Messung zurückzuführen sein, denn es ist nicht ausgeschlossen, dass sich Personen, angeregt durch ein Interview, mit einer bestimmten Thematik intensiver befassen und ihre Meinung ändern bzw. ihre Kenntnisse erweitern. In solchen Fällen ist nicht das Messinstrument unzuverlässig, sondern das zu messende Objekt hat sich verändert.

Aus diesem Grund und weil Test-Retest-Verfahren aufwendig und teuer sind, wendet man in der Praxis zumeist Verfahren an, die keine wiederholten Messungen erfordern. Eine Variante dabei ist die Paralleltestmethode. Man führt unter Verwendung von zwei verschiedenen Messinstrumenten, die die gleiche Untersuchungsdimension messen sollen, parallele Tests durch. Die Korrelation der Ergebnisse beider Messinstrumente ist dann ein Maß für deren Zuverlässigkeit. Bei der Paralleltestmethode lassen sich grundsätzlich zwei Varianten unterscheiden: In dem einem Fall werden alle Zielpersonen der Befragung mit den beiden Messinstrumenten konfrontiert, in dem anderen Fall wird die Stichprobe per Zufallsauswahl in zwei Hälften geteilt und jede der beiden Substichproben mit einer der beiden Varianten des Messinstruments befragt. Die erste Variante kostet mehr Befragungszeit, die zweite ist in der Stichprobenziehung bei persönlich-mündlichen und postalischen Befragungen etwas aufwendiger. Grundsätzlich problematisch bei Paralleltestmethoden ist es allerdings, alternative Messinstrumente zu entwickeln, die trotz unterschiedlicher Formulierung wirklich die gleiche Untersuchungsdimension messen. Schwache Item-Korrelationen können deshalb auch ein Hinweis dafür sein, dass beide Varianten nicht die gleichen Dimensionen messen.

Speziell dieser Aspekt der Prüfung auf Eindimensionalität liegt einer weiteren (und der am häufigsten verwendeten) Gruppe von Reliabilitätstests zugrunde, die zusammenfassend als Methoden der internen Konsistenz bezeichnet werden und letztlich auf Korrelationsanalysen basieren.[6] Diese Verfahren sollten bei allen Messinstrumenten verwendet werden, die aus mehreren Indikatoren bestehen (insbesondere also bei Skalen). Dabei geht es um die Frage, inwieweit alle Einzelindikatoren dasselbe Konstrukt messen.

Zwei Verfahren sind hier gebräuchlich: Die Split-Half-Methode und Faktorenanalysen. Wie der Name bereits sagt, wird bei der Split-Half-Methode das Messinstrument in zwei Hälften geteilt. Wenn etwa eine Skala acht Items enthält, die die Einstellung „Fremdenfeindlichkeit" messen soll, dann wird ermittelt, wie stark zwei Untergruppen mit jeweils vier Items miteinander korrelieren. Ein solches Maß für die sogenannte interne Konsistenz zweier Testhälften kann mit der „Spearman-Brown-Formel" ermittelt werden. Der Nachteil dieses Verfahrens liegt darin, dass es viele Möglichkeiten der Aufspaltung von Messinstrumenten gibt und diese mit der Zahl der Items steigen. Dementsprechend gibt es für die gleiche Skala auch verschiedene Maße der internen Konsistenz. Dieser Nachteil lässt sich vermeiden, wenn man „Cronbachs Alpha" verwendet. Dieser Koeffizient entspricht dem Mittelwert aller möglichen Split-Half-Korrelationskoeffizienten und kann auch aus den Korrelationen von dichotomen Items (Items mit nur zwei Antwortmöglichkeiten) berechnet werden. Alpha ist normiert auf den Wertebereich zwischen 0 und 1. Als Faustregel kann gelten, dass Werte ab ungefähr .8 akzeptabel sind und darauf hinweisen, dass das Messinstrument eindimensional ist (d. h. man akzeptiert die Annahme, dass alle verwendeten Items tatsächlich dasselbe Konstrukt messen).

Bei Faktorenanalysen versucht man, eine Vielzahl von Items durch eine kleinere Zahl von „Faktoren" zu erklären, wobei diese Faktoren als latente Konstrukte auf-

---

[6] Die üblichen Statistikprogramme bieten für die nachfolgend genannten Verfahren Standardprozeduren an. Ansonsten verweisen wir zur technischen Durchführung und näheren inhaltlichen Erläuterung auf die weiterführende Literatur.

gefasst werden. Items, die denselben Sachverhalt messen und damit Indikatoren für dasselbe Konstrukt sind, „laden" dann auch hoch auf einem Faktor. Die „Faktorladung" eines Items ist der Korrelationskoeffizient dieses speziellen Items mit allen anderen Items, die den jeweiligen Faktor konstituieren. Faktorladungen können Werte zwischen −1 und 1 annehmen. Als Faustregel gilt hier: Werte ab .5 (bzw. −.5) sind akzeptabel und rechtfertigen es, das betreffende Item dem Faktor und damit dem angepeilten theoretischen Konstrukt zuzuordnen.

Ein weiteres Ziel von Faktorenanalysen wie auch der Berechnung von Cronbachs Alpha ist es, solche Items aus der Datenanalyse (und künftigen Befragungen) auszuschließen, die ausweislich der jeweiligen Koeffizienten nicht als Indikatoren für die interessierenden Untersuchungsdimensionen angesehen werden können. Gerade bei Skalierungsverfahren sollten die Items vor der Konstruktion der Skala auf Eindimensionalität getestet werden.

Zu beachten ist auch, dass die Zuverlässigkeit eines Messinstruments nicht nur von den verwendeten Indikatoren abhängt, sondern auch von den damit befragten Personen. Ändert sich die Zusammensetzung der Stichprobe, dann können sich auch die Reliabilitätsmaße eines Messinstruments ändern. Das gleiche gilt für zeitlich gestaffelte Befragungen in gleichen Populationen, weil Befragte im Zeitverlauf ihre Einstellung ändern, das Thema nicht mehr wichtig ist, die Formulierung antiquiert anmutet, sich Bedeutungsverschiebungen bei den verwendeten Begriffen ergeben haben usw. In diesem Zusammenhang ist vor allen Dingen vor der unreflektierten Übernahme sogenannter getesteter Skalen aus der Psychologie in allgemeinen Bevölkerungsumfragen zu warnen. Testpopulationen bei psychologischen Untersuchungen sind häufig sehr spezielle (und zahlenmäßig kleine) Gruppen (etwa Studenten der Psychologie), wobei die Untersuchungspersonen zudem in der Regel nicht durch Zufallsauswahlen in die Stichprobe gelangt sind (zu Zufallsauswahlen Abschnitt 3.3 und 3.4). Ergebnisse solcher Untersuchungen sind auf andere Populationen und erst recht auf die allgemeine Bevölkerung nicht ohne Weiteres zu übertragen. Grundsätzlich gilt:

Ein für alle Mal geeichte Skalen gibt es in den Sozialwissenschaften nicht, vielmehr muss bei jeder Untersuchung die Reliabilität bzw. Eindimensionalität eines Messinstruments neu ermittelt werden.

Gültigkeit

Dass ein Messinstrument zuverlässig ist, heißt noch nicht, dass es auch gültig ist, also tatsächlich das misst, was es messen soll.[7] Zuverlässigkeit ist zwar eine notwendi-

---

[7] Man kann sich den Zusammenhang von Zuverlässigkeit und Gültigkeit gut anhand des folgenden Beispiels merken: Eine Instantsuppe, z. B. Spargelcremesuppe, ist dann zuverlässig, wenn sie immer gleich schmeckt. Wenn sie außerdem tatsächlich auch nach Spargel schmeckt (und nicht etwa nach Champignons oder völlig undefinierbar), dann ist sie auch „gültig" bzw. hält (in etwa), was das Etikett verspricht.

ge, aber noch keine hinreichende Bedingung für Gültigkeit (Validität). Allerdings ist die Feststellung der Gültigkeit eines Messinstruments noch problematischer als die der Zuverlässigkeit. Von den vielfältigen Versuchen, die Gültigkeit zu überprüfen, hat sich im Prinzip nur ein Verfahren als brauchbar erwiesen, wobei sich auch die Einsicht durchgesetzt hat, dass es eine absolute Gültigkeit von Messinstrumenten nicht gibt, sondern dass diese stets nur in Relation zu anderen Messinstrumenten zu sehen ist. Die Gültigkeit von Messinstrumenten wird üblicherweise durch Konstruktvalidierung überprüft.[8] Dieses Verfahren setzt unmittelbar an den theoretischen Konstrukten einer Untersuchung an. Konstruktvalidität ist dann gegeben, wenn theoretisch postulierte Zusammenhänge zwischen solchen Konstrukten empirisch überprüft und nachgewiesen werden können. Eine Konstruktvalidierung besteht aus folgenden Teilen:
- Konstrukte müssen theoretisch begründet und Hypothesen über ihre Beziehungen untereinander formuliert werden.
- Nach der Feldphase werden in der Datenanalyse diese Beziehungen überprüft und mit den Hypothesen verglichen.

Der Prozess der Konstruktvalidierung ist damit im Prinzip identisch mit dem Forschungsprozess insgesamt, wie er im folgenden Kapitel 3 vorgestellt wird. Hypothesen zur Konstruktvalidität stehen in enger Beziehung zu den eigentlichen Untersuchungshypothesen, sie sind entweder deckungsgleich mit diesen oder eine Teilmenge davon. Konstruktvalidität liegt dann vor, wenn die Hypothesen über die Beziehungen der Konstrukte empirisch gestützt werden. Wenn dies nicht der Fall ist, können folgende Gründe dafür verantwortlich sein:
- Es liegt keine Validität vor, eines oder alle verwendeten Messinstrumente messen andere Dimensionen.
- Die Hypothesen über die Beziehungen zwischen den Konstrukten können falsch sein.

In diesen Fällen können nur weitere Untersuchungen Aufschluss darüber bringen, welcher Schluss zutrifft, anderenfalls kann man von validen Ergebnissen ausgehen, die zudem die eigentlichen Untersuchungshypothesen stützen. Im Fall der eben exemplarisch dargestellten Operationalisierung von „Schichtzugehörigkeit" durch die Indikatoren Bildung, Einkommen und berufliche Position hat sich z. B. gezeigt, dass mit dem so konstruierten Merkmal bei bestimmten Fragen zunehmend weniger Varianz erklärt werden konnte. Der hypothetisch formulierte Einfluss des Merkmals „Schicht" etwa auf die Parteipräferenz ließ sich empirisch nicht bestätigen. Das bedeutet, dass entweder das verwendete Schichtungskonzept nicht valide ist oder die Hypothese eines bestimmenden Einflusses dieses Merkmals auf die individuelle Parteipräferenz falsch ist.

---

[8] Zu anderen Verfahren siehe die weiterführende Literatur.

> Tests auf Reliabilität wie auch auf Validität sind zentrale Bestandteile des Forschungsprozesses. Überlegungen, die diese Tests betreffen, müssen im Verlauf einer Untersuchung immer wieder angestellt werden. Diese Überlegungen beginnen schon mit der theoretischen Begründung der Forschungsfrage und der Ableitung der Untersuchungsdimensionen, betreffen die Formulierung von Fragen und die Feldarbeit und münden schließlich in die eigentlichen statistischen Tests in der Datenauswertungsphase.

Wir werden deshalb im Kapitel 3 auf Fragen der Zuverlässigkeit und Gültigkeit zurückkommen und im Abschnitt 5.1 „Datenaufbereitung und Datenanalyse" exemplarisch zeigen, wie – vor dem Hintergrund der theoretischen Begründung einer Untersuchung – ein Test auf Konstruktvalidität aussehen kann.

2.2 Das Interview als soziale Situation

Trotz aller Bemühungen, Messungen in den Sozialwissenschaften mit dem Ziel möglichst fehlerfreier und unverzerrter Messergebnisse zu standardisieren, muss man aber konstatieren, dass es fehlerfreie Erhebungsinstrumente grundsätzlich nicht gibt. Dies liegt daran, dass es sich bei Interviews um soziale Situationen handelt und die Objekte der Umfrageforschung zugleich autonom denkende und handelnde Subjekte sind, die in ganz unterschiedlicher Weise auf Fragen, Interviewer und die gesamte Befragungssituation reagieren. Bestimmend für den Charakter des Interviews als soziale Situation sind solche Strukturelemente, die einem Gespräch zwischen Fremden entsprechen. Bei solchen Gesprächen ist es nicht ausschließlich (und manchmal gar nicht) der semantische Gehalt einer Frage, auf den man reagiert, vielmehr gibt es eine Reihe von anderen Stimuli, die das Antwortverhalten beeinflussen.

In der Methodenliteratur werden diese Effekte vielfach unter dem Begriff der „Reaktivität" behandelt. Darunter versteht man ein Antwortverhalten, welches nicht den „tatsächlichen" Vorstellungen, Kenntnissen, Bewertungen und Erwartungen oder Verhaltensweisen der Befragten entspricht, sondern eine erst durch das Interview hervorgerufene Reaktion auf Merkmale der Interviewer, Besonderheiten der Situation oder Spezifika des Fragebogens darstellt. Entsprechend werden solche Ergebnisse als fehlerhaft oder verzerrt eingestuft und als Artefakte bzw. Response-Errors bezeichnet (Bungard und Lück 1974; Bradburn 1983).

Reaktionen dieser Art kommen ohne Zweifel in der Praxis vor, man muss hier aber unterscheiden zwischen tatsächlichen Artefakten und ihren Ursachen und solchen Reaktionen, die zwar ebenfalls durch Besonderheiten der Befragung hervorgerufen werden, die die Gültigkeit der Ergebnisse möglicherweise aber sogar verbessern können. Das Problem besteht allerdings darin, dass solche Validitätsverbesserungen vom jeweiligen konkreten Einzelfall abhängen und empirisch kaum nachweisbar sind, weil sie nur selten für die ganze Stichprobe gelten.

Hinsichtlich der Einflussquellen wird zwischen den zentralen Elementen jeder Befragung unterschieden, indem man hier von Instrumenteffekten, Interviewereffekten und Situationseffekten spricht. Wir fassen diese Einflussquellen unter dem Oberbegriff „Erhebungseffekte" zusammen. Hin und wieder findet man außerdem auch den Begriff der „Befragteneffekte". Dies scheint uns allerdings weniger sinnvoll zu sein, weil die Befragten auf Merkmale von Instrument, Interviewern und Situation reagieren. Wir sprechen deshalb von Befragtenreaktionen, die durch Merkmale der Erhebungssituation hervorgerufen werden. Befragteneffekte treten nur bei offenen Fragen bzw. qualitativen Interviews auf, wenn nämlich Interviewer sich bei der Formulierung von Fragen oder der Protokollierung von Antworten durch Merkmale der Befragten beeinflussen lassen.

2.2.1 Erhebungseffekte

Zur Kontrolle von Erhebungseffekten wird üblicherweise die schon angesprochene Standardisierung der Messsituation angestrebt, um sicherzustellen, dass alle Befragten einer Erhebung den gleichen Effekten ausgesetzt sind (damit ist aber natürlich noch nicht das Problem beseitigt, dass gleiche Stimuli unterschiedliche Reaktionen auslösen können). Immerhin lässt sich eine Reihe von Messfehlern durch solche Maßnahmen vermeiden.

Instrumenteffekte im Sinn von Artefakten treten bei mehrdeutigen und mehrdimensionalen, unverständlichen, zu langen, kurz gesagt bei schlecht operationalisierten Fragen auf. Hier haben Umfrageforscher die meisten Möglichkeiten der Artefaktkontrolle, denn sie sind es, die den Fragebogen konstruieren. Damit zusammenhängende Fragen und Probleme sind Thema des 3. Kapitels.

Interviewereffekte, die grundsätzlich vermeidbar sind, bestehen vor allem in eigenmächtigen Änderungen der Fragentexte und der Reihenfolge durch die Interviewer und in Beeinflussungen der Befragten, indem die Fragen oder die Antworten kommentiert oder mimisch begleitet werden. Es ist Aufgabe der Interviewerschulung, solche Verhaltensweisen zu unterbinden. Hin und wieder wird auch das Fälschen von Interviews als Interviewereffekt bezeichnet. Da dabei aber Reaktionen des Befragten überhaupt keine Rolle spielen (weil Befragte gar nicht vorkommen), ist diese Zuordnung nicht sinnvoll. Das Fälschen von Interviews ist eine kriminelle Handlung und sollte als solche auch unmissverständlich benannt und verfolgt werden. Sehr viel schwerer zu kontrollieren sind dagegen Reaktionen der Befragten auf äußere Merkmale der Interviewer. Generell ist eine einheitliche Einschätzung und Bewertung von Interviewereffekten deshalb sehr problematisch, weil Merkmale der Interviewer nie isoliert zu erfassen sind, sondern sich stets nur in Verbindung mit den sehr heterogenen Merkmalen der Befragungssituation, der Befragungsthematik und insbesondere der Merkmale der Befragten auswirken.

Als artefaktträchtiger Situationseffekt gilt vor allem die Anwesenheit Dritter während des Interviews. Dies kann zum einen schlicht die Konsequenz haben, dass die Befragten sich nicht auf die Fragen konzentrieren können und irgendwie antworten, um das Interview schnell hinter sich zu bringen – ein Problem, das vor allem durch die Anwesenheit kleinerer Kinder hervorgerufen werden kann. Zum anderen kann die Anwesenheit Dritter dazu führen, dass Befragte so antworten, wie es ihrem Image bei diesen anwesenden Dritten entspricht, um andernfalls unter Umständen zu erwartende Sanktionen nach dem Interview zu vermeiden. Denn dass bei einer Befragung Fremde – Befragte und Interviewer –, interagieren, ist durchaus nicht nur von Nachteil, sondern im Gegenteil gerade bei heiklen oder sensitiven Themen eher ein Vorteil, weil eine ehrliche Antwort der Befragten hier sozial folgenlos bleibt. Hört oder liest eine dritte Person aus dem sozialen Umfeld der Befragten mit, ist diese Folgenlosigkeit der Antwort mehr als fraglich, und der Befragte ist sich dessen in der Regel auch bewusst.

Daneben spielen aber auch Ort und Zeit der Befragung eine Rolle und sollten kontrolliert werden. Es macht durchaus einen Unterschied, ob man Personen an ihrem Arbeitsplatz, im Urlaub oder zu Hause interviewt. Um solche differenziellen Effekte zu vermeiden, sollten alle Zielpersonen einer Befragung unter vergleichbaren Umständen interviewt werden (bei allgemeinen Bevölkerungsumfragen üblicherweise zu Hause).

2.2.2 Reaktionen der Befragten

Entsprechend der unterschiedlichen Stimuli bei Interviews lassen sich folgende Arten von Reaktionen unterscheiden, wobei in der Praxis zumeist eine Kombination verschiedener Effekte vorliegt:

1. **Instrumenteffekte**
- *Reaktionen auf formale Aspekte einer Frage, insbesondere bei schlechter Operationalisierung (Frageeffekte)*
- Reaktionen auf die Abfolge von Fragen (Positions- bzw. Ausstrahlungs- oder Priming-Effekte, allgemeiner: *Kontexteffekte*)
- Reaktionen auf den (vermuteten) Auftraggeber der Untersuchung (Sponsorship-Effekte)

2. **Interviewereffekte**
- *Reaktionen auf Verhaltensweisen der Interviewer*
- Reaktionen auf äußere Merkmale der Interviewer

3. **Situationseffekte**
- *Reaktionen auf anwesende Dritte (Anwesenheitseffekte)*
- Reaktionen auf Ort und Zeit der Befragung

4. Allgemeine inhaltsunabhängige Reaktionsmuster
– *Inhaltliche Antworten, obwohl Befragte keine Meinung zu dem erfragten Objekt haben (Non-Attitude-Effekte)*
– *Sozial erwünschte Antworten (Social-Desirability-Response-Set)*
– Generelle Zustimmung zu Fragen (Bejahungstendenz, Akquieszenz)[9]

Eindeutig als Artefakte, welche die Gültigkeit der Befragungsergebnisse gefährden, sind die kursiv gedruckten Reaktionen zu bezeichnen. Dagegen ist eine solche eindeutige Klassifikation als Messfehler bei den übrigen Reaktionen nicht möglich, vielmehr kann es dabei auch vorkommen, dass die Validität der Ergebnisse verbessert wird. Dies ist aber abhängig von den jeweiligen Einzelfällen. Um diese besser einschätzen zu können, ist es notwendig, sich mit der Interviewsituation aus der Perspektive von Befragten etwas eingehender zu befassen. Dazu hat insbesondere die kognitionstheoretisch orientierte Methodenforschung wichtige Beiträge geliefert. Dabei sind vor allem die Arbeiten von Bless, Bradburn, Fowler, Groves, Hippler, Martin, Schwarz, Strack, Sudman und Tanur zu nennen (siehe Literaturverzeichnis).

Für die Befragten stellt sich ein Interview grundsätzlich als Gespräch dar, und sie orientieren sich bei ihrem Gesprächsverhalten an allgemeinen sozialen Standards und Normen, die für Gespräche gelten. Im Regelfall werden Befragte bestrebt sein, aus dem Interview ein angenehmes Gespräch in einer angenehmen Atmosphäre zu machen, und dies bedeutet, dass sie auch selbst Gesprächsinhalte einbringen wollen, die unter Umständen mit dem Thema der Befragung wenig zu tun haben. Das hat Konsequenzen für das Verhalten der Interviewer. Ein völlig neutrales Verhalten der Interviewer kann sich in solchen Fällen kontraproduktiv auswirken, weil es die Befragten verärgert oder verunsichert, da die Interviewer der an sie gerichteten Verhaltenserwartung nicht nachkommen, ein guter Gesprächspartner zu sein. Für Interviewer stellt sich damit die nicht ganz leichte (und in Schulungen kaum vermittelbare Aufgabe), sich auf die Bedürfnisse der Befragten einzustellen, ohne ihre professionelle Rolle aufzugeben.

Zudem dürften sich die meisten Befragten bei ihrem Antwortverhalten an allgemeinen Gesprächsnormen orientieren, wie sie etwa Grice (1975) in seiner Konversationslogik formuliert hat (vgl. zur Konversationslogik in Alltagsgesprächen und Erhebungssituationen außerdem Schwarz 1994, S. 124–127). Für Befragungen sind dabei die folgenden Regeln wichtig:
– Es wird im Sinne einer allgemeinen Gesprächshöflichkeit unterstellt, dass Fragesteller erstens mit ihrer Frage ein ernsthaftes Anliegen verfolgen und zweitens unklare, neue oder unbekannte Sachverhalte erläutern, damit man als Befragter über alle notwendigen Informationen verfügt, um eine Frage zu beantworten.

---

9 Strukturell gleich sind auch Verneinungstendenzen und bei Skalen die Wahl der neutralen Mittelkategorie. Verneinungstendenzen kommen in der Praxis allerdings seltener vor.

- Redundanz wird in Gesprächen vermieden. Informationen, die man subjektiv schon geliefert hat, werden bei nachfolgenden, thematisch ähnlichen Fragen deshalb ausgeklammert. Dies spielt eine Rolle bei Frageblöcken mit wenig trennscharfen Begriffen, etwa wenn Zufriedenheiten zu verschiedenen Lebensbereichen erfragt werden und sich die Extensionen der jeweils verwendeten Begriffe überlappen, diese also nicht vollständig wechselseitig exklusiv sind.
- Zudem gilt bei Gesprächen – und Interviews stellen hier keine Ausnahme dar – die implizite Regel, dass Fragen schnell beantwortet und Gesprächspausen tunlichst vermieden werden. Man nimmt sich normalerweise kaum Zeit zum Überlegen, sondern antwortet prompt.

Wenn Befragte nun Antworten geben, müssen sie eine Reihe von kognitiven Aufgaben erfüllen – so wie bei jedem anderen Gespräch. Dabei gilt, dass die Beantwortung jeder Frage (egal, ob es sich um eine Meinungs- oder Wissensfrage oder einen Verhaltensreport handelt) einen Urteilsfindungsprozess impliziert, der aus folgenden Schritten besteht (Strack und Martin 1987):

1. Verstehen der Frage: Was soll mit der Frage erhoben werden?
2. Erstellung einer mentalen Repräsentation: Befragte müssen Informationen aus dem Gedächtnis abrufen, die sie zur Beantwortung der Frage brauchen (bzw. diese Informationen konstruieren und zusammenstellen).
3. Urteilsbildung: Befragte müssen ein Urteil auf Basis der aktualisierten und als relevant erscheinenden Information bilden.
4. Formatierung: Befragte müssen dieses Urteil in das vorgegebene Antwortformat (offene Frage, dichotome Frage, Rating-Skala usw.) einpassen.
5. Editierung: Befragte wollen ihr Urteil (unter Umständen) spezifischen Aspekten der Situation anpassen.

In der Methodenforschung wurden zu jedem dieser Schritte zahlreiche Experimente durchgeführt. Dabei hat sich durchweg gezeigt, dass auch scheinbar kleine Änderungen große Auswirkungen haben können. Im Folgenden werden die Schritte zur Beantwortung einer Frage näher beleuchtet, und es wird mithilfe von Beispielen gezeigt, mit welchen Effekten zu rechnen ist.

Bei dem Problem des Frageverstehens geht es weniger um das semantische Verstehen einer Frage. Die wörtliche Bedeutung der verwendeten Begriffe wird zumeist verstanden, wenn man nicht schon bei der Formulierung der Frage grobe Fehler macht. Was zur Vermeidung solcher Fehler und zur Sicherstellung des semantischen Verstehens vor dem Hintergrund unterschiedlicher Sprachstile und -kulturen zur Vermeidung von Frageeffekten zu beachten ist (insbesondere bei allgemeinen Bevölkerungsumfragen), wird in den Abschnitten 4.2 und 4.3 dargestellt.

Wichtiger beim Verstehen von Fragen ist die pragmatische Dimension, und zwar insbesondere dann, wenn Befragte mit Fragen und Begriffen konfrontiert werden, die für sie vage, mehrdeutig und interpretationsfähig sind. Befragte müssen Bedeutungen selektieren, indem sie alle Informationen berücksichtigen, die ihnen Hinweise darauf geben, was Interviewer mit einer Frage denn nun eigentlich meinen bzw. wissen wollen. Diese Informationen liefert der Kontext einer Frage, also alle schon gestellten Fragen (bei schriftlichen Befragungen, die man durchblättern kann, der gesamte Fragebogen, Schwarz und Hippler 1995) sowie die Antwortvorgaben der jeweils aktuellen Frage (ausführlich zu Kontexteffekten vgl. den von Schwarz und Sudman 1992 herausgegebenen Sammelband).

Dies führt unter anderem dazu, dass sich bei geschlossenen Fragen mit Listenvorgaben (etwa über Verhaltensweisen, Werte und Lebensziele, Präferenzen) bei allen Kategorien in der Regel mehr Nennungen finden als bei gleichen Fragen im offenen Format, weil Listenvorgaben eindeutige Hinweise dafür liefern, was die Fragesteller interessiert. Deshalb ist die Restkategorie „Sonstiges", auch wenn sie im offenen Format gestellt wird (z. B. „sonstige Lebensziele:...?") vielfach wirklich eine Restkategorie: Sie wird von Befragten nicht sonderlich ernst genommen, da sie schon aufgrund der Wortwahl auch für die Fragesteller nicht interessant zu sein scheint (und vielfach in der Tat ja auch nur aus Gründen der Vollständigkeit des Kategorienschemas in die Liste aufgenommen wurde). Wenn man ernsthaft an weiteren Angaben interessiert ist, sollte man dies auch durch die Wortwahl deutlich machen (z. B.: „weitere wichtige Lebensziele, die in der Liste noch fehlen: ... ").

Die Art der Skalierung beeinflusst ebenfalls die Interpretation der Bedeutung einer Frage. Schwarz, N. et al. (1991, S. 618–630) berichten beispielsweise von einem Split-Ballot-Experiment[10] im Rahmen einer vom IfD Allensbach durchgeführten bundesweiten Bevölkerungsumfrage, bei der unter anderem die Frage gestellt wurde, wie erfolgreich man bisher im Leben war. Zur Beantwortung der Frage wurde eine 11-polige Rating-Skala vorgegeben, bei der die Endpunkte mit „überhaupt nicht erfolgreich" bis „außerordentlich erfolgreich" benannt worden sind. In dem einen Fall wurde die Skala mit Werten von 0 (= „überhaupt nicht erfolgreich") bis 10 codiert, in dem anderen Fall mit Werten von –5 (= „überhaupt nicht erfolgreich") bis +5. Die Ergebnisse zeigten einen deutlichen Effekt der unterschiedlichen Skalierung. Während 34 % der Befragten Werte zwischen 0 und 5 auf der 0/10-Skala aufwiesen, ordneten sich dem Wertebereich von –5 bis 0 auf der –5/+5-Skala nur 13 % zu, obwohl es sich in der Logik der Mathematik lediglich um eine irrelevante Verschiebung der Skalenpunkte handelte. Die Interpretation des Begriffs „überhaupt nicht erfolgreich" war offenbar abhängig von der Art der bei der Skalierung verwendeten Codezahlen. Wenn der Begriff mit 0 codiert wurde, interpretierten viele Befragte ihn als „Abwesenheit von Erfolg". Hat man den gleichen Begriff dagegen mit –5 codiert (wobei diese Skala die 0 als gewissermaßen neutrale Mittelkategorie enthielt), wurde oft die Bedeutung „Misserfolg"

---

[10] Bei Split-Ballot-Experimenten bzw. Methodensplits werden zufällig ausgewählte Substichproben im Rahmen einer Befragung mit inhaltlich gleichen, aber formal verschieden gestalteten Fragen konfrontiert, um mögliche Frageeffekte aufzudecken. Umfangreich über Split-Ballot-Experimente informiert Petersen 2002.

assoziiert. Im ersten Fall signalisierte die Art der Skalierung, dass „überhaupt nicht erfolgreich" bedeutete, dass man sich nicht positiv vom Durchschnitt abhob, sondern zu diesem gehörte, im zweiten Fall legte der Kontext nahe, dass mit „überhaupt nicht erfolgreich" eine negative Abweichung vom Durchschnitt, also ein explizites Versagen oder Scheitern gemeint war.

Dass Befragte Fragen und die einführenden Erläuterungen zu einem Interview in spezifischer Weise interpretieren, kann auch zu Schlussfolgerungen über das spezifische Forschungsinteresse oder den Auftraggeber von Untersuchungen führen. Die Implikationen dieser Schlussfolgerungen (Sponsorship-Effekte) können sowohl positiv als auch negativ sein. Im positiven Fall erhöht die Vermutung über Forschungsinteresse, Auftraggeber und Ziele der Untersuchung die Teilnahmemotivation und damit die Ausschöpfungsquote, im negativen Fall führen solche Vermutungen zu einem strategischen Antwortverhalten (indem man versucht, durch gezielte Antworten die Ergebnisse der Untersuchung in einer bestimmten Richtung zu beeinflussen) oder zum Abbruch des Interviews.

Wenn Befragte eine Frage (irgendwie) verstanden haben, müssen sie auf die für sie verfügbaren Informationen zurückgreifen, um diese Frage zu beantworten. Zur Beschreibung dieses kognitiven Prozesses wird häufig eine Metapher aus der elektronischen Datenverarbeitung verwendet: Die zur Beantwortung einer Frage notwendigen Informationen liegen in expliziter Form vor, sind mental unmittelbar verfügbar und werden im direkten Zugriff wie aus einem Datenspeicher oder Lexikon abgerufen. Dieses Modell kann im Einzelfall eine zutreffende Beschreibung sein, vor allem, wenn es sich um Wissensfragen handelt. Man muss dann aber genau überlegen, was man messen will bzw. tatsächlich misst. Denn die Tatsache, dass bestimmte Informationen in expliziter Form verfügbar sind, bedeutet nicht zwingend, dass es sich dabei auch um ein handlungsrelevantes Wissen für alltägliche Lebensvollzüge handelt.

Dieses Problem betrifft die Unterscheidung von „Expertenwissen" und „Alltagswissen", bei der kurz gesagt davon ausgegangen wird, dass es ein handlungsrelevantes, gewissermaßen „privates" oder individuelles Alltagswissen und ein medial vermitteltes „öffentliches" Expertenwissen gibt. Alltagswissen ist eine Funktion ganz individueller Erfahrungen, Bewertungen und Erwartungen. Expertenwissen ist ein ausformuliertes Wissen, welches in dieser Form auch aufgenommen wird. Expertenwissen ist deshalb kognitiv leichter verfügbar (man hat es gelernt und kann es, wenn nötig, kurzfristig abrufen). Es wird daher in hochstandardisierten Befragungen eher gemessen, zumal bei geschlossenen Fragen lediglich ein „Wiedererkennen", aber kein „Erinnern" und selbstständiges Formulieren gefordert ist. Allerdings kann Expertenwissen als rein „lexikalisches Wissen" zwar mental verfügbar sein, ohne dass es deshalb aber handlungsrelevant ist.

Relevant ist diese Unterscheidung, weil eine Reihe von Untersuchungen zum Laienwissen über Krebs entsprechende Hinweise liefern, dass das offiziellem Aufklärungswissen und das handlungsrelevante Alltagswissen voneinander abweichen. So zeigte sich etwa, dass Krebs als nicht ansteckend eingestuft wird, wenn direkt danach gefragt wird. Antworten auf Fragen nach Verhaltensintentionen im Umgang mit Krebskranken legten demgegenüber den Schluss nahe, dass die Betreffenden sehr wohl von der Möglichkeit einer Ansteckung mit Krebs ausgehen (vgl. dazu die Untersuchungen von Dornheim 1983; Verres 1986; Schwibbe 1989).[11] Selbst Ärzte, die es eigentlich besser wissen müssen, verhalten sich manchmal so, als könnte ein Händedruck krankmachende Folgen haben.

Wenn konkrete Informationen mental nicht permanent verfügbar sind, wird die Antwort aus verschiedenen Bausteinen und Modulen erst in der jeweiligen Situation zusammengesetzt, also situationsspezifisch konstruiert. Befragte müssen über das Objekt der Frage zunächst eine mentale Repräsentation erstellen, bevor sie die Frage beantworten. Dieses Vorgehen ist bei Einstellungsfragen (vor allem bei Ratings und bei Vergleichen) sowie bei retrospektiven Fragen häufig der Fall. Dabei werden nur sehr selten alle verfügbaren oder wichtigen Informationen abgerufen. Vielmehr erfolgt in dieser Phase der Antwortgenerierung ein Abbruch der Informationssuche, wenn subjektiv genug relevante Aspekte kognitiv verfügbar sind oder die Suche aufgrund äußerer Restriktionen abgebrochen werden muss. Hier ist vor allem der subjektiv empfundene Zeitmangel bei Gesprächen (und damit auch bei mündlichen Interviews) als wesentlicher Faktor zu nennen, bei denen man sich in der Regel an der Erwartung orientiert, auf Fragen rasch eine Antwort zu geben.

> **!** Urteile (Antworten bei Befragungen) basieren auf leicht und schnell zugänglichen Informationen.

Beeinflussen kann man die Erstellung einer mentalen Repräsentation dadurch, dass man durch entsprechende Stimuli die Aufmerksamkeit der Befragten auf bestimmte Aspekte lenkt. Für Fragenkomplexe in einem Fragebogen bedeutet dies, dass bei Folgefragen die am leichtesten verfügbare Information immer die ist, die durch vorherige Fragen bereits aktiviert wurde. Diese Information bestimmt die Beantwortung der Anschlussfragen.

Schwarz und Bless (1992a und b) haben dazu eine Reihe von immer noch sehr illustrativen und zeitlosen Experimenten durchgeführt. Bei einem dieser Experimente sollten Studenten die CDU auf einer 11-Punkte-Skala (1 = negative Bewertung, 11 = positive Bewertung) bewerten. Zu diesem Zweck mussten sie auf ihre mental verfügbaren CDU-relevanten Informationen zurückgreifen und eine mentale Repräsentation des Einstellungsobjektes „CDU" erstellen. Insgesamt wurden drei Gruppen von Studenten befragt. Die eine Gruppe sollte nur die CDU bewerten. Bei den beiden anderen Gruppen wurde vorher Richard von Weizsäcker erwähnt. In dem einen Fall fragten Schwarz und Bless die Studenten, ob sie wüssten, in welcher Partei von Weizsäcker seit über

---

11 Hinweise auf Diskrepanzen zwischen lexikalischem Expertenwissen und handlungsrelevantem Alltagswissen finden sich auch bei unseren eigenen Untersuchungen über AIDS-Vorstellungen: Eirmbter, Hahn und Jacob 1993; Jacob 1995; Jacob, Eirmbter et al. 1997.

Tab. 2.2: Beurteilung der CDU in Abhängigkeit von aktivierten Informationen über Richard von Weizsäcker (Quelle: Schwarz und Bless 1992a).

	Vorläuferfrage über von Weizsäcker		
	Bezug zur Parteimitgliedschaft	Keine Vorläuferfrage	Bezug zur Präsidentschaft
Beurteilung der CDU	6,5	5,2	3,4

1 = negativ, 11 = positiv

zwanzig Jahren Mitglied ist, in dem anderen Fall wurden die Studenten gefragt, ob sie wüssten, welches Amt von Weizsäcker innehat, das ihn über die Parteien stellt (von Weizsäcker war zum Zeitpunkt des Experiments Bundespräsident). Die unterschiedliche Aktivierung von Informationen über von Weizsäcker hatte auch deutlich unterschiedliche Bewertungen der CDU zur Konsequenz, wie Tabelle 2.2 zu entnehmen ist.

Wie die Einschätzung der CDU ohne vorherige Erwähnung von Weizsäckers zeigt, gehörte dieser nicht für alle Befragten zu den kognitiv ständig verfügbaren Informationen über die CDU. Die Thematisierung seiner Parteimitgliedschaft in der CDU hatte zur Konsequenz, dass von Weizsäcker in die aktuelle mentale Repräsentation der CDU mit aufgenommen wurde und zu einer günstigeren Bewertung der Partei führte (6,5 versus 5,2). Man spricht hier von einem Assimilations- oder Inklusionseffekt. Bei Assimilationseffekten werden vorher aktivierte Informationen in die Repräsentation eines Objekts (Weizsäcker als Teil der CDU) aufgenommen und beeinflussen dessen Einschätzung. Diese Effekte sind umso stärker, je weniger ständig verfügbare Informationen Befragte über das interessierende Objekt haben. Bei vielen verfügbaren Informationen und stabilen Meinungen spielen sie dagegen kaum eine Rolle.

Dagegen führte der Verweis auf seine Präsidentschaft, die ihn über die Parteien stellt, dazu, dass von Weizsäcker zwar auch mit der CDU in Verbindung gebracht wurde, nun aber aus der mentalen Repräsentation ausgeschlossen, und als Vergleichsmaßstab diente – mit dem Effekt, dass die Beurteilung der CDU deutlich negativer ausfiel (3,4 versus 5,2). In diesem Fall handelt es sich um einen Kontrast- oder Exklusionseffekt. Bei Kontrasteffekten werden also bestimmte Informationen explizit aus der Repräsentation des Objekts ausgeschlossen und als Vergleichsstandard verwendet.

Aufdecken lassen sich Assimilations- und Kontrasteffekte allerdings nur, wenn das in Erinnerung gebrachte Objekt in einer eindeutig identifizierbaren Population auch einheitlich bewertet wird. Wenn dies nicht der Fall ist, können sich die Effekte gegenseitig aufheben und sind statistisch nicht nachweisbar. Kontexteffekte dieser Art werden in der Methodenliteratur auch als Ausstrahlungseffekte (Halo-Effekte) bezeichnet. Ihre generelle Beurteilung als artefaktbildende Effekte ist allerdings, wie das Beispiel gezeigt haben sollte, nicht sinnvoll, da die befragten Personen in der jeweiligen Situation gültige Urteile abgeben, die aber von je spezifischen Bedingungen abhängen.

> ❗ Man kann solche Effekte kaum vermeiden, sondern nur im Einzelfall darauf achten, nicht „gleichsam aus Versehen" entsprechende Kontexteffekte zu produzieren, die dann bei der Interpretation der Daten Schwierigkeiten machen, weil die Ergebnisse mit den inhaltlichen theoretischen Annahmen schwer zu vereinbaren sind.

Außerdem sollte man bei der Rezeption von Ergebnissen anderer auch auf solche Kontexteffekte achten, weil bei geschickter Nutzung von Assimilations- und Kontrasteffekten bei bestimmten Themen das Ergebnis dadurch determiniert werden kann. Auch dafür liefern Schwarz und Bless ein Beispiel: Wenn man sich etwa nach der Vertrauenswürdigkeit von Politikern erkundigt, dann ändert sich diese Einschätzung stark, je nachdem, ob man vorher an den sogenannten Barschel-Skandal[12] erinnert hat oder nicht (Schwarz und Bless 1992b). Bringt man diesen Skandal durch eine Frage in Erinnerung, dann wird die Vertrauenswürdigkeit von Politikern ganz allgemein im Anschluss geringer eingeschätzt als ohne diese Vorläuferfrage. Erfragt man dagegen nach Erinnerung an den Barschel-Skandal die Vertrauenswürdigkeit von konkreten Politikern, dann erhöht sich dieser Messwert. Dieser vermeintlich paradoxe Effekt basiert auf einem Assimilations- bzw. Kontrasteffekt. In beiden Fällen führt die Erinnerung an Barschel dazu, dass dieser bei der mentalen Präsentation des Einstellungsobjekts „Politiker" kognitiv verfügbar ist. Im ersten Fall handelt es sich um einen Assimilationseffekt: Barschel als ein Element der Gruppe „Politiker" prägt die Einschätzung der ganzen Gruppe, die niedrige Vertrauenswürdigkeit dieses Politikers färbt auf die ganze Kategorie ab. Im zweiten Fall liegt ein Kontrasteffekt vor: Im direkten Vergleich mit Barschel kommt jeder andere einzelne Politiker ohne ähnlich massiven Skandal besser weg.

Die Asymmetrie zwischen allgemeinen kategorialen und speziellen Urteilen hängt damit zusammen, dass extreme Beispiele einer Kategorie kognitiv leicht verfügbar sind (bzw. durch eine Vorläuferfrage aktualisiert werden können) und bei allgemeinen Urteilen in der Regel zu negativeren Einschätzungen führen. Relativ zu dem jeweiligen Extrem stehen dann aber alle konkreten Mitglieder der Gruppe besser da.

---

[12] Uwe Barschel war von 1982 bis 1987 Ministerpräsident Schleswig-Holsteins. Während des Landtagswahlkampfs 1987 erregte ein Skandal, der als Barschel-Affäre bekannt wurde, massives Aufsehen und zwang Barschel zum Rücktritt. Kurz danach wurde er am 11. Oktober 1987 im Hotel Beau Rivage in Genf tot aufgefunden. Am Samstag vor der Landtagswahl wurde bekannt, dass Der Spiegel in seiner am Montag erscheinenden Ausgabe berichten werde, dass Barschel eine Verleumdungskampagne gegen seinen Herausforderer Björn Engholm initiiert habe. Der Spiegel stützte sich dabei auf Informationen von Barschels Medienreferenten Reiner Pfeiffer. In einer Stellungnahme vier Tage nach der Wahl erklärte Barschel: „Über diese Ihnen gleich vorzulegenden eidesstattlichen Versicherungen hinaus gebe ich Ihnen, gebe ich den Bürgerinnen und Bürgern des Landes Schleswig-Holsteins und der gesamten deutschen Öffentlichkeit mein Ehrenwort – ich wiederhole – ich gebe Ihnen mein Ehrenwort, dass die gegen mich erhobenen Vorwürfe haltlos sind."

> Allgemein gilt: Vorangegangene Fragen aktivieren bestimmte mentale Repräsentationen, die in der Folge dann auch leichter erinnert werden und kognitiv leichter verfügbar sind.

Bei solchen Erinnerungsleistungen spielen aber auch physiologische Faktoren eine Rolle. Deshalb sind bei älteren Befragten Ausstrahlungs- bzw. Kontexteffekte tendenziell seltener zu beobachten. Der Inhalt vorheriger Fragen ist hier nicht mehr ohne Weiteres mental verfügbar. Demgegenüber lassen sich bei älteren Befragten häufiger spezifische Reihungseffekte von Antwortvorgaben bei Fragen ohne Listenunterstützung beobachten. Insbesondere am Telefon wird bei Fragen mit mehreren Antwortalternativen bevorzugt die letzte Antwortalternative gewählt (Recency-Effekt) – einfach weil diese noch im Gedächtnis präsent ist (zu „Response-Order-Effekten" Schuman und Presser 1996). Man kann diese Probleme mit neueren, computergestützten Verfahren der Datenerhebung im Rahmen von CAPI, CATI oder Onlinebefragungen allerdings dadurch minimieren, dass die Antwortvorgaben zufällig rotiert werden.

Kontexteffekte spielen auch bei (häufig implizit bleibenden) Vergleichen eine wichtige Rolle. Deutlich wird dies etwa bei Zufriedenheitsmessungen. Wenn man z. B. zuerst nach der Ehezufriedenheit und dann nach der Lebenszufriedenheit fragt, dann wird Letztere zumeist in Abhängigkeit von Ersterer beurteilt. Fragt man dagegen zunächst nach der Arbeitszufriedenheit, dann ist dies der relevante Interpretationsrahmen (Schwarz und Strack 1991a, S. 44 f). Dabei greift im Sinn der Tendenz zur Redundanzvermeidung in Gesprächen üblicherweise ein Exklusionseffekt: Wenn zuerst nach der Ehezufriedenheit und unmittelbar anschließend nach der Lebenszufriedenheit gefragt wird, dann wird die subjektive Ehezufriedenheit bei der Beantwortung der Folgefrage ausgeklammert, da man sich zu dieser schon geäußert hat. In der Regel wird dann unterstellt, dass beide Fragen zu dem gleichen Konversationskontext gehören, so dass mit der Folgefrage nach der Lebenszufriedenheit alle sonstigen Aspekte des Lebens gemeint sind. Die Ehezufriedenheit fungiert dann als Vergleichsmaßstab für die sonstige Lebenszufriedenheit. Das kann zur Konsequenz haben, dass Befragte, die mit ihrer Ehe sehr zufrieden sind, im Vergleich dazu ihr (sonstiges) Leben als weniger zufriedenstellend ansehen (weil sie z. B. eine subjektiv sehr belastende Arbeit haben). Fragt man diese Personen dagegen zuerst nach ihrer Arbeitszufriedenheit und dann nach ihrer Lebenszufriedenheit, ist Letztere höher, weil jetzt die wenig zufriedenstellende Arbeit bei der Beurteilung der (sonstigen) Lebenszufriedenheit exkludiert und die zufriedenstellende Ehe inkludiert wird.

Allerdings ist bei impliziten Vergleichen nicht sicher, dass alle Befragten tatsächlich in der beschriebenen Art und Weise zu einer Beurteilung gelangen. Wenn man an solchen Vergleichen interessiert ist, sollte man diese deshalb explizit machen, indem man etwa fragt: „Abgesehen von Ihrer Ehe, wie zufrieden sind Sie mit Ihrem Leben?" Wenn man dagegen Vergleiche gerade vermeiden will und die Ehezufriedenheit bei der Beurteilung der Lebenszufriedenheit berücksichtigt werden soll, muss man dies ebenfalls durch entsprechende Formulierungen deutlich machen, indem man z. B.

fragt: „Wenn Sie jetzt zusätzlich zu Ihrer Ehe auch alle weiteren Aspekte Ihres Lebens berücksichtigen, wie zufrieden sind Sie dann mit Ihrem Leben insgesamt?"

Zufriedenheitsurteile für bestimmte Lebensbereiche können unter Nutzung von Kontexteffekten auch gezielt produziert werden, indem man durch vorherige Fragen ganz bestimmte Aspekte thematisiert. Um bei dem Beispiel der Ehezufriedenheit zu bleiben: Wenn man Befragte zunächst bittet, acht schlechte Eigenschaften aufzuzählen, die der Partner hat, und dies den Befragten nicht oder nur mit Mühe gelingt (was bei dieser Menge von schlechten Eigenschaften in der knapp bemessenen Zeit bei Befragungen der Normalfall ist), dann wird die Ehezufriedenheit eher höher eingeschätzt. Fragt man dagegen nach acht positiven Eigenschaften und der Befragte kann diese nicht kurzfristig nennen, dann ist die berichtete Ehezufriedenheit eher schlecht.

Diese vermeintlich paradoxe Kreuzbeziehung hängt damit zusammen, dass durch die Frage nach einer Liste mit negativen bzw. positiven Eigenschaften des Partners als Bewertungskontext für die Ehezufriedenheit ein bestimmter und unter Umständen erst durch die Art der Frage erzeugter Eindruck des Partners erzeugt wird. Fällt einem zu seinem Partner spontan wenig Schlechtes ein, kann es auch mit der Ehe nicht so schlecht sein. Fällt einem dagegen wenig Positives ein, ist es mit der Ehe wohl auch nicht so toll. Dabei basiert dieser Effekt wesentlich darauf, wie leicht bzw. schwer man die geforderte Liste zusammenbekommt. Entsprechend verschwindet die Kreuzbeziehung, wenn man die Zahl der positiven bzw. negativen Eigenschaften drastisch verringert und auf zwei oder drei reduziert. In diesem Fall ruft die Frage nach schlechten Eigenschaften des Partners eher Unzufriedenheit hervor, die nach positiven eher Zufriedenheit.

Des Weiteren spielen Kontexteffekte vor allem bei sogenannten *part-whole question sequences* eine Rolle, die in der Forschung häufig vorkommen. Bei einer solchen Sequenz werden Fragen zu Teilaspekten eines Themas gestellt sowie Fragen zum Thema insgesamt. So sollen in der Zufriedenheitsforschung die Befragten häufig angeben, wie zufrieden sie mit einzelnen Lebensbereichen sind (Beruf, Partnerschaft, Freundeskreis, Gesundheit etc.) und wie zufrieden sie mit ihrem Leben insgesamt sind. Hier spielt auch eine Rolle, ob nur ein Teilaspekt oder mehrere Teilaspekte angesprochen werden, bevor eine umfassendere Frage gestellt wird. Dazu haben wir mit der Telefonumfrage „Enquête sur la sécurité" folgendes Experiment durchgeführt: Bei dieser Befragung ging es zum einen darum zu erheben, wie vielen Delikten die Bevölkerung Luxemburgs in den vergangenen 5 Jahren zum Opfer fiel. Die Opfer von Verbrechen wurden zudem gefragt, ob sie die Delikte der Polizei gemeldet haben und wie zufrieden sie damit waren, wie die Polizei den Fall bearbeitet hat. Zum anderen wurde die Bevölkerung allgemein zum Thema Sicherheit und Kriminalität in Luxemburg gefragt. Dazu gehörte auch, die Arbeit der Polizei Luxemburgs insgesamt zu bewerten (Tabelle 2.3).

Das Experiment bestand darin, der einen Hälfte der Befragten die allgemeine Frage nach der Zufriedenheit mit der Polizei am Anfang der Befragung zu stellen und der anderen Hälfte erst am Schluss. Diese einfache Umstellung hatte zur Folge, dass

Tab. 2.3: Auswirkung der Fragenreihenfolge auf die Bewertung der luxemburgischen Polizei durch Personen, die nach einem Delikt mit der Arbeit der Polizei unzufrieden waren (Quelle: Heinz und Steffgen 2015, S. 332).

„Wenn Sie alles berücksichtigen, was von der Polizei in Luxemburg erwartet wird – würden Sie sagen, dass die Polizei sehr gute, gute, schlechte oder sehr schlechte Arbeit leistet?"	Gesamturteil zu Beginn	Gesamturteil zu Ende	Gesamt
(Sehr) Gut	39,8 %	62,6 %	50,5 %
(Sehr) Schlecht	60,2 %	37,4 %	49,5 %
Gesamtsumme	103	91	194

sich das Gesamturteil zur Polizei bei denjenigen Personen umgedreht hat, die nach einem Delikt unzufrieden damit waren, wie die Polizei den Fall bearbeitet hat. In dieser Gruppe waren nur 39,8 % mit der Polizei insgesamt zufrieden, wenn sie dieses Urteil zu Beginn abgeben sollten. Wenn sie dagegen erst am Schluss danach gefragt wurden, waren mit 62,6 % deutlich mehr mit der Polizei insgesamt zufrieden.

Mit der Theorie zum Urteilsfindungsprozess und der Konversationslogik lässt sich dieser deutliche Effekt gut erklären. Für weite Teile der Bevölkerung dürfte es relativ schwierig sein, eine mentale Repräsentation zur Polizei zu erstellen, da nur wenige Menschen intensiven und direkten Kontakt zur Polizei haben. Es ist anzunehmen, dass viele Menschen kaum auf eigene Erfahrungen mit der Polizei zurückgreifen können, sondern Medienberichte, Hörensagen oder andere Quellen heranziehen müssen, um ein Gesamturteil zur Polizei abgeben zu können. Für diejenigen Personen, die unzufrieden damit waren, wie die Polizei mit einem Delikt umgegangen ist, dürfte dies jedoch nicht gelten. Es ist zu vermuten, dass diese Information leicht verfügbar ist. Dies bedeutet aber nicht, dass die Information auch in das Gesamturteil einfließt, da hier wieder das Gebot greift, in einem Gespräch Redundanz zu vermeiden. Wenn die Befragten zu Beginn der Befragung das Gesamturteil zur Polizei abgeben sollen, können sie nicht wissen, dass sie anschließend noch bewerten sollen, wie die Polizei mit einem Delikt umgegangen ist. Wer unzufrieden damit war, wie die Polizei mit einem Delikt umgegangen ist, kann bei der Reihenfolge „Gesamturteil – Teilurteil" diese mental präsente Unzufriedenheit mit einem Teilaspekt somit (auch) in das Gesamturteil einfließen lassen, ohne gegen die Konversationslogik zu verstoßen. Anders ist dies hingegen bei denjenigen, die ihre Unzufriedenheit mit der Bearbeitung eines Delikts bereits geäußert haben, bevor sie ihr Gesamturteil abgeben sollen. Da sich diese Befragten bereits zu einem sehr spezifischen Teilaspekt der Polizeiarbeit geäußert haben, ist es nach der Konversationslogik nicht erlaubt, diese bereits gegebene Information erneut zu verwenden – auch, wenn dies in der Frage nicht explizit erwähnt wird. Aus anderen Experimenten ist jedoch bekannt, dass Teilaspekte dann in ein Gesamturteil einfließen dürfen, wenn erst mehrere Teilaspekte abgefragt werden und dann ein Gesamturteil abgegeben werden soll. In diesem Fall können die Befragten die Frage nach dem Gesamturteil als Aufgabe interpretieren, die einzelnen Teilaspekte zu gewichten, was in der Konversationslogik als neue Information gewertet werden kann und damit zulässig ist (vgl. Schwartz, Strack und Mai 1991, Heinz und Steffgen 2015).

Zufriedenheitsurteile werden auch von Besonderheiten der Interviewsituation beeinflusst. Werden z. B. Interviews von körperbehinderten Interviewern geführt, dann lässt sich bei Fragen nach der Lebens- und Gesundheitszufriedenheit eine ausgeprägtere Tendenz zu Unzufriedenheitsurteilen beobachten. Offenbar wirkt sich hier eine Form von selektiver situationsspezifischer sozialer Erwünschtheit aus, die Befragte dazu veranlasst, ihre eigene Situation in Anbetracht der offenkundig größeren Probleme des Interviewers nicht allzu rosig zu schildern. Umgekehrt erhöht bei schriftlichen Befragungen in Gruppenräumen die Anwesenheit von behinderten Personen, die ebenfalls einen Fragebogen ausfüllen, die aktuelle Lebens- und Gesundheitszufriedenheit von Nichtbehinderten (Schwarz und Strack 1991b, S. 42).

Auch in anderen Fällen ist eine situative soziale Erwünschtheit in Abhängigkeit von der Person des Interviewers und den diesem zugeschriebenen Wertvorstellungen und Erwartungen sowie dem Selbstbild und den Rollenvorstellungen der Befragten von Bedeutung – ohne dass sich aber eindeutig sagen lässt, dass bestimmte Interviewertypen stets einen Response-Error produzieren. Schwarz nennt dazu folgendes Beispiel aus den USA: Wenn Jugendliche aus der Mittelschicht nach ihren Erfahrungen mit Drogen wie Marihuana und Haschisch gefragt werden, unterscheiden sich deren Antworten deutlich, je nachdem, ob sie von einem ebenfalls jugendlichen Interviewer, also einem potenziellen Mitglied ihrer Peer-Gruppe, oder von einer älteren Interviewerin aus der Generation ihrer Mütter befragt werden. Im ersten Fall wird von deutlich mehr Erfahrungen mit Cannabis-Produkten berichtet als im zweiten. In beiden Fällen dürften durch den Interviewertypus sowohl ehrliche als auch fehlerhafte Angaben ausgelöst worden sein, die allerdings in genau entgegengesetzte Richtungen gehen. Bei jugendlichen Interviewern kommt es eher zu einem Overreport, wenn es subkulturell als „schick" oder „in" gilt, Erfahrungen mit Drogen zu haben. Auch Befragte ohne Erfahrungen mit Drogen outen sich hier als zumindest gelegentliche Konsumenten, weil dies zur sozialen Rolle „Jugendlicher" einfach dazugehört. Werden diese Befragten dagegen von mütterlichen Interviewerinnen befragt, können sie problemlos zugeben, keine Erfahrungen mit Marihuana und Haschisch zu haben. Demgegenüber haben hier Drogenkonsumenten Probleme, da sich der Konsum von Drogen für Kinder aus gutem Haus einfach nicht gehört.

Die Orientierung an sozial erwünschten Verhaltensweisen oder Einstellungen führt also nur dann zu Messfehlern, wenn das eigene Verhalten von diesen Standards abweicht, ansonsten wird eine ehrliche Antwort dadurch sogar erleichtert. Problematisch ist allerdings, dass es neben wenigen allgemeingültigen Standards eine Vielzahl von subkulturellen (und höchst divergenten) Normen und Werten gibt, die durch das äußere Erscheinungsbild des Interviewers aktualisiert werden und bei Befragten ganz unterschiedliche Reaktionen provozieren können.

Dieses Dilemma lässt sich (wenn überhaupt) nur dadurch lösen, dass man versucht, Interviewer einzusetzen, deren äußere Erscheinung eine Zuordnung zu bestimmten Subkulturen erschwert, zumindest aber in keinem Zusammenhang zur Forschungsfrage steht. Das Erkennen solcher möglicher Zusammenhänge setzt aber eine intensive theoretische Auseinandersetzung mit der Forschungsfrage vor Durchführung einer Untersuchung voraus. Was dabei zu beachten ist, wird in Kapitel 3 diskutiert.

Weitere Skepsis an der Vorstellung eines einfachen Datenabrufs bei Befragungen ist auch wahrnehmungspsychologisch begründet, da unsere Wahrnehmung maßgeblich davon beeinflusst wird, was wir wahrzunehmen erwarten oder eben nicht erwarten. So haben Simons und Chabris mit dem „unsichtbaren Gorilla" gezeigt, dass Menschen sehr ungewöhnliche Ereignisse häufig nicht wahrnehmen, wenn sie sie nicht erwarten: In einem Experiment sollten Studenten Videos von Basketballspielen betrachten, die jeweils 75 Sekunden dauerten. Die zwei Mannschaften bestanden aus jeweils drei Spielern, die entweder weiße oder schwarze T-Shirts zur Unterscheidung trugen. Um die Aufmerksamkeit der Versuchsteilnehmer zu lenken, sollten sie zählen, wie viele Pässe innerhalb einer der Mannschaften geworfen werden. Das Besondere an den Videosequenzen war, dass ungefähr in der Mitte für ungefähr 5 Sekunden ein sehr unerwartetes Ereignis eintrat – entweder lief eine Frau mit einem geöffneten Regenschirm durch das Spielfeld oder eine Frau in einem Gorillakostüm. Die zentrale Frage war, ob die Versuchspersonen diese ungewöhnliche Aktion bemerken würden: Von 192 Versuchspersonen haben 46 % die Frau mit dem Regenschirm bzw. den „Gorilla" nicht wahrgenommen (Simons und Chabris 1999).

Spiegelbildlich zu diesem Experiment gibt es aber auch den Fall, dass Menschen Ereignisse „wahrnehmen", die nicht passiert sind, die sie aber erwartet haben. Ein klassisches Experiment dazu haben Loftus und Palmer durchgeführt. 150 Studenten wurde ein Film mit einem Autounfall gezeigt. Anschließend sollten die Probanden das Geschehen zunächst in eigenen Worten wiedergeben und danach einen Fragebogen zum Unfallgeschehen beantworten. Dabei wurden drei Versionen des Fragebogens verwendet, jeweils mit 50 Probanden. In einer Version wurde gefragt, wie schnell die Autos waren, als sie „zusammenkrachten" (*smashed into each other*). In einer anderen Version wurde hingegen die neutrale Formulierung „zusammenstießen" (*hit each other*) gebraucht, während die Kontrollgruppe nicht zur Geschwindigkeit befragt wurde. Nach einer Woche wurden die Versuchspersonen erneut zu dem Unfallvideo befragt und sollten angeben, ob auf dem Video Glassplitter zu sehen waren – was nicht der Fall war. In der Kontrollgruppe gaben sechs der 50 Probanden Glassplitter zu Protokoll, in der Gruppe mit der neutralen Formulierung waren es sieben, in der Gruppe mit der Formulierung „zusammenkrachte" waren es hingegen 16 (Loftus und Palmer 1974). Dies zeigt, dass Menschen in der Erinnerung ihre Wahrnehmungen an ihre Erwartungen anpassen – wenn es bei einem Unfall „gekracht" hat, dann gab es sicherlich (mindestens) auch Glassplitter.

> **!** Abschließend: Die vorstehenden Ausführungen und insbesondere die zitierten Beispiele sollten deutlich gemacht haben, dass eine Befragung kein simpler Prozess des Abrufens von Daten ist, sondern ein diffiziles Instrument der Datenerhebung und auch der Datenproduktion.

Um unsere Warnung vom Anfang des Kapitels 1 zu wiederholen: Eine stümperhafte oder nachlässige Handhabung dieses Instruments produziert bestenfalls belanglose und banale, schlimmstenfalls falsche Ergebnisse und läuft darüber hinaus Gefahr, durch Verärgerung der Befragten und nachhaltigen Imageverlust die Feldbedingungen für Befragungen drastisch zu verschlechtern. Die Kombination von Einsatz des Instruments mit manipulativer Absicht, mangelhafter Dokumentation der Methodik und naiver Rezeption bietet aber auch für Manipulationen vielfältige Möglichkeiten. Beiden Varianten der „Befragung" lassen sich durch eine genauere Kenntnis der Befragungsmethodik und die Einhaltung bestimmter Standards während aller Phasen des Forschungsprozesses sowie der kritischen Rezeption von Befragungsergebnissen begegnen.

2.3 Weiterführende Literatur

Messtheorie

In den schon am Ende von Kapitel 1 genannten Lehrbüchern werden auch messtheoretische Fragen und Probleme behandelt. Vertiefend werden mess- und testtheoretische Aspekte von folgenden Autoren behandelt:

Kranz, H. T.: Einführung in die klassische Testtheorie, 5. Auflage, Frankfurt a M. 2001
Moosbrugger, H.; Kalava, A.: Testtheorie und Fragebogenkonstruktion, Wiesbaden 2012
Steyer, R.; Eid, M.: Messen und Testen, 2. Auflage, Berlin 2001

Einstellung und Verhalten

Ajzen, I.; Fishbein, M.: Attitude-Behavior Relations: A Theoretical Analysis and Review of Empirical Research, in: Pyschological Bulletin, 84, 1977, S. 888–918
Fazio, R. H.: How Do Attitudes Guide Behavior?, in: Sorrentino, R. M.; Higgins, E. T. (Hrsg.): The Handbook of Motivation and Cognition: Foundations of Social Behaviour, New York 1986, S. 204–243
Mayerl, J.; Krause, Th.; Wahl, A.; Wuketich, M. (Hrsg.): Einstellungen und Verhalten in der empirischen Sozialforschung. Analytische Konzepte Anwendungen und Analyseverfahren, Wiesbaden, 2018

Das Interview als soziale Situation: Erhebungseffekte, Fehler und Verzerrungen

Dürnberger, A.; Drasch, K.; Matthes, B.: Kontextgestützte Abfrage in Retrospektiverhebungen, in: Methoden, Daten, Analysen, 1, 2011, S. 3–15
Eirmbter, W. H.; Jacob, R.: Fragen zu Fragen: Instrumentbedingte Antwortverzerrungen?, in: ZUMA-Nachrichten, 38, 1996, S. 90–111
Groves, R. M.: Survey Errors and Survey Costs, New York 1989
Groves, R.; Singer, E.: Leverage-Saliency Theory of Survey Participation: Description and an Illustration, in: Public Opinion Quarterly, 64, 2001, S. 199–308
Kozietulska, A.; Preisendörfer, P.; Wolter, F.: Leugnen oder gestehen? Bestimmungsfaktoren wahrer Antworten in Befragungen, in: Zeitschrift für Soziologie, 41, 2012, S. 5–23
Krebs, D.; Hoffmeyer-Zlotnik, J. H-P.: Effekte der Skalenrichtung bei Agree/Disagree (A/D) und Itemspezifischem (IS) Frageformat, in: Mayerl, J. et al. (Hrsg.): Einstellungen und Verhalten in der empirischen Sozialforschung. Analytische Konzepte, Anwendungen und Analyseverfahren. Wiesbaden, 2018
Schwarz, N.; Sudman, S. (Hrsg.): Context Effects in Social and Psychological Research, New York 1992
Tourangeau, R.; Rips, L. J.; Rasinski, K.: The Psychology of Survey Response, Cambridge 2000

3 Der Forschungsprozess: Die Planungsphase

Jedes Forschungsvorhaben besteht aus einer Reihe von Entscheidungen, die parallel oder sukzessive getroffen werden müssen. Dieser Vorgang wird üblicherweise mit dem Begriff „Forschungsprozess" umschrieben, wobei die in Tabelle 3.1 dargestellten Punkte zu klären sind. Als Resultat der vielfältigen Entscheidungen bis zur eigentlichen Feldarbeit entsteht ein spezifisches Forschungsdesign (untergliedert in Erhebungs- und Untersuchungsdesign), mittels dessen die Art der Forschung, die Grundgesamtheit der Erhebung und die Art der Stichprobe, die Art der Befragung und das Messinstrument festgelegt werden. Diese Entscheidungen müssen so dokumentiert werden, dass sie für die Leser des Forschungsberichtes nachvollziehbar sind. Das bedeutet, dass z. B. bestimmte Stichproben ausführlich erläutert werden müssen, sofern sie nicht einem Standardverfahren (etwa dem ADM-Design) zugeordnet werden können.

Generell gilt für empirische Forschungsprojekte: Teamarbeit ist in jeder Hinsicht besser als Einzelarbeit. Dafür spricht zunächst einmal ein ganz simples Arbeitsteilungsargument. Wie Tabelle 3.1 zu entnehmen ist, sind im Verlauf eines Umfrageforschungsprojektes eine Fülle von Arbeiten zu erledigen, wobei exakte Abgrenzungen zwischen den Aufgaben hier nicht möglich sind, vielmehr sind die Übergänge fließend. Von diesen Aufgaben können einige parallel bearbeitet werden, so dass hier sehr gut arbeitsteilig verfahren werden kann. Gravierender als das arbeitsökonomische Argument ist aber das Argument des kollegialen Austausches. Die im Rahmen eines Forschungsprojektes zu treffenden Entscheidungen sind im Normalfall diskussionsbedürftig. Dies gilt insbesondere für die Konkretisierung der Forschungsfrage, die Formulierung von Fragen für den Fragebogen und die Interpretation der Daten. Hier ist Teamarbeit im Interesse valider Ergebnisse eine unverzichtbare Bedingung – schon aus Gründen des wechselseitigen Ausgleichs von „Betriebsblindheit" aufgrund je individueller ganz spezifischer Erkenntnis- und Forschungsinteressen sowie unterschiedlicher Erfahrungen. Größere Forschungsvorhaben wie auch Lehrforschungsprojekte an Universitäten werden in der Regel von Gruppen durchgeführt. Bei Examensarbeiten ist dies häufig aufgrund der Prüfungsordnungen nicht möglich. Diplomanden und Doktoranden, die empirische Arbeiten anfertigen, ist dann aber dringend zu empfehlen, zentrale Fragen in Kolloquien oder selbstorganisierten Arbeitsgruppen vorzustellen und zu diskutieren. Regelmäßige Termine dieser Art zwingen zur Präzisierung der eigenen Vorstellungen und sind ein kaum zu unterschätzendes Hilfsmittel bei der Einhaltung des Zeitplans.

Jedes Forschungsprojekt beginnt mit einer Planungsphase, vielfach als Entdeckungszusammenhang bezeichnet. Neben der Wahl und der theoretischen Fundierung der Forschungsfrage und der daraus resultierenden Festlegung der Art der Forschung muss hier vor allem auch ein dem Problem angemessener Forschungsplan

Tab. 3.1: Der Forschungsprozess (Quelle: eigene Erstellung).

Phasen	Ablauf der Forschung	Entscheidungen	Organisation	Zeitbedarf in % der Gesamt-laufzeit
Planung, Entdeckung, Antrag	Themenfindung, Konkretisierung der Forschungsfrage	Initiativforschung? Ausschreibung? Auftrag?	Antrag stellen, Arbeitsgruppe konstituieren, Personal rekrutieren	~30 %
	Literaturstudium, theoretische Begründung	Art der Forschung? (explorativ, kausalanalytisch, prognostisch?)	Zeit- und Kostenplan; Literatur beschaffen, sichten, systematisieren	
	Erhebungsdesign	GG und Stichprobe? Quer-/Längsschnitt? Feldarbeit selbst oder durch Institut?	Theoretischen Bezugsrahmen formulieren Auswahlplan	
Forschung, Begründung	Untersuchungs-design, Operationalisierung der theoretischen Konstrukte	Grad der Standardisierung? Art der Befragung? Neue oder bewährte Indikatoren? Visualisierung und Listen?	Fragebogen entwickeln	~45 %
	Pretest	Fragebogen modifizieren?	Endredaktion Fragebogen Rekrutierung und ggf. Schulung Interviewer	
	Hauptfeld	Feldvorbereitung? Ankündigung per Presse, online…?	Feldarbeit, Vorbereitung der Datenanalyse, Methodenkapitel schreiben	
Präsentation, Verwendung	Daten: Aufbereitung und Analyse	Analyseprogramm? Analyseprozeduren? Ggf. Interviewerkon-trollen	Daten codieren, Fehler bereinigen, statistische Analysen	~25 %
	Darstellung und Interpretation der Ergebnisse vor dem Hintergrund des theoretischen Bezugsrahmens	Art der Präsentation? Verlag, Zeitschriften auswählen	Bericht abschließen, Ergebnisse präsentieren, ggf. Theorie modifizieren, weitere Forschung	

erstellt werden, bestehend aus einem Arbeits-, Zeit- und Kostenplan. Handelt es sich um ein Drittmittelprojekt, für das man z. B. bei der DFG oder einem Ministerium einen Antrag auf Forschungsförderung stellt, dann gehört die Abfassung des Forschungsantrags ebenfalls in diese Planungsphase. Forschungsanträge müssen genaue Angaben über alle hier genannten Punkte enthalten, wobei vor allem auf eine ausführliche theoretische Begründung des geplanten Vorhabens und einen detaillierten Zeit- und Kostenplan Wert gelegt werden sollte.

3.1 Worum geht es? Die Forschungsfrage

Am Beginn jedes Forschungsprojektes steht die nur auf den ersten Blick triviale Frage, welches Thema untersucht werden soll; es muss eine Forschungsfrage formuliert werden, die den ganzen weiteren Ablauf des Forschungsprozesses steuert. Genau genommen handelt es sich bei der Formulierung der Forschungsfrage um einen vorweggenommenen Forschungsprozess im verkleinerten Maßstab, bei dem im Sinne eines iterativen Prozesses eine zunächst sehr allgemeine Idee ein vertiefendes Literaturstudium initiiert und dabei sukzessive präzisiert wird. Zu Beginn *aller* Umfragen ist die Forschungsfrage zu konkretisieren. Auch wenn es sich um eine Auftragsforschung oder um eine Ausschreibung in einem bestimmten Bereich handelt (etwa durch ein Ministerium), muss dieser Arbeitsgang erledigt werden, da Auftraggeber oder ausschreibende Institutionen in der Regel nicht mehr vorgeben als das allgemeine Rahmenthema und für eigene Schwerpunkte viel Spielraum lassen. Diese Art der Forschung unterscheidet sich mithin nur in diesem Punkt der generellen Themenwahl von einem Initiativforschungsvorhaben, bei dem man auch das Rahmenthema selbst wählt. Dabei gilt grundsätzlich:

> **!** Wie auch immer eine Forschungsfrage und die damit verbundenen Forschungsziele und Erkenntnisinteressen aussehen, ob es sich also „nur" um explorative Forschung handelt, bei der man an der Verteilung bestimmter Merkmale interessiert ist, oder um hypothesentestende Forschung, mit der Vermutungen über Zusammenhänge überprüft werden sollen: Diese Forschungsfrage ist immer das Ergebnis einer Auswahl aus einer Vielzahl von möglichen Fragen. Diese Auswahl muss begründet werden!

Durch die theoretische Einbettung wird aber nicht nur die Forschungsfrage begründet, vielmehr bestimmt dieser Rahmen auch die Untersuchungsfragen und die Untersuchungsdimensionen für die Befragung. Schließlich werden die empirischen Ergebnisse vor dem Hintergrund der formulierten Annahmen interpretiert.

Ein Beispiel: 1988 hat das damalige Bundesministerium für Forschung und Technologie (BMFT, heute BMBF) einen neuen Förderschwerpunkt „Sozialwissenschaftliche AIDS-Forschung" ausgeschrieben und Mittel zur Erforschung bestimmter mit AIDS verbundener Probleme bereitgestellt. Ein Themenbereich war das gesellschaftliche Klima für Betroffene. Anlass zur Forschung auf diesem Gebiet sah man, weil trotz der Tatsache, dass HIV durch normale Alltagskontakte nicht übertragbar ist, infizierte Personen nach Bekanntwerden ihres Serostatus zum Teil massiv stigmatisiert und ausgegrenzt wurden. Somit ging dem krankheitsbedingten vorzeitigen Tod vielfach auch noch ein sozialer Tod voran.

Wir[1] haben auf diese Ausschreibung hin einen Forschungsantrag mit dem Titel „AIDS und die gesellschaftlichen Folgen" eingereicht. Dabei sind wir im Sinn des Thomas-Theorems[2] von der Annahme ausgegangen, dass Vorstellungen, die man subjektiv für richtig oder zutreffend hält, reale und damit objektive Konsequenzen haben – unabhängig von ihrer „objektiven" Richtigkeit. Reaktionen auf AIDS sind damit abhängig von bestimmten grundlegenden Einschätzungen und Interpretationen der Krankheit. Dabei scheinen für Verhalten unter Unsicherheit, wozu bedrohliche Krankheiten wie AIDS an exponierter Stelle zu nennen sind, Alltagsvorstellungen und Alltagstheorien oft von größerer Bedeutung zu sein als das Expertenwissen der Wissenschaft, wie es beispielsweise in Aufklärungskampagnen über AIDS vermittelt wird. Wissenschaftliches Wissen ist stets nur ein vorläufiges und hypothetisches Wissen und deshalb typischerweise nicht dazu geeignet, Orientierungs- und Handlungssicherheit zu bieten – insbesondere nicht in vagen und unklaren, aber möglicherweise existenziell bedrohlichen Situationen. Zudem bietet Wissenschaft keine Sinnerklärungen. Demgegenüber sind Handlungsorientierungen und Sinnerklärungen integrale Bestandteile nicht-wissenschaftlicher Wissensformen.

Diese zentrale Annahme musste unter Verwendung der relevanten Literatur theoretisch begründet und sukzessive mit Blick auf das Untersuchungsfeld Krankheiten/AIDS präzisiert werden. Für diesen Arbeitsschritt empfiehlt es sich generell, zunächst mittels Brainstorming alles zu notieren, was einem zu dem Thema einfällt, und dieses dann auch zu ordnen. Zu beachten ist: Diese erste Systematisierung des Themas kann nicht die letzte sein. Sie basiert auf mehr oder weniger ausgeprägten Kenntnissen und Vermutungen und dient dazu, ein Orientierungsraster (Schlagwortkatalog) für die sich anschließende Informationsbeschaffung zu erstellen. Bei diesem Brainstorming mit anschließender Sortierung („Mind Map") als Methode der Wahl ist es sehr empfehlenswert, Karteikarten oder vergleichbare elektronische Registriermöglichkeiten zu verwenden. Pro Karte sollte genau eine Idee, ein Begriff oder Gedanke notiert werden, nicht mehr! Damit ist sichergestellt, dass man Ideen in beliebiger Weise ordnen und strukturieren kann, die Karten lassen sich verschiedenen Oberbegriffen zuordnen, Umstellungen sind ebenfalls möglich. Deshalb sollte für diese Arbeitsphase eine Pinwand oder aber entsprechende Software (z. B. FreeMind oder MindManager) benutzt werden.

---

[1] Dieses Projekt wurde von Rüdiger Jacob, Willy H. Eirmbter und Alois Hahn durchgeführt.
[2] „If men define situations as real, they are real in their consequences." Thomas und Thomas 1932, S. 572.

Parallel dazu sollte auch eine Liste mit den für die Literaturrecherche wichtigen Datenbanken erstellt werden. Zusätzlich zu EDV-gestützten Quellen sollten bei der Literaturrecherche auch analoge Verzeichnisse in Betracht gezogen werden:
- Abstract-Dienste (z. B. die „Sociological Abstracts", Scopus)
- der Katalog der Deutschen Nationalbibliothek (www.dnb.de; letzter Abruf: 26.04.2019) und andere Bibliothekskataloge
- Enzyklopädien, Lexika
- Fachzeitschriften
- Dokumentenserver, z. B. Social Science Open Access Repository (SSOAR) oder Researchgate
- Meta-Datenbanken wie WISO-Net, Web of Science, PubMed
- Rezensionszeitschriften (z. B. *Soziologische Revue*) und Rezensionen in Fachzeitschriften
- Social Science Citation Index (SSCI), Google Scholar
- Spezialbibliografien zu bestimmten Themen
- sogenannte versteckte Bibliografien, also Literaturverzeichnisse in relevanten Publikationen
- Verzeichnis lieferbarer Bücher und das Pendant für den englischen Sprachraum, Books in Print (BIP)
- Links einschlägiger Institute und Forschungseinrichtungen (für aktuelle Forschungsvorhaben, Berichte und graue Literatur)

Wenn ein aktuelles Thema Gegenstand der Untersuchung ist, dann sollte es außerdem selbstverständlich sein, auch die Berichte in den Medien zu verfolgen. Zudem sollte in den einschlägigen Datenbanken geprüft werden, ob die eigene Forschungsfrage mit bereits vorhandenen Daten beantwortet werden kann. So sind alleine über das Datenarchiv der GESIS die Daten von über 5.000 Studien für Sekundäranalysen zugänglich.[3]

Suchbegriffe in unserem Beispiel waren (um einige wenige zu nennen): AIDS, Ansteckungsängste, Alltagstheorien, Alltagswissen, Attribution, Expertenwissen, Krankheiten, (subjektive) Krankheitsvorstellungen, Laienwissen, Laienätiologie, Seuchen, Seuchengeschichte, Stigmatisierung, subjektive Theorien, Verhalten unter Unsicherheit, Volksmedizin, wissenschaftliches Wissen. Man sieht, dass sich einige der Begriffe inhaltlich überschneiden oder sogar Synonyme darstellen. Dies ist sinnvoll, da in unterschiedlichen Datenbanken oft auch unterschiedliche Schlüsselworte für thematisch gleiche Sachverhalte vergeben werden.

Anhand dieser Suchbegriffe wurde Literatur recherchiert, gesichtet und systematisiert. Basierend auf Arbeiten aus ganz unterschiedlichen Theorietraditionen und Ar-

---

3 www.gesis.org/institut/abteilungen/datenarchiv-fuer-sozialwissenschaften/ (letzter Abruf: 26.04.2019)

beitsbereichen (z. B. Seuchenhistorie und Geschichte der Medizin, Attributionstheorien, Theorien kognitiver Informationsverarbeitung, Vorurteilsforschung, Wissenssoziologie, Systemtheorie, Risikoforschung, Kommunikationstheorien) wurde dann die Ausgangsthese theoretisch begründet. Es wurden konkretere Untersuchungsfragen und -dimensionen abgeleitet, für die dann in der Operationalisierungsphase Indikatoren formuliert wurden. Ganz kurz und thesenartig zusammengefasst sah die theoretische Begründung für das Projekt **„AIDS und die gesellschaftlichen Folgen"** aus (vergleiche hierzu auch das schematische Kausalmodell in Abbildung 3.1):

Für Verhalten unter Unsicherheit ist das Laienwissen des Alltags oft von größerer Bedeutung als das Expertenwissen der Wissenschaft. Laienwissen ist im Vergleich zu wissenschaftlichem Wissen stabiler und subjektiv eher verfügbar. Hinzu kommt, dass wissenschaftliches Wissen keine Sinnerklärungen bietet, während dies ein zentraler funktionaler Aspekt von Laienwissen ist. Laienwissen bietet deshalb für Orientierungs- und Handlungssicherheit die besseren Voraussetzungen.

Beide Formen des Wissens sind Produkte sozialer Prozesse und beinhalten kein wahres Wissen in einem ontologischen Sinn. Allerdings war und ist wissenschaftliches Wissen oft sehr erfolgreich bei der Lösung bestimmter Alltagsprobleme, wie sich im Fall der Medizin überaus deutlich gezeigt hat. Dies führt dazu, dass wissenschaftliches Wissen vielfach doch als Synonym für wahres Wissen interpretiert wird und dementsprechend an die Wissenschaft nicht erfüllbare Erwartungen gerichtet werden. Bei Erwartungsenttäuschungen wird dann aber umso eher auf „bewährte" und stabile Wissensbestände des Alltags zurückgegriffen – vor allem bei existenziellen Fragen wie schweren Krankheiten. Bei diesen Wissensbeständen handelt es sich um kulturell und historisch geprägte Deutungsmuster, bei denen die Wahrnehmung von Krankheiten und ihre Bewertung nicht voneinander zu trennen sind. Zu wissen, dass jemand schwer krank ist, löst gleichsam automatisch bestimmte Emotionen und Erwartungen aus, wobei es von der Beziehung zu der erkrankten Person abhängt, wie diese Emotionen aussehen.

Für Krebs ist dieser Zusammenhang gut belegt. Krebs als vergleichsweise neu aufgetretene (im Sinn massenhafter Verbreitung) und unheimliche Erkrankung wird mit anderen Krankheiten wie TBC oder der Pest assoziiert. Neben diffusen Ansteckungsängsten, die zu Kontaktmeidungswünschen führen, lässt sich auch beobachten, dass die Entstehung von Krebs auf schuldhaftes Verhalten zurückgeführt und als „Strafe" für moralische Verfehlungen interpretiert wird. Dabei wird Krebs insbesondere mit „unsolider Lebensweise" und „sexuellen Ausschweifungen" in Verbindung gebracht.

Im Fall von AIDS dürften Ansteckungsängste und diese Inbeziehungsetzung von Krankheit, Moral und Schuld von noch größerer Bedeutung sein als bei Krebs, da AIDS tatsächlich eine infektiöse und sexuell übertragbare Krankheit ist und in westlichen Industrienationen zufällig Homosexuelle als stigmatisierte Randgruppen die Erstbetroffenen waren. Hinzu kommt, dass die Existenz von AIDS generell zu Verunsicherungen und Erwartungsenttäuschungen geführt hat, da AIDS in einer Zeit virulent wurde, in der die Medizin Infektionskrankheiten endgültig besiegt zu haben schien. AIDS hat mithin alte Ängste vor Seuchenzügen und massenhaftem Sterben wiederbelebt.

Legitimationsverluste wissenschaftlichen Wissens hängen also damit zusammen, dass diese Form des Wissens Erwartungen nach Verlässlichkeit, Beständigkeit oder Wahrheit aufgrund ihrer eigenen Funktionslogik grundsätzlich nicht gerecht werden kann. Wissenschaftliche Theorien können schon morgen widerlegt sein – wofür die Geschichte der Medizin ebenfalls viele Beispiele liefert. Hinzu kommen „hausgemachte" Vertrauenskrisen, für die zwar nicht spezifische Formen des Wissens verantwortlich sind, wohl aber Experten, die sich dieses Wissens üblicherweise und bisweilen recht fahrlässig bedienen. Der Vertrauensverlust kann hier aufgrund der existenziellen Bedrohlichkeiten von Fehlleistungen ein totaler sein: Nicht nur einzelne Personen werden unglaubwürdig, sondern das System, welches diese Personen repräsentieren, verliert insgesamt an Glaubwürdigkeit.

Es gibt somit durchaus nachvollziehbare Gründe, warum Erkenntnisse oder Empfehlungen der Wissenschaft nicht in das handlungsleitende Alltagswissen übernommen werden – und zwar insbesondere dann, wenn unter Verweis auf wissenschaftliche Erkenntnisse die Unbedenklichkeit oder Ungefährlichkeit bestimmter Sachverhalte (etwa normaler Kontakte der Alltagsroutine mit infizierten Personen) betont wird, wo ein Irrtum aber fatale Konsequenzen hat (wenn sich herausstellen sollte, dass solche Kontakte doch infektiös sind).

Es dürften sich mithin idealtypisch mindestens zwei deutlich getrennte Konstellationen der Einschätzung von AIDS beobachten lassen, die dann auch je unterschiedliche Handlungskonsequenzen haben: 1. Risiko oder 2. Gefahr. Im ersten Fall wird AIDS entsprechend den bisherigen medizinischen Erkenntnissen und dem offiziellen Aufklärungswissen eher als ein vermeidbares Risiko eingeschätzt, vor dem man sich gegebenenfalls durch eigene Verhaltensweisen schützen kann. Das heißt, es ist durchaus sinnvoll, Situationen wie ungeschützten Geschlechtsverkehr zu vermeiden, zur Stigmatisierung und Meidung Betroffener wird dagegen kein Anlass gesehen. Im zweiten Fall wird AIDS als hochinfektiöse Krankheit eingeschätzt und gefürchtet, von der man – im Extremfall – glaubt, dass sie wie eine Erkältung übertragen werden kann. AIDS erscheint als Gefahr, die sich durch individuelle Maßnahmen kaum vermeiden lässt – außer durch Meidung und Ausgrenzung schon infizierter oder erkrankter Personen.

Dabei gehen wir davon aus, dass die Fähigkeit, mit Unsicherheiten umzugehen, sozial unterschiedlich verteilt ist. Sicherheit und Selbstvertrauen, Angstfreiheit und das Gefühl, Probleme selbst bewältigen zu können, sind Funktionen spezifischer Lebensumstände, spezifischer Kohorten- und Sozialisationsschicksale. Sozialer Status (bestehend aus Bildungs- und Berufsstatus), das Lebensalter oder der sozialräumliche Kontext sind Indikatoren für unterschiedliche Chancen und Erfahrungsmöglichkeiten. Dabei stellen Jugend, höherer sozialer Status oder urbane Lebensweise Formen der besseren Zugänglichkeit zu einer generellen Ressource „Handlungs- und Gestaltungskompetenz" dar. Insofern dürfte – abgehoben von der objektiven Bedrohung durch AIDS – der Risiko-Habitus überdurchschnittlich häufig bei jüngeren, besser gebildeten und beruflich etablierten Städtern zu beobachten sein, während spiegelbildlich der Gefahr-Habitus insbesondere bei älteren Personen aus einem dörflichen oder kleinstädtischen Umfeld mit niedrigem sozialen Status anzutreffen ist. Grafisch lässt sich diese Überlegung wie in Abbildung 3.1 dargestellt zusammenfassen:

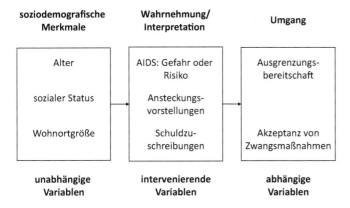

Abb. 3.1: Schematisches Kausalmodell (Quelle: eigene Erstellung).

Aus dieser theoretischen Begründung wurden folgende zentrale Forschungsfragen abgeleitet:
- Welche AIDS-spezifischen Krankheitsvorstellungen, Ansteckungsängste und Handlungsdispositionen, die wir zusammenfassend als Habitus bezeichnen, sind in der Bevölkerung anzutreffen?
- Entsprechen diese Habitus inhaltlich den theoretischen Überlegungen?
- Sind diese Habitus entsprechend der letztgenannten These sozialstrukturell unterschiedlich verteilt?

Diese Habitus sind als theoretische Konstrukte, wie sie in Kapitel 2 vorgestellt wurden, aufzufassen, aus denen folgende Untersuchungsdimensionen abgeleitet worden sind:
- Wissen über AIDS
- Ansteckungsvorstellungen und -ängste
- Laienätiologische Krankheitsvorstellungen und Schuldzuschreibungen
- Tendenzen zur Meidung und Ausgrenzung Betroffener
- Einstellung zu staatlichen Zwangsmaßnahmen
- Reale Ansteckungsrisiken, denen Befragte ausgesetzt sind

Natürlich ist eine „echte" theoretische Begründung länger. Die einzelnen Überlegungen und Vermutungen müssen ausführlicher begründet und belegt werden. Als ganz grobe Richtwerte für den quantitativen Umfang einer theoretischen Begründung können dabei zwischen 20 und 100 Seiten gelten. Auf weniger als 20 Seiten lassen sich

komplexere Forschungsfragen schwerlich plausibel und nachvollziehbar begründen, mehr als 100 werden in der Regel nur für sehr aufwendige hypothesentestende Untersuchungen benötigt. Zusammenfassungen wie die oben vorgestellte anzufertigen, ist gleichwohl empfehlenswert, weil:
- dies zur inhaltlichen Präzisierung zwingt und die Argumentation auf Nachvollziehbarkeit und Konsistenz überprüft werden kann;
- diese für Vorträge und Abschlussberichte (wie auch für Forschungsanträge) verwendet werden können und häufig auch verlangt werden.

3.2 Art der Forschung

Aus der Art der Forschungsfrage und ihrer theoretischen Begründung ergibt sich in aller Regel gleichsam automatisch auch die Art der Forschung. Dennoch sollte man diesen Punkt explizit festhalten (und sei es nur in der Projektgruppe), da die Art der Forschung für die Operationalisierung der Forschungsfragen von entscheidender Bedeutung ist. Folgende (nicht völlig exklusive) Unterscheidungen dazu finden sich in der einschlägigen Literatur:
- explorative Forschung
- deskriptive Forschung
- hypothesentestende kausalanalytische bzw. konfirmatorische Forschung
- prognostische Forschung
- evaluative Forschung

Wenn über einen Untersuchungsbereich bisher keine oder nur wenige empirische Erkenntnisse vorliegen, führt man explorative Forschungen durch, die dazu dienen, einen ersten Einblick in ein bestimmtes Gebiet zu gewinnen. Dabei werden vielfach zunächst einmal Leitfadeninterviews mit Vertretern ausgewählter Gruppen geführt, um sich über die in einem spezifischen Feld typischen Sichtweisen zu orientieren. Bei Krankheitskonzepten und -vorstellungen von medizinischen Laien, einem relativ neuen Forschungsgebiet, dominierten zunächst solche qualitativen Interviews – etwa zum Laienbild von Krebs oder auch von Geisteskrankheiten. Explorative Forschung wird bei Umfrageforschungsprojekten (gegebenenfalls) als vorbereitende Forschung in Form von qualitativen Interviews für größer angelegte quantifizierende Befragungen verwendet.

Deskriptive Forschung zielt auf die möglichst umfassende Beschreibung eines klar definierten Untersuchungsbereiches mit ebenso klar definierter Grundgesamtheit und Stichprobe. Im Zentrum des Interesses stehen hier Fragen nach der Verteilung bestimmter Merkmale und Merkmalskombinationen, bei Längsschnittuntersuchungen auch Fragen nach deren Veränderungen im Zeitverlauf. Ergebnisse deskriptiver Forschung werden in der Regel in Form univariater oder bivariater Tabellen präsentiert, denen man z. B. entnehmen kann, wie viele Bundesbürger für, wie viele gegen Auslandseinsätze der Bundeswehr sind und ob es dabei Unterschiede zwischen Personen unterschiedlicher Bildungsabschlüsse gibt. Bekannt dürfte diese Form der Ergebnispräsentation vor allem aus den Printmedien und dem Fernsehen sein. Ergebnisse von Blitzumfragen zu einigen wenigen Fragen, die monatlichen Berichte Des Spiegels zu ausgewählten politischen Meinungen der Bundesbürger oder das „Politbarometer" des ZDF basieren sämtlich auf deskriptiver Forschung.

Sofern über die Ausprägung bestimmter Verteilungen schon vor der empirischen Untersuchung Vermutungen angestellt werden, handelt es sich bereits um hypothesentestende Forschung, allerdings noch nicht um kausalanalytische Forschung. Hypothesentestende, kausalanalytische bzw. konfirmatorische Forschung sind deshalb auch keine synonymen Begriffe. Der Begriff der hypothesentestenden Forschung ist allgemeiner und schließt jede Form von Forschung mit ein, bei der vorab Vermutungen über empirische Gegebenheiten formuliert werden. Typischerweise handelt es sich bei diesen Vermutungen aber um Kausalhypothesen, um postulierte Ursache-Wirkungs-Zusammenhänge. Man ist bei dieser Art der Forschung nicht nur daran interessiert, bestimmte Phänomene zu beschreiben und zu quantifizieren, sondern sie auch ursächlich zu erklären.

Deskriptive und hypothesentestende Forschung stehen in einem hierarchischen Verhältnis, denn Voraussetzung jeder Überprüfung von Hypothesen ist die univariate Analyse, die Feststellung, wie die interessierenden Merkmale überhaupt verteilt sind. Hypothesentestende Forschung schließt also deskriptive Forschung immer mit ein, und entsprechend sollte jeder Forschungsbericht auch einen vollständigen Überblick über die univariaten Verteilungen der erhobenen Merkmale beinhalten. Man kann dieser Forderung z. B. dadurch gut und überschaubar nachkommen, dass man im Anhang den vollständigen Fragebogen, ergänzt um die prozentualen Verteilungen der Antworten, ausweist. Dabei stellt die kausalanalytische Forschung an die Operationalisierung der Forschungsfragen und den Aufbau des Messinstruments die höchsten Anforderungen. Denn während man bei deskriptiver Forschung in einem bestimmten Bereich – etwa Einstellungen zum Gesundheitswesen – durchaus relativ unverbundene Themenkomplexe abfragen kann, muss bei kausalanalytischer Forschung mit Blick auf die Datenauswertung stets berücksichtigt werden, in welchem Verhältnis die einzelnen Indikatoren zueinanderstehen.

Mit prognostischer Forschung sollen möglichst fundierte Aussagen über zukünftige Entwicklungen ermöglicht werden. Generell muss zu diesem Ziel allerdings kritisch angemerkt werden, dass aufgrund der Vielschichtigkeit und Vernetztheit sozialer Prozesse die prognostische Leistungsfähigkeit aller sozialwissenschaftlichen Untersuchungen nicht zu hoch eingeschätzt werden sollte. Dafür ist nicht immer und ausschließlich eine schlechte Methodik verantwortlich (obwohl dies natürlich auch ein wichtiger Grund für das Nichteintreffen von Prognosen ist). Eine wichtige Ursache ist die häufig grundsätzliche Unprognostizierbarkeit des Verhaltens von Kollektiven. Dabei kann gerade die Veröffentlichung einer Prognose im Sinn einer *self-destroying prophecy* ursächlich für ihr Scheitern sein.

Ein gutes Beispiel für diesen Mechanismus sind Wahlprognosen: Üblicherweise wird vor Wahlen ein repräsentativer Querschnitt der wahlberechtigten Bevölkerung befragt. Wir unterstellen einmal, dass zum Zeitpunkt der Interviews alle Befragten ihre tatsächlichen Präferenzen auch angeben (Verzerrungen durch sozial wünschenswertes Antwortverhalten o. Ä. werden hier also ausgeklammert). Dabei könnte sich dann z. B. herausstellen, dass die FDP bei der anstehenden Bundestagswahl mit hoher Wahrscheinlichkeit an der Fünf-Prozent-Hürde scheitert und damit der Weg frei wäre für einen Regierungswechsel mit einer rot-grünen Koalition. Dies könnte CDU-Wähler dazu veranlassen, bei der eigentlichen Wahl mit ihrer Zweitstimme die FDP und nicht, wie ursprünglich intendiert, die CDU zu wählen, um der amtierenden Koalition die Mehrheit zu sichern. FDP-Leihstimmen-Kampagnen zielen auf eben diesen Mechanismus ab und scheinen, wenn man sich das Auseinanderklaffen von Prognosen und tatsächlichen Wahlergebnissen bei vergangenen Wahlen ansieht, durchaus erfolgreich zu sein.

Aus Wahlprognosen können allerdings auch *self-fulfilling prophecies* werden, wenn eine große Zahl von unentschlossenen Wählern ohne klare politische Präferenz sich dann für den vermeintlichen bzw. prognostizierten Sieger entscheiden. *Self-fulfilling prophecies* sind empirisch allerdings deutlich schwieriger nachzuweisen.

Methodisch lassen sich bei prognostischer Forschung grundsätzlich zwei Arten von Vorgehensweisen unterscheiden. In dem einen Fall stellt man prospektive Fragen, wenn man, wie in obigem Beispiel, an kurzfristig zu realisierenden Verhaltensweisen interessiert ist. Häufig angewendet wird diese Form prognostischer Forschung auch in der Marktforschung zur Abschätzung der Marktchancen neuer Produkte. Prognosen dieser Art können beispielsweise aufgrund der Differenz von Einstellung und tatsächlichem Verhalten (*intention-behaviour gap*, vgl. Sniehotta, Scholz und Schwarzer 2005) scheitern oder weil Befragte ihre Präferenzen ändern.

In dem anderen Fall werden Trends extrapoliert, also aus einer bisherigen Entwicklung Prognosen abgeleitet. Voraussetzung zur Erkennung von Trends sind Längsschnittuntersuchungen. Man braucht mindestens zwei Messzeitpunkte, wobei es aber auf der Hand liegt, dass ein Trend (und erst recht das Fehlen eines Trends, denn aus zwei Messwerten lässt sich immer ein – linearer – Trend ableiten) umso genauer beschrieben werden kann, je mehr Daten man hat. Insofern sind zwei Messzeitpunkte eigentlich zu wenig, methodisch besser sind mindestens drei. Prognosen dieser Art unterstellen immer eine gleichförmige – beispielsweise lineare oder zyklische – Entwicklung. Sie können scheitern, wenn Entwicklungen nicht gleichförmig verlaufen (sogenannte Trendbrüche).

Per Umfrageforschung wird vor allem die erste Art von prognostischer Forschung betrieben, weil mehrere Messzeitpunkte mit denselben Individuen aus unterschiedlichen Gründen nur selten realisierbar sind. Die Extrapolation von Trends stützt sich hingegen vor allem auf sogenannte „harte" Daten" der amtlichen Statistik oder auf finanziell und ressourcenmäßig sehr aufwendige Paneldaten. Um auch hier ein Beispiel zu nennen: Vor dem Hintergrund sinkender Geburtenraten und damit auch sinkender

Schülerzahlen hat man für die 1980er- und 1990er-Jahre einen Rückgang der Abiturienten und damit auch der Studenten prognostiziert und deshalb auch keine Veranlassung gesehen, die Hochschulen weiter auszubauen. Dabei hat man sowohl konstante Abiturientenquoten und Übergangsquoten als auch konstante typische Ausbildungs- und Erwerbsbiografien unterstellt. Dies sind aber verhaltensabhängige, variable Größen. Tatsächlich hat sich für den prognostizierten Zeitraum die Abiturientenquote deutlich erhöht – immer mehr Schüler eines Altersjahrgangs strebten das Abitur an. Zudem haben relativ viele Abiturienten der geburtenstarken Jahrgänge zunächst eine Lehre absolviert und erst danach ein Studium aufgenommen, was in dieser Form als massenhaftes Phänomen ebenfalls neu war. Beide Entwicklungen führten (verspätet) zu einer Zunahme der Studentenzahlen mit einem „Berg" Anfang der 1990er-Jahre.

Evaluative Forschung bezeichnet die wissenschaftliche Begleitung und Bewertung bestimmter Programme, etwa zur Wirksamkeit von Kampagnen gesundheitlicher Aufklärung. So führte beispielsweise die Bundeszentrale für gesundheitliche Aufklärung in den 1980er- und 1990er-Jahren parallel zu den Aufklärungskampagnen über AIDS in zweijährigem Abstand eine Untersuchung über deren Effekte und speziell zur Akzeptanz von Kondomen durch.[4]

Evaluationsforschung impliziert immer ein Längsschnittdesign, indem entweder durch eine Vorher-Nachher-Messung die Wirkung bestimmter einmaliger Maßnahmen erfasst wird oder bei kontinuierlichen Programmen parallel dazu Veränderungen gemessen werden. Auch dabei ist allerdings eine „Null-Messung" vor Beginn der Maßnahme sehr empfehlenswert. Evaluative Forschung ist hauptsächlich Auftragsforschung, wobei insbesondere Ministerien und nachgeordnete Behörden als Auftraggeber fungieren.

Bei dem beispielhaft vorgestellten Forschungsprojekt „AIDS und die gesellschaftlichen Folgen" handelt es sich demnach um kausalanalytische Forschung mit einer deutlichen deskriptiven Komponente. Die Verteilungen spezifischer Kenntnisse, Vorstellungen und Meinungen über AIDS sind untersucht worden, wobei in der theoretischen Begründung der Forschungsfrage Annahmen sowohl über die Zusammensetzung bestimmter Meinungssyndrome (Habitus) als auch über verursachende Faktoren angestellt worden sind, die empirisch überprüft wurden.

Wir hatten uns entschlossen, aufgrund der spezifischen Forschungsfrage und ihrer theoretischen Begründung und wegen unserer eigenen spezifischen methodischen Spezialisierung, nicht nur eine quantitative Untersuchung durchzuführen, sondern darüber hinaus möglichst repräsentative, bundesweit gültige Ergebnisse zu liefern. Diese sollten den Projektgeber in die Lage versetzen, mit entsprechenden Programmen auf die Ergebnisse zu reagieren. Eine Kurzfassung dieser Ergebnisse präsentieren wir in Abschnitt 5.1.

---

[4] Ob es ratsam ist, dass die Evaluation einer Maßnahme von der gleichen Institution durchgeführt wird, die auch für die Maßnahme selbst verantwortlich ist, ist eine andere Frage.

3.3 Grundgesamtheit und Stichprobe

Das Instrument der Umfrageforschung dient zur Ermittlung der Meinung von Kollektiven, nicht von konkreten einzelnen Personen. Um welche Gruppen es sich dabei jeweils handelt, ergibt sich grundsätzlich aus der Forschungsfrage und der Art der Forschung. Dabei wäre es oft natürlich am besten, wenn man zu diesem Zweck alle Mitglieder der jeweiligen Kollektive befragen, also eine Vollerhebung durchführen würde. Dies ist aber bei größeren Gruppen schon aus Kostengründen häufig nicht möglich. Darüber hinaus ist dieses Vorgehen, wenn man an bestimmten typischen Mustern interessiert ist, in der Regel auch gar nicht nötig, da sich diese Muster mithilfe spezifischer Stichprobenuntersuchungen mit hinlänglicher Genauigkeit, aber mit deutlich weniger Aufwand und geringeren Kosten untersuchen lassen.[5]

> **!** Alle Stichprobenverfahren setzten voraus, dass man die Grundgesamtheit genau definiert.

Definition der Grundgesamtheit meint deren begriffliche Präzisierung und Abgrenzung. Grundgesamtheiten von Untersuchungen sind immer bestimmte Gruppen oder Populationen, über die man etwas erfahren will. Zu diesem Zweck untersucht man ausgewählte Elemente dieser Populationen, die als Untersuchungseinheiten bezeichnet werden.[6] Für die meisten dieser Gruppen bzw. Populationen existieren alltagsweltliche Bezeichnungen, weil diese Gruppen auch im sozialen bzw. „normalen" Leben außerhalb der Forschung von Bedeutung sind: Studenten, Arbeitslose, Unternehmer, die Bevölkerung einer Gemeinde, eines Bundeslandes oder der Bundesrepublik, um nur einige Beispiele zu nennen. Wie die meisten Alltagsbegriffe sind diese Bezeichnungen aber unpräzise und interpretationsfähig – je nach Sichtweise gehören bestimmte Personen zu dem so bezeichneten Kollektiv oder auch nicht. Daneben können Kollektive selbst auch solche „Elemente" sein, z. B. dann, wenn man verschiedene Unternehmen miteinander vergleichen will. Jedes einzelne Unternehmen ist dann ein Element in der Gesamtheit aller Unternehmen eines Kollektivs, einer Gesellschaft.

So legt beispielsweise die Bezeichnung „Studenten" nicht eindeutig fest, wer alles zu dieser Gruppe gehört. Sollen alle Personen als Studenten bezeichnet werden, die an

---

[5] Eine Anmerkung zu unvermeidbaren Redundanzen, die durch den Ablauf des Forschungsprozesses bestimmt werden, ist hier angebracht: Mit Auswahlverfahren und den damit verbundenen Problemen muss man sich sowohl bei der Planung einer Untersuchung als auch vor und während der eigentlichen Feldphase auseinandersetzen. Insofern werden in diesem Kapitel auch schon Aspekte angesprochen, die eher in die Feldphase gehören. Sofern dies allgemeine Bevölkerungsumfragen betrifft, behandeln wir diese schon an dieser Stelle, weil wir davon ausgehen, dass Leser dieses Buches solche Umfragen kaum in Eigenregie durchführen werden, sondern im Bedarfsfall die Feldarbeit an ein externes Institut delegieren wie die GESIS –Abteilung Survey Design and Methodology.

[6] Bei Befragungen sind dies natürliche Personen, bei anderen Untersuchungen können dies aber auch juristische Personen oder soziale Gebilde wie z. B. Unternehmen sein, wenn man etwa an bestimmten Unternehmensstrukturen interessiert ist.

Vorlesungen und Seminaren teilnehmen? Rechnet man Promotionskandidaten dazu? Sind Teilnehmer an Senioren- oder Aufbaustudiengängen Studenten? Betrachtet man als Studenten alle Personen, die an einer Hochschule immatrikuliert sind?

Wer zur Grundgesamtheit gehört und wer nicht, muss also geklärt werden, bevor man eine Stichprobe zieht. Entscheidend für die Definition der Grundgesamtheit sind zum einen natürlich die jeweiligen Forschungsfragen, zum anderen spielen hier aber auch Fragen der Zugänglichkeit zu einer Grundgesamtheit beziehungsweise zu bestimmten Teilgruppen dieser Grundgesamtheit eine wichtige Rolle. Bei dem Verhältnis von Grundgesamtheit und Stichprobe gilt grundsätzlich:

Ergebnisse von Stichprobenbefragungen können unter Verwendung mathematisch-statistischer Verfahren nur dann auf eine Grundgesamtheit verallgemeinert werden, wenn sie das Ergebnis einer Zufallsauswahl sind. Dieser induktive Schluss von einer numerisch kleineren auf eine numerisch größere Gesamtheit wird als Repräsentationsschluss bezeichnet.

Innerhalb angebbarer Fehlergrenzen ist es dabei möglich, von der Verteilung bestimmter Merkmale und Zusammenhänge in der Stichprobe auf die Verteilung dieser Merkmale und Zusammenhänge in der eigentlich interessierenden Grundgesamtheit zu schließen. Eine Stichprobe kann nur dann korrekt als „repräsentativ" bezeichnet werden, wenn sie auf einer Zufallsauswahl basiert. Eine repräsentative Auswahl ist kein exaktes verkleinertes Abbild einer Grundgesamtheit, sondern nur ein näherungsweise genaues Modell. Noch einmal: Die Berechnung von Grenzen bzw. Intervallen, innerhalb derer die Werte für die Grundgesamtheit von jenen der Stichprobe mit angebbaren Wahrscheinlichkeiten abweichen („Vertrauensintervalle"), ist nur bei zufällig ausgewählten Untersuchungseinheiten möglich.[7]

Dabei spielt die Größe der Stichprobe eine wichtige Rolle bei der Berechnung der Vertrauensintervalle und Irrtumswahrscheinlichkeiten (ganz allgemein gilt: Beide verringern sich mit wachsendem Stichprobenumfang). Dagegen ist die pure Größe einer Stichprobe kein Indikator für die Repräsentativität der Ergebnisse.

Dies wird sehr deutlich an dem schon in Kapitel 1 erwähnten prognostischen Misserfolg der größten jemals erhobenen Stichprobe in den Sozialwissenschaften: Anlässlich der amerikanischen Präsidentschaftswahl im Jahr 1936 hatte die Zeitschrift „Literary Digest" 10 Millionen Amerikaner angeschrieben; darunter befanden sich die eigenen Abonnenten, weitere Adressen hatte man aus Telefonbüchern und Mitgliederverzeichnissen von Clubs und Vereinen entnommen. 2,4 Millionen Frage-

---

[7] Wir weisen hier schon darauf hin, dass die Art der Auswahl von Befragungspersonen und die Art der Befragung in einem engen Zusammenhang stehen. Aus bestimmten Erhebungsdesigns ergeben sich zwangsläufig bestimmte Untersuchungsdesigns. So sind repräsentative, allgemeine Bevölkerungsumfragen mit 1.000 oder mehr Befragten kaum anders als mit hochstandardisierten Befragungen zu realisieren. Zumindest die Entscheidung für die Art der Befragung und den Grad der Standardisierung gehört ebenfalls in die Planungsphase.

bögen wurden ausgefüllt zurückgeschickt. Die Ergebnisse dieser Befragung führten zu der Prognose, dass der Kandidat der republikanischen Partei, Alfred Landon, die Wahl mit deutlicher Mehrheit gewinnen würde. Tatsächlich gewann aber der demokratische Präsidentschaftskandidat Franklin D. Roosevelt mit einem Wähleranteil von 62 %. Hingegen war prognostiziert worden, dass Roosevelt nur von 43 % der Wähler auch gewählt werden würde. Den Sieg Roosevelts hat dagegen Gallup auf der Basis einer nur 1.500 Fälle umfassenden Stichprobe vorhergesagt, die nach Alter und Geschlecht quotiert war.

Für das Scheitern der Literary-Digest-Stichprobe sind vor allem zwei Gründe ursächlich. Zunächst wurden durch die Art der Stichprobenziehung bestimmte Gruppen systematisch überrepräsentiert, was man auch als Oversampling bezeichnet. Die Auswahl von Befragungspersonen mittels Telefonbüchern und Mitgliederlisten von Clubs erfasste überdurchschnittlich viele Angehörige der Mittel- und Oberschicht, die traditionell eher der Republikanischen Partei anhängen. Angehörige unterer Schichten, traditionelle Wähler der Demokraten, hatten demgegenüber eine sehr viel geringere Auswahlwahrscheinlichkeit (Undersampling).

Zu diesem systematischen Stichprobenfehler kam ein weiteres Problem, das mit der Art der Befragung zusammenhängt: Es ist charakteristisch für schriftliche Umfragen, dass die Verweigerungsrate, die Non-Response-Quote, gruppenspezifisch variiert und in Unterschichten überdurchschnittlich hoch ist. Die Art der Stichprobenziehung wie auch die Befragungsmethode hatten also eine systematische Unterrepräsentation bestimmter Gruppen und eine verzerrte Auswahl zur Konsequenz und führten damit auch zu verzerrten Ergebnissen.

! Bei einer schon in der Anlage verfehlten Auswahl von Untersuchungseinheiten hilft kein noch so großer Stichprobenumfang, diesen Fehler zu beheben – im Gegenteil: Der Fehler wiederholt sich im großen Maßstab.

Ansonsten aber ist die Größe einer Stichprobe durchaus ein wichtiger Faktor. Die Bedeutung der Stichprobengröße für die Berechnung von Irrtumswahrscheinlichkeiten und Vertrauensintervallen bei Zufallsauswahlen wurde schon erwähnt. Daneben sollte man bei der Festlegung des Stichprobenumfangs auch berücksichtigen, welche Subgruppenanalysen mit den Daten durchgeführt werden sollen. Je größer die Ausprägungen bestimmter interessierender Merkmale sind und je niedriger dementsprechend die Fallzahlen in diesen Kategorien (die Zellbesetzungen) werden können, umso größer muss die Stichprobe dimensioniert werden. Dabei gilt als Faustregel, dass entsprechende Subgruppen mit mindestens 20 bis 25 Fällen besetzt sein sollten, wenn man für diese Gruppen noch zu interpretationsfähigen Aussagen kommen will. Relevant wird diese Überlegung beispielsweise, wenn man im Rahmen größerer Untersuchungen gezielte Vergleiche zwischen Angehörigen bestimmter Berufsgruppen oder sogar einzelner Berufe anstellen will. Letztlich ist hierin auch der Grund für den Sinn von Volkszählungen zu sehen, obgleich ansonsten davon auszugehen ist, dass

Vollerhebungen wie Volkszählungen weniger „genau", weil schlechter methodisch zu kontrollieren sind als z. B. Mikrozensen mit begrenzten Fallzahlen.

Als ganz grobe Richtgrößen für den Mindeststichprobenumfang bei unterschiedlichen Analysezielen und Grundgesamtheiten haben sich folgende Zahlen bewährt:[8]

2.000 bis 3.000 Personen: Repräsentative allgemeine Bevölkerungsumfragen, bei denen auch differenziertere Subgruppenanalysen möglich sein sollen.

1.000 Personen: Repräsentative allgemeine Bevölkerungsumfragen mit vorwiegend deskriptiver Zielsetzung (siehe die Auftragsforschung für die Medien, wie z. B. das Politbarometer des ZDF).

500 Personen: Repräsentative Umfragen in spezifischen homogenen Gruppen (z. B. Studenten einer Hochschule oder Angehörige bestimmter Berufe).

100 bis 200 Personen: Repräsentative Umfragen in spezifischen homogenen Gruppen mit vorwiegend deskriptiver Zielsetzung.

Als absolutes Minimum für eigenständige, unabhängige Stichproben gilt aufgrund von verteilungstheoretischen Annahmen eine Fallzahl von 20 Personen. Empfehlenswert ist es aber, eine Mindestgröße von 100 Befragten anzustreben, weil dadurch die Wahrscheinlichkeit deutlich erhöht wird, typische Strukturen der Grundgesamtheit und nicht irgendwelche Ausreißer oder marginale Konfigurationen zu erfassen.

Zu bedenken ist bei der Planung von Stichproben, insbesondere bei Zufallsauswahlen, dass es Ausfälle gibt, weil ausgewählte Personen nicht erreichbar sind oder auch die Teilnahme an der Befragung verweigern. Dieses Problem der Ausfälle wird im Abschnitt 4.4 „Feldarbeit" nochmals besprochen. Es sei aber an dieser Stelle schon darauf hingewiesen, dass man wegen des Problems der Ausfälle zwischen Brutto-Stichprobe und Netto-Stichprobe unterscheidet. Die Netto-Stichprobe umfasst das anvisierte N von Befragungspersonen, also z. B. (mindestens) 2.000 Befragte in einer repräsentativen persönlich-mündlichen Bevölkerungsumfrage. Davon ausgehend muss man dann die Brutto-Stichprobe ansetzen, die zurzeit bei dieser Interviewform mindestens 3.500 Personen umfassen muss, um ein N von 2.000 auswertbaren Interviews zu realisieren.

3.4 Auswahlverfahren I: Zufallsauswahlen

Generell wird zwischen den schon genannten Zufallsauswahlen (*random samplings* oder Random-Stichproben) und nicht zufälligen Auswahlen unterschieden. Nur Zufallsauswahlen erlauben es, die Stichprobenergebnisse mathematisch fundiert auf die Grundgesamtheit zu generalisieren. In allen anderen Fällen haben solche Generalisie-

---

[8] Stichprobengrößen werden in Forschungsberichten üblicherweise in der Notation N = 2.118 (um eine Beispielzahl zu nennen) angegeben. Statt von Stichprobengröße spricht man dementsprechend meist auch von dem „N" einer Untersuchung.

rungen stets hypothetischen Charakter, sie mögen zwar plausibel begründbar sein, lassen sich aber nicht mit mathematisch-statistischen Argumenten stützen und sind deshalb nicht objektivierbar.

Das bedeutet allerdings nicht, dass man nur noch Zufallsauswahlen realisieren soll und nicht-zufällige Auswahlen grundsätzlich als „unwissenschaftliche" Verfahren meidet. Auch nicht-zufällige Auswahlverfahren sind als wissenschaftliche Verfahren zu qualifizieren, wenn sie theoretisch begründet und nachvollziehbar durchgeführt werden. Es gibt sogar eine Reihe von Fällen, wo man Zufallsauswahlen entweder nicht realisieren kann oder es aufgrund der Forschungsfrage gar nicht sinnvoll oder notwendig ist, dies zu tun. Es hängt also wiederum von der Forschungsfrage (und natürlich den zur Verfügung stehenden Mitteln) ab, welches Auswahlverfahren angewendet werden soll.

> **!** Nur eines sollte man wirklich vermeiden, nämlich von nicht-zufälligen, gleichwohl aber repräsentativen Auswahlverfahren sprechen. Denn repräsentative Quotenauswahlen gibt es genauso wenig wie schwarze Schimmel.

Dabei ist der Unterschied zwischen Zufallsauswahlen und nicht-zufälligen Auswahlen zunächst vergleichsweise simpel: Bei Zufallsauswahlen hat jedes Element der Grundgesamtheit die gleiche oder eine berechenbare und von Null verschiedene Chance, in die Stichprobe zu gelangen. Das wiederum impliziert, dass die Grundgesamtheit bekannt und exakt definiert sein muss. Dies sind die Voraussetzungen für die Anwendung mathematischer Verfahren und induktiver statistischer Schlüsse. Das zentrale Kriterium der Berechenbarkeit der Auswahlchance ist bei nicht-zufälligen Auswahlen nicht gegeben, da hier andere Auswahlkalküle als der statistische Zufall (z. B. theoretische Überlegungen) darüber entscheiden, ob ein Element der Grundgesamtheit in die Stichprobe gelangt oder nicht. Kriterien für jede Zufallsauswahl sind damit:

- Die Grundgesamtheit muss bekannt und exakt definiert sein.
- Die Grundgesamtheit muss physisch oder symbolisch präsent und manipulierbar sein (sie muss sich durchmischen lassen, jedes Element muss entnommen werden können).
- Jedes Element darf nur einmal in der Grundgesamtheit vertreten sein.
- Die Auswahl muss so erfolgen, dass jedes Element die gleiche oder eine berechenbare Auswahlchance hat, in die Stichprobe zu gelangen.

Dieser letzte Aspekt verweist darauf, dass es unterschiedliche Formen der Zufallsauswahl gibt, die üblicherweise unterschieden werden in einfache und komplexe Zufallsauswahlen.

3.4.1 Einfache Zufallsauswahlen

Bei einfachen Zufallsauswahlen gilt, dass jedes Element der Grundgesamtheit die „gleiche" Auswahlchance hat, in die Stichprobe zu gelangen. Das klassische Beispiel für eine einfache Zufallsauswahl ist eine Urnenauswahl, wie sie aus der Ziehung der Lottozahlen allgemein bekannt sein dürfte. (Das Beispiel mit den Lottozahlen stimmt nicht so ganz, weil mit jeder gezogenen Kugel sich die Zahl der in der Trommel verbleibenden Elemente um eine verringert, die Auswahlwahrscheinlichkeit sich demnach schrittweise erhöht. Dieses Problem des „Ziehens ohne Zurücklegen betrifft so auch jede sozialwissenschaftliche Auswahl, kann aber in Anbetracht des im Regelfall großen zahlenmäßigen Unterschieds zwischen Grundgesamtheit und Stichprobe faktisch vernachlässigt werden).

Bei sozialwissenschaftlichen Untersuchungen werden demgegenüber, wenn eine einfache Zufallsauswahl zur Anwendung kommt, zumeist Karteiauswahlen durchgeführt, etwa aus der Kartei des Einwohnermeldeamtes oder des Studentensekretariates einer Hochschule. Die Grundgesamtheit ist dabei (im ersten Fall) die gemeldete Einwohnerschaft einer Gemeinde, sie ist symbolisch in Form von Einträgen in einer Datei (zunehmend seltener in Form von Karteikarten) präsent, für jedes Element der Grundgesamtheit existiert genau eine Eintragung bzw. Karte. Die Grundgesamtheit lässt sich symbolisch durchmischen, indem man per Zufallszahlengenerator (wie ihn heute die meisten Computer bieten) eine Startzahl und eine Schrittweite ermittelt. Wenn man z. B. eine Stichprobe von 1.000 Personen ziehen will und als Startzahl die Nummer 326 bei einer Schrittweite von 45 bekommen hat, dann zieht man aus der Datei des Einwohnermeldeamtes beginnend bei Eintragung 326 solange jede 45. Eintragung, bis man insgesamt 1.000 Namen zusammen hat.[9]

Deutlich wird hier, dass die Definition der Grundgesamtheit nicht nur von theoretischen Überlegungen abhängt, sondern faktisch auch von der Art ihrer symbolischen Präsenz beeinflusst sein kann. In eine Stichprobe, die man aus der Datei eines Meldeamtes zieht, können natürlich nur die Personen gelangen, die dort auch gemeldet sind. Dabei kann es bei bestimmten Fragestellungen durchaus zu systematischen Verzerrungen kommen, nämlich dann, wenn man auch Personengruppen zu der Grundgesamtheit rechnet, die zwar in einer Stadt leben, dort aber überdurchschnittlich häufig nicht gemeldet sind. Dies trifft vielfach bei mobilen Bevölkerungsgruppen, z. B. auf Studenten, zu, die zwar vorübergehend in einer Stadt leben, dort aber keinen Wohnsitz angemeldet haben.

Wenn man solche Gruppen ebenfalls erfassen will, muss man auf andere Arten der Stichprobengewinnung ausweichen. Unter der Rubrik „Komplexe Zufallsauswahlen" finden sich auch solche Verfahren, mit der das eben beschriebene Problem gelöst

---

[9] Weitere, allerdings aufgrund der Ziehungsmodalitäten etwas problematischere Verfahren sind das „Buchstabenverfahren", bei dem Personen mit bestimmten Buchstaben im Namen ausgewählt werden, oder das Geburtstagsauswahlverfahren. Wir verweisen hier auf die weiterführende Literatur.

werden kann. Bevor wir darauf näher eingehen, wollen wir zunächst noch auf Besonderheiten der Auswahl bei Telefonumfragen hinweisen, die alle damit zusammenhängen, dass die vermeintlich klare Grundgesamtheit, die noch dazu jedem via Telefonbuch zugänglich ist, so klar und eindeutig nicht ist (vertiefend dazu Abschnitt 4.1.1). Telefonumfragen in Deutschland sind zunächst ein Anwendungsfall der Karteiauswahl, weil sie stets auf einem Verzeichnis zugänglicher Telefonanschlüsse basieren.[10]

Die Grundgesamtheit von Bevölkerungsumfragen per Telefon sind also alle Personen mit einem Telefonanschluss. Die Anschlussdichte der Haushalte an das Festnetz betrug im Jahr 2016 laut Statistischem Bundesamt (2017, S. 178) 91,0 %, wohingegen in 95,1 % der Haushalte zumindest ein Mobiltelefon verfügbar ist. Die Eintragsdichte, also die Zahl der in Telefonverzeichnissen gelisteten Nummern ist dagegen deutlich niedriger und lag bereits im Jahr 2006 nur noch bei unter 30 % (Heckel, 2007, S. 25). Einfache Zufallsauswahlen aus einem Telefonverzeichnis verbieten sich mithin, wenn man an für die Grundgesamtheit (wenigstens halbwegs) repräsentativen Stichproben interessiert ist. Dabei ist auch zu bedenken, dass sich in Telefonverzeichnissen in schönem Nebeneinander Eintragungen von Privat- und Geschäftsanschlüssen finden und manche Personen bzw. Haushalte mehr als einen Anschluss und eine Nummer haben. Bei einer zufälligen Karteiauswahl aus dem Telefonbuch hat man also zwingend immer einen gewissen Anteil von nicht verwendbaren Nummern in der Stichprobe.

Aufgrund der sehr unterschiedlichen Nummernstruktur in Deutschland stellen RDD (Random-Digit-Dialing) oder RLD (Random-Last-Digit), wie sie z. B. in den USA angewendet werden, wo es eine einheitliche Nummernlänge gibt, keine Lösung des Problems dar. Bei dem zufälligen Generieren von Telefonnummern liegt die sogenannte Hit-Rate (Anteil echter Telefonnummern an den produzierten Ziffernfolgen) bei weniger als 1 %. Siegfried Gabler und Sabine Häder haben deshalb für Deutschland ein alternatives Verfahren zur Generierung von Nummern entwickelt, das eine Hit-Rate von 60 % bis 70 % aufweist, das nach den Autoren benannte Gabler-Häder-Verfahren. Das Grundprinzip wurde inzwischen auch auf Mobilfunknummern übertragen, so dass telefonische Befragungen im Festnetz und im Mobilfunk durchgeführt werden können (zu Details dieses „Dual-Frame-Ansatz", siehe S. Häder 2015).

Schließlich ist bei einer Zufallsauswahl aus dem Telefonbuch zu berücksichtigen, dass es sich dabei um eine Haushaltsstichprobe und nicht um eine Personenstichprobe handelt. Dieses Problem dadurch lösen zu wollen, dass man entweder immer die

---

10 In den USA werden stets 10-stellige Telefonnummern vergeben, so dass es dort möglich ist, mittels „Random Digit Dialing" Personen zufällig anzuwählen. Bei diesem Verfahren generiert ein Zufallsgenerator Zufallszahlen, die in ihrer Länge Telefonnummern entsprechen. Diese werden dann angewählt. Ein weiterer Vorteil dieses Verfahrens besteht darin, dass auch Personen mit Geheimnummern, die in keinem Telefonbuch verzeichnet sind, in die Stichprobe gelangen können. In Deutschland ist dieses Verfahren nicht effizient anwendbar, weil hier die Länge der Telefonnummern mit der Größe des Ortsnetzes variiert.

Person interviewen will, auf die das Telefon angemeldet ist, oder die Person, die gerade den Hörer abgenommen hat, ist nicht zu empfehlen, wenn man an einer echten Zufallsauswahl interessiert ist. In dem ersten Fall sind bei Mehr-Personen-Haushalten Männer deutlich überrepräsentiert, in dem zweiten Fall hängt die Zusammensetzung der Stichprobe wesentlich vom Zeitpunkt des Anrufs ab.

Bei repräsentativen Telefonumfragen kann eine einfache Auswahl mithin nur der erste Schritt zur Ermittlung der Zielperson sein, mit der ein Interview durchgeführt werden soll. Wie der nächste Schritt aussieht, wird im nächsten Abschnitt gezeigt, denn auch Auswahlverfahren für persönliche Interviews beinhalten Haushaltsauswahlen und gehören zu den komplexen Auswahlverfahren.

3.4.2 Komplexe Zufallsauswahlen

Bei komplexen Zufallsauswahlen hat jedes Element der Grundgesamtheit nicht mehr die gleiche, sondern nur noch eine berechenbare Chance, in die Stichprobe zu gelangen. Bei diesen Auswahlverfahren wird unterschieden zwischen geschichteten Auswahlen, Klumpenauswahlen und mehrstufigen Auswahlen.

Geschichtete Auswahlen

Bei geschichteten Auswahlen wird die Grundgesamtheit in verschiedene Gruppen oder Schichten unterteilt, wobei darauf zu achten ist, dass jedes Element der Grundgesamtheit zu genau einer Schicht gehört. Danach werden per einfacher Zufallsauswahl Elemente aus jeder Schicht gezogen. Wenn diese Stichproben in ihrer Größe den jeweiligen Anteilen der Schichten in der Grundgesamtheit entsprechen, bezeichnet man die Auswahl als „proportional geschichtet". Weichen die Fallzahlen der jeweiligen Stichproben dagegen von diesen Anteilen ab, spricht man von „disproportional geschichteten Auswahlen".

In der Praxis dominieren disproportional geschichtete Auswahlen, weil man damit auf kostengünstige Weise auch statistisch gut auswertbare Teilstichproben von Gruppen realisieren kann, die in der Grundgesamtheit nur schwach vertreten sind. Die deutlich teurere Alternative wäre es, den Stichprobenumfang insgesamt so zu erhöhen, dass auch solche Gruppen mit akzeptablen Fallzahlen vertreten sind (sog. Screenings).

Die Anwendung von geschichteten Auswahlen empfiehlt sich also vor allem dann, wenn unterschiedlich stark besetzte Gruppen verglichen werden sollen. Durch Schichtung lässt sich der Gesamtstichprobenumfang minimieren, was wiederum die Erhebungskosten senkt. Dabei hängen die Art der Schichtung und die verwendeten Schichtungsmerkmale von der jeweiligen Forschungsfrage ab. Als Faustregel gilt hier: Schichten sollten hinsichtlich der verwendeten Schichtungsmerkmale intern möglichst homogen und extern möglichst heterogen sein. Dies ist bei nur wenigen oder sogar nur einem Schichtungsmerkmal unproblematisch, wird aber mit zunehmender Zahl von Schichtungsmerkmalen unter Umständen zu einem Problem.[11]

Wenn man z. B. an der Meinung von Bewohnern verschiedener und in der Größe deutlich unterschiedlicher Stadtteile einer Kommune zu einer geplanten Änderung im ÖPNV interessiert ist, dann empfiehlt es sich, die Stichprobe disproportional nach Stadtteilen zu schichten, um dann in jedem Stadtteil z. B. 100 Interviews unabhängig von der Größe des Stadtteils zu realisieren.

Hier muss für die Auswertung der Daten aber berücksichtigt werden, dass keine gleichen Auswahlchancen für die Mitglieder der Grundgesamtheit bestehen. Deshalb kann man die Daten entweder ausschließlich für die einzelnen Gruppen getrennt auswerten und entsprechend darstellen, oder man muss die Schichten unterschiedlich gewichten, wenn man Aussagen über die Grundgesamtheit insgesamt machen will. Mit der Gewichtung wird der Effekt unterschiedlicher Auswahlchancen wieder umgekehrt. Dabei werden Elemente mit hoher Auswahlchance, also solche, die aus Gruppen stammen, die in der Grundgesamtheit schwach besetzt sind, „heruntergewichtet". Elemente mit niedriger Auswahlchance (im Beispiel also Befragte aus großen Stadtteilen) werden dagegen „hochgewichtet". Grundsätzlich ist hier anzumerken, dass die Bestimmung geeigneter Gewichtungsfaktoren eine recht diffizile Angelegenheit sein kann und bei falscher Gewichtung zu noch stärker verzerrten Ergebnissen führen mag. Bei Unsicherheiten hinsichtlich der Gewichtung ist es deshalb im Zweifelsfall sinnvoller, darauf ganz zu verzichten und es bei einer gruppenbezogenen Analyse und dem Aufzeigen gruppenspezifischer Unterschiede oder auch Gemeinsamkeiten zu belassen. Diese Gewichtungsproblematik spielt zurzeit beim ALLBUS eine große Rolle, da in den neuen Bundesländern eine proportional größere Stichprobe zur Anwendung kommt. Dies muss berücksichtigt werden, wenn mit Hilfe des ALLBUS Ergebnisse über Bundesbürger insgesamt ermittelt werden sollen.

Klumpenauswahlen

Mit dem Begriff der Klumpenauswahl werden einfache Zufallsauswahlen bezeichnet, die aber nicht auf einzelne Elemente der eigentlich interessierenden Grundgesamtheit zugreifen, sondern auf bereits zusammengefasste Elemente, auf sogenannte Klumpen oder Cluster. Im einfachen Fall werden die Daten aller Elemente der ausgewählten Klumpen erhoben. Man wendet dieses Verfahren insbesondere dann an, wenn eine Liste der Elemente der Grundgesamtheit nicht existiert oder nicht zur Verfügung steht,

---

11 Geschichtete Stichproben sollten nicht mit Quotenauswahlen verwechselt werden (vgl. dazu Abschnitt 3.5.2). In beiden Fällen werden Stichproben zwar anhand bestimmter Merkmale gebildet, allerdings stehen diese Merkmale bei der geschichteten Auswahl in einem inhaltlichen Zusammenhang zur Forschungsfrage, während bei der Quotenauswahl in ihrem Hauptanwendungsfall die zentralen demografischen Strukturen der Grundgesamtheit durch die Bildung von Quoten in der Stichprobe kopiert werden sollen. In dem ersten Fall handelt es sich um eine Zufallsauswahl, in dem zweiten um eine bewusste Auswahl.

wenn also die Grundgesamtheit nicht bekannt ist, man aber über eine Liste von Klumpen verfügt. Außerdem wird das Verfahren zur Minimierung von Erhebungskosten eingesetzt, und zwar dann, wenn die Elemente der Grundgesamtheit räumlich weit gestreut sind. In diesem Fall ist es deutlich kostengünstiger, einzelne, räumlich konzentrierte Klumpen von Personen zu befragen, als weit verstreute Einzelpersonen aufzusuchen. Des Weiteren kann es theoretisch begründet sein, eine Klumpenauswahl zu ziehen, nämlich z. B. dann, wenn dies sich aus der Forschungsfrage ergibt. So kann es in einer bildungssoziologischen Untersuchung notwendig sein, auf der letzten Stufe alle Schüler der auswählten Schulklasse in die Untersuchung einzubeziehen.

Die bereits erwähnte Flächenstichprobe ist ein weiterer Anwendungsfall der Klumpenauswahl. Dabei werden bestimmte räumlich abgegrenzte Einheiten (z. B. Stimmbezirke oder Häuserblocks) ausgewählt. Allerdings weist die Klumpenauswahl ein Problem auf, welches als Klumpeneffekt bekannt ist. Anders als bei der geschichteten Auswahl sollen solche Klumpen intern möglichst heterogen sein, um die Bandbreite der Merkmalsausprägungen der Grundgesamtheit auch adäquat erfassen zu können. Idealtypisch sollte jeder Klumpen selbst gewissermaßen schon eine repräsentative Auswahl aus der Grundgesamtheit darstellen. Dies ist natürlich in den allermeisten Fällen eine Fiktion. Klumpen von Personen sind häufig vergleichsweise homogen, da die Klumpenbildung auf der Basis bestimmter sozialer Merkmale erfolgt.

Ein Beispiel soll dies verdeutlichen: Nehmen wir an, dass die Definition: „Student ist, wer an einer Hochschule immatrikuliert ist", einem Forschungsteam nicht genügt, sondern hier wegen einer spezifischen Fragestellung alle Personen als Studenten angesehen werden, die tatsächlich an einer Universität studieren und in Lehrveranstaltungen anzutreffen sind (wozu auch Gasthörer oder nicht immatrikulierte Personen gehören können). Diese Grundgesamtheit ist nicht bekannt, es existiert aber eine Liste der Lehrveranstaltungen, nämlich das Vorlesungsverzeichnis. Gerade Vorlesungen und Seminare sind aber in der Regel höchst homogene Klumpen, in denen sich vorzugsweise Studenten eines Faches oder eines Fachbereiches finden. Wenn also etwa Studenten an der Universität Trier gemäß der eben gegebenen Definition Grundgesamtheit einer Untersuchung sind und aus dem Vorlesungsverzeichnis fünf Cluster per einfacher Zufallsauswahl gezogen und ausgeschöpft werden sollen, kann es gut möglich sein, dass nur Studenten der Psychologie oder der BWL in die Stichprobe gelangen, weil zufällig nur Lehrveranstaltungen dieser beiden Fächer ausgewählt wurden.[12] Um diesen Klumpeneffekt zu minimieren, empfiehlt es sich, die Zahl der auszuwählenden Klumpen zu erhöhen.

---

[12] Wenn eine Klumpenauswahl bei der Befragung von Studenten realisiert werden soll, kann natürlich nicht das ganze Vorlesungsverzeichnis Basis für die Auswahl sein. Vielmehr muss zuerst eine Liste mit parallel angebotenen Lehrveranstaltungen erstellt werden (z. B. alle Lehrveranstaltungen, die am Dienstag von 9.00 bis 11.00 stattfinden). Dabei können Tag und Uhrzeit auch zufällig ausgewählt werden. Dieses Vorgehen ist notwendig, um gleiche Auswahlchancen für alle sicherzustellen und Mehrfachbefragungen der gleichen Personen zu vermeiden.

Flächenstichproben weisen das gleiche Problem auf, was mit dem durch die Siedlungssoziologie und Sozialökologie gut erforschten und dokumentierten und auch aus der Alltagserfahrung bekannten Phänomen der Segregation zusammenhängt. Personen wählen ihren Wohnsitz eben nicht zufällig, sondern ziehen häufig freiwillig oder gezwungenermaßen in bestimmte Gegenden oder Stadtteile, mit dem Effekt, dass sich sehr häufig sozialstrukturell homogene Gebiete finden lassen, und dies umso eher, je kleinräumiger das jeweilige Gebiet ist.

Aus diesen Gründen werden einfache Klumpenauswahlen nur sehr selten angewendet, sehr viel häufiger kombiniert man in der Praxis Klumpenauswahlen mit anderen Auswahlverfahren und erhält dann besonders komplexe mehrstufige Auswahlverfahren.

Mehrstufige Auswahlverfahren
Mehrstufige Auswahlverfahren schalten mehrere Zufallsauswahlen hintereinander, umso die Zielpersonen auf der letzten Stufe zu ermitteln. Dabei ist die jeweils entstehende Zufallsstichprobe Auswahlgrundlage für die nächste Auswahlstufe. Mehrstufige Zufallsauswahlen werden dann angewendet, wenn die Grundgesamtheit nicht genau bekannt ist. Standardanwendungsfall für mehrstufige Auswahlverfahren sind allgemeine Bevölkerungsumfragen.

Dies gilt insbesondere für Länder, deren Bevölkerung nirgendwo zentral und exakt erfasst wird – etwa in den USA, wo es keine Meldepflicht gibt. In Deutschland kann man dagegen grundsätzlich auf die kommunalen Melderegister zurückgreifen. Allerdings ist dieses Verfahren aber erstens bei der Ziehung der Stichprobe vergleichsweise teuer und stößt mitunter auch an Grenzen, wenn die jeweiligen Kommunen ihre Mitarbeit verweigern (was sie nach der Rechtslage eigentlich nicht dürften!). Zweitens sind trotz Meldepflicht auch die kommunalen Melderegister, wie oben schon erwähnt, keine vollständigen Repräsentationen der Bevölkerung einer Gemeinde. Schließlich ist die Bevölkerung von Flächenstaaten räumlich weit gestreut. Man hat deshalb in der Bundesrepublik auf ein in den USA gebräuchliches mehrstufiges Auswahlverfahren zurückgegriffen und den hiesigen Verhältnissen angepasst. Dieses Verfahren, dass unter der Bezeichnung „ADM-Master-Sample" (oder ADM-Design) von dem Arbeitskreis Deutscher Marktforschungsinstitute (ADM) entwickelt wurde, wird seit 1978 bei nahezu allen repräsentativen allgemeinen Bevölkerungsumfragen sowohl von wissenschaftlichen Instituten als auch von Markt- und Meinungsforschungsinstituten verwendet.

Dabei handelt es sich um eine dreistufige Zufallsauswahl, wobei Gemeinden bzw. Gebiete innerhalb von Gemeinden die erste Stufe darstellen, Privathaushalte die zweite und Personen schließlich die dritte. Grundgesamtheit bei Auswahlverfahren nach ADM-Design ist immer die erwachsene, deutschsprachige Wohnbevölkerung in Privathaushalten. Wir stellen hier die Anwendung dieses Auswahlverfahrens im Rahmen einer ZUMA-Sozialwissenschaften-BUS-Erhebung vor (Tabelle 3.2).

Tab. 3.2: Erhebungsdesign für eine repräsentative Bevölkerungsumfrage: ADM-Design (Quelle: eigene Erstellung).

Grundgesamtheit	Erwachsene deutsche Wohnbevölkerung in Privathaushalten
1. Auswahlstufe: Primäreinheiten	Primäreinheiten: Gemeinden Deutschlands mit weiterer Unterteilung in rund 53.000 Gebiete Auswahl einzelner Gebiete durch einfache Zufallsauswahl; Auswahl von Startadressen innerhalb der ausgewählten Stimmbezirke durch einfache Zufallsauswahl
2. Auswahlstufe: Haushalte	Haushalte: Auflistung ab Startadresse durch Random-Route; Auswahl von 8 Haupthaushalten aus dem Adressprotokoll durch einfache Zufallsauswahl
3. Auswahlstufe: Personen	Zielpersonen: Auswahl von Zielpersonen in Haushalten durch Schwedenschlüssel

Da eine Liste der deutschen Bevölkerung nur unter großen Schwierigkeiten und hohen Kosten zu erstellen ist, weicht man auf den Raum aus, in dem die Bevölkerung lebt. Dieser wird auf der ersten Stufe in vergleichsweise kleine, regional abgegrenzte Teile, die sogenannten Primäreinheiten, zerlegt. Aus diesen werden dann per Zufallsauswahl einzelne Einheiten gezogen. Beim ADM-Design werden als Primäreinheiten Gemeinden bzw. Gebiete innerhalb einer Gemeinde. Eine solche Einheit umfasst im Mittel 700 Haushalte, mindestens aber 350 Haushalte. Die aus dieser Gesamtheit zufällig ausgewählten Primäreinheiten stellen die Auswahlgrundlage für die nächste Stufe dar.

Auf der nächsten Stufe werden Privathaushalte ausgewählt. Unter Privathaushalten werden alle Personengemeinschaften verstanden, die zusammenwohnen, gleichgültig, ob diese verheiratet oder verwandt sind oder nicht. Auch alleinlebende Personen bilden einen Privathaushalt. Die Auswahl der Haushalte erfolgte beispielsweise per Random-Route-Verfahren (auch als Random-Walk bezeichnet). Dazu wird zunächst innerhalb der Primäreinheiten zufällig ein sogenannter „Sampling-Point" ausgewählt. Dabei handelt es sich um eine Startadresse, von der ausgehend Haushalte nach einem Zufallswege-Verfahren aufgelistet werden. Nachfolgend wird eine solche Begehungsanweisung für die Ermittlung der Adressen dokumentiert (Tabelle 3.3). In den Auflistungsunterlagen waren vor Ausgabe an das Feldpersonal von dem durchführenden Institut intern acht Adressenfelder markiert worden. Die Adressen, die während der Auflistungen in den markierten Feldern notiert wurden, bildeten die Bruttostichprobe der aufzusuchenden Haushalte. Üblicherweise werden pro Primäreinheit acht Haushalte ausgewählt, um den Klumpeneffekt zu minimieren. Die Größe der Bruttostichprobe wird über die Menge der ausgewählten Primäreinheiten gesteuert. Nach Abschluss der Begehungsarbeiten werden die acht Adressen aus den markierten Feldern auf Adressenlisten übertragen. Die Interviewer müssen dann zunächst feststellen, ob es sich tatsächlich um einen Zielhaushalt im Sinn der Definition

Tab. 3.3: Adressprotokoll des Random-Route-Verfahrens (Quelle: eigene Erstellung).

Protokoll zur Adressauflistung

Listen Sie zunächst fortlaufend 23 Privathaushalte auf. Sie beginnen in der vorgegebenen Straße (Startstr.) bei der vorgegebenen Hausnummer. Achten Sie darauf, die Hausnummern wie angegeben zu begehen (gerade oder ungerade). Sollte die Anzahl der Haushalte nicht ausreichen, listen Sie auf der gegenüberliegenden Straßenseite weiter auf. Fehlen Ihnen dann immer noch Haushalte, listen Sie die fehlenden Adressen in der ersten Querstraße rechts auf.

Bei kleineren Orten ist es möglich, dass wir Ihnen keine Straße vorgegeben haben, sondern einen Buchstaben. Suchen Sie sich in diesem Fall eine Startstraße, die mit dem angegebenen Buchstaben beginnt. Ist dies nicht möglich, wählen Sie eine Straße mit dem im Alphabet folgenden Buchstaben.

Es gibt auch Ortschaften, in denen es keine Straßennamen gibt, beginnen Sie Ihre Auflistung dann bei einem öffentlichen Gebäude, z. B. bei der Post oder bei der Kirche.

Übertragen Sie die Adressen, die mit einem Kreuz versehen, sind auf die beigelegte große weiße Adressenliste; in diesen Haushalten sollen Sie die Interviews durchführen. Leben zwei oder mehr Personen der Zielgruppe in einem Haushalt, muss die Befragungsperson nach dem auf der Adressenliste angegebenen Auswahlschlüssel bestimmt werden.

WICHTIG !!! DIE ADRESSENLISTE IST IN GUT LESERLICHER DRUCKSCHRIFT AUSZUFÜLLEN!

Lfd. Nr.	Familienname	Straße	Haus-Nr.	Etage	Tür
1 X	>				
2					
3					
4 X	>				
5					
6					
7 X	>				
8					

der Grundgesamtheit handelt und sich danach um die Realisierung eines Interviews bemühen.[13] (Zur Dokumentation der Vorgehensweise empfehlen wir ein sog. Adressprotokoll (siehe Tabelle 3.3) anzufertigen

Auf der dritten Stufe schließlich sind die Zielpersonen auszuwählen. Wenn im ausgewählten Haushalt nur eine Person der definierten Grundgesamtheit lebte, war diese in jedem Fall Befragungsperson. Ansonsten erfolgt die Auswahl der Zielpersonen mittels des in Deutschland sogenannten „Schwedenschlüssels".[14] (Kish 1965, vgl. Tabelle 3.4)

---

[13] Neben diesem Verfahren gibt es auch die Variante des „Adress-Random". Dabei müssen Interviewer systematisch Haushalte auflisten (z. B. jedes vierte Klingelschild), bis eine vorgegebene Zahl erreicht ist. Diese Liste wird dann an das Institut zurückgeschickt, wo die Auswahl der Zielhaushalte erfolgt. Deren Adressen werden dann den Interviewern zur Realisierung von Interviews zugestellt. Bei diesem Verfahren ist es durchaus üblich, dass Adressauflistungen und Interviews von verschiedenen Personen durchgeführt werden.

[14] Leslie Kish, der dieses Auswahlverfahren entwickelt hat, stammt aus Schweden.

Tab. 3.4: Schwedenschlüssel (Kish-Selection-Grid) (Quelle: eigene Erstellung).

Ermitteln Sie die Befragungsperson, indem Sie alle Personen der Zielgruppe im Haushalt dem Alter nach geordnet auflisten – die älteste Person steht dabei an Position 1 usw.				
Zielpersonen im Haushalt			Wahl der Zielperson	
Position	Alter	Geschlecht	Haushaltsgröße	Auswahlziffer
1.	75	W	1	1
2.	42	W	2	2
3.	39	M	3	3
4.	19	W	4	4 ←
5.	18	M	5	5
6.	–	–	6	6
7.	–	–	7	7
8.	–	–	8	8
9.	–	–	9	9

Dazu müssen die Interviewer alle möglichen Zielpersonen des Zielhaushaltes auflisten, wobei sie – geordnet nach dem Alter – mit der ältesten Person beginnen. Die Gesamtzahl der in den jeweiligen Haushalten lebenden potentiellen Zielpersonen verweist als Schlüsselziffer auf die tatsächlich zu befragende Person. Unter den Zahlen von 1 bis 9 für die Anzahl der angetroffenen Zielpersonen (= Haushaltsgröße) auf der Adressenliste steht eine Liste mit Zahlen, welche stets kleiner oder gleich der darüberstehenden Eintragung sind. Leben in einem Haushalt also beispielsweise 5 Zielpersonen und steht unter der Zahl 5 in der Zeile für die Haushaltsgröße eine 4, so ist die vorletzte aufgelistete (= zweitjüngste volljährige) Person dieses Haushaltes zu befragen. Die Permutationsliste ist so angelegt, dass die Auswahlchance einer Person im 2-Personen-Haushalt genau 0,5, im 3-Personen-Haushalt genau 0,33, im 4-Personen-Haushalt 0,25 beträgt usw.

Die Auswahl per Schwedenschlüssel ist übrigens auch eine Möglichkeit, um bei Telefonumfragen die eigentliche Befragungsperson zu ermitteln. Allerdings wird dieses Verfahren in der Praxis oft als zu aufwendig angesehen und stattdessen auf die Methode des „nächsten" bzw. „letzten Geburtstages" ausgewichen, wonach immer die Person befragt werden soll, die als nächste Geburtstag hat oder als letzte Geburtstag hatte.[15]

---

[15] Auch dieses Verfahren ist allerdings immer noch recht aufwendig bzw. führt häufiger dazu, dass Anrufe nicht sofort zu einem Interview führen, weil die ausgewählte Person gerade nicht da ist. Für Lehrforschungsprojekte, bei denen es insbesondere um einen Einblick in ganz konkrete Probleme im Rahmen eines Forschungsvorhabens und um Erfahrungen bei der Durchführung von Interviews geht, sind reine Zufallsauswahlen deshalb nicht immer optimal, da ihre Konsequenzen die Motivation der teilnehmenden Studenten unter Umständen sehr schnell gegen Null tendieren lassen. Hier ist es deshalb häufig empfehlenswert, Zufallsauswahl und Quotenauswahl zu kombinieren, indem auf der ersten Stufe Haushalte zufällig ausgewählt werden und auf der zweiten Stufe eine geschlechtsquotierte Personenstichprobe gezogen wird.

Die Umsetzung des ADM-Designs in der Praxis weist allerdings eine Reihe von Problemen auf:
- Die Zahl der Privathaushalte pro Primäreinheit ist nicht genau bekannt, sondern muss geschätzt werden. Außerdem stehen für Stichproben in der Regel nicht alle rund 80.000 Primäreinheiten der Bundesrepublik als Grundgesamtheit zur Verfügung. Vielmehr greifen die Institute auf sogenannte Netze zurück. Dabei handelt es sich um gewissermaßen vorgefertigte, standardisierte Stichproben von jeweils 210 Einheiten. Aus diesen Netzen wird dann entweder nochmals eine Auswahl getroffen oder sie werden vollständig für die Ziehung von Sampling-Points verwendet.
- Trotz umfangreicher Vorgaben zur Adressenauflistung haben Interviewer einen schwer kontrollierbaren und nicht zu beseitigenden Entscheidungsspielraum.
- Dies gilt auch für die Realisierung von Interviews, wenn z. B. statt der zur Befragung eigentlich vorgesehenen Person eine eher erreichbare oder auskunftswilligere Person befragt wird.

Diese Probleme haben dazu geführt, dass beim ALLBUS 1994 eine Stichprobe aus Melderegistern gezogen wurde.[16] Dabei handelte es sich um eine zweistufige Auswahl. Auf der ersten Stufe wurden zufällig 151 Gemeinden ausgewählt und auf der zweiten Stufe per einfacher Zufallsauswahl Personen aus den Melderegistern, die dann mündlich interviewt werden sollten. Fünf der 151 ausgewählten Gemeinden waren nicht kooperativ und wurden durch ähnliche Gemeinden in der gleichen Region ersetzt. Dieses Vorgehen hat folgende Vorteile:
- Interviewer haben keinen Einfluss auf die Stichprobenbildung, diese erfolgt ausschließlich im Institut bzw. in den Einwohnermeldeämtern. Die Bruttostichprobe liegt damit bereits vor Beginn der Feldarbeiten fest. Den Interviewern werden die zu befragenden Personen eindeutig benannt.
- Da Personenadressen vorliegen, lässt sich die Ausschöpfungsquote durch flankierende Maßnahmen optimieren. Man kann z. B. die Befragungspersonen direkt anschreiben und über die geplante Untersuchung informieren.
- Die Ausfälle sind besser kontrollierbar, da über alle Personen der Bruttostichprobe zumindest einige Informationen aus den Einwohnermelderegistern zur Verfügung stehen. Zumindest hinsichtlich der Merkmale Alter und Geschlecht kann damit überprüft werden, ob sich Teilnehmer und Nicht-Teilnehmer an der Befragung systematisch unterscheiden.

---

[16] Zu den Profilen der ALLBUS –Befragungen siehe https://www.gesis.org/allbus/allbus/ (letzter Abruf: 26.04.2019)

Allerdings machten sich bei diesem Verfahren auch die oben schon angeführten Nachteile bemerkbar:
- Der Zeitaufwand bei Realisierung eines solchen zweistufigen Auswahlverfahrens ist deutlich höher. Für die Adressenstichprobe ist ein zeitlicher Vorlauf von 4 bis 5 Monaten einzuplanen. Die Feldarbeit ist aufwendiger, weil die ausgewählten Personen über das ganze Gebiet einer Kommune streuen und nicht – wie bei dem ADM-Design – räumlich klumpen.
- Der höhere Zeitaufwand impliziert höhere Kosten. Diese werden nochmals gesteigert durch die Stichprobenziehung, denn die Ziehung von Adressen in den Einwohnermeldeämtern ist gebührenpflichtig. Die Höhe der Gebühren wird von den Kommunen festgelegt und ist regional sehr unterschiedlich. Zudem sind von Jahr zu Jahr deutliche und kaum zu prognostizierende Preissteigerungen möglich. Für die Ziehung von rund 8.000 Adressen waren beim ALLBUS 94 (nach damaligen Preisen) DM 35.000 an Gebühren zu bezahlen. 1996 waren dafür bereits DM 50.000 zu entrichten. An dieser Kostenstruktur hat sich bis heute im Wesentlichen auch nichts geändert. Generell gilt: Meldeamtsstichproben sind mit einem erhöhten zeitlichen, personellen und finanziellen Aufwand verbunden.

Beide Verfahren sind mithin nicht optimal, sondern haben je spezifische Vor- und Nachteile. Eine allgemeine Anmerkung ist noch angebracht und bezieht sich auf die Grundgesamtheit dieser (wie auch aller sonstigen) Bevölkerungsumfrage: Bei allgemeinen Bevölkerungsumfragen ist so gut wie nie das gesamte „Volk" eines Landes oder die innerhalb bestimmter administrativer oder nationaler Grenzen lebende Bevölkerung die Grundgesamtheit, auch wenn der Terminus „Bevölkerungsumfrage" eben dies nahelegt. Aus vielerlei Gründen werden aber bei der Definition der Grundgesamtheit bestimmte Gruppen ausgeschlossen. So werden Ausländer zumeist nicht befragt, u. a. weil hier die Wahrscheinlichkeit groß ist, dass eine Befragung an Sprachproblemen scheitert. Dies mag im Einzelfall nicht zutreffen, für solche Einzelfallentscheidungen ist aber bei standardisierten Verfahren, die noch dazu mit großen Stichprobenumfängen arbeiten, kein Raum (ausführlich dazu Schnell 1991a).

Dass meist nur volljährige deutsche Staatsbürger befragt werden, hängt in erster Linie mit rechtlichen Überlegungen zusammen. Aufgrund des eingesetzten Auswahlverfahrens können außerdem Insassen von Heimen und sonstigen geschlossenen Einrichtungen (Kasernen, Gefängnisse, Kliniken) nicht in die Stichprobe gelangen. Dies ist insofern auch inhaltlich sinnvoll, als entweder in solchen Einrichtungen eine ungestörte Befragung nicht realisiert werden kann oder deren Insassen aus den gleichen Gründen, aus denen sie sich in eben diesen Einrichtungen befinden, an einer Befragung nicht teilnehmen können oder dürfen. Grundgesamtheit ist damit – wie schon gesagt – meistens die erwachsene bundesdeutsche Bevölkerung in Privathaushalten, bei Telefonumfragen kommen außerdem nur Haushalte mit Telefon in Betracht. Nur für Personen, die zu diesen eingeschränkten Grundgesamtheiten gehören, sind die Befunde von Ergebnissen „repräsentativer, allgemeiner Bevölkerungsumfragen" generalisierbar. Dies wird bei der Veröffentlichung von „repräsentativen" Befragungsergebnissen in den Medien so gut wie nie thematisiert, aber auch in Forschungsberichten zuweilen nicht genügend deutlich gemacht. Man denke z. B. an Wahlprognosen auf der Grundlage solcher Stichproben, die auf Grundgesamtheiten basieren, denen lediglich Personen in Privathaushalten zugerechnet werden. Anstaltspersonen haben aber unter Umständen ein Wahlrecht und nutzen dies auch, man denke etwa an die zunehmende Zahl der Bewohner in Alteneinrichtungen.

3.5 Auswahlverfahren II: Nicht-zufällige Auswahlen

Aus den Ausführungen im vorherigen Abschnitt wird deutlich, dass Zufallsauswahlen häufig einen hohen Aufwand nach sich ziehen und somit das Forschungsbudget übersteigen können. In anderen Fällen ist es auch mit einem hohen Budget nicht möglich, eine Zufallsauswahl zu realisieren. Dies kann etwa der Fall sein, wenn die Grundgesamtheit unbekannt ist, sie nicht klar abgrenzbar ist oder die Mitglieder sich einer Erfassung entziehen – was beispielsweise der Fall sein kann, wenn Drogenabhängige befragt werden sollen. Es gibt mithin eine Vielzahl von Gründen, keine Zufallsauswahl zu realisieren, wobei die alternativen Verfahren unterschiedlich für wissenschaftlichen Zwecke geeignet sind. Grundsätzlich werden bei den nicht-zufälligen Auswahlen die willkürlichen Auswahlen von den bewussten Auswahlen unterschieden.

3.5.1 Willkürliche Auswahlen

Auswahlen dieses Typs, die auch als „Auswahlen aufs Geratewohl" bezeichnet werden, sind für wissenschaftliche Umfragen völlig ungeeignet, da sie zentralen Regeln wissenschaftlichen Arbeitens nicht genügen. Paradoxerweise halten Laien aber gerade willkürliche Auswahlen für Zufallsauswahlen, wobei als Beispiel häufig (auch von Studenten in Einführungsveranstaltungen) Passantenbefragungen genannt werden, bei denen sich Interviewer auf den Marktplatz stellen und „zufällig" z. B. 100 der dort vorbeikommenden Passanten befragen. Dieses Verständnis von „Zufall" hat aber mit dem wissenschaftlichen Zufallsbegriff nichts zu tun.

Willkürlichen Auswahlen liegen weder eine Definition der Grundgesamtheit noch ein Auswahlplan zugrunde. So ist – um bei obigem Beispiel zu bleiben – bei jeder Art von Passantenbefragung völlig offen und wird auch nicht geklärt, welches Kollektiv eigentlich die Grundgesamtheit darstellt: Sind dies die Bürger einer Stadt, die Bürger eines Stadtteils oder die Kunden der umliegenden Geschäfte? Wer befragt wird und wer nicht, steht im Ermessen der Interviewer und wird nicht kontrolliert. Außerdem ist die Zusammensetzung der Stichprobe abhängig von der Tageszeit, dem Wochentag und dem Monat der Umfrage. Eine Passantenumfrage auf dem Trierer Hauptmarkt, die morgens an einem Werktag Anfang November durchgeführt wird, ist anders zusammengesetzt als eine, die am letzten langen Samstag vor Weihnachten durchgeführt wird. Diese wiederum unterscheidet sich von einer Befragung an einem Sonntagnachmittag Ende Juli oder an Weiberfastnacht nachmittags um 17:00 Uhr, und zwar einfach deshalb, weil zu diesen Zeitpunkten jeweils ein ganz unterschiedliches Publikum in der Stadt anzutreffen ist.

Leider erfreuen sich willkürliche Auswahlen in der Praxis großer Beliebtheit, was zum einen möglicherweise mit der schon erwähnten fälschlichen Einschätzung als Zufallsauswahl zusammenhängt. Wichtiger dürfte aber sein, dass willkürliche Auswahlen sehr einfach zu realisieren sind und zudem mit ihnen alles Mögliche „bewiesen" werden kann, weil das Zustandekommen der Stichprobe nicht kontrolliert wird. Genau dies ist auch das Problem bei medial vermittelten „zufällig" ausgewählten, wenigen Meinungen, die man vorstellt: Hier ist jedes „Ergebnis" produzierbar und damit der Manipulation Tür und Tor geöffnet.

3.5.2 Bewusste Auswahlen

Im Vergleich zu willkürlichen Auswahlen existieren bei bewussten Auswahlen sowohl eine Definition der Grundgesamtheit als auch ein Auswahlplan. Anders als bei Zufallsauswahlen folgt die Auswahl der Zielpersonen hier aber bewussten Entscheidungen und Festlegungen, die entweder theoretisch begründet werden oder zwingend geboten sind, weil die Grundgesamtheit anders nicht zugänglich ist.

Ein Beispiel für den ersten Fall ist die Auswahl typischer Fälle,[17] also solcher Fälle, die man hinsichtlich bestimmter Merkmale als besonders charakteristisch für eine klar definierte Grundgesamtheit ansieht. Kriterien für diese Entscheidung werden aus der Untersuchungsfrage und ihrer theoretischen Begründung abgeleitet. Von dieser theoriegeleiteten Formulierung der Auswahlkriterien hängt es dann auch ab, wie plausibel Verallgemeinerungen der Ergebnisse begründet werden können. (Aber noch einmal: Bei solchen Generalisierungen handelt es sich um hypothetische Schlüsse.) Angewendet wird dieses Verfahren der Auswahl typischer Fälle z. B. bei Expertenbefragungen.

Wenn man zwar weiß, dass es bestimmte Gruppen gibt, und diese auch klar definieren kann, aber keinen Zugang zu solchen Gruppen bekommt und eine Zufallsauswahl damit nicht realisierbar ist, dann empfiehlt sich die Anwendung einer Schneeballauswahl, sofern man mindestens eine Person kennt, die zu der avisier-

---

[17] Weitere bewusste Auswahlen dieser Variante sind die Auswahl extremer Fälle und die Auswahl nach dem Konzentrationsprinzip. Wer an näheren Angaben zu diesen in Praxis der Umfrageforschung eher seltenen Verfahren interessiert ist, sei auf die weiterführende Literatur verwiesen.

ten Grundgesamtheit gehört bzw. Zugang zu ihr hat. Ausgehend von dieser Person lässt man Fragebögen in der angepeilten Population zirkulieren. Anwendungsfälle für Schneeballauswahlen sind zum einen Befragungen in stigmatisierten oder devianten Gruppen, etwa bei Alkoholikern oder militanten Tierversuchsgegnern. Zum anderen lassen sich mit diesem Verfahren seltene Populationen untersuchen, z. B. audiophile Anhänger von inzwischen etwas aus der Mode gekommenen Langspielplatten und der dazugehörigen Abspieltechnik. Für seltene Populationen kommt außerdem ein Screening-Verfahren in Betracht, das im Grunde einer zweistufigen Auswahl gleicht: Aus einer (sehr) großen Gesamtheit, die man z. B. telefonisch kontaktiert, werden nur die Personen weiter befragt, die der definierten Grundgesamtheit entsprechen (z. B. Wähler einer kleineren Partei). Dabei hängt die Größe der ersten Stufe von der Verbreitung der eigentlich interessierenden Population (sofern man darüber Informationen hat), dem avisierten Netto-N und der unterstellten Teilnahmebereitschaft ab. Wenn man also z. B. FDP-Wähler in einer Region befragen will, weiß, dass die Partei dort bei der letzten Wahl knapp 5 % der Zweitstimmen erhalten hat, 100 Personen befragen will und eine Teilnahmequote von 40 % unterstellt, dann muss man mindestens 5.000 wahlberechtigte Personen ansprechen.

Das Standardverfahren bei bewussten Auswahlen ist das Quotenverfahren, welches insbesondere in der kommerziellen Markt- und Meinungsforschung verwendet wird. Bei Quotenauswahlen werden Personenstichproben so konstruiert, dass die Verteilung bestimmter Merkmale in der Stichprobe der Verteilung dieser Merkmale in der Grundgesamtheit exakt entspricht. Voraussetzung für die Anwendung einer Quotenauswahl sind also Kenntnisse über die Verteilung bestimmter Merkmale in der Grundgesamtheit, die man der amtlichen Statistik oder einer Verwaltungsstatistik (etwa der Statistik des Studentensekretariates) entnehmen kann.

Auswahlgrundlage für eine Quotenauswahl ist ein Quotenplan, wobei als Quotenmerkmale bei allgemeinen Bevölkerungsumfragen in der Regel das Alter (als klassiertes Merkmal), das Geschlecht, die Berufsgruppenzugehörigkeit und der formale Bildungsabschluss verwendet werden. Berücksichtigt werden außerdem hin und wieder Kennzahlen der Gemeindegröße, die Konfessionszugehörigkeit oder der Familienstand.

Bei einfachen Quotenauswahlen werden sogenannte unabhängige Quoten verwendet, d. h., man verlangt hier nur, dass die Randverteilungen der Quotenmerkmale den Verteilungen in der Grundgesamtheit entsprechen müssen. Stichproben, die so gezogen werden, können also intern sehr unterschiedlich zusammengesetzt sein. Demgegenüber müssen bei kombinierten Quotenauswahlen sowohl die Randverteilungen der Quotenmerkmale als auch alle Kombinationen dieser Merkmale den Werten der Grundgesamtheit entsprechen. Bei kombinierten Quotenauswahlen gibt es immer nur eine Stichprobe, die dieser Bedingung entspricht. Wenn man z. B. aus der Grundgesamtheit der Studenten des Fachbereichs IV, Wirtschafts- und Sozialwissenschaften der Universität Trier im Wintersemester 2008/09 eine nach Fächern und Ge-

Tab. 3.5: Aus der Grundgesamtheit der Studenten der Wirtschafts- und Sozialwissenschaften an der Universität Trier gebildete unabhängige und kombinierte Quoten (Quelle: eigene Erstellung).

Grundgesamtheit	Männlich	Weiblich	
BWL	543/25 %	580/27 %	1.123/52 %
VWL	247/11 %	150/7 %	397/18 %
Soziologie	254/12 %	390/18 %	644/30 %
	1.044/48 %	1.120/52 %	2.164/100 %
Unabhängige Quote			
BWL	18	34	52
VWL	–	18	18
Soziologie	30	–	30
	48	52	100
Kombinierte Quote			
BWL	25	27	52
VWL	11	7	18
Soziologie	12	18	30
	48	52	100

schlecht quotierte Stichprobe hätte ziehen wollen, dann wären folgende Stichproben bei unabhängigen und kombinierten Quoten möglich gewesen (Tabelle 3.5): Bei unabhängigen Quoten werden die Randverteilungen der Merkmale auf das Gesamt-N der Grundgesamtheit prozentuiert, diese prozentualen Randverteilungen müssen sich als relative Häufigkeiten in der Stichprobe wiederfinden. Der Einfachheit halber nehmen wir an, dass 100 Studenten befragt werden sollen. Davon müssen 52 Personen weiblich und 48 männlich sein, was den relativen Anteilen des Merkmals entspricht. Für die Fächerverteilung gilt entsprechendes. Demgegenüber kann die Zellbesetzung in der Tabelle ganz unterschiedlich ausfallen, indem etwa in unserem Beispiel von den Studenten der VWL lediglich weibliche Personen und aus dem Fach Soziologie ausschließlich männliche Personen befragt werden.

Dies ist bei kombinierten Quoten nicht möglich. Hier werden auch die Zellbesetzungen auf das Gesamt-N prozentuiert und legen die relativen Häufigkeiten in der Stichprobe fest. Es dürfen hier bei Einhaltung des Quotenplans dann nur 25 männliche Studenten der BWL befragt werden, für die übrigen Zellen gilt Entsprechendes.

Den Interviewern werden nach Fertigstellung des Quotenplans sogenannte Quotenvorgaben zugeteilt, aus denen hervorgeht, wie viele Personen mit welchen Merkmalen bzw. Merkmalskombinationen sie befragen müssen. Die Quotenvorgaben werden so vergeben, dass die Verteilung der Quotenmerkmale in der Stichprobe der Verteilung dieser Merkmale in der Grundgesamtheit entspricht (sofern die Interviewer ihre Quotenvorgaben einhalten). Kombinierte Quotenauswahlen stellen die Interviewer, die ja die Auswahl treffen müssen, häufig vor große Schwierigkeiten bei der Realisierung der kombinierten Quoten.

Dennoch sind Quotenverfahren leichter und schneller zu realisieren und insbesondere weit billiger als Zufallsauswahlen (bei bundesweiten Befragungen sind Quotenstichproben – je nach Quotierung – zwischen 20 % und 40 % billiger als Zufallsstichproben). Dieses Kostenargument dürfte der zentrale Grund dafür sein, dass Quotenauswahlen sich bei vielen Markt- und Meinungsforschungsinstituten so großer Beliebtheit erfreuen. Anderseits sind die „Freiheiten" der Interviewer bei der Auswahl der zu befragenden Personen gerade aus wissenschaftlicher Sicht der große Nachteil dieser Verfahren.

Allen weitergehenden Rechtfertigungsversuchen zum Trotz muss aber ganz unmissverständlich festgehalten werden, dass Quotenauswahlen keine Zufallsauswahlen sind und dass repräsentative Umfragen mit Quotenstichproben nicht zu haben sind. Es gibt keine repräsentativen Quotenauswahlen. Wenn etwa Noelle-Neumann und Petersen behaupten: „Die wirkliche Funktion der Quoten ist: sie sollen den Interviewer zu einer Zufallsauswahl veranlassen, bei der jedes Mitglied der Grundgesamtheit praktisch die gleiche Chance hat, in die Stichprobe zu gelangen; ohne das Wirken eines solchen Zufalls-Mechanismus ist die Bildung einer repräsentativen Stichprobe nicht möglich" (2005, S. 258), dann ist der letzte Halbsatz natürlich völlig korrekt, er hat nur mit dem Quotenverfahren nichts zu tun. Interviewer, die üblicherweise für realisierte Interviews bezahlt werden, neigen aus verständlichen Gründen dazu, Personen auszuwählen, die leicht erreichbar sind und sich kooperativ verhalten. Die Gefahr, dass es zu „Interviewer-Bekannten-Stichproben" kommt, ist hier sehr groß. Von Zufallsauswahl und gleichen Auswahlchancen für jedes Mitglied der angepeilten Grundgesamtheit kann keine Rede sein.[18]

Auch das immer wieder vorgetragene Argument für Quotenauswahlen, dass es hier keine Ausfälle gibt (die bei Zufallsstichproben in der Tat ein unter Umständen großes Problem darstellen), ist schlicht falsch. Natürlich gibt es auch bei Quotenauswahlen Ausfälle, weil Interviewer Personen nicht erreichen oder diese ein Interview verweigern. Anders als bei Zufallsauswahlen werden diese Ausfälle aber nicht aktenkundig, weil Interviewer ihre Quotenvorgaben erfüllen müssen und so lange potenzielle Zielpersonen ansprechen, bis alle geplanten Interviews realisiert sind. Das Problem der Ausfälle wird durch das Quotenverfahren nicht gelöst, sondern lediglich überdeckt. Eine evtl. geplante Ausfallanalyse ist gänzlich unmöglich.

---

18 Bei einer der ALLBUS-Befragungen tauchte bei einer nach Alter und Geschlecht quotierten größeren Pretest-Stichprobe in einer westdeutschen Universitätsstadt das Problem auf, dass rund 70 % der Befragten Anhänger der Grünen war. In der Parteipräferenz der Stichprobe spiegelte sich die Parteipräferenz der Interviewer, die mehrheitlich ebenfalls den Grünen nahestanden.

Schließlich wird zur Rechtfertigung der „repräsentativen" Quotenauswahl auf empirische Argumente zurückgegriffen. So konzedieren Noelle-Neumann und Petersen zwar, dass es nur für Zufallsauswahlen ein wahrscheinlichkeitstheoretisches Modell gibt, anhand dessen Stichprobenergebnisse innerhalb berechenbarer Fehlergrenzen generalisiert werden können, reklamieren für die grundsätzliche Generalisierbarkeit von Quotenergebnissen dann aber Erfahrungswerte:

> Nur bei einer Random-Auswahl scheinen alle subjektiven Einflüsse systematisch soweit wie möglich ausgeschaltet zu sein, so daß sich das Wahrscheinlichkeitsgesetz ungehindert auswirken kann. Trotz zahlreicher empirischer Bewährungsproben ist ein theoretischer Beweis bisher noch nicht erbracht – und läßt sich vielleicht auch nie erbringen –, daß bei richtig gehandhabter Quotenauswahl [...] die Ergebnisse gleichfalls innerhalb entsprechender Fehlerspannen verallgemeinert werden dürfen. Lediglich die Wahrscheinlichkeit, daß eine solche Verallgemeinerung zulässig ist, kann durch systematische Experimente zunehmend untermauert werden. Das Institut für Demoskopie Allensbach hat während der letzten Jahrzehnte mehrmals Vergleichsexperimente durchgeführt, bei denen mit dem gleichen Fragebogen je ein Random- und ein Quotenquerschnitt zum selben Zeitpunkt befragt wurde. Jedes Mal stimmen die Ergebnisse fast vollständig überein. (Noelle-Neumann und Petersen 2005, S. 264 f.).

Es wurde schon erwähnt: Diese „Übereinstimmung" basiert in der Regel auf institutsinternen „Bereinigungsfaktoren", die Erfahrungswerte darstellen, nicht publiziert werden und damit keiner wissenschaftlichen Kontrolle unterliegen. Das Problem an diesem „Beweis" ist allerdings, dass er induktiv erfolgt. Auch wenn die Ergebnisse von Quotenauswahlen und Zufallsauswahlen bisher noch so oft übereingestimmt haben, folgt daraus überhaupt nicht, dass sie dies auch künftig tun werden. Induktion als Verfahren zur Rechtfertigung von Theorien wurde bereits von David Hume (1711–1776) aus logischen Überlegungen als ungeeignet befunden. An dieser Beurteilung hat sich bis heute nichts geändert, eine verifizierende Induktion wird von nahezu allen wissenschaftstheoretischen Konzepten als untaugliches und unwissenschaftliches Verfahren abgelehnt.

Dass Quote und Random in Deutschland allgemein als gleichwertig gelten, wie Noelle-Neumann und Petersen meinen, kann denn auch beim besten Willen nicht bestätigt werden. Quotenauswahlen sind – darin liegt ihr Vorteil – schnell, vergleichsweise leicht und kostengünstig zu realisieren. Zudem folgt die Auswahl der Zielpersonen einem festen Plan und liegt (nicht vollständig) im Ermessen der Interviewer. Für explorative Untersuchungen oder in Lehrforschungsprojekten, bei denen Studenten alle Phasen eines Umfrageforschungsprojektes kennenlernen sollen, ist das Quotenverfahren deshalb ein durchaus praktikables Verfahren. Wenn man aber an validen, generalisierbaren Ergebnissen interessiert ist, dann gibt es zu Zufallsauswahlen keine Alternative.

3.6 Access-Panels

Eine Reaktion auf die bereits angesprochene sinkende Teilnahmebereitschaft sind sogenannte Access-Panels. Dabei handelt es sich um größere Gruppen von Personen, die sich dazu bereit erklärt haben, einem Befragungsinstitut für mehrere Befragungen zur Verfügung zu stehen. Für einzelne Befragungen wird dabei meistens nicht das gesamte Access-Panel angeschrieben, sondern nur eine Stichprobe. Im Gegensatz zu herkömmlichen Panels im Sinne von Längsschnittuntersuchen wie dem Soziooekonomischen Panel (SOEP) werden Teilnehmer von Access-Panels in der Regel auch nicht mit weitgehend identischen Fragebogen zu unterschiedlichen Zeitpunkten befragt. Vielmehr sollen sie innerhalb eines bestimmten Zeitraums eine bestimmte Anzahl unterschiedlicher Fragebögen zu wechselnden Themen beantworten. Prinzipiell können solche Access-Panels auf allen genannten Auswahlverfahren (Zufallsstichproben, Quotenstichproben oder Selbstrekrutierung der Teilnehmer) beruhen, wobei viele der kommerziellen Anbieter das Auswahlverfahren nicht darlegen, aber den Eindruck erwecken, es sei ein repräsentatives. Access-Panels sind somit keine eigenen Auswahlmechanismen, vielmehr gelten für sie die vorgenannten Probleme zufälliger und nicht-zufälliger Auswahlen.

Aus Onlineforen wie www.wer-weiss-was.de (letzter Abruf: 24.04.2019) geht hervor, dass viele Access-Panels aus selbstrekrutierten Teilnehmern bestehen und damit auch „Incentive-Jäger" anziehen. In einem solchen Forum fragt eine Person: „Habe mir mal ein paar Online-Forschungsangebote angeguckt, bei denen man sich als Testperson anmelden kann und für xy Punkte einen Gutschein oder Geld bekommt. Ich [...] wollt mal fragen, welche Erfahrungen ihr habt und welcher Anbieter hier seriös ist." Daraufhin kommt die Antwort: „ich bin mitglied bei [großes Access-Panel] seit einigen jahren – nie probleme gehabt – sehr seriös – überweisung bei erreichen einer bestimmten punktzahl klappt einwandfrei [...] ist also empfehlenswert", woraufhin die erste Person antwortet: „werd ich mir mal ansehen danke! hab ich noch gar nicht gefunden und ich dachte ich wär bald mal alle durch *g*". Offensichtlich gibt es Personen, für die die Teilnahme an Access-Panels ein attraktiver Nebenerwerb ist – eine Motivation, die die Validität der gewonnenen Daten jedoch fraglich erscheinen lässt.

Ein Beispiel für ein Access-Panel ist das Mail-Access-Panel von TNS Infratest (heute KANTAR), das über 185.000 Personen in über 87.000 Haushalten umfasst und unter anderem die Grundlage des Bertelsmann-Gesundheitsmonitors war. Im Methodenbericht zum Gesundheitsmonitor wird nun der Eindruck erweckt, die aus dem Access-Panel gezogene Unterstichprobe sei schon deshalb bevölkerungsrepräsentativ, weil eine Stichprobe aus dem Access-Panel gezogen wurde – wobei unklar bleibt, ob es sich um eine Zufallsstichprobe handelt oder eine Quotenstichprobe. Sollte es sich um eine Zufallsstichprobe handeln, wäre diese zwar repräsentativ für das Panel, ob aber das Panel selbst bevölkerungsrepräsentativ ist, wird an keiner Stelle deutlich, da das Rekrutierungsverfahren nicht erläutert wird. Dazu führt Güther im Methodenbericht aus, dass Ziehungen von Zufallsstichproben sehr aufwendig und meistens kostspielig seien: „Hinzu kommt, dass in den letzten Jahren die Auskunftsbereitschaft der Bevölkerung gesunken ist, so dass bei komplexeren Befragungen eine relativ niedrige Ausschöpfungsquote zu erwarten ist, welche – einen überproportionalen Anteil bestimmter Gruppen von Verweigerern vorausgesetzt, deren fehlende Antworten die Ergebnisse systematisch verzerren würden – die Repräsentativität der Ergebnisse beeinträchtigen würde. Aus diesem Grund werden zunehmend Online- und Offline-(Mail-)Access-Panel als Alternativen diskutiert." (Güther 2006, S. 310).

Richtig ist an dieser Aussage die Feststellung sinkender Ausschöpfungsquoten, problematisch ist dagegen, Access-Panels generell als repräsentative Alternative vorzustellen. Zwar haben Access-Panels laut Güther Ausschöpfungsquoten von rund 70 % (Güther 2006, S. 313), allerdings ist hier das Problem niedriger Beteiligungsbereitschaften und Ausschöpfungsquoten nur verdeckt, weil sich Nicht-Auskunftsbereite gar nicht erst einem solchen Panel zur Verfügung stellen. Aus der Panelforschung ist zudem bekannt, dass bei wiederholten Befragungen bestimmte Personengruppen überproportional häufig die Folgebefragungen verweigern. So fand Mika heraus, dass Personen, die höhere Bildungsabschlüsse aufweisen oder an einem Thema interessiert sind, eher im Panel verbleiben als andere (Mika 2002).[19] Damit stellen Access-Panels keine zufälligen Stichproben aus der Grundgesamtheit dar, sondern selektive Samples. In den so generierten Pools sind typischerweise überdurchschnittlich interessierte und aufgeschlossene Personen zu finden. Daran ändert auch die häufig geübte Praxis wenig, auf nicht-zufälligen Auswahlen beruhende Panels mit Altersquoten und Geschlechtsquoten zu gewichten (sogenanntes Redressment). Solche Access-Panels sind Gruppen von besonders motivierten Personen, deren Alters- und Geschlechtsverteilung der Grundgesamtheit angepasst werden – in der nicht überprüfbaren Hoffnung, dass sich damit auch alle anderen Merkmale der Grundgesamtheit anpassen.

Die problematischste Form von Access-Panels stellen Online-Access-Panels dar: Meistens werden sie durch Selbstselektion der Teilnehmer gebildet, und auch hier sollen die daraus resultierenden Verzerrungen durch Quoten „bereinigt" werden, wobei die Anbieter solcher Panels dies häufig hinter nebulösen Formulierungen verbergen. Zum Problem des Redressments kommt hier noch das Problem der „digitalen Kluft": Da immer noch nicht die gesamte Bevölkerung einen Zugriff auf das Internet hat, kann bei Online-Access-Panels von Bevölkerungsrepräsentativität erst recht keine Rede sein, vielmehr muss hier von einem deutlichen Mittelschicht-Bias ausgegangen werden.

---

[19] Porst und von Briel fanden heraus, dass Personen im Panel verbleiben, weil sie altruistisch eingestellt sind, generell Interesse an Befragungen haben oder sich als „good guys" präsentieren wollen (Porst und von Briel 1995).

3.7 Querschnitt oder Längsschnitt?

Wenn man an der aktuellen Situation in einer Population interessiert ist, dann ist eine Querschnittuntersuchung, bei der zu einem bestimmten Zeitpunkt oder in einem bestimmten Zeitraum einmalig eine Auswahl von Personen befragt wird, völlig ausreichend.

Wenn man dagegen Veränderungsraten und sozialen Wandel erforschen will, muss eine Längsschnittuntersuchung realisiert werden. Bei Längsschnittuntersuchungen werden stets mehrere, zeitlich gestaffelte Befragungen (sogenannte Befragungswellen) durchgeführt. Dabei gibt es allerdings unterschiedliche Möglichkeiten des Designs einer solchen Untersuchung.

Das beste (und teuerste) Design ist eine Panel-Untersuchung. Dabei werden einmal ausgewählte Personen in bestimmten Abständen mit einem (zumindest in Teilen) unveränderten Fragebogen immer wieder befragt. Im Zeitverlauf feststellbare Veränderungen sind dann eindeutig bestimmten Individuen zuzurechnen, so dass hier – wie auch bei Laborexperimenten – echte Kausalanalysen durchgeführt werden können. Problematisch bei Panel-Untersuchungen sind allerdings drei Punkte:

Die Verwendung des immer gleichen Fragebogens, die aus messtheoretischen Gründen zwingend ist, kann bei längerfristig angelegten Panel-Untersuchungen ein Problem darstellen, weil sich im Zeitverlauf Bedeutungsverschiebungen der verwendeten Begriffe ergeben können bzw. bestimmte Begriffe überhaupt nicht mehr im alltäglichen Sprachgebrauch vorkommen. In einer Jugendstudie, in der wir Jugendliche zu ihrem Freizeitverhalten befragt haben, stellten wir fest, dass die Jugendlichen im Jahr 2016 mit 35 % deutlich häufiger als in den Vorjahren angaben, mehrfach in der Woche zu „zeichnen, malen, fotografieren und zu filmen". Auf den ersten Blick deutete alles auf einen starken Anstieg des bewährten Indikators für künstlerische und kreative Aktivitäten der Jugendlichen hin. Tiefer gehende Untersuchungen der Daten führten jedoch zu dem Ergebnis, dass sich nicht das Verhalten der Jugendlichen verändert hatte. Vielmehr hatte sich die Interpretation des Items erweitert: Unter „zeichnen, malen, fotografieren und filmen" haben die Jugendlichen nicht mehr nur die kreative und künstlerische Aktivität des Fotografierens und des Filmens verstanden. Vielmehr fiel für sie auch das Erstellen von „Selfie"-Fotografien und -Filmen darunter, welche die Jugendlichen nutzen, um sich in sozialen Medien wie Facebook, Instagram oder Snapchat zu präsentieren. Dementsprechend war der Grund für diese Veränderung der Ausprägung dieser Längsschnittsvariable keine tatsächliche Veränderung des Verhaltens der Jugendlichen, sondern die Bedeutungsverschiebung bzw. Bedeutungsveränderung des bis dato relativ konstanten Frageitems (Décieux et al. 2019).

Eine Patentlösung für das Problem der Bedeutungsverschiebung von Indikatoren (das übrigens für jede Form der Längsschnittanalyse besteht) gibt es nicht, man muss in jedem Einzelfall entscheiden, ob man die Formulierung von Fragen ändert oder nicht. Des Weiteren können Methodenfortschritte für eine Revision des Fragebogens oder einzelner Fragen sprechen.

Nicht alle ursprünglich ausgewählten Teilnehmer an einem Panel stehen bis zum Abschluss der Untersuchung zur Verfügung. Diese Ausfallrate, die sogenannte Panel-Mortalität, wird umso größer, je länger eine Panel-Untersuchung dauert und je mehr Befragungswellen vorgesehen sind. Ursachen für Panel-Mortalität sind neben Krankheit und Tod nicht gemeldete Umzüge, fehlende weitere Teilnahmebereitschaft oder aber ein Nicht-mehr-Zutreffen der Panelzugehörigkeit, z. B. weil Personen einen ausgewählten Haushalt verlassen und einen eigenen, neuen Haushalt gegründet haben. Allerdings kann auf den erst- und den letztgenannten Ausfallgrund durch eine geeignete Panel-Pflege oder durch eine Panel-Anpassung Einfluss genommen werden, indem man den Beantwortungsaufwand der Umfrage für die Befragten in Grenzen hält, regelmäßigen Kontakt zu den Zielpersonen unterhält und sie über den Fortgang der Untersuchung informiert, bzw. für das Panel zusätzlich gewinnt. Im Rahmen des schon im ersten Kapitel erwähnten Sozio-oekonomischen Panels, mit dem jährlich rund 40.000 Personen in rund 22.000 Haushalten befragt werden, informiert KANTAR (das verantwortliche Feldinstitut) die Befragten jährlich über zentrale Ergebnisse vorangegangener Befragungswellen. Außerdem erhält jeder Befragte vor dem Interview ein Los für die ARD-Lotterie „Ein Platz an der Sonne" als Anreiz zur weiteren Kooperation.

Schließlich können bei einem Panel Änderungen von Einstellungen oder Verhaltensweisen der Teilnehmer gerade dadurch hervorgerufen werden, dass sie an einer Panel-Befragung teilnehmen. Zur Kontrolle solcher Panel-Effekte ist eine Reihe von speziellen Designvarianten entwickelt worden. Wir verweisen in diesem Zusammenhang auf die weiterführende Literatur.

Der große Aufwand und die hohen Kosten, die mit Panel-Untersuchungen verbunden sind, haben zur Konsequenz, dass solche Untersuchungen in der Praxis relativ selten vorkommen. Stattdessen wird aber vielfach ein „unechtes Panel" durchgeführt, indem man mehrere Querschnittuntersuchungen zum gleichen Thema zu verschiedenen Zeitpunkten durchführt. Es werden also nicht immer die gleichen Personen befragt, Fragebogen, Grundgesamtheit und Auswahlmethode bleiben aber unverändert. Solche Längsschnittuntersuchungen werden als Trendanalysen bzw. als replikative Surveys bezeichnet, einmal durchgeführte Querschnittuntersuchungen werden hier zu späteren Zeitpunkten gewissermaßen kopiert. Grundsätzlich kann also jede Querschnittuntersuchung zum Ausgangspunkt einer Längsschnittuntersuchung werden, wenn aktuelle Probleme und finanzielle Mittel dies als sinnvoll und möglich erscheinen lassen.

Anders als bei Panel-Untersuchungen sind hierbei aber nur noch Aussagen über Veränderungen im Aggregat, also auf Gruppenebene möglich, während die Analyse individueller Änderungen aufgrund personell unterschiedlicher Stichproben nicht möglich ist. Das ALLBUS- wie auch das Wohlfahrtssurvey-Programm sind Beispiele für replikative Surveys. Daneben gibt es außerdem eine Reihe von Untersuchungen zu speziellen Fragen, die ebenfalls als replikative Surveys konzipiert worden sind.

Eine letzte Variante der Längsschnittuntersuchung, die vor allem bei entwicklungspsychologischen Fragen, epidemiologischen Untersuchungen oder Studien zur Sozialisation und zu Lebensverläufen angewendet wird, ist die Kohortenanalyse. Allgemein werden als Kohorten Personengruppen bezeichnet, die zu annähernd gleichen Zeitpunkten in ihrem Leben von speziellen signifikanten Ereignissen betroffen waren. Am bekanntesten sind dabei Geburtskohorten, man kann Kohorten aber natürlich auch nach anderen einschneidenden Ereignissen im Lebenslauf gruppieren, etwa nach Pensionierung, Scheidung oder Arbeitslosigkeit.

3.8 Auswahlplan

Bei der Entwicklung eines Auswahlplans müssen folgende Fragen geklärt werden, die auch für die Gültigkeit der Untersuchungsergebnisse von entscheidender Bedeutung sind:
- Welche Population soll untersucht werden?
- Ist man an einer aktuellen Bestandsaufnahme oder an Veränderungsraten interessiert? Soll eine Quer- oder eine Längsschnittuntersuchung durchgeführt werden?
- Falls ein Längsschnitt geplant ist: Wie soll das Längsschnittdesign aussehen?
- Ist eine Vollerhebung sinnvoll und durchführbar oder kann/muss eine Stichprobe gezogen werden?
- Bei Stichprobenuntersuchungen:
- Welchen Umfang muss die Stichprobe mindestens haben?
- Ist die Grundgesamtheit bekannt und zugänglich?
- Sollen die Ergebnisse auf die Grundgesamtheit generalisierbar sein?

Falls eine Zufallsauswahl realisiert werden soll, stellt sich die Frage nach der Art der Zufallsauswahl. Bei Forschungsanträgen wird diese Frage einzig von der Forschungsfrage bestimmt, zu der ein entsprechendes Design zu entwickeln ist, dessen Kosten anschließend kalkuliert werden. Bei Forschungen mit Bordmitteln (im Rahmen von Lehrveranstaltungen, Examens- oder Doktorarbeiten) wird man hier häufig aber nicht umhinkommen, pragmatisch vorzugehen und kostengünstige Verfahren zu realisieren.

Bei nicht-zufälligen Auswahlen ist zu fragen, welche Form der Auswahl der Forschungsfrage und den Besonderheiten der angepeilten Grundgesamtheit angemessen ist.

3.9 Zeit- und Kostenplan

Ein Zeitplan muss bei jeder Art von Umfrageforschung erstellt werden, ein Kostenplan ist zwingend geboten bei externer Finanzierung und bei Forschungsanträgen. Bei der Erstellung des Zeitplans ist es empfehlenswert, sich an dem planmäßigen Projektende – dem Abgabetermin einer Arbeit oder dem Auslaufen der Förderung – zu orientieren und dann die jeweiligen Arbeitsschritte rückwärts zu kalkulieren. Als ganz grobes Raster kann dabei der in Tabelle 3.1 angegebene Zeitbedarf für die unterschiedlichen Phasen des Forschungsprozesses dienen. Für die Detailplanung im jeweiligen Einzelfall ist zu berücksichtigen:
- Wie viel Personal steht für die Mitarbeit an dem Projekt zur Verfügung bzw. kann realistischerweise beantragt werden?
- Wird die Feldarbeit an ein externes Feldinstitut delegiert oder in Eigenregie durchgeführt?

Im ersten Fall muss die Zeit- und Terminplanung des jeweiligen Institutes beachtet werden, im zweiten Fall ergeben sich folgende Anschlussfragen:
- Wie viele Personen sollen befragt werden?
- Welche Befragungsarten sind grundsätzlich möglich und sinnvoll – sollen die Zielpersonen postalisch, persönlich, telefonisch oder online befragt werden?

Bei postalischen und Onlinebefragungen muss festgelegt werden, wie lange die Feldzeit dauern soll, ob und wann weitere Anschreiben mit Fragebögen oder E-Mails zur Erinnerung abgeschickt werden sollen (Faustregel: Zwischen den einzelnen Wellen sollen mindestens zwei Wochen liegen). Bei persönlichen und telefonischen Befragungen muss geklärt werden, wie viele Interviewer zur Verfügung stehen bzw. rekrutiert werden können.

Bei der Planung der Feldzeit ist grundsätzlich darauf zu achten, dass diese nicht zu lange ausfällt. Dafür spricht vor allem eine messtheoretische Überlegung: Zeit ist häufig ein wesentlicher Einflussfaktor bei der Bildung oder Änderung bestimmter Einstellungen oder Meinungen, und zwar einfach deshalb, weil innerhalb bestimmter Zeitverläufe entscheidende Ereignisse auftreten, die (zumindest kurzfristig) das Antwortverhalten beeinflussen. Fällt ein solches Ereignis in eine Befragungsphase, können kaum zu kontrollierende Effekte auftreten. Ein Vergleich der Antworten von Personen, die vor dem Auftreten dieses Ereignisses befragt wurden, mit solchen, die erst danach befragt wurden, ist dann nicht möglich. So hätte etwa eine Befragung über das Image der deutschen Fußball-Nationalmannschaft vor der Fußball-Weltmeisterschaft 2018 mit Sicherheit andere Ergebnisse produziert als die gleiche Befragung im unmittelbaren Anschluss an das frühzeitige Ausscheiden bei Weltmeisterschaft 2018. Deshalb ist nicht nur die eigentliche Befragungszeit zu kontrollieren und möglichst kurz zu halten. Es ist außerdem darauf zu achten, dass eine Befragung in einem gewissen zeitlichen Abstand zu Medienereignissen mit hohem Aufmerksamkeitspotenzial realisiert wird, sofern es zwischen der Untersuchungsfrage und dem Ereignis einen inhaltlichen Zusammenhang gibt und man nicht gerade genau an solchen Effekten der kurzfristigen Änderung von Meinungen durch Medienberichte interessiert ist. Wenn man also, um ein Beispiel zu nennen, die Präferenz für unterschiedliche Verkehrsmittel bei Urlaubsreisen untersuchen will, sollte diese Befragung nicht unmittelbar nach einem spektakulären Flugzeugabsturz mit hunderten von Opfern erfolgen.

Messtheoretisch wünschenswert wäre es, wenn alle Personen der Stichprobe exakt zum gleichen Zeitpunkt befragt werden könnten. Dies ist natürlich nicht möglich, da die Zahl der Interviewer immer kleiner ist als die der Befragten und da nicht alle Befragten sofort und zur gleichen Zeit erreichbar sind. Wie lange die Feldzeit sein muss, hängt also von den oben schon genannten Faktoren ab: Wie viele Personen sollen befragt werden? Wie ist bei mündlichen Befragungen das zahlenmäßige Verhältnis zwischen Interviewern und Befragungspersonen? Handelt es sich bei der Population um eine eher leicht oder eher schwer erreichbare Klientel?

Grundsätzlich empfehlenswert ist es, die Feldzeit zunächst knapp zu kalkulieren und den Interviewern auch deutlich zu machen, dass diese Zeit einzuhalten ist. Als Orientierungsgrößen mögen folgende Zeiten gelten: Bei bundesweiten Repräsentativbefragungen mit 3.000 Befragten und 400 Interviewern setzt die GESIS eine Feldzeit von 6 Wochen an. Bundesweite Telefonbefragungen mit 1.000 Befragten und 40 Interviewern sind in ein bis zwei Wochen zu realisieren. Bei regionalen Befragungen hängt die Dauer der Befragungsphase vom verfügbaren Interviewerstab ab. Eine kommunale persönliche Befragung mit 500 Befragten lässt sich bei 30 Interviewern in zwei Wochen realisieren.[20]

Verlängerungen von Feldzeiten sollten die Ausnahme und nur nach expliziter Absprache mit den Projektleitern möglich sein. Erfahrungsgemäß steigert ein gewisser Termindruck mit klar fixierten Terminen, zu denen bestimmte Arbeiten erledigt sein müssen, die Motivation zur Erledigung anstehender Arbeiten eher als ein großzügiger Zeitplan. Dies gilt übrigens nicht nur für die Befragungsphase und für Interviewer, sondern für alle Arbeitsschritte in einem Forschungsprojekt. Wir verweisen hier auf das erste Gesetz von Cyril N. Parkinson, wonach sich Arbeit genau in dem Maß ausdehnt, wie Zeit zu ihrer Erledigung zur Verfügung steht. Daraus lässt sich die Neunzig-Neunzig-Regel einer suboptimalen Projektterminplanung ableiten: In 90 % der Projektzeit werden 10 % der Aufgaben erledigt, in den verbleibenden 10 % der Projektzeit müssen dann 90 % der Aufgaben erledigt werden.

Man ist deshalb gut beraten, wenn man für die Terminierung einzelner Arbeitsphasen einen internen, rigiden Zeitplan erstellt, auf den sich alle Beteiligten als verbindlich einigen. Dieser Zeitplan sollte eingehalten werden. Viele Projekte scheitern

---

[20] Wenn der Interviewerstab ausschließlich aus Studenten besteht, ist mit etwas längeren Feldzeiten zu rechnen, da Studenten erfahrungsgemäß weniger Interviews realisieren können als sozialstrukturell heterogene Interviewerstäbe; vgl. Abschnitt 4.4.

oder geraten zum Ende in große Schwierigkeiten, die häufig darin resultieren, keinen oder nur einen mangelhaften Abschlussbericht vorzulegen, weil das Zeitmanagement unprofessionell gehandhabt wurde. Natürlich können im Rahmen eines Forschungsprojektes unvorhersehbare Probleme auftreten, die keiner der Beteiligten zu vertreten hat und die die Arbeiten verzögern. Deshalb sollte bei dem externen Zeitplan, der für einen Forschungsantrag oder auch betreuende Dozenten bzw. Prüfungsämter erstellt wird, großzügiger kalkuliert werden, indem man für alle Arbeitsschritte Pufferzeiten einplant. Aber noch einmal: Richtschnur für die zu erledigenden Arbeiten ist der engere, interne Zeitplan. Ein Projekt (etwas) früher abzuschließen als geplant (was in der Praxis sehr selten vorkommt) ist nicht tragisch, zum terminierten Projektende noch nicht fertig zu sein dagegen möglicherweise schon. Bei Drittmittel-Projekten läuft die Förderung und damit auch die Finanzierung der Mitarbeiter aus, bei Examensarbeiten können Prüfungsfristen überschritten werden, deren Nichteinhaltung den Erfolg der ganzen Arbeit gefährdet.

Zeitpläne für geplante Forschungsvorhaben werden üblicherweise unter Verwendung von Monatsangaben erstellt, diese müssen in jahresbezogene Daten übersetzt werden, sobald feststeht, wann ein Vorhaben konkret beginnt. Wie so etwas aussehen kann, zeigt Tabelle 3.6.

Die Daten stammen aus einem Forschungsprojekt zur Erforschung krankheitsbezogener Vorstellungen medizinischer Laien, die repräsentativ für die Bevölkerung der Bundesrepublik erhoben worden sind. Die Befragung wurde im Rahmen des ZUMA-Sozialwissenschaften-BUS durchgeführt.[21]

Das Projekt wurde bearbeitet von zwei wissenschaftlichen Mitarbeitern (eine volle und eine halbe Stelle). Für die Theoriebildung wie auch für das Forschungsdesign wurden bei diesem Vorhaben relativ viel Zeit veranschlagt, weil eine quantitative, repräsentative Erhebung subjektiver Krankheitstheorien in Deutschland ein Novum darstellte und zu diesem Thema nur qualitative Untersuchungen vorlagen. Die Umsetzung narrativer Forschungsergebnisse aus qualitativen Projekten in einen quantitativen Fragebogen ist zeitaufwendig und spiegelt sich in der vergleichsweise langen Planungsphase wider. Für diese erste Phase wurde ein interner Zeitplan entwickelt, der auch regelmäßige Sitzungen mit den Projektleitern vorsah. Diese Sitzungen dienten zunächst dazu, offene oder strittige Fragen bei der Entwicklung der theoretischen Begründung zu klären. Während der Operationalisierungsphase fanden solche Sitzungen monatlich und gegen Ende dieses Projektabschnitts alle zwei Wochen statt und fungierten als Fragebogenkonferenz. Insgesamt wurde der Zeitplan strukturiert durch den Abgabetermin für den Bericht zum Ende der Förderung sowie durch die Terminvorgaben von ZUMA für Pretest und Hauptfeld.

---

21 Das Projekt haben wir zusammen mit unserem Trierer Kollegen Alois Hahn durchgeführt.

Tab. 3.6: Beispiel für einen Zeitplan für eine bundesweite repräsentative Befragung mit zwei Projektbearbeitern (Quelle: eigene Erstellung).

Phasen	Arbeitsschritte	Dauer	Konkrete Termine	
Planung	Theoriebildung: 1. Literaturanalyse und Aufarbeitung von Forschungsergebnissen, 2. Hypothesenbildung	6 Monate	1.9.95	Beginn des Projekts; Regelmäßige Arbeitssitzung gemäß internem Zeitplan
	Untersuchungsdesign	4 Monate		
Forschung	Instrumententwicklung: 1. Operationalisierung der Hypothesen 2. Aufbau des Fragebogens			
	Pretest: Auswertung Endfassung des Fragebogens	3 Monate	13.6.96	Pretest-Version des Fragebogens fertig
			15.6.96	Pretest-Bogen an ZUMA
			15.7.96	Pretest-Beginn
			15.8.96	Pretest-Ergebnis
			13.9.96	Endredaktion Fragebogen
	Feldphase (extern): 1. Befragung 2. Datenaufbereitung	2 Monate	10.10.96	Fragebogen an ZUMA
			16.10.96	Feldbeginn
			15.12.96	Übergabe der Daten von ZUMA
	Datenanalyse: 1. Instrumententests 2. Index- und Skalenbildung 3. Statistische Analysen	2 Monate	15.2.96	Interner Zwischenbericht mit Datenaufbereitung und deskriptiver Analyse
Präsentation	Berichterstellung	7 Monate	1.7.97	Inhaltlicher Abschluss des Berichtes, formale Korrekturen, Endredaktion, Verlag auswählen
			30.8.97	Abgabe des Berichtes an Geldgeber, Einsendung Typoskript an Verlag

Ein bei Drittmittelförderung immer zu erstellender Kostenplan muss folgende Posten enthalten:
- Personalkosten: Bei DFG-Projekten genügt hier die Angabe darüber, wie viele und welche TVöD-Stellen benötigt und wie viele Hilfskraftstunden gebraucht werden. Die exakte Kostenkalkulation wird dann von der DFG durchgeführt. Bei Anträgen an andere Geldgeber müssen dagegen die Personalkosten quantifiziert und ausgewiesen werden. Es empfiehlt sich hier, die Personalkosten gemeinsam mit der Personalabteilung zu kalkulieren.
- Erhebungskosten: Bei Vergabe der Befragung an externe Institute sind verbindliche Kostenvoranschläge einzuholen, wobei viele Geldgeber heute mindestens zwei solcher Kostenvoranschläge verlangen. Die Kalkulation für Feldarbeiten in Eigenregie müssen Antragsteller selbst übernehmen. Üblicherweise werden Erhebungskosten auf der Basis bestimmter Sätze pro realisiertes Interview kalkuliert. Hinzu kommen Druckkosten für Fragebögen und sonstiges Feldmaterial. Unter Umständen sind außerdem Kosten für die Ziehung der Stichprobe und die Auflistung von Adressen sowie für Interviewerschulungen zu berücksichtigen. Hilfe bei der Kalkulation von in Eigenregie durchgeführten Befragungen kann man bei der GESIS erhalten.
- Sach-/Verbrauchsmittel: Unter diesen Posten fallen Kosten für Porto, Telefon, Kopien, Datenbankrecherchen und Benutzungsgebühren für Rechner (sofern relevant) sowie für Büromaterial wie Toner, Papier usw. Üblicherweise wird hier mit pauschalierten Beträgen gearbeitet.

Falls nötig, müssen außerdem Reisekosten explizit ausgewiesen werden, etwa für Feldbegehungen oder die Teilnahme an Konferenzen im Rahmen des Projektes. Zu beachten ist auch, dass die bewilligten Gelder üblicherweise nur entsprechend ihrer im Kostenplan vorgesehenen Verwendung ausgegeben werden dürfen. Die Einzeletats sind sowohl bei DFG- als auch bei ministerieller Förderung nicht wechselseitig deckungsfähig, eine Umwidmung von (Rest-)Mitteln bedarf der Genehmigung des Geldgebers.

Im jeweiligen Einzelfall gelten natürlich die Richtlinien des jeweiligen Geldgebers, die man sich vor der Abfassung eines Forschungsantrags besorgen sollte. Diese Richtlinien enthalten neben Hinweisen darüber, wie die finanzielle Projektabwicklung zu erfolgen hat, auch Hinweise zur formalen Gestaltung von Anträgen sowie darüber, ob und wenn ja welche Besonderheiten bei der Publikation von Ergebnissen zu beachten sind, denn Datenherr ist bei Drittmittel-Forschung grundsätzlich der Geldgeber. Dabei gibt es ganz unterschiedliche Vorstellungen: Während die DFG erwartet, dass die Ergebnisse publiziert werden und auch die Daten nach Abschluss des Projektes der interessierten Öffentlichkeit zugänglich gemacht werden (indem man sie an das Datenarchiv für Sozialwissenschaften der GESIS weitergibt), handhaben einige Ministerien die Veröffentlichung von Ergebnissen sehr restriktiv.

3.10 Der Forschungsantrag

Projekte, die mit größeren Stichproben arbeiten (Faustregel: ab 500 Fälle), sind ohne externe Finanzierung, d. h. ohne Drittmittel kaum zu realisieren. Man muss bei solchen Projekten für die vorlaufende Antragsphase einen Zeitraum von mindestens 18 Monaten einplanen (realistischerweise eher mehr), sofern es sich um Erstanträge handelt (Verlängerungsanträge werden in der Regel schneller entschieden). Dabei kann als Faustregel gelten: Für die Formulierung eines Antrags sind ca. 6 Monate zu veranschlagen. Die verbliebene Zeit von einem Jahr (oder mehr) wird für die Begutachtungsphase benötigt.

Geldgeber für solche Forschungsvorhaben sind im Regelfall Stiftungen, und hier vor allem die Deutsche Forschungsgemeinschaft (DFG), Ministerien und nachgeordnete Behörden (wie etwa das Umweltbundesamt), kommunale Verwaltungen oder bei interkulturell vergleichenden Projekten die Europäische Union (EU). Drittmittelforschung ist deshalb auch nicht – wie immer wieder einmal geargwöhnt wird – privat finanzierte Forschung, bei der sich z. B. ein Industrieunternehmen ihm genehme Ergebnisse einkauft, sondern weitgehend aus Mitteln der öffentlichen Hand finanzierte Forschung. Über 90 % der Drittmittel stammen von den eben genannten Geldgebern.

Adressat für Initiativanträge bei völlig frei gewählten Themen – insbesondere für Forschungsvorhaben, die eher dem Bereich der Grundlagenforschung zugeordnet werden können – ist primär die DFG. Andere Einrichtungen, wie die Volkswagenstiftung, legen für bestimmte Perioden Förderschwerpunkte fest. Ministerien oder die EU schreiben spezifische Projekte aus, so dass man hier bei der Themenstellung festgelegt ist. In allen drei Fällen hat man aber bei der inhaltlichen Gestaltung und der Begründung der Forschungsfrage einen großen Spielraum. Eine Qualitätskontrolle erfolgt durch eine Begutachtung des Antrags durch mindestens zwei Fachgutachter aus dem Fachgebiet, in dem das Forschungsvorhaben durchgeführt werden soll. Dabei wird im Regelfall ein Antrag nicht sofort bewilligt oder abgelehnt, vielmehr verlangen die Gutachter üblicherweise Stellungnahmen zur Klärung noch offener Fragen oder zur Präzisierung von Fragestellung oder anzuwendender Methoden. Man muss also von einer mehrstufigen Antragsphase mit einem Erstantrag und mindestens einer Stellungnahme zu den Gutachten rechnen, bevor über einen Antrag abschließend entschieden wird.

Man möge diese Phase nicht unterschätzen: Vor dem Hintergrund knapper Kassen hängen die Realisierungschancen eines Drittmittelprojektes in hohem Maß von der Qualität des Forschungsantrags und der damit dokumentierten Kenntnis des Standes der jeweiligen einschlägigen Forschung ab. Daher ist bei aufwendigeren Projekten mit einer Repräsentativbefragung und einer Laufzeit von zwei Jahren bei einem Finanzbedarf von z. B. 500.000 Euro ein gut begründeter Antrag sehr arbeitsintensiv, und für die schon erwähnten notwendigen Ergänzungen und Erläuterungen muss zusätzliche

Zeit eingeplant werden.²² Ein Forschungsantrag, der im Prinzip auch ein Protokoll der Planungsphase darstellt, muss enthalten:
- Ziele des Projektes
- Theoretische Begründung der Forschungsfrage, wobei die einschlägige Literatur und insbesondere schon vorliegende Ergebnisse ähnlich gelagerter Untersuchungen berücksichtigt werden müssen
- Darstellung des geplanten Forschungsdesigns, bestehend aus zumindest grundsätzlichen Angaben zu Erhebungs- und Untersuchungsdesign. Sofern bereits Vorarbeiten zur Operationalisierung vorliegen, sollten diese dokumentiert werden
- Zeitplan
- Kostenplan und beantragte Mittel
- Zusammenfassung

Sofern existent, sollte außerdem auf einschlägige eigene Studien und Veröffentlichungen verwiesen werden. Die DFG verlangt bei Erstanträgen außerdem einen Lebenslauf der Antragsteller, aus dem deren bisheriger beruflicher Werdegang ersichtlich wird.

Bedenken Sie auch, dass an immer mehr Forschungseinrichtungen zuerst Ethikkommissionen ihre Genehmigung erteilen müssen, bevor eine empirische Studie begonnen werden kann. Dies betrifft insbesondere die Forschungen der Psychologie und der Sozialpsychologie, aber auch der Soziologie und damit der empirischen Sozialforschung im engeren Sinne. Daher unser dringender Rat: Machen Sie sich mit den Regeln vertraut, die in Ihrem Land bzw. an Ihrer Forschungseinrichtung gelten, sobald Sie mit dem Forschungsantrag beginnen. Wenn Sie zu spät feststellen, dass eine Genehmigung erforderlich ist, können Sie viel Zeit und Geld verlieren. Selbst wenn aus rechtlicher Sicht keine Genehmigung erforderlich sein sollte, kann es ratsam sein, eine solche Genehmigung einzuholen. Ein Grund dafür ist, dass es immer mehr wissenschaftliche Fachzeitschriften vor allem aus dem englischsprachigen Raum und dem Bereich der Medizin und Epidemiologie gibt, die Umfragedaten nur dann publizieren, wenn die Studie durch eine Ethikkommission genehmigt wurde. Häufig muss in einem solchen Antrag dargelegt werden, welche berufsständischen Richtlinien als Grundlage herangezogen wurden. Als Beispiel nennen wir hier den *Code of Ethics* der American Sociological Association (ASA), dessen derzeit gültigen Fassung im Juni 2018

---

22 Dazu drei Beispiele aus unserer eigenen Antragspraxis: Der Erstantrag für das Projekt „AIDS und die gesellschaftlichen Folgen" umfasste 53 Seiten, der Antrag wurde rund 21 Monate nach Abgabe beim BMFT bewilligt. Ein Folgeantrag, mit dem eine zweite Befragungswelle beantragt wurde, war (ohne Anhang) 36 Seiten stark, notwendige Erwiderungen zu den Stellungnahmen der Gutachter umfassten weitere 21 Seiten. Der Antrag wurde 7,5 Monate nach Einreichung bewilligt. Ein der DFG vorgelegter Antrag zur Förderung einer repräsentativen Befragung zu Laienkonzepten über Gesundheit und Krankheit hatte (ohne Anhang) 96 Seiten, Stellungnahmen zu den Gutachten weitere 38 Seiten. Die Bewilligungsphase dauerte 14 Monate.

verabschiedet wurde (siehe ASA 2018). Der derzeit gültige Ethik-Kodex der Deutschen Gesellschaft für Soziologie (2017) liegt in der Fassung vom 10. Juni 2017 vor. Die Verbände der deutschen Markt- und Meinungsforschung haben im Mai 2017 den internationalen „ICC/ESOMAR Kodex für die Markt- und Sozialforschung" aus dem Jahr 2016 übernommen (ICC/ESOMAR 2016).

3.11 Weiterführende Literatur

Auswahlverfahren

Blom, A. G.; Herzing, J. M.; Cornesse, C.; Sakshaug, J. W.; Krieger, U.; Bossert, D.: Does the Recruitment of Offline Households Increase the Sample Representativeness of Probability-Based Online Panels? Evidence from the German Internet Panel, in: Social Science Computer Review, 35, 2017, S. 498–520

Faas, T.: Offline rekrutierte Access-Panels: Königsweg der Online-Forschung?, in: ZUMA-Nachrichten, 27 (53), 2003, S. 58–76

Gabler, S.: Schneeballverfahren und verwandte Stichprobendesigns, in: ZUMA-Nachrichten, 31, 1992, S. 47–69

Gabler, S.; Häder, S.: Die Kombination von Mobilfunk- und Festnetzstichproben in Deutschland, in: Weichbold, M.; Bacher, J.; Wolf, C. (Hrsg.): Umfrageforschung: Herausforderungen und Grenzen, Wiesbaden 2009, S. 239–252

Häder, S.: Stichproben in der Praxis (Version 1.1), in: GESIS – Leibniz-Institut für Sozialwissenschaften (Hrsg.): GESIS Survey Guidelines, Mannheim 2015, doi:10.15465/gesis-sg_014

Häder, S.; Häder, M.; Kühne, M. (Hrsg.): Telephone Surveys in Europe – Research and Practice, Berlin 2012

Lipps, O.: Modeling Cooperation in an Address-Register-Based Telephone/Face-to-Face Survey, in: Field Methods, 28, 2016, S. 396–414

Münnich, R.; Gabler, S.; Ganninger, M.; Burgard, J. P.; Kolb, J. P.: Das Stichprobendesign des registergestützten Zensus 2011, in: Methoden, Daten, Analysen, 1, 2011, S. 37–61

Längsschnitt- und Paneluntersuchungen

Callegaro, M.; Baker, R. P.; Bethlehem, J.; Göritz, A. S.; Krosnick, J. A.; Lavrakas, P. J.: Online Panel Research. A Data Quality Perspective, West Sussex 2014

Haunberger, S.: Teilnahmeverweigerung in Panelstudien, Wiesbaden 2011

Lynn, P.: Methodology of Longitudinal Surveys, West Sussex 2009

4 Der Forschungsprozess: Die Erhebung der Daten

In dieser Phase des Forschungsprozesses wird der Fragebogen entwickelt und getestet, um anschließend die Befragung durchzuführen. Dabei lassen sich alle mit der Fragebogenentwicklung zusammenhängenden Aspekte unter dem Oberbegriff des Untersuchungsdesigns subsumieren.

Zunächst müssen die Art der Befragung und der Grad der Standardisierung festgelegt werden. Genau genommen gehören diese Entscheidungen noch in die Planungsphase, da Feldzeiten, Interviewereinsatz und Interviewerschulung sowie die zu kalkulierenden Kosten von der Art der Befragung abhängen. Da sie aber auch das Untersuchungsdesign betreffen, welches ansonsten in die Forschungsphase fällt, behandeln wir diese Punkte erst hier.

Dabei werden wir auf den Standardisierungsgrad nicht weiter eingehen, weil wir uns in diesem Lehrbuch ausschließlich mit hochstandardisierten, quantitativen Befragungen befassen. Der müßige Streit darüber, ob offene oder geschlossene Fragen grundsätzlich besser sind, währt schon sehr lange und kann auch an dieser Stelle nicht entschieden werden (hier verweisen wir auf bestehende Literatur, beispielsweise Kapitel 4 in Robinson und Leonard, 2019). Wir beschränken uns stattdessen auf die Nennung der wesentlichen Gründe, warum bei quantifizierenden Befragungen geschlossenen Fragen in der Regel der Vorzug gegeben werden sollte: Zwar messen offene Fragen oft tatsächlich besser als geschlossene Fragen Vorstellungen, die für die Befragten wichtig und deshalb auch kognitiv verfügbar und abrufbar sind. In Bezug auf diesen Aspekt haben geschlossene Fragen Nachteile: Die Vorgabe von Antworten in der „Low-Cost-Situation" einer sozial folgenlosen Befragung erleichtert die Wahl von Alternativen, um nicht als meinungslos oder uninformiert zu wirken. Bei sensitiven Themen lässt sich so auch wesentlich leichter eine als sozial wünschenswert geltende Vorgabe wählen. Die Nachteile offener Fragen überwiegen jedoch diese Vorteile: Man muss davon ausgehen, dass nicht alle Befragten eine gleich gute Artikulationsfähigkeit besitzen. Antwortunterschiede sind damit nicht zwingend auf Einstellungsunterschiede zurückzuführen, sondern können auch aus differenziellen Verbalisierungsmöglichkeiten und Sprachstilen resultieren. Bei offenen Fragen besteht zudem das Risiko der Verzerrung durch Interviewereffekte. In der Datenanalyse erfordern offene Fragen einen erheblichen zusätzlichen Auswertungsaufwand, weil Auswertungskategorien konstruiert werden müssen.

Gewissermaßen einen Kompromiss zwischen diesen beiden Positionen stellen sogenannte „Hybridfragen" dar. Hybridfragen haben ausformulierte Antwortvorgaben, bieten aber auch die Möglichkeit, im Bedarfsfall eine davon abweichende Antwort zu notieren. In der Regel wird diese Kategorie mit „Anders, und zwar …" eingeführt. Zu bedenken ist aber auch dabei, dass diese Antwortkategorien einen unter Umständen erheblichen Codierungsaufwand implizieren.

4.1 Befragungsarten

Hinsichtlich der Befragungsart wird zunächst zwischen schriftlichen Befragungen und mündlichen Interviews unterschieden. Die schriftlichen Befragungen können nochmals untergliedert werden in postalische Befragungen (Paper-Pencil-Questionnaire) und Onlineumfragen, womit bislang Befragungen über herkömmliche Browser gemeint waren. In jüngster Zeit werden zumindest in der kommerziellen Marktforschung auch Mobile Apps eingesetzt, die vom Arbeitskreis Deutscher Markt- und Sozialforschungsinstitute e. V. (ADM) als eigene Befragungsart gewertet werden. Die mündlichen Interviews können unterschieden werden in persönliche Interviews („Face-to-Face-Interviews") und Telefoninterviews. Abbildung 4.1 zeigt, welchen Anteil die Befragungsarten persönliches, telefonisches, postalisches, Onlineinterview und mobile Apps an den Befragungen der Mitgliedsinstitute des ADM im Zeitverlauf hatten. Dabei ist die Anzahl der Interviews insgesamt von 4,1 Millionen im Jahr 1990 auf 22 Millionen im Jahr 2017 stark gestiegen ist. Anteilig hat das persönliche Interview bis vor wenigen Jahren an Bedeutung verloren. Waren um 1990 fast zwei Drittel der ADM-Befragungen persönliche Interviews, so war es im Jahr 2011 nur noch jedes siebte, aber inzwischen hat das persönliche Interview eine Renaissance erlebt. Das telefonische Interview erlebte von 1990 bis 2006 einen deutlichen Aufschwung von 22 % auf 46 %. Seither ist aber wieder ein Rückgang auf unter ein Drittel der Interviews festzustellen, was sicherlich auch den sich rapide verschlechterten Feldbedingungen und rückläufigen Ausschöpfungsquoten geschuldet ist. Schriftlich-postalische Befragungen hatten zur Jahrtausendwende noch vergleichsweise hohe Anteile um 25 %, während seit 2004 durchgängig nur noch einstellige Prozentwerte erreicht werden.

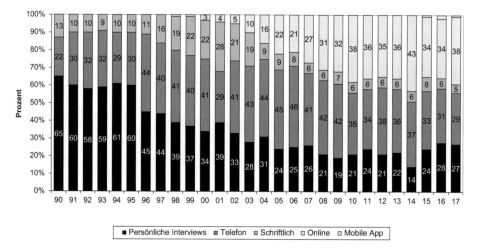

Abb. 4.1: Anteil der Interviews der ADM-Mitglieder nach Befragungsart von 1990–2017 (Quelle: eigene Darstellung nach Daten von ADM 2018).

Das nahezu kontinuierliche Wachstum von Onlineinterviews stagniert seit wenigen Jahren. Hier bleibt abzuwarten, ob mobile Apps die Lücke füllen werden.

Aus didaktischen Gründen behandeln wir Telefoninterviews zuerst und gehen auf die davon abweichenden Besonderheiten der anderen Varianten in den folgenden Abschnitten ein.

Neben dem Medium der Datenerhebung lassen sich Befragungen außerdem hinsichtlich der damit untersuchten Thematik differenzieren. Man unterscheidet dann zwischen Ein-Themen- und Mehr-Themen-Befragungen. Letztere werden häufig auch als Bus-Befragungen bezeichnet und die Personen, Forschergruppen oder Institutionen, die dabei Fragen unterbringen, als „Mitfahrer". In der Regel sind solche Bus-Befragungen das vorherrschende Instrument externer Institute, bei denen man sich als Sozialforscher oder anderer Interessent „einkauft" und sich meist auf Minutenbasis kalkuliert an den Gesamtkosten beteiligt.

Bleibt man bei diesem letztgenannten Punkt, so muss neben der Befragungsart auch die Dauer der Befragung festgelegt werden, da die Befragungsdauer ein entscheidender Faktor bei der Kalkulation der Kosten und der Feldzeiten ist. Für die Befragungsdauer ist dabei weniger die Zahl der Fragen entscheidend als vielmehr ihr Schwierigkeitsgrad und die damit verbundene Zeitintensität. Dauer einer Befragung meint hier immer die durchschnittliche Beantwortungszeit, welche üblicherweise in Pretests ermittelt wird (siehe dazu vertiefend Abschnitt 4.4.2 Pretest). Allerdings sollte bereits der Pretest-Fragebogen in dem angestrebten (und finanzierbaren) Zeitrahmen liegen. Recht genaue Mittelwerte erhält man, wenn man rund 20 Probeinterviews in der geplanten Population durchführt. Bei schriftlichen Gruppenbefragungen ist hingegen nicht die durchschnittliche Befragungsdauer relevant, sondern die maximale Befragungsdauer, da die Interviewer bei dieser Befragungsart so lange warten müssen, bis der letzte Teilnehmer seinen Fragebogen abgibt. Auch diese Dauer sollte unter möglichst realistischen Bedingungen in einer größeren Gruppe gemessen werden.

4.1.1 Das Telefoninterview

In den USA gehören Telefoninterviews noch viel stärker als in Deutschland seit vielen Jahren zu den Standarderhebungsverfahren in der Markt- und Meinungsforschung. Als Grund hierfür ist vor allem die Größe des Landes zu nennen, die den Einsatz von persönlich-mündlichen Interviews im nationalen Maßstab sehr kostspielig macht. Zudem fehlen Melderegister, womit es kaum zuverlässige und aktuelle Informationen über die demografische Zusammensetzung der Regionen gibt. Auch in Deutschland sind Telefoninterviews immer noch bedeutend. Die Möglichkeiten, die Telefonumfragen bieten, lassen sich aber nur optimal nutzen, wenn man über eine CATI-Anlage verfügt (Computer-Assisted Telephone Interview). Dazu gehört neben Rechnern eine entsprechende Software, die idealerweise alle im Rahmen eines Telefoninterviews anfallenden Aufgaben steuert. Zu nennen sind hier insbesondere:

- Routinen für Wiederholungsanrufe bei Nicht-Erreichen eines ausgewählten Anschlusses oder Verschiebung des Interviews wegen Zeitmangels der Zielperson;
- Ausgabe der Fragetexte und Antwortvorgaben am Bildschirm, verbunden mit der Möglichkeit der sofortigen Eingabe der Antwortcodes;
- zufällige Rotation von Items und Antwortvorgaben zur Reduktion von Platzierungseffekten;
- zufällige Rotation von Fragen;
- automatische Fehlerkontrolle bei Eingabe falscher Codes;
- Filterführung auch bei komplizierteren Fragen;
- Optionen zur Durchführung von Split-Ballot-Befragungen;
- Möglichkeiten der direkten Codierung offener Fragen („Feldverschlüsselung");
- automatische Protokollierung der Antworten auf offene Fragen im O-Ton (Hier ist anzumerken, dass Befragte ihre Zustimmung zur Aufzeichnung von Interviews geben müssen!);
- automatische Protokollierung von Zeitpunkt und Dauer des Anrufs sowie der angewählten Telefonnummer;
- Messung der Beantwortungszeiten für die einzelnen Fragen;
- Möglichkeiten der Interviewerkontrolle (Zuschaltung eines Vorgesetzten, automatische Zuordnung der Interviewernummer zu durchgeführten Interviews);
- parallele Möglichkeiten der Protokollierung von Problemen (technische Schwierigkeiten, Verständnisprobleme bei Fragen, fehlende Antwortalternativen usw.);
- jederzeitige Erstellung von statistischen Analysen.

Diese Liste macht deutlich, dass ein komplettes CATI-Programm eine recht anspruchsvolle und deshalb auch nicht ganz billige Software ist. Auf dem deutschen Markt sind bislang nur wenige komplette Programme mit allen genannten Optionen vorhanden. Die großen Marktforschungsinstitute verwenden entweder sehr teure Programme aus dem Ausland oder greifen auf mehr oder weniger aufwendige hausgemachte Lösungen zurück. Für ein vollständig ausgestattetes CATI-Labor sind mithin Investitionen notwendig, die Universitäten oder nicht-kommerzielle Forschungsinstitute kaum aufbringen können.

Allerdings lassen sich Telefoninterviews auch schon mit bescheideneren Mitteln realisieren, nur muss man dann Ansprüche reduzieren, was die EDV-gestützte Interviewerkontrolle, den Umgang mit offenen Fragen sowie Routinen zur Auswahl von Zielpersonen und Wiederholungsanrufen betrifft. Die Erstellung von Fragebogeneingabemasken mit vielen in der Liste genannten Optionen ist auch mit Software zur Programmierung von Onlinebefragungen möglich (z. B. dem Programm EFS Survey).

Die Ausschöpfungsquoten bei Telefoninterviews (für allgemeine Bevölkerungsumfragen) lagen 1996 bei ca. 60 %. Blasius und Reuband (1996) berichten zwar auch von einer Kölner Umfrage, wo nach intensiver Feldvorbereitung 90 % der ausgewählten Personen erreicht wurden. Es dürfte sich dabei um eine Ausnahme gehandelt haben, denn mittlerweile hat sich leider gezeigt, dass die Teilnahmebereitschaft bei Telefoninterviews einer ganz besonderen Erosion ausgesetzt ist.

Es zeichnet sich inzwischen die klare Tendenz ab, dass die verbesserte Telekommunikationstechnologie, die die Verbreitung und Realisierung von Telefoninterviews erleichtert hat, andererseits dazu beiträgt, Ausschöpfungsquoten zu senken. Denn ein DSL-Anschluss ermöglicht es, anhand der in einem Display erscheinenden Nummer des Anrufers zu entscheiden, ob man den Telefonhörer abnimmt oder nicht. Die gleiche Option bieten auch Anrufbeantworter, durch die man unliebsame, unerwünschte oder uninteressante Anrufe problemlos filtern kann. Immer häufiger nicht zu erreichende Zielpersonen – bei durchaus existenten Anschlüssen – zeigen, dass der Trend in diese Richtung geht.

Hinzu kommt, dass gerade jüngere und mobilere Menschen häufiger nur noch ein Mobiltelefon besitzen (Décieux et al. 2019). Laut einer Eurobarometer-Umfrage aus dem Jahr 2017 trifft dies in Deutschland auf 14 % der Bevölkerung zu, wohingegen es in der Europäischen Union insgesamt 37 % sind, wobei das Maximum in Finnland mit 87 % erreicht wird (TNS 2017, S. 43). Die Verbreitung sogenannter *mobile onlys* hat zwei zentrale Folgen für die Umfrageforschung bei Telefonumfragen. Erstens führt dies dazu, dass man diese Menschen bei traditionellen „Festnetz-Telefonumfragen", sofern sie über eine virtuelle Festnetznummer verfügen, häufig außerhalb ihrer Wohnung erreicht. Sie gehen dann häufig ihrer Arbeit oder einer Freizeitbeschäftigung nach, was die Realisierung ungestörter Telefoninterviews von mehr als 5 Minuten Dauer häufig erschwert. Zweitens erreicht man diese, wenn sie keine virtuelle Festnetznummer besitzen, de facto nicht mehr über traditionelle Rekrutierungsmethoden der Telefonbefragung. Dies ist aufgrund der demografischen Eigenschaften jener Gruppe problematisch (eher jünger, männlich, häufiger aus Ostdeutschland und niedrigere Bildungsabschlüsse, vgl. S. Häder 2015, S. 4), was zu systematischen Verzerrungen der Telefonstichprobe führt.

Um dieser Entwicklung vonseiten der Umfrageforschung zu begegnen, wurde 2005 die Arbeitsgruppe „MOBILESAMPLE" gegründet. Diese erprobt Rekrutierungsansätze, die Mobiltelefonnummern in den Auswahlrahmen von Bevölkerungsbefragungen aufnehmen. Das bekannteste Projekt in Deutschland, CELLA (1 und 2), wurde von der GESIS im Jahr 2006 erstmalig bei der DFG beantragt. Mit diesem Projektes wurde ein Dual-Frame-Design entwickelt, das eine Mobilfunk- mit einer Festnetzbefragung verbindet (siehe vertiefend dazu auch Abschnitt 4.1.6). Dabei müssen drei Gruppen berücksichtigt werden: die große Anzahl an Personen, die über einen Festnetz- und einen Mobilfunkanschluss verfügen („Gemischtnutzer"), die *mobile onlys*" und die „Festnetz-Onlys". Zur Ziehung der Stichprobe sind zwei Strategien denkbar. Bei der ersten Strategie sind in der Mobilfunkstichprobe nur Personen zu interviewen, die sich durch Abfragen als *mobile onlys* identifizieren lassen (*screening approach*"). Bei der zweiten Strategie ist das Interview mit dem Befragungsmedium durchzuführen, mit dem der Kontakt zustande kam beziehungsweise das von der Kontaktperson für einen eventuell notwendigen Rückruf präferiert wird (Dual-Frame-Ansatz oder auch *non-screening approach*). Aufgrund der geringen Kooperationsbereitschaft für Telefonbefragungen in Deutschland und dem bisher noch recht geringen Anteil der *mobile onlys* an der Bevölkerung entschied man sich bei der CELLA-Studie für einen Dual-Frame-Ansatz. Die Festnetzstichprobe wird dabei auf Basis des Gabler-Häder-Designs gezogen, die Zielperson wird anschließend mithilfe der randomisierten Geburtstagsauswahl ermittelt. Die Mobilstichprobe wird aus der ADM-Mobil-Auswahlgrundlage gezogen, die nach der Mobilfunkvorwahl geschichtet ist. Die erreichte Person ist hier die Zielperson. Um unterschiedlichen Auswahlwahrscheinlichen in Abhängigkeit von dem Besitz der jeweiligen Endgeräte zu berücksichtigen, wird weiterhin eine Designgewichtung vorgenommen. Diese soll das Stichprobenprofil dem Profil der Gesamtbevölkerung angleichen (Häder und Häder 2009, S. Häder 2015).

Generell ist in den letzten Jahren eine deutliche Verschlechterung der Feldbedingungen, d. h. der Beteiligungsbereitschaft und der Ausschöpfungsquoten, zu konstatieren. Dazu hat zum einen die inflationäre Zunahme der teilweise durchaus trivialen Telefoninterviews von Marktforschungsunternehmen beigetragen, die zu teilweise doch eher unüblichen Zeiten – etwa abends nach 21:00 Uhr oder an Feiertagen – durchgeführt werden. Zum anderen wird diese Entwicklung auch begünstigt durch Marketingaktionen der Telefonanbieter und unseriöse Anrufe von Verkäufern und Betrügern (z. B. bei angeblichen Gewinnbenachrichtigungen). Kurzum: Die Zahl unerwünschter und belästigender Anrufe hat deutlich zugenommen und spürbar zur Verärgerung der Bevölkerung beigetragen.

Zur Akzeptanz oder Nicht-Akzeptanz von Anrufen tragen auch Interviewereffekte bei, die durch den fehlenden Blickkontakt zwischen Interviewer und Befragten zwar deutlich reduziert werden, sich aber nicht völlig ausschließen lassen. Sprechweise, Tonfall, ausländisch klingende Namen oder auch dialektartige Einfärbungen können zu Reaktivitäten und auch zur Teilnahmeverweigerung führen. Wir hatten beispielsweise bei einer Lehrveranstaltung, während der auch Telefoninterviews in der Region Trier durchgeführt wurden, folgenden Fall: Einer der studentischen Interviewer stammte aus der Türkei, sprach aber perfektes und akzentfreies Deutsch. Dennoch hatte er große Mühe, nach Nennung seines türkischen Namens Interviews zu realisieren, obwohl wir die Befragung vorher in der örtlichen Lokalzeitung als Forschungsprojekt der Universität angekündigt hatten und darauf bei den Anrufen auch verwiesen wurde. Meistens lehnten die von ihm angerufenen Zielpersonen ein Interview mit der Begründung ab, sie hätten keine Zeit. Seine deutschen Kommilitonen hatten dagegen keine Probleme, Interviews durchzuführen. Auch bei dem türkischen Studenten reduzierten sich die Verweigerungen auf Null, nachdem er sich ein sehr deutsch klingendes Pseudonym zugelegt hatte.

Der fehlende Blickkontakt impliziert aber durchaus auch Nachteile, weil die Befragungssituation nur partiell kontrollierbar ist. Der Interviewer weiß nicht, ob der Befragte während des Interviews alleine ist oder ob andere mithören, ob er sich völlig auf das Interview konzentriert oder nebenbei noch etwas anders tut usw. Umgekehrt weiß der Befragte auch nicht, wer ihn da anruft. Im Hinblick auf eine sich ausbreitende Videotelefonie könnte sich die Sichtbarkeit von Interviewern in professionell ausgestatteten Telefonlabors durchaus auch vertrauensbildend auswirken – gerade vor dem Hintergrund der oben skizzierten Entwicklungen.

Bei der Formulierung von Fragen ist zu bedenken, dass man am Telefon ausschließlich auf den auditiven Kanal angewiesen ist und eine Unterstützung von Fragen durch Visualisierungen (Listen, Grafiken, Szenarien usw.), wie sie bei mündlichen Interviews verwendet werden, nicht möglich ist. Fragen und Antwortvorgaben müssen den Befragten vorgelesen werden. Dies hat bei Fragen mit vielen Antwortvorgaben häufig den Effekt, dass Befragte die letzten Antwortkategorien wählen, weil sie die ersten schon wieder vergessen haben, wenn der Interviewer mit seiner Aufzählung zu Ende ist (Recency-Effekt). Fragen mit mehr als vier Antwortalternativen sollten deshalb vermieden werden. Auch längere Fragetexte und Erläuterungen sind bei Telefoninterviews noch mehr als sonst zu vermeiden, weil längere Ausführungen zu Verständnisproblemen führen können. Wenn Fragen sich nicht in kurzen und einfachen Formulierungen mit nur wenigen Antwortkategorien stellen lassen, sind sie für telefonische Befragungen ungeeignet. Das bedeutet auch, dass bestimmte Frageformen, die wir im Folgenden noch genauer vorstellen werden, bei Telefoninterviews nicht oder nur eingeschränkt verwendet werden können. Dazu zählen Polaritätsprofile und Vergleiche, vielstufige Rating-Skalen sowie Szenarien und Vignetten.

Die maximale Dauer eines Telefoninterviews wird kontrovers beurteilt. Einige Autoren sind der Ansicht, dass eine Telefonbefragung als Spezialfall des mündlichen Interviews im Prinzip ebenso lange dauern könne wie eine direkte Befragung (also bis zu 90 Minuten). Demgegenüber machen andere Autoren geltend, dass längeres Telefonieren ermüdender ist als längere Unterhaltungen in direkter Interaktion und telefonische Befragungen 20 Minuten nicht überschreiten sollten. Diese Frage der Dauer hängt natürlich wiederum von der Thematik und der jeweiligen Zielgruppe der Befragung ab und muss im Einzelfall entschieden werden. Unsere Erfahrungen mit Telefoninterviews in Rheinland-Pfalz haben gezeigt, dass bei allgemeinen Bevölkerungsumfragen die Befragten nach 20 bis 30 Minuten Dauer allmählich ungeduldig werden und sich verstärkt danach erkundigen, wie lange es denn noch dauert.[1]

Bei einem Vergleich der Feldzeiten schneiden Telefoninterviews zusammen mit Onlinebefragungen am besten ab. Theoretisch kann selbst eine bundesweite Befragung mit 2.000 Befragten innerhalb einer Woche abgeschlossen werden, wenn entsprechend viele Telefonplätze und Interviewer zur Verfügung stehen. Die Möglichkeiten der Interviewerkontrolle sind durch die zentrale Durchführung von Telefoninter-

---

[1] Wir müssen hier allerdings anmerken, dass diese Interviews sämtlich von Studenten durchgeführt worden sind, die alle wenige Erfahrungen mit Interviews und Telefoninterviews hatten. Möglicherweise stellen sich bei erfahrenen Interviewern Ungeduld und Ermüdungserscheinungen auf Seiten der Befragten erst später ein.

views deutlich besser als bei mündlichen Befragungen, Fälschungen von Interviews können durch den Einsatz von Supervisoren in Telefonlaboren praktisch ausgeschlossen werden.

Die Kosten von computergestützten Telefoninterviews sind in der Regel niedriger als bei vergleichbaren mündlichen und postalischen Befragungen. Es entfallen:
- Reisekosten für Interviewer
- Kosten für nachträgliche Interviewerkontrollen
- Druckkosten für Fragebögen
- Portokosten für den Versand und Rücklauf der Fragebögen
- Kosten für die Eingabe der Daten nach Abschluss der Feldphase

Telefoninterviews stellen eine kostengünstige und in der Umsetzung auch weniger aufwendige Alternative zu mündlichen Interviews dar, wenn die interessierenden Inhalte auch am Telefon erfragt werden können. Eben aus diesem Grund hat die Methode in den 1990er-Jahren einen deutlichen Aufschwung erlebt. Man muss dabei aber bedenken, dass kompliziertere Sachverhalte am Telefon aufgrund der fehlenden Einsatzmöglichkeiten von unterstützendem Feldmaterial kaum zu erläutern und abzufragen sind. Auch eine Befragungsdauer von 60 bis 90 Minuten, wie sie bei Bus-Befragungen üblich ist, lässt sich bei Telefoninterviews nicht realisieren.

Telefonbefragungen eignen sich sehr gut für regional begrenzte Umfragen und können auch in Lehrveranstaltungen gut eingesetzt werden. Allerdings setzt diese Möglichkeit eine Anfangsinvestition zur Anschaffung einer CATI-nahen Anlage voraus, die sich aber lohnt, wenn man häufiger entsprechende Befragungen durchführt. Dabei – das haben unsere Erfahrungen in Trier gezeigt – lässt sich zumindest an Universitäten auch schon mit vergleichsweise geringem Mitteleinsatz eine akzeptable „CATI-Anlage" installieren.

Voraussetzung ist, dass die Universität über einen PC-Pool verfügt, in dem auch Telefone mit Kopfhörern angeschlossen werden können. Zu empfehlen ist zudem eine Geräuschabschirmung der Arbeitsplätze durch Trennwände. Zur Dateneingabe sollte eine Software verwendet werden, die zumindest folgende Optionen bietet:
- flexibel gestaltbare Dateneingabemaske
- Ausgabe längerer Texte auf dem Bildschirm
- automatische Filterführung
- automatische Fehlerkontrolle bei Eingabe nicht definierter Codezahlen
- Möglichkeit der Codierung offener Fragen
- jederzeitige Erstellung von statistischen Analysen

Wir haben hier sehr gute Erfahrungen mit dem (eigentlich für Onlinebefragungen entwickelten) Programm EFS Survey gemacht. Die Handhabung von Eingabemasken ist normalerweise relativ rasch zu erlernen, nach einer halbtägigen Interviewerschulung (d. h. der probeweisen Durchführung von drei bis vier Interviews) kommen die Interviewer in der Regel gut mit den Geräten und der Software zurecht. Gleichwohl sollte bei den eigentlichen Interviews stets ein mit dem Programm sehr gut vertrauter Supervisor anwesend sein, der bei Problemen eingreifen und den Ablauf der Befragungen kontrollieren kann. Empfehlenswert ist es außerdem, dass jeder Interviewer auch eine ausreichende Anzahl gedruckter Fragebögen erhält, die ausgefüllt werden können, falls das Dateneingabeprogramm abstürzt oder sonstige technische Probleme auftreten.

4.1.2 Das mündliche Interview

Bei den im Datenarchiv für Sozialwissenschaften der GESIS dokumentierten Datensätzen dominierte in den 1990er-Jahre des letzten Jahrtausends als Datenerhebungsverfahren mit einem Anteil von rund 50 % eindeutig das mündliche Interview. Noch größer ist darüber hinaus der Anteil der Personen, die durch mündliche Interviews befragt werden. Denn das mündliche Interview ist das Standardverfahren bei Repräsentativbefragungen, wobei üblicherweise mit einem Mindeststichprobenumfang von 1.000 Personen operiert wird. Inzwischen werden aber, wie oben dargestellt, anteilig deutlich seltener persönlich-mündliche Interviews durchgeführt. Vor dem Hintergrund der stetig sinkenden Akzeptanz bei Telefonbefragungen, methodischer Probleme bei schriftlichen Befragungen und des ungelösten Problems der Repräsentativität bei Onlinebefragungen deutet sich aber an, dass persönlich-mündliche Interviews – etwa in Form von computerunterstützten Interviews (CAPI) eine Renaissance erleben – zumindest dann, wenn man an repräsentativen Bevölkerungsbefragungen interessiert ist.

Die Realisierungschancen und damit die Ausschöpfungsquoten eines mündlichen Interviews sind – trotz der auch hier zu beobachtenden Tendenz zunehmender Teilnahmeverweigerung – immer noch deutlich höher als bei den anderen Befragungsarten, weil es für viele Befragte schwieriger ist, einem vor der Haustür stehenden Interviewer ein Interview zu verweigern, als einen Fragebogen zum Altpapier zu geben, den Hörer wieder aufzulegen oder einen Link zu einem Onlinefragebogen zu ignorieren. Laut Auskunft der Abteilung Survey Design and Methodology in Mannheim bewegen sich die Ausschöpfungsquoten bei mündlichen Interviews derzeit zwischen 50 % und 70 %, allerdings mit einem erkennbaren Trend zu höheren Non-Response-Raten. Ausschöpfungsquoten um die 50 % sind inzwischen der Regelfall, 70 % die Ausnahme. Bei den hier und im Folgenden angegebenen Quoten handelt es sich stets um Erfahrungswerte für allgemeine Bevölkerungsumfragen. Befragungen in bestimmten homogenen und unter Umständen hoch motivierten Gruppen (z. B. Befragungen von Arbeitnehmern zur Akzeptanz von Sparpaketen der Regierung) können davon abweichende, deutlich höhere Ausschöpfungsquoten erreichen.

Zusätzlich zur immer noch deutlich besseren Ausschöpfungsquote sind mündliche Interviews auch deshalb besser für allgemeine Bevölkerungsumfragen geeignet als postalische Befragungen, weil sich dabei eher Fragen stellen lassen, die nur bestimmte Subgruppen betreffen und deshalb (kompliziertere) Filterführungen erfordern. Dieses Problem lässt sich zwar durch Onlinebefragungen auf elegante Weise lösen, ungelöst ist hier aber das Problem der repräsentativen Auswahl. Bei mündlichen Interviews ist ein Interviewer, den man vorher schulen kann, für die adäquate Präsentation der Fragen und das sachgemäße Ausfüllen der Fragebögen verantwortlich, während dies bei Mail-Surveys ausschließlich von den Befragten zu leisten ist. Insbesondere kompliziertere Filterführungen, die ein genaues Durchlesen des Fragetextes und der Filteranweisungen sowie mitunter auch ein längeres Suchen nach der richtigen Anschlussfrage erfordern, sind deshalb bei solchen Befragungen ein riskantes Unterfangen, welches in Messfehlern oder dem Abbruch der Befragung münden kann. Hinzu kommt, dass bei postalischen Befragungen die Kontrolle entfällt, wer letztlich wirklich den Fragebogen ausgefüllt hat: die intendierte Person oder eine andere des Haushalts.

Demgegenüber ergeben sich bei mündlichen Interviews Messfehler vor allem aus der schon in Kapitel 2 diskutierten Tatsache, dass ein solches Interview eine soziale Situation darstellt und (mindestens) zwei Personen dabei interagieren (Interviewereffekte).

Die Kosten mündlicher Interviews sind in der Regel aufgrund des Interviewereinsatzes im Außendienst höher als bei postalischen oder telefonischen Befragungen. Dies gilt aber nicht durchgängig, vielmehr kann gerade bei bundesweiten Repräsentativbefragungen das direkte mündliche Interview die kostengünstigste Variante darstellen, weil die mit der Adressziehung für postalische Befragungen verbundenen Kosten sehr hoch sein können. Man muss deshalb im Einzelfall die Kosten für unterschiedliche Befragungsarten kalkulieren, sofern für eine Untersuchung verschiedene Befragungsarten als Alternativen überhaupt in Frage kommen.

Hinsichtlich der Themenvielfalt und der Befragungsdauer bietet das mündliche Interview aufgrund der Moderatorenrolle der Interviewer eindeutig die größten Möglichkeiten. Befragungen, die eine bis anderthalb Stunden dauern und verschiedene Themen ansprechen (der Normalfall bei allgemeinen bundesweiten Bevölkerungsumfragen), sind mit telefonischen, schriftlichen oder Onlinebefragungen nicht realisierbar. Mit computergestützten Interviews lassen sich zudem auch bei persönlichen Interviews alle Möglichkeiten der Rotation von Antworten, einer problemlosen Filterführung und vielfältigen Visualisierungsmöglichkeiten nutzen.

Auch wenn bei mündlichen Interviews längere Befragungszeiten möglich sind, so gilt doch hier wie bei den anderen Befragungsarten:

> **!** Eine Befragung sollte so kurz wie möglich sein.

Befragungszeit ist Zeit der Befragten, die zu einer Teilnahme nicht verpflichtet sind und dafür auch nicht honoriert werden. Zielpersonen eines Umfrageforschungsprojektes gewähren eine Befragung, und diese Teilnahmebereitschaft sollte nicht überstrapaziert werden – auch im Interesse eines langfristigen Erhalts des Feldes.

Die Feldzeiten bei mündlichen Interviews hängen vom Thema der Befragung, der Zielgruppe und der Größe der Stichprobe ab. Sie schwanken zwischen einer Woche bei lokal begrenzten Befragungen mit 100 bis 200 Befragten und bis zu zwei Monaten bei bundesweiten Repräsentativbefragungen.

Deutlich verkürzen lassen sich Feldzeiten bei mündlichen Interviews durch den Einsatz von tragbaren PCs oder anderen mobilen Endgeräten (CAPI: *computer-assisted personal interview*), da so die Daten direkt in den Rechner eingegeben werden können und die zeitaufwendige Übertragung von Kreuzen im Fragebogen auf maschinenlesbare Datenträger entfällt.

4.1.3 Die schriftliche Befragung

Mit dem Oberbegriff „schriftliche Befragung" werden drei unterschiedliche Varianten bezeichnet. Befragungen, bei denen eine in einem Raum anwesende Gruppe in Anwesenheit eines Interviewers selbstständig einen Fragebogen ausfüllt (schriftliche Gruppenbefragung), fallen ebenso unter diesen Oberbegriff wie Befragungen, bei denen der Fragebogen postalisch an die Zielpersonen geschickt wird (postalische Befragung), sowie Onlinebefragungen, deren methodische Besonderheiten im nächsten Abschnitt vorgestellt werden.

Der Personalbedarf ist bei schriftlichen Befragungen aufgrund des Fehlens von Interviewern sehr niedrig. Dies gilt auch bei schriftlichen Gruppenbefragungen: Hier beschränkt sich die Rolle der „Interviewer" weitgehend darauf, die Fragebögen auszuteilen und einzusammeln sowie einen störungsfreien Rahmen zum Ausfüllen sicherzustellen. Dadurch entfallen die bei mündlichen Interviews erheblichen Personalkosten. Dies hat zur Konsequenz, dass schriftliche und insbesondere postalische Befragungen in der Literatur oft als kostengünstiger eingestuft werden. In dieser undifferenzierten Allgemeinheit ist dies aber nicht richtig. Postalische Befragungen können bei kleineren Fallzahlen oder homogenen Zielgruppen kostengünstiger sein als mündliche Interviews, nicht hingegen bei bundesweiten Repräsentativbefragungen mit einem N von 2.000 oder 3.000 Befragten.

Zwar entstehen bei postalischen Befragungen keine Kosten für Interviewer, dafür sind die Versandkosten aber vergleichsweise hoch – insbesondere dann, wenn man Dillmans Empfehlungen zur *total design method* (Dillman 1978) folgt und handschriftlich adressierte und mit individuell ausgewählten Briefmarken frankierte Umschläge verwendet und die Zielpersonen in einem persönlich adressierten und mit Unterschrift versehenen Anschreiben anspricht. Für hohe Portokosten ist zudem die trotz solcher Maßnahmen im Allgemeinen niedrigere Ausschöpfungsquote bei postalischen Befragungen verantwortlich, die (je nach Thema und Zielgruppe) zwischen 10 % und 60 % liegt (aber bei einer hoch motivierten Zielgruppe auch 90 % erreichen kann). Bei allgemeinen bundesweiten Bevölkerungsumfragen werden von 100 verschickten Fragebögen erfahrungsgemäß kaum mehr als 30 zurückgeschickt – bei auch hier sinkender Tendenz der Teilnahmebereitschaft.

Um die niedrige Rücklaufquote zu verbessern, muss man entweder mehrere Mahn- und Nachfassaktionen durchführen (Versand von Erinnerungsschreiben und weiteren Fragebögen) oder gleich in der ersten Welle die Bruttostichprobe entsprechend dimensionieren, was zu den oben aufgeführten Kostenausweitungen führt.

Hinzu kommt, dass die Adressen bei Repräsentativbefragungen nur durch die Meldeämter gezogen werden können und diese dafür eine regional sehr unterschiedliche Gebühr erheben. Bei der Stichprobe für den ALLBUS 94, der erstmalig auf einer Meldeamtsstichprobe basierte und nicht auf dem ADM-Design, hat die Adressenauswahl durch die Meldeämter umgerechnet rund 18.000 Euro gekostet. Außerdem musste ein Mitarbeiter diese Stichprobenziehung koordinieren. Selbst bei optimalen Bedingungen ist er damit zwei Monate beschäftigt, diese Personalkosten sind ebenfalls den Erhebungskosten zuzurechnen.

Was die Feldzeiten betrifft, so ist für postalische Befragungen (insbesondere bei Nachfassaktionen) mehr Zeit einzukalkulieren als für mündliche Interviews. Neben Zeiten für Versand und Rücklauf muss man den Befragten eine längere Frist für die Beantwortung des Fragebogens einräumen. Dementsprechend kann von einer Mindestfeldzeit von vier Wochen ausgegangen werden.

Aus methodischer Sicht wird bei schriftlichen Befragungen das Fehlen von Interviewern positiv beurteilt, weil Interviewereffekte dadurch ebenfalls gänzlich entfallen. In diesem Zusammenhang werden in der Literatur vor allem folgende Vorteile genannt:
- Weil kein Interviewer anwesend ist, können Befragte „ehrlicher" und überlegter antworten und werden kaum von Überlegungen sozialer Wünschbarkeit beeinflusst.
- Da Befragte sich so viel Zeit zum Ausfüllen des Fragebogens nehmen können, wie sie wollen, sind die Antworten „überlegter".
- Der fehlende Zeitdruck ermöglicht eine stärkere Konzentration auf das Thema der Befragung und erhöht die Teilnahmemotivation.
- Generell ist die Zusicherung von Anonymität und sozialer Folgenlosigkeit der Befragung glaubwürdiger, weil die Befragung selbst schon vergleichsweise anonym und unpersönlich durchgeführt wird.

Diese Argumente sind in unterschiedlichem Maß diskussionswürdig. Der letzte Aspekt ist zweifellos zutreffend, aber auch ursächlich für niedrigere Rücklaufquoten bei postalischen Befragungen. Die Befragung ist in der Tat anonymer, aber eben auch unverbindlicher als ein mündliches Interview. Eine Teilnahmeverweigerung bleibt in jeder Hinsicht folgenlos, während die Verweigerung eines Interviews bei direkten Kontakten mit Interviewern für viele Befragte offenkundig mit höheren psychischen Kosten verbunden ist. Insofern ist auch das Argument einer erhöhten Teilnahmemotivation kaum haltbar. Träfe es zu, müssten die Rücklaufquoten höher sein.

Dagegen ist das Argument ehrlicherer Antworten zumindest bei heiklen oder sensitiven Fragen durchaus bedenkenswert. Der Vorteil, den schriftliche Befragungen hier hinsichtlich der Vermeidung von sozial wünschenswerten Antworten oder Antwortverweigerungen (*item non response*) bieten, wird allerdings auch bei mündlichen Interviews genutzt. Hier legt man den Befragten bei solchen Fragen einen sogenannten Selbstausfüller vor, den sie schriftlich beantworten und anschließend in einem Umschlag an den Interviewer zurückgeben. Auch das Argument „überlegterer" Antworten hat bei der Erhebung von Fakten, an die man sich spontan nicht sofort und verlässlich erinnert, durchaus Gewicht. Zu nennen sind hier z. B. Fragen nach Impfungen, nach Krankheiten, die man schon hatte, oder nach sonstigen Verhaltensweisen mit langen Referenzzeiträumen (zur Verfahrensweise mit solchen „retrospektiven Fragen" siehe beispielsweise Lugtig, Glasner und Boevé 2016).

Problematisch ist wiederum das Argument, die Antworten seien überlegter. Dies mag zutreffen, ist aber durchaus nicht immer von Vorteil. Denn hier verbindet sich der tatsächlich fehlende Zeitdruck mit der Tatsache, dass niemand die Befragten davon abhalten kann, sich vor Beantwortung der Fragen einen genauen Überblick über den gesamten Fragebogen zu verschaffen. Dies kann spontane Antworten (die vielfach vermutlich ehrlicher sind) wirksam verhindern und das Bemühen der Befragten verstärken, inhaltlich konsistent zu antworten. Die in Kapitel 2 angesprochenen Kontexteffekte betreffen somit bei schriftlichen Befragungen den ganzen Fragebogen, wohingegen bei telefonischen und mündlich-persönlichen Interviews lediglich die bereits gestellten Fragen Kontexteffekte auslösen können. Bei Onlinebefragungen hängt dies dagegen davon ab, ob der Fragebogen so programmiert wurde, dass die Befragten sich auch dann die nächsten Seiten anschauen können, wenn sie vorhergehende Fragen nicht beantwortet haben.

Die Konstruktion eines Fragebogens für schriftliche Befragungen erfordert noch mehr Überlegungen als für mündliche Befragungen. Auf die Gestaltung des Fragebogens muss bei schriftlichen Befragungen mehr Wert gelegt werden, weil man die Zielpersonen, die üblicherweise mit dem Ausfüllen von Fragebögen wenig Erfahrung haben, mit diesem Instrument allein lässt. Da bei dieser Form der Befragung kein Interviewer zugegen ist („die traditionelle Krücke schlecht konstruierter Fragebögen", Dillman 1978, S. 119), müssen die Befragten alle für die zentrale Frage der Teilnahme oder Nicht-Teilnahme wichtigen Informationen und Hinweise dem Fragebogen entnehmen und diesen dann gegebenenfalls problemlos allein ausfüllen können. Bei schriftlichen Befragungen muss deshalb nicht nur auf inhaltliche Aspekte der Befragung geachtet werden, sondern auch auf vermeintlich nachrangige wie das Layout. Gerade diese formalen Aspekte haben wesentlichen Einfluss auf die Teilnahmemotivation von Befragten, die in hohem Maß auch von der Präsentation der Fragen und der möglichst einfachen Handhabung des Fragebogens abhängt (Mergener und Décieux, 2018).

Dillman hat im Rahmen der schon erwähnten *total design method*, mit der Ausschöpfungsquoten optimiert werden sollen, ausführliche Hinweise zu Design, Format und Layout gegeben (Dillman 1978). Besonders wichtig sind dabei:
- ein persönlich adressiertes und unterschriebenes Anschreiben;
- ein mit ausgesuchten Briefmarken frankierter Umschlag;[2]
- die Gestaltung des Deckblatts, das den Titel der Untersuchung, die verantwortlichen Personen/Institutionen und eine Adresse für Rückfragen enthalten muss;
- ein ansprechendes, einheitliches Layout und eine gut lesbare und entsprechend große Schrift;
- eindeutige und einfache Filterführung;
- die Platzierung von Fragen und allen Antwortvorgaben auf einer Seite.[3]

Maximale Befragungszeit bei schriftlichen Befragungen sind 30 Minuten, und dies auch nur bei Befragungen in einer hoch motivierten Klientel. Ansonsten sollte eine schriftliche Befragung nicht länger als 20 Minuten dauern.

Durch die Anonymität der Befragungssituation und das Fehlen von Interviewern werden in der Tat Interviewereffekte vermieden, dafür gibt es aber einen anderen gravierenden methodischen Nachteil. Denn diese Anonymität stellt sich für Umfrageforscher gleichzeitig als Unkontrollierbarkeit der Befragungssituation bei postalischen Befragungen dar, welche sich negativ auf die Reliabilität und Validität der Daten auswirken kann.

Weiter ist hier das Problem der hohen Verweigerungsraten zu erwähnen. Dabei sind Personen mit niedriger Formalbildung häufig unterrepräsentiert – wir erinnern hier nur an das Debakel der Zeitschrift „Literary Digest" bei der Prognose zum Ausgang der Präsidentenwahl 1936 in den USA. Neben dieser niedrigen Rücklaufquote ist zudem die kaum kontrollierbare Zusammensetzung der Stichprobe durch Selbstrekrutierung ein großes Problem bei postalischen Befragungen. Ist nicht feststellbar, wer den Fragebogen tatsächlich ausgefüllt hat, so bleibt weiterhin unkontrolliert, ob und inwieweit diese Person sich mit anderen bei der Beantwortung abgestimmt hat. Das gleiche gilt für die Befragungssituation, den Ort, an dem der Fragebogen ausgefüllt wurde und die Motivation, mit der ein Befragter die Fragen beantwortet hat (der Fragebogen kann genauso gut z. B. zu Hause und mit der Absicht, ernsthafte Antworten

---

[2] Diese Variante ist natürlich deutlich teurer als die Verwendung freigestempelter Umschläge. Der Effekt der Briefmarken ist wesentlich darauf zurückzuführen, dass bei den Befragten der durchaus berechtigte Eindruck der individuellen Gestaltung, größeren Sorgfalt und eines höheren Arbeitseinsatzes bei der Versendung der Fragbögen erweckt wird. Hieraus lässt sich eine höhere Wertschätzung der Adressaten folgern, was zu einer höheren Selbstverpflichtung bei der Beantwortung führt. Dies lässt sich aber gegebenenfalls auch durch andere Gestaltungselemente, etwa durch spezifische Aufkleber, die im Zusammenhang mit der Befragung stehen, erreichen.

[3] Anzumerken bleibt, dass solche Empfehlungen grundsätzlich auch für persönliche Interviews und Telefoninterviews gelten, weil deren Einhaltung auch den Interviewern die Arbeit erleichtert.

zu geben, ausgefüllt worden sein oder zusammen mit Freunden abends in der Kneipe nach dem vierten oder fünften Bier).

Bei postalischen Befragungen mit längeren Laufzeiten ist auch der genaue Befragungstermin nicht zu ermitteln, so dass man schwer einschätzen kann, ob und welche Ereignisse das Antwortverhalten beeinflusst haben könnten. Man wird z. B. davon ausgehen können, dass ein Börsencrash während der Feldphase einer schriftlichen Befragung über die Einschätzung der eigenen wirtschaftlichen Lage das Antwortverhalten der Befragten beeinflusst. Für die Interpretation der Daten müsste man aber in jedem Einzelfall wissen, ob der Fragebogen nun vor oder nach dem Bekanntwerden dieses Crashs ausgefüllt wurde.

Grundsätzlich sinnlos ist es, bei postalischen Befragungen Wissens- oder Faktfragen zu stellen, weil die korrekte Antwort von den Befragten immer nachgeschlagen werden kann. Dies werden zwar mit hoher Wahrscheinlichkeit nicht alle tun, doch auch hier taucht wieder das Problem auf, dass man keine Informationen darüber hat, wer solche Fragen spontan beantwortet und wer die Antwort nachgeschlagen hat.

Aufgrund dieser Nachteile ist der Typus der postalischen Befragung für landes- oder bundesweite repräsentative Befragungen weniger geeignet und auf wenige Anwendungsgebiete beschränkt. Postalische Befragungen können z. B. bei regionalen Befragungen zu Themen, die sich hoher Aufmerksamkeit in der Öffentlichkeit erfreuen, durchgeführt werden, zumal hier die begleitende (und zur Optimierung des Rücklaufs dringend zu empfehlende) Pressearbeit vergleichsweise einfach zu organisieren ist. In der Region Trier haben wir damit sehr gute Erfahrungen gemacht und Rücklaufquoten zwischen 40 und 50 % erreicht. Ebenfalls bieten sich postalische Befragungen bei vorselektierten Populationen an – z. B. bei Mitarbeiterbefragungen oder bei Patientenbefragungen in Arztpraxen oder Kliniken. Die schriftliche Befragung ist zudem bei der Befragung seltener und schwer zugänglicher Populationen häufig die einzig realisierbare Befragungsart.

Schriftliche Gruppenbefragungen, bei denen die Befragungssituation vollständig kontrollierbar ist, sind dagegen eine kostengünstige und zeitsparende Alternative zu mündlichen Interviews, wenn sich die Versammlung von Zielpersonen in einem Raum ohne großen Aufwand realisieren lässt. Diese Form der schriftlichen Befragung eignet sich deshalb vor allem für homogene Gruppen, die aufgrund gruppentypischer Merkmale ohnehin auf engem Raum konzentriert sind, also für Schüler und Studenten, für Belegschaften von Behörden und Unternehmen sowie für Populationen in Institutionen wie etwa die Bewohner von Altersheimen.

Die Ausschöpfungsquote ist bei solchen schriftlichen Gruppenbefragungen deutlich höher als bei postalischen Befragungen, weil die Anwesenheit eines Interviewers und die Mechanismen sozialer Kontrolle in Gruppensituationen die Teilnahmemotivation erhöhen. Bei den Feldzeiten schneiden schriftliche Gruppenbefragungen zusammen mit Telefoninterviews und Onlineumfragen am besten ab. Befragungen können im günstigsten Fall bereits nach einem Tag abgeschlossen sein. Einige der umfangreichsten Befragungen werden als schriftliche Gruppenbefragungen durchgeführt. Dazu gehört beispielsweise „The European School Survey Project on Alcohol and Other Drugs – ESPAD", eine Befragung von über 90.000 Schülern in 35 Ländern in Europa zum Thema Drogengebrauch. Noch größer ist die Befragung „Health Behaviour in School-aged Children – HBSC", an der inzwischen über 200.000 Schüler im Alter von 11 bis 15 Jahren in 48 Ländern teilnehmen. Bei beiden Befragungen werden Schulklassen ausgewählt, und die Schüler werden in der Schule befragt. Bei der aktuellen HBSC-Befragung 2018 konnten wir in Luxemburg knapp 10.000 Schüler in über 800 Schulklassen in weniger als vier Monaten zu ihrem Gesundheitszustand und ihrem Gesundheitsverhalten befragen. Die Eingabe der Daten mit Hilfe eines Scanners dauerte zwei Monate, wobei das Scannen der Daten schon begann, als die Befragung noch nicht abgeschlossen war. Die Erhebung und Eingabe der Daten konnte somit in rund fünf Monaten abgeschlossen werden.

4.1.4 Onlinebefragungen

Seit der Jahrtausendwende haben Onlinebefragungen quantitativ stark an Bedeutung gewonnen. Onlinebefragungen konnten sich unter anderem deshalb so schnell etablieren, weil sie mit niedrigen Kosten verbunden sind. Kosten für Porto und Druck des Fragebogens sowie Gehälter für Interviewer und Kosten für die Dateneingabe, die einen Großteil der relativ hohen Kosten von postalischen bzw. mündlichen und telefonischen Interviews ausmachen, entfallen hier völlig. Um online Daten zu erheben, entstehen Kosten nur für die Entwicklung und Programmierung des Fragebogens, die Befragungssoftware und einen Server. Für Letzteres hat sich ein großer Markt mit zahlreichen Optionen etabliert. Es besteht die Möglichkeit, Server und Software zu kaufen oder zu mieten, wobei sich die Miete auf einen bestimmten Zeitraum oder einzelne Projekte beziehen kann, so dass die Kosten für die Technik gut zu kalkulieren sind. Ebenso besteht die Möglichkeit, den Fragebogen selbst zu programmieren und online zu stellen oder diese Arbeit von einem Dienstleister ausführen zu lassen. Daneben gibt es auch die Möglichkeit, an täglich organisierten Bus-Befragungen teilzunehmen, so dass lediglich die zu stellenden Fragen einzureichen sind. Abhängig von der technischen Ausstattung und der Eigenleistung des Forschers kann eine Onlinebefragung mit 10 % bis 70 % der Kosten einer vergleichbaren postalischen Befragung realisiert werden.

Aufgrund der niedrigen Kosten birgt die Onlinebefragung jedoch auch die Gefahr, dass sie in einem ähnlichen Ausmaß zur nachhaltigen Verschlechterung der Feldbedingungen beiträgt wie übermäßige Belästigung durch unerwünschte Telefonanrufe. Gründe hierfür sind vor allem die inflationäre Verwendung von Onlinebefragungen sowie die bestehenden Tendenzen bei vielen Forschern, wenig Ressourcen für die Entwicklung und Testung der Instrumente und des Fragebogens aufzuwenden.

Neben niedrigen Kosten spricht auch die schnelle Durchführung für Onlinebefragungen. Häufig werden Ergebnisse von Umfragen schnell benötigt, und hier sind Onlineumfragen noch vor telefonischen Befragungen am schnellsten umzusetzen. Wenn die Zielpersonen per E-Mail angeschrieben werden (Kunden, Mitarbeiter, Studenten o. Ä.), kann die Befragung innerhalb weniger Tage abgeschlossen werden. Erste Ergebnisse können bei einer automatisierten Auswertung auch schon nach wenigen Stunden abgerufen werden. Die schnelle Durchführung ist dadurch zu erklären, dass sich die meisten der angeschriebenen Personen erfahrungsgemäß sofort für oder gegen die Teilnahme an der Befragung entscheiden, sobald sie die Einladung erhalten und gelesen haben. Anders hingegen ist das Verhalten bei postalischen Befragungen. Hier lassen die Zielpersonen den Fragebogen häufig zunächst liegen, um ihn dann vielleicht doch noch irgendwann zu bearbeiten.[4] Somit können Onlinebefragungen inklusive ein bis zwei Erinnerungsschreiben innerhalb von zwei bis drei Wochen abgeschlossen werden. Bei postalischen Befragungen wird in diesem Zeitraum üblicherweise das erste Erinnerungsschreiben versandt.

Ein weiterer Vorteil von Onlinebefragungen ist die automatische Filterführung. Bei postalischen Befragungen muss die Zielperson die Filterführung selbst nachvollziehen, was zu einem übersichtlichen Layout zwingt und komplizierte Filter ausscheiden lässt. Zudem können Filter einen Abbruch provozieren, wenn der Befragte den Eindruck gewinnt, der Fragebogen betreffe ihn nicht. Bei Onlinebefragungen sind hingegen auch komplizierte Filter möglich, ohne dass der Befragte dies erfährt, weil für ihn irrelevante Fragen nicht präsentiert werden. Somit kann der Fragebogen auch schneller ausgefüllt werden, was einem vorzeitigen Abbruch entgegenwirkt. Diese Vorteile bieten neben der Onlinebefragung allerdings auch das mündlich-persönliche Interview und die Telefonbefragung (bei Einsatz der entsprechenden Software).

Was das mündlich-persönliche, das telefonische und das postalische Interview jedoch nicht bieten, ist die Einbindung multimedialer und dynamischer Elemente. Mit einem wesentlich höheren Aufwand konnten Film und Ton bislang nur im Rahmen von Gruppenbefragungen präsentiert werden, die jedoch an einen Ort gebunden sind. Bei der Onlinebefragung können multimediale Elemente wie Bilder, Film und Ton zur visuellen Unterstützung problemlos eingebunden werden. So ist es beispielsweise möglich, Filme über Gesprächssituationen zu zeigen, um die Interaktion bewerten zu lassen. Solche dynamischen Elemente können aber auch experimentelle Versuchsanordnungen wie beispielsweise simulierte Versteigerungen sein, bei denen die Software auf die Gebote der Befragten reagiert und mitsteigert. Dies kann dazu dienen, den Prohibitivpreis und die durchschnittliche Erhöhung der Gebote zu ermitteln. Beim Einsatz dynamischer visueller bzw. multimedialer Elemente (z. B. ein Bild, welches eine bestimmte Situation darstellt) ist jedoch zu bedenken, dass auch diese ein Stimulus sein können, den die Befragten bei der Beantwortung wahrnehmen.

---

4 Im Rahmen einer postalisch durchgeführten Versichertenbefragung für eine Krankenkasse erreichten uns Fragebögen vereinzelt noch ein Jahr nach Abschluss der eigentlichen Feldzeit von sechs Wochen.

Visuelle Elemente können dementsprechend die Perspektive des Befragten in eine bestimmte Richtung der Interpretation lenken und dadurch die Antwort verzerren (siehe hierzu beispielsweise die unterschiedlichen experimentellen Studien von Couper, Conrad und Tourangeau, 2007). Auch ist zu beachten, dass es in Deutschland und auch in den meisten anderen Ländern auf der Welt noch nicht flächendeckend entsprechende Breitbandanbindungen und schnelle mobile Datenverbindungen (z. B. LTE, 5G) an das Internet gibt. Größere Lücken bestehen beispielsweise in manchen ländlichen Regionen von Rheinland-Pfalz und der neuen Bundesländer. Wenn eine Befragung umfangreiche Downloads enthält, wird dies in solchen Regionen häufig den Abbruch der Befragung provozieren. Über den aktuellen Stand des Aufbaus von Breitbandverbindungen informiert regelmäßig der Breitbandatlas des Bundesministeriums für Verkehr und digitale Infrastruktur.

Wie bei postalischen Befragungen besteht auch bei Onlinebefragungen der Vorteil, dass keine Interviewereffekte auftreten können, weil der Befragte hier mit keinem Interviewer, sondern mit dem Computer, also einer Maschine interagiert (Décieux, 2012; Décieux und Hoffmann, 2014). Allerdings gilt hier ebenso, dass Interviewer schlecht operationalisierte Fragen nicht erläutern können. Ein weiterer Vorteil, den Onlinebefragungen mit postalischen Befragungen teilen, ist das personalisierte Anschreiben. Wenn die Zielpersonen über ein Verzeichnis zur Teilnahme an der Befragung eingeladen werden, ist ein personalisiertes Anschreiben möglich, was die Verbindlichkeit der Befragung erhöhen kann. Ebenso kann festgestellt werden, wer den Fragebogen bereits beantwortet hat, so dass nur die Nicht-Teilnehmer ein Erinnerungsschreiben erhalten. Hier ist jedoch abzuwägen, ob eine Personalisierung aus Sicht der Befragten die Zusage der anonymen Datenauswertung infrage stellt. Im Zweifel sollte auf personalisierte Anschreiben und die Kontrolle des Rücklaufs verzichtet werden.

Ein weiterer Vorteil von Onlinebefragungen sind die Zusatzinformationen, die die Befragungssoftware bietet. Es wurde bereits angesprochen, dass der Rücklauf jederzeit kontrolliert und ausgewertet werden kann, so dass der optimale Zeitpunkt für ein Erinnerungsschreiben gefunden werden kann. Die Befragungssoftware kann auch anzeigen, ob nach bestimmten Fragen die Befragung besonders häufig abgebrochen wird. Dies kann ein Anlass sein, die Frage zu ändern, zu löschen oder zumindest erst am Schluss zu stellen. Zudem kann gemessen werden, wie lange das Beantworten des Fragebogens dauert. Mithilfe dieser Angaben kann der Umfang des Fragebogens gegebenenfalls angepasst werden. Dabei empfiehlt es sich, den Median der Beantwortungsdauer und nicht den Durchschnittswert heranzuziehen, da der Durchschnittswert regelmäßig durch Ausreißer nach oben verzerrt wird. Der Grund dafür sind Zielpersonen, die den Fragebogen im Internet aufrufen und damit die Zeitmessung starten, aber die Beantwortung zwischendurch unterbrechen, wodurch durchaus mehrstündige Bearbeitungsdauern zustande kommen können. Für die tatsächliche Netto-Antwortzeit dürfte daher der Median aussagekräftiger sein als das arithmetische Mittel. Neben der Dauer des gesamten Fragebogens wird in der Regel auch die Dauer zur Beantwortung einzelner Fragen gemessen. Diese Dauer wird auf unterschiedliche Art und Weise als Indikator für Antwortqualität interpretiert. Er wird beispielsweise als Indikator für die Überzeugungsstärke des Befragten genutzt. Je schneller eine Frage beantwortet wird, desto stärker stehen die Befragten in der Regel zu dieser Antwort. Dies gilt allerdings nur in Grenzen: Eine zu kurze Dauer kann auch ein Zeichen dafür sein, dass die Teilnehmer die Fragen nicht lesen und die Antworten ohne Überlegung anklicken. Dann wäre die Antwortreaktionszeit eher ein Indikator für *speeding* (also sehr schnelles, hastiges Beantworten einer Frage; Zhang und Conrad, 2014) oder *satisficing* (also weniger genaues oder sogar willkürliches Beantworten einer Frage, Roßmann et al. 2018). Zum anderen kann eine lange Beantwortungsdauer auf eine schwierige oder schlecht operationalisierte Frage hinweisen. Insbesondere in Kombination mit Abbrüchen der Befragung sollten solche Fragen analysiert werden.[5]

In diesem Zusammenhang ist auch die Option der meisten Befragungsprogramme zu diskutieren, die Zielpersonen auf unvollständig ausgefüllte Fragen hinzuweisen. Dabei kann der Fragebogen auch so eingestellt werden, dass die Folgeseiten erst dann angezeigt werden, wenn alle Fragen einer Seite beantwortet wurden. Hier ist die Rede von einer „Pflichtfrage" oder *forced answering*. Das zentrale Motiv für solche Pflichtfragen ist es, *item non response* auszuschließen. Wir empfehlen jedoch aus unterschiedlichen Gründen, keinen Gebrauch von dieser Möglichkeit zu machen: Schon aus ethischen Gründen soll die Teilnahme an Befragungen freiwillig sein, und dies muss auch für die einzelne Frage gelten. Zudem kommt es immer wieder vor, dass Befragte einzelne Fragen nicht beantworten können oder wollen. Dieses Recht sollte man ihnen auch zugestehen. Zwingt man sie zu einer Antwort, so führt dies dazu, dass die subjektiv wahrgenommene Freiheit eingeschränkt wird. Psychologisch kann diese Einschränkung in Reaktanz resultieren, d. h. der Befragte reagiert mit Trotz, Ärger und einer ablehnenden Haltung gegenüber der Umfrage. In unterschiedlichen Experimenten konnten wir empirisch nachweisen, dass Pflichtfragen negative Folgen auf das Antwortverhalten und die Antwortqualität haben: Die Validität der gegebenen Antworten leidet, weil die Befragten signifikant häufiger lügen (Décieux et al 2015), unter Antwortzwang wird die Befragung signifikant früher und häufiger abgebrochen – selbst wenn ein monetärer Anreiz für eine vollständige Teilnahme gegeben wird (Décieux et al. 2015; Mergener et al. 2015). In Summe handelt der Forscher sich mit Pflichtfragen verzerrte Antworten und Abbrüche ein. Kurzum: Auf Kosten der Qualität wird *item non response* gegen den gravierenderen *unit non response* getauscht. Wir halten dies für einen schlechten Tausch und raten daher generell von Pflichtfragen ab.

Nachteilig ist an Onlinebefragungen, dass möglicherweise in hohem Maße Personen erfasst werden, die nicht erfasst werden sollen, bzw. Personen mehrfach er-

---

[5] Mittlerweile wurde eine Reihe von Onlinetools entwickelt, die es dem interessierten Forscher ermöglichen, das Antwortverhalten detailliert auf Basis vielfältiger Paradaten zu analysieren. Wir empfehlen hier unter anderem das frei zugängliche Tool „ECSP – Embedded Client Side Paradata" der Kollegen Schlosser und Höhne (2018).

fasst werden (Overcoverage). Demgegenüber werden auch Personen nicht erfasst, die erfasst werden sollen (Undercoverage), so dass die Repräsentativität und mögliche Techniken zur Sicherstellung der Repräsentativität zu diskutieren sind. Zum Overcoverage gibt es ein eindringliches Beispiel aus der rheinland-pfälzischen Landespolitik. Der Landesverband der CDU hat in Anlehnung an das damalige Bewertungsportal www.spickmich.de auf www.spickmichrlp.de (beide Seiten existieren heute leider nicht mehr) unter anderem den damaligen Ministerpräsidenten Kurt Beck mit Schulnoten bewerten lassen. Kurz nach dem schlechten Abschneiden der SPD bei der Bundestagswahl 2009 und der Finanzaffäre um die Erlebniswelt am Nürburgring ist die CDU vermutlich von einer werbewirksamen schlechten Bewertung der Landesregierung ausgegangen. Stattdessen waren 98,9 % der abgegebenen Stimmen eine glatte Note 1 für Kurt Beck. Dabei gingen allerdings 5.000 Stimmen innerhalb von drei Stunden ein – bis dahin wurden über längere Zeit nur 90 Stimmen abgegeben. Da die CDU entsprechende Schutzmechanismen gegen mehrfache Teilnahmen aber nicht programmiert hatte, konnte die Befragung offenbar manipuliert werden.

Gravierender als dieses offensichtliche Overcoverage ist die immer noch bestehende Nicht-Erreichbarkeit großer Teile der Bevölkerung über das Internet. Aus der Forschung zum Thema „digitale Kluft" ist bekannt, dass im Jahr 2012 erst rund 76 % der Bevölkerung einen Zugang zum Internet hatten, wobei Jüngere eher online erreichbar waren als Ältere, Männer eher als Frauen und höhere soziale Schichten eher als niedrige. Zwar ist erkennbar, dass unter anderem auch durch die zunehmende Verbreitung und Nutzung von Smartphones und anderen mobilen Endgeräten die Unterschiede zwischen den genannten Gruppen im Zeitverlauf geringer wurden. Allerdings sind sie immer noch bedeutsam. So nutzten auch im Jahr 2017 nur 81 % der Bevölkerung Deutschlands das Internet zumindest ab und zu, wobei der Anteil in der Altersgruppe 14–29 bei 99 % liegt, aber in der Altersgruppe 65+ liegt er bei nur 48 % (Initiative D21 e. V. 2018). Ähnliche Tendenzen zeigen sich auch in anderen Ländern (Décieux et al. 2019). Da Meinungen und Bewertungen häufig in Zusammenhang mit dem Alter, dem Geschlecht oder dem Sozialstatus untersucht werden sollen, sind diese digitale Kluft und die damit einhergehenden systematischen Selektionseffekte immer noch das entscheidende Problem der sozialwissenschaftlichen Onlineforschung. Dementsprechend wurden Verfahren entwickelt, die eine Repräsentativität der Ergebnisse sicherstellen sollen: Intercept-Befragungen, Propensity-Gewichtungen und Access-Panels.

Intercept-Befragungen fordern jeden x-ten Besucher einer Webseite auf, an einer Befragung teilzunehmen. Damit soll sichergestellt werden, dass die Ergebnisse auf alle Besucher dieser Seite verallgemeinert werden können. Diese Verallgemeinerung kann schon deshalb nicht funktionieren, weil Personen eine Seite unterschiedlich oft besuchen, diese Häufigkeit aber in der Regel nicht bekannt ist. Zudem verfügen viele Internetnutzer über einen Pop-up-Blocker, so dass die Aufforderung zur Teilnahme unterdrückt wird. Außerdem dürften die Verweigerungsraten häufig sehr hoch sein, so dass eine Verallgemeinerbarkeit auf alle Besucher einer Seite verneint werden muss.

Bei Propensity-Gewichtungen werden zunächst Daten online erhoben. Die Auswahl kann dabei auf einer Selbstselektion der Teilnehmer oder auf Access-Panels beruhen. In einer anderen Umfrage, die auf einer repräsentativen Stichprobe beruht, wird nun telefonisch oder schriftlich für verschiedene Gruppen die Neigung (*propensity*) ermittelt, sich an Onlinebefragungen zu beteiligen. Anschließend werden die Daten der Onlinebefragung mit der ermittelten *propensity* gewichtet. Dieses Vorgehen wurde beispielsweise für die Befragung „Perspektive Deutschland" gewählt, die von McKinsey, dem Stern, ZDF und dem Portal web.de initiiert wurde. Dazu ist zunächst zu sagen, dass die Aussagen zur Neigung zur Teilnahme an Onlinebefragungen für die Befragten eine Low-Cost-Situation darstellen. Aus Gründen der sozialen Erwünschtheit und der Verhaltenskonsistenz werden viele Befragte ihre Neigung vermutlich übertreiben, zumal die Antwort sozial folgenlos bleibt. Zur Gewichtung selbst werden meist das Alter, das Geschlecht und die soziale Schicht herangezogen. Damit werden die Daten aber nur hinsichtlich dieser Merkmale an die Grundgesamtheit angepasst. Das heißt keineswegs, dass damit alle anderen Merkmale ebenfalls mit denen der Grundgesamtheit übereinstimmen.

Bei Online-Access-Panels kann unterschieden werden, ob die Panels online oder offline rekrutiert werden. Bei Onlinerekrutierung kommen naturgemäß nur Teilnehmer in Frage, die bereits einen Anschluss an das Internet haben – ein angesichts der angesprochenen digitalen Kluft fragliches Verfahren. Es gibt aber auch Panels, die offline rekrutiert werden und bei denen Teilnahmewillige gegebenenfalls ein Anschluss an das Internet erhalten. Allerdings steigen bei diesem Vorgehen die Kosten an, so dass ein Teil des Kostenvorteils von Onlinebefragungen verloren geht. Generell besteht bei Panels das Problem, dass Teilnehmer aus der Mittelschicht mit hohen Bildungsabschlüssen überrepräsentiert sind. Zudem ist bekannt, dass meist Teilnehmer in Panels verbleiben, die überdurchschnittlich motiviert sind und Freude an wissenschaftlichen Fragestellungen haben. Es kann also mit anderen Worten davon ausgegangen werden, dass die Teilnehmer überdurchschnittlich offen für Neues sind, was beispielsweise die Messung der Akzeptanz neuer Technologien verzerren könnte.

In bisherigen Methodenvergleichen zeigen sich entsprechend deutliche Unterschiede zwischen der Bevölkerung und den Nutzern des Internets, selbst wenn die Daten der Onlinebefragung nach demografischen Merkmalen der Bevölkerung gewichtet werden. In einem Vergleich zwischen einer repräsentativen Bevölkerungsstichprobe (ALLBUS) und einer Onlineumfrage waren „in der überwiegenden Zahl der Ergebnisse deutliche Unterschiede zu erkennen. Eine Anpassungsgewichtung der Stichprobe der Internetnutzer an die Bevölkerungsstichprobe [...] ist angesichts der gegenwärtigen Internetpenetration [...] wenig erfolgversprechend." (Bandilla, Bosnjak und Altdorfer 2001, S. 26) Aus diesem Grund sind Onlineumfragen trotz Anpassungsgewichtung zur Repräsentation der allgemeinen Bevölkerung immer noch schwer heranzuziehen, insbesondere wenn es um deskriptive Ergebnisse geht (Bieber und Bytzek 2012).

Es stellt sich somit die Frage, ob Onlineumfragen wenigstens für Internetnutzer repräsentativ sind. Um die Repräsentativität von Online-Access-Panels zumindest für die Nutzer des Internets zu prüfen, hat Faas zwei Erhebungen verglichen. Dies war zum einen das Online-Access-Panel des Befragungsinstituts INRA, das sich aus Freiwilligen zusammensetzt, die offline in repräsentativen telefonischen und persönlichen Befragungen für das Online-Panel rekrutiert wurden. Aus diesem Pool wurden Personen zufällig ausgewählt, geschichtet nach demografischen Merkmalen der Internetnutzer in Deutschland. Bei der zweiten Befragung handelt es sich um eine persönliche Repräsentativbefragung, wobei lediglich die Daten der Internetnutzer analysiert wurden. Somit sollten beide Datensätze repräsentativ für Internetnutzer sein. Jedoch zeigten Vergleiche etwa von Parteipräferenzen deutliche Unterschiede – selbst wenn beide Stichproben nach soziodemografischen Merkmalen gewichtet wurden. So gaben 25,6 % der Teilnehmer des Online-Access-Panels als Wahlabsicht CDU an, der Vergleichswert der Internetnutzer aus der mündlichen Befragung lag dagegen bei 35,2 %. Solche Unterschiede von rund 10 Prozentpunkten machen deutlich, dass selbst offline rekrutierte Online-Access-Panels mit Gewichtung auch für die Nutzer des Internets nicht zwangsläufig repräsentative Ergebnisse bringen (Faas 2003).

Ein Grund dafür dürfte sein, dass zum Aufbau eines Online-Access-Panels mehrere Schritte notwendig sind, auf denen systematisch Personen ausfallen. Im ersten Schritt sind Personen für das Panel zu gewinnen, und gewöhnlich verweigern mehr als die Hälfte der Befragten die Kooperation. In einem zweiten Schritt sind gegebenenfalls Internetanschlüsse bereitzustellen, wenn eine Person teilnehmen will, die bislang das Internet nicht nutzt. Dazu sind aber kommerzielle Institute häufig nicht bereit. Dadurch sind insbesondere Verzerrungen zu erwarten, die die soziale Schicht und das Alter betreffen. Im dritten Schritt verweigern immer noch bis zu 30 % der Teilnehmer Befragungen. Je nach Engagement verbleiben von der ersten Anfrage zur Teilnahme am Panel von den ursprünglich adressierten Personen zwischen 10 und 30 %, die tatsächlich an Umfragen teilnehmen (Faas 2003).

Als Fazit zu den Implikationen von Onlinebefragungen ist somit festzustellen, dass diese Erhebungsart große methodische und technische Vorteile bietet sowie günstig zu realisieren ist. Ein gravierender Nachteil ist jedoch die immer noch fehlende Repräsentativität für allgemeine Bevölkerungsbefragungen – auch wenn Befragungsinstitute nicht müde werden, das Gegenteil zu behaupten. Gut geeignet sind Onlineumfragen somit vorerst für Befragungen, denen eine Adressauswahl zugrunde liegt, wie Kundenkarteien und E-Mail-Verzeichnisse von Universitäten, Behörden und Unternehmen. Zudem können Onlinebefragungen genutzt werden, wenn Repräsentativität nicht angestrebt wird, was häufig bei experimentellen Designs der Fall ist.

Zur praktischen Umsetzung von Onlinebefragungen bedarf es entsprechender Software. Bei den kostenpflichtigen Programmen haben wir sehr gute Erfahrungen mit EFS Survey gemacht, sowohl zur Durchführung einer Onlinebefragung als auch zur Erstellung einer standortunabhängigen CATI-Maske.

EFS Survey ist die Software der Firma QuestBack zur Durchführung von internetbasierten Befragungen. Für Studenten, Dozenten und Mitarbeiter von Forschungseinrichtungen bietet die Firma QuestBack das sogenannte Unipark-Programm an. Dieses ermöglicht seinen Teilnehmern, EFS-Survey-Software inklusive aller Funktionen zu günstigeren Konditionen zu nutzen.

Das Programm kann über eine webgestützte Benutzeroberfläche intuitiv und auch ohne Kenntnisse in Programmiersprachen bedient werden. Nach unseren Erfahrungen sind die wichtigsten Kenntnisse in zwei Tagen erlernbar, so dass auch Anfänger technisch und optisch ansprechende Umfragen umsetzen können. Dazu stehen dem Nutzer in EFS über 35 verschiedene voreingestellte Fragetypen sowie umfangreiche Optionen hinsichtlich des Layouts zur Verfügung. Zudem wird fortgeschrittenen Nutzern ergänzend zu den vorhandenen Fragetypen und Layouts eine Vielzahl von Eingriffs- und Erweiterungsmöglichkeiten geboten. Es lassen sich zum Beispiel auch benutzerdefinierte Fragetypen programmieren. Die im diesem Buch besprochenen Fragetypen lassen sich jedoch problemlos mit den vorgefertigten Fragen umsetzen.

Ein Vorteil von EFS sind die sogenannten Bibliotheken, in denen häufig genutzte Inhalte gespeichert werden können, um sie bei Bedarf in andere Befragungsprojekte zu importieren. Dieses Vorgehen bietet sich unter anderem bei Standardfragen zur Demografie an.

EFS Survey bietet zwei unterschiedliche Arten der Befragung. Bei anonymen Umfragen sind die Teilnehmer der Befragung im Voraus nicht bekannt. Jede Person kann an der Umfrage teilnehmen, sofern sie den Link zur Umfrage kennt. Die Teilnehmer können z. B. über Verlinkungen auf Homepages kontaktiert werden. Bei personalisierten Umfragen richtet sich die Befragung hingegen an bereits bekannte, nach außen begrenzte Gruppe. In diesem Fall werden die Teilnehmerdaten in EFS Survey importiert, von wo aus die potenziellen Teilnehmer per Serien-E-Mail zur Teilnahme an der Befragung eingeladen werden und dazu einen Link erhalten. Sofern der Nutzer es wünscht und für sinnvoll hält, kann er die Teilnahme kontrollieren und potenzielle Befragungsteilnehmer, die noch nicht an der Befragung teilgenommen haben, erneut per E-Mail an die Teilnahme erinnern beziehungsweise sich für die Teilnahme bedanken.

Weiterhin bietet EFS Survey die Möglichkeit, Antworten auf ihre Plausibilität hin zu prüfen. So kann etwa bei der Eingabe von offensichtlichen Zahlendrehern (Geburtsjahr „1877") ein Hinweis an den Befragten gegeben werden. Filter und sogenannte Trigger passen die Folgefragen automatisch an die Antworten auf vorangehende Fragen an, so dass Zielpersonen nur Fragen gestellt bekommen, die auf sie zutreffen. Zur Vermeidung von Reihenfolgeeffekten bietet das Programm zudem zahlreiche Randomisierungsmöglichkeiten an.

Die Software stellt jederzeit automatisch Onlinestatistiken und Reports bereit, die sehr hilfreich zur Feldkontrolle sind. Die gewonnenen Daten können in verschiedene Formate exportiert werden, um sie entsprechend auszuwerten. Mit der EFS-Lizenz erhält der Kunde zudem Zugang zu Unterstützungsangeboten wie FAQ und Foren sowie Zugriff auf ein sehr detailliertes Benutzerhandbuch.

Ähnlich wie bei der Telefonbefragung lässt sich bei Webbefragungen ein Trend zur mobilen Bearbeitung von Umfragen über Smartphones oder Tablets verzeichnen, wobei die Angaben zur Verbreitung stark schwanken. Beim niederländischen LISS-Panel finden immerhin 4–9 % der Teilnahmen an einem mobilen Endgerät statt (Lugtig und Toepoel 2016). Auch Bosnjak et al. (2013) sowie Gummer et al. (2019). kommen in ihren Meta-Analysen zu dem Ergebnis, dass der Anteil an Personen, die mit einem mobilen Endgerät an einer Befragung teilnehmen, bei durchschnittlich 6 % und je nach Thema und Zielgruppe sogar deutlich über 10 % liegt. In spezifischen Befragtengruppen ist sogar zu erwarten, dass ihr Anteil deutlich höher ist. So lassen aktuelle Felddaten aus der ersten Welle der German Emigration and Remigration Panel Study (GERPS) (im Jahr 2018/19), welche international mobile deutsche Staatsbürger befragt, vermuten, dass hier sogar deutlich höhere Anteile die Befragung auf einem mobilen Endgerät durchführen. Hier liegt der Anteil mobiler Endgeräte deutlich über 20 %. Diese Entwicklung birgt einerseits technische Anforderungen, die die Hersteller der Befragungssoftware lösen müssen, andererseits stellt sie jedoch auch Anforderungen an die Forscher, die bei der Konzeption der Befragung beachtet werden sollten. Mittlerweile haben die meisten Befragungssoftwares responsive Designs entwickelt, die die Befragung auf mobilen Endgeräten für den Befragten deutlich komfortabler gemacht haben, so dass die Bearbeitungsdauer auf mobilen Endgeräten inzwischen nicht mehr deutlich länger als auf herkömmlichen Geräten ist (Schlosser und Mays, 2018).

Eine Herausforderung bei einer Befragung am mobilen Endgerät besteht darin, die Aufmerksamkeit des Befragten über längere Zeit aufrecht zu erhalten, weil solche Geräte typischerweise unterwegs im hektischen Alltag oder zum Zeitvertreib genutzt werden. Dies ist im Vergleich zu den traditionellen Onlineumfragen, die meist am Arbeitsplatz oder im Wohnumfeld ohne größere Ablenkung beantwortet werden, deutlich schwerer. Soll die Datenqualität nicht leiden, der *unit non response* nicht ansteigen und die Validität der Antworten der Befragten erhalten bleiben, so sollte die Beantwortungszeit der Umfrage möglichst gering gehalten werden. Aktuelle Empfehlungen im Bereich der Forschung für Mobile-Responder liegen bei einer Grenze von 10–15 Minuten für eine Befragung auf einem mobilen Endgerät (Mergener und Décieux 2018).

4.1.5 Zusammenfassung: Befragungsarten im Vergleich

Bei Vergleichen zwischen den Befragungsarten ist immer zu bedenken, dass Feldzeiten und Kosten in hohem Maß von der Thematik der Befragung, der Zielgruppe und der Größe der Stichprobe abhängen. Die Kosten werden außerdem von den (im Zeitverlauf variablen) Preisen für Porto und Telefonate sowie für Personalkosten bestimmt. Deshalb ist ein allgemeiner Kostenvergleich zwischen den Befragungsarten immer problematisch. Die in Tabelle 4.1 angegebenen entsprechenden Daten sollten deshalb nur als grobe Richtwerte interpretiert werden.

Tab. 4.1: Befragungsarten im Vergleich (Quelle: eigene Erstellung).

	Telefoninterview	Mündliches Interview	Postalische Befragung	Schriftliche Gruppenbefragung	Onlinebefragung
Zielgruppe/Grundgesamtheit	Jede möglich, sofern per Telefon erreichbar; Ausnahme: unbekannte Populationen	Jede möglich, Ausnahme: unbekannte Populationen	Grundsätzlich jede möglich, gut geeignet für vorselektierte und regional begrenzte Populationen	Homogene, räumlich konzentrierte Gruppen	Jede möglich, sofern online erreichbar
Stichprobe	Alle Verfahren anwendbar, Ausnahme: Schneeballauswahl. Empfehlenswert zweistufige Zufallsauswahl	Alle Verfahren anwendbar, Ausnahme: Schneeballauswahl	Alle Verfahren anwendbar. Empfehlenswert: Karteiauswahl, Schneeballauswahl bei seltenen Populationen. Klumpenauswahl	Auswahl typischer Fälle	Alle Verfahren anwendbar (häufig aber prohibitiv aufwendig)
Ausschöpfungsquote	50–60 %	50–70 %	10–60 %	Bis zu 100 %	Jede möglich, häufig nicht berechenbar
Maximale Dauer	20 min	90 min	20 min	30 min	20 min
Interviewereffekte	Bedingt	Ja	Keine	Bedingt	Keine
Kontexteffekte	Bereits gestellte Fragen	Bereits gestellte Fragen	Kompletter Fragebogen	Kompletter Fragebogen	Je nach Einstellung: bereits gestellte Fragen oder kompletter Fragebogen
Kontrolle	Bedingt	Ja	Nein	Ja	Nein
Feldzeiten	Ein Tag	Eine Woche	4 Wochen	Ein Tag	ein Tag
Kosten	60–150 %	100 %	30–110 %	10–20 %	10–20 %
Frageformen/Fragearten	Fehlende Visualisierungsmöglichkeit. Lange Fragetexte und mehr als 4 Antwortkategorien/Frage vermeiden	Alle Frageformen und -arten möglich	Wissensfragen nicht sinnvoll. Komplizierte Filterführung problematisch	Alle Frageformen und -arten möglich. Komplizierte Filterführung problematisch	Wissensfragen nicht sinnvoll. Responsives Design für mobile Endgeräte

4.1.6 Die Kombination verschiedener Befragungsarten: Mixed-Mode-Designs

Wie in den vorherigen Abschnitten gezeigt wurde, hat jede Befragungsart ihre Stärken und Schwächen. Deshalb werden immer häufiger verschiedene Befragungsmodi kombiniert. Diese sogenannten „Mixed-Mode-Designs" oder „Mixed-Method-Designs" sollen die spezifischen Nachteile der Befragungsarten kompensieren und deren Vorteile bündeln. Der Begriff *mixed mode* bzw. *mixed method* ist innerhalb der empirischen Forschung weit gefasst. Neben der parallelen Nutzung von qualitativer und quantitativer Forschung zur Bearbeitung von Forschungsfragen versteht man darunter vor allem die Mischung verschiedener Erhebungsmethoden. Angelehnt an Dillman und De Leeuw können sich Mixed-Mode-Designs auf folgende Aspekte beziehen: (vgl. De Leeuw 2011, S. 50 ff. und Dillman 2014, S. 557 f.):

- Die Nutzung verschiedener Methoden zur **Kontaktierung** der Respondenten, um die Ausschöpfungsquote zu erhöhen. Diese Idee hat eine lange Tradition in der Umfrageforschung. De Leeuw beschreibt dazu ein Beispiel aus dem Jahr 1788 (vgl. De Leeuw 2011, S. 45). Damals befragte Sir John Sinclair 938 Pfarrer aller Gemeinden der Church of Scotland. Sein gewähltes Design beschränkte den Methodenmix auf den Kontaktmodus und die Erinnerungsschreiben. Er erreichte mit 23 Erinnerungsschreiben, von denen das letzte Schreiben in „blutrot" geschrieben wurde und von einem Reiter persönlich übergeben wurde, eine Rücklaufquote von 100 Prozent. Der Befragungsmodus selbst wurde nicht variiert.[6]
- Die **fragenspezifischen Mixed-Mode-Designs**, die u. a. genutzt werden, um die Gefahr von *item non response* zu mindern, indem die Befragungsarten im Laufe der Befragung wechseln. So wird etwa in einer mündlichen Befragung bei einer sensiblen Frage der Modus zur schriftlichen Befragung in Form eines selbst auszufüllenden Fragebogens gewechselt.
- Beim **responderspezifischen Mixed-Mode-Design** passt der Forscher die Befragungsart den zu befragenden Personen an. Beispielsweise indem in der Schule anwesende Schüler in Form einer schriftlichen Gruppenbefragung befragt werden, wohingegen Schulschwänzer zu Hause und mündlich befragt werden. Dies wird meist genutzt, um die durch *unit non response* entstehenden Coverage-Fehler zu reduzieren.
- Im Gegensatz dazu wählt beim **Mixed-Mode-Auswahl-Design** der Befragte selbst die für ihn günstigste Befragungsmethode aus.
- Bei einem **randomisierten Mixed-Mode-Design** werden die Befragungsmethoden den Zielpersonen zufällig zuordnet. Dieses Design dient hauptsächlich dazu, Methodenforschung zu betreiben und die Auswirkungen der Befragungsmethode auf die Ergebnisse zu prüfen.

---

6 Schnell unterscheidet zwischen Kontaktphase und Datenerhebungsphase: Für ihn zählen nur jene Designs zu den Mixed-Mode-Designs, die während der Phase der Datenerhebung verschiedene Erhebungsmethoden verwenden (vgl. Schnell 2012, S. 314). Das Design von Sir John Sinclair wäre somit für ihn kein Mixed-Mode-Design.

Wir haben in diversen Studien positive Erfahrungen bei der Anwendung verschiedener Mixed-Mode-Designs gemacht:

Designbeispiel 1:
Bei einer Befragung von Ärzten in Rheinland-Pfalz wurden die Ärzte postalisch darum gebeten, an einer Befragung teilzunehmen. Dies durfte wahlweise online über einen im Aufforderungsschreiben mit aufgeführtem Link oder offline über einen dem Anschreiben beigefügten Papierfragebogen mit frankiertem Rücksendeumschlag geschehen. An der Befragung nahmen insgesamt 1.648 Personen teil, wobei 1.261 Befragte den Fragebogen postalisch ausfüllten und 387 die Onlineversion nutzten. Bei der Überprüfung der demografischen Strukturvariablen wie Alter, Geschlecht und Wohnortgröße nach gewählter Methode zeigten sich die zu erwartenden Effekte, so beteiligten sich jüngere Männer überproportional an der Onlineumfrage.

Designbeispiel 2:
Bei einem regionalen Sozialreport kombinierten wir eine Telefonbefragung mit einer Onlinebefragung. Damit sollte dem Anstieg der Internetnutzung in Deutschland einerseits und der weiterhin immer noch sehr ungleichmäßigen Verteilung der Anschlüsse auf die Bevölkerung andererseits Rechnung getragen werden. Ausgewählt wurden die zu befragenden Haushalte mithilfe des bewährten Gabler-Häder-Designs. Anschließend wurden die Haushalte angerufen und die eigentliche Zielperson mithilfe der Last-Birthday-Methode ermittelt. Dann fragten die Interviewer, ob der Haushalt über einen Internetanschluss verfüge. War dies der Fall, wurde die Bereitschaft zur Durchführung einer Onlinebefragung abgefragt und gegebenenfalls der Link weitergegeben. Wurde die Onlinebefragung abgelehnt oder war kein Internetanschluss im Haushalt vorhanden, wurde der Zustimmung zur Teilnahme an einem Telefoninterview erfragt und dieses bei positiver Rückmeldung durchgeführt oder ein Termin vereinbart. Mit diesem Ansatz sollten die Stärken der Onlinebefragung genutzt und deren Schwächen hinsichtlich der Repräsentativität zu kompensiert werden. Dadurch war zu erwarten, dass die Onlinemethode im Hinblick auf Generalisierbarkeit deutlich an Stärke gewinnt (vgl. Gillhofer 2010, S. 78 f.).

Ein Ergebnis dieser Studie war, dass der kombinierte Datensatz aus den Onlineteilnehmern und den telefonisch Befragten einen geringeren Coverage-Fehler hinsichtlich des Alters, des Geschlechts und des Bildungsgrads aufwies als die einzelnen Datensätze der Telefonstichprobe und der Onlinebefragung. Im Vergleich zur Telefonbefragung zeigten sich folgende Vorteile der Onlinebefragung:
- Online dauerte die Befragung nicht so lange.
- Für die Interviewer ist der Einstieg in die Befragung leichter, da die Weitergabe eines Links eine zusätzliche Option zum Telefoninterview darstellt. Dies ist einfacher als die Aufgabe, die Zielpersonen zur Teilnahme an einem Telefoninterview zu bewegen, ohne einen weiteren Modus anbieten zu können. Dies kann sich auf den Interviewererfolg auswirken (vgl. Weidmann et al. 2008, S. 125 ff.).

- Der *unit non response* für die „Telefonausweichoption" durch vorheriges Nichtzustandekommen einer Onlinebefragung geht stark zurück.[7]

Der Wechsel von Befragungsmethoden ist jedoch nie folgenlos. So merkt Dillman z. B. an: „The need to combine survey modes to achieve high response rates, however, has highlighted the unsettling problem that people's answers to any particular question vary depending on the survey mode" (Dillman 2011, S. 5 f.). Das Hauptproblem besteht darin, dass die Unterschiede in den Ergebnissen beider Befragungen nicht immer zwingend allein auf die Befragungsmodus selbst zurückzuführen sind.

Wird der Befragungsmodus zum Beispiel nicht randomisiert zugeteilt, sondern selbst ausgewählt oder durch äußere Gegebenheiten (z. B. das (Nicht-)Vorhandensein eines Internetanschlusses) festgelegt, sind deutliche Unterschiede bezüglich zentraler Eigenschaften zwischen den Befragten der jeweiligen Methoden denkbar. Es wird von „Methodenauswahleffekten" gesprochen (Décieux, 2012; Décieux und Hoffmann, 2014).

Weiterhin können Unterschiede in der Antwortverteilung als Folge der spezifischen Eigenschaften einer Befragungsart (z. B. angeleitet durch einen Interviewer versus selbst durchgeführt, Informationsübermittlung und -aufnahme, Affinität zu Befragungsmedium) entstehen. Diese werden Methoden- oder Mode-Effekte genannt. Sie sind zwar meist von geringem Ausmaß, jedoch immanent und über die gesamte Befragung hinweg nachweisbar (Décieux, 2012; Décieux und Hoffmann, 2014).

Die Befragungsart hat unter anderem Einfluss auf die Tendenz zu sozial erwünschten Antworten, die Befragtenmotivation, den Frage-Antwort-Prozess sowie die kognitive Belastung des Befragten während der Befragung. Methodenauswahleffekte können hingegen ggf. in bestimmten Situationen als Vorteil dieser Designs gesehen werden, weil eines der häufigsten Motive für die Wahl eines Mixed-Mode-Designs, die Tatsache ist, dass jede Methode spezifische Coverage-Probleme aufweist. Besonders deutlich wird dies, wenn die spezifischen Coverage-Eigenschaften von Telefon- und Onlinebefragung betrachtet werden, die sich bei der Kombination dieser Methoden gegenseitig ausgleichen können.

Designbeispiel 3:
Im Rahmen einer Studie zu international mobilen Deutschen haben wir deutsche Aus- und Rückwanderer postalisch kontaktiert, um diese zu einer Onlineumfrage einzuladen. Der postalische Kontakt bestand aus einem Einladungsschreiben sowie zwei weiteren Erinnerungsschreiben. Insgesamt wurden 45.000 deutsche Staatsbürger in fast allen Ländern der Welt postalisch angeschrieben, und es haben über 11.000 Personen an der Onlineumfrage teilgenommen. Die Feldzeit dauerte über fünf Monate an.

---

[7] Kam keine Onlinebefragung zustande, weil kein Internetanschluss vorhanden war, lag die Teilnahmebereitschaft für ein Telefoninterview bei knapp über 42 %. War ein Anschluss vorhanden, aber die Zielperson nicht zu einer Onlinebefragung bereit, dann konnten immerhin noch 22 % zur Teilnahme an der Telefonbefragung bewegt werden.

4.2 Fragen

In Methodenlehrbüchern findet man immer wieder den Begriff der „Kunstlehre der Befragung", der auf einen Beitrag von Payne mit dem Titel *The Art of Asking Questions*" (1971) zurückgeht. Mit dieser Begrifflichkeit verbindet sich mitunter auch die Vorstellung, dass man die Fähigkeiten zur Entwicklung eines Fragebogens nur bedingt lernen kann, da diese – wie bei jeder Kunst – zu einem guten Teil von individueller Begabung abhängen. Demgegenüber zeigen die Ergebnisse der kognitiven Forschung über Frage-Antwort-Prozesse, dass die Konstruktion von Fragebögen auf eine wissenschaftlich fundierte, empirisch überprüfbare Basis gestellt werden kann und nicht Gegenstand einer „Kunstlehre" ist. Gleichwohl ist doch richtig, dass ein „guter" Fragebogen nicht allein dadurch zustande kommt, dass man sich an Lehrbuchregeln und Forschungsergebnisse hält. Vielmehr spielt hier auch Erfahrung im Umgang mit der Methode eine wichtige Rolle. Die Teilnahme an Lehrforschungsprojekten, Praktika oder Übungen, in denen Befragungen durchgeführt werden, ist deshalb immer empfehlenswert – auch wenn diese Veranstaltungen nicht zum Pflichtprogramm in einem Studium gehören.

Die im Folgenden vorgestellten Regeln und Hinweise basieren auf den Erfahrungen aus ganz unterschiedlichen Befragungen und den Resultaten einer systematischen Methodenforschung. Es muss aber betont werden, dass es Regeln, die gleichsam mechanisch auf jede Forschungsfrage und Untersuchung anwendbar sind, nicht gibt. Diese Regeln dienen zur Vermeidung der gröbsten Fehler, sollten aber im konkreten Einzelfall immer kritisch betrachtet und gegebenenfalls auch ignoriert werden. Denn zu bedenken ist immer auch, an wen sich eine Befragung richtet, also ob die Zielgruppe hinsichtlich soziodemografischer Merkmale homogen oder heterogen ist, welche Vorkenntnisse und welche Motivationen zu erwarten sind usw.

Diese einführenden Bemerkungen sollen auch dazu dienen, die mögliche Frustration über nicht ganz geglückte Fragen oder ganze Befragungen zu relativieren. Fehler gehören bei Befragungen zum Geschäft und unterlaufen immer wieder selbst erfahrenen Umfrageforschern. Einige sind unvermeidlich und erklären sich (im Nachhinein) aus der Besonderheit der Befragung als sozialer Situation und dem Umstand, dass die Forschungsobjekte zugleich autonom denkende und handelnde Subjekte sind. Andere sind Resultate von Termindruck, Betriebsblindheit oder Gedankenlosigkeit und damit prinzipiell vermeidbar.

4.2.1 13 Gebote zur Formulierung von Fragen

Die hier vorgestellten Gebote sind alle im Hinblick auf allgemeine Bevölkerungsumfragen formuliert worden, mithin eine sehr heterogene Zielgruppe. Bei Befragungen spezieller Gruppen sind Abweichungen von diesen Regeln möglich und manchmal auch sinnvoll.

1. Einfache und geläufige Formulierungen

Fragen sollen einfach formuliert sein und keine Fremdwörter, ungebräuchlichen Fachwörter, Abkürzungen, Slang- oder Dialektausdrücke enthalten. Dabei sollte man sich im Sinn einer besseren Verständlichkeit am allgemeinen Sprachgebrauch orientieren, auch wenn bestimmte Sachverhalte dann nicht im wissenschaftlichen Sinn exakt beschrieben werden. Hier ist immer zu bedenken, dass eine Befragung nicht der Belehrung der Befragten dient oder ein Instrument für die Darstellung der eigenen Kompetenz ist, sondern ein Messinstrument darstellt.

Schlecht	Besser
Was glauben Sie: Kann ein HIV-Infizierter in der Latenzzeit andere Personen anstecken?	Was glauben Sie: Kann jemand, der mit AIDS infiziert ist, bei dem die Krankheit aber noch nicht ausgebrochen ist, andere Personen anstecken?
Kommentar	
Der Begriff Latenzzeit dürfte nicht jedem Befragten geläufig sein. Dies gilt auch für den sachlich korrekten Ausdruck „HIV-Infizierter", während der medizinisch falsche Begriff „AIDS-Infizierter" nicht zuletzt aufgrund der häufigen Verwendung des Terminus „AIDS" in den Medien keine diesbezüglichen Probleme aufweist.	
Ausnahme von der Regel	
Fremd- und Fachwörter, Slang- und Dialektausdrücke können (und müssen unter Umständen) dann verwendet werden, wenn die Befragung nur in den entsprechenden Gruppen durchgeführt wird (in diesem Fall z. B. einer Ärztebefragung)	

2. Einfache, aber vollständige Sätze formulieren

Fragen sollen ausformuliert werden. Dies ist ein Gebot der Gesprächshöflichkeit. Knappe Formulierungen wie „Ihr Alter?" oder „Ihre Schulbildung?", gefolgt von der ebenso knappen Aufzählung der Antwortalternativen sparen zwar Zeit, sind einer angenehmen Befragungsatmosphäre aber abträglich. Befragungen in diesem Behörden- und Kasernenhofstil laufen leicht Gefahr, abgebrochen zu werden. Schachtelsätze sind zu vermeiden, sie erschweren das Verständnis der Frage.

Schlecht	Besser
Inwiefern stimmen Sie der folgenden Aussage zu: Wenn man nicht versucht, seine Wünsche sofort zu erfüllen, kann es sein, dass man im Leben etwas versäumt.	Inwiefern stimmen Sie der folgenden Aussage zu: Man sollte sich seine Wünsche sofort erfüllen, sonst verpasst man etwas im Leben.
Ausnahme von der Regel	
Keine.	

Kommentar zu 1 und 2: Gerade Akademiker, die Fragebögen in der Regel entwickeln, neigen dazu, ihren Sprachstil auf andere Gruppen zu übertragen, und gehen oft fraglos davon aus, dass ihnen vertraute Begriffe und Formulierungen und ein bisweilen arg gedrechselter Satzbau Allgemeingut sind. Manche Fragen klingen sehr kompliziert, weil sich die Autoren nur schwer von ihrem akademischen Schreibstil lösen können. Es ist deshalb immer ratsam, die Fragenentwürfe im Forscherteam eingehend zu diskutieren und zusätzlich von nicht beteiligten Personen beurteilen zu lassen.

3. Reizwörter vermeiden

Potenziell negativ konnotierte oder polarisierende Begriffe, die emotional gefärbte Antworten provozieren können, sollen nicht verwendet werden. Beispiele für solche Reizwörter (die sich im Zeitverlauf durchaus wandeln können) sind: „Profit", „Zuwanderung", „Kapitalismus", „Bürokraten" oder „Abtreibung". In solchen Fällen sind neutrale Synonyme oder Umschreibungen zu verwenden.

Schlecht	Besser
Sind Sie für oder gegen ein Recht auf Abtreibung?	Sollte Ihrer Meinung nach jede Frau selbst entscheiden dürfen, ob sie eine Schwangerschaft abbricht, oder sollten Schwangerschaftsabbrüche grundsätzlich verboten werden?[8]
Ausnahme von der Regel	
Man ist gerade an Polarisierungen und der Identifizierung des harten Kerns von Personen mit bestimmten Einstellungen interessiert.	

Ein weiteres Reizwort ist „Stress" und sollte als expliziter Begriff in Befragungen nicht genannt werden, obwohl das damit bezeichnete Syndrom als Risikofaktor für kardiovaskuläre Erkrankungen durchaus bedeutsam ist und die Stress-Prävalenz deshalb in Gesundheitssurveys häufig erhoben wird. Wir haben dies in dem ersten regionalen Gesundheitssurvey, den wir 2000 in Zusammenarbeit mit dem Gesundheitsamt Trier-Saarburg durchgeführt haben, nicht beachtet und danach gefragt, wie häufig Zielpersonen unter Stress stehen. Die Antwortvorgaben waren „häufig", „selten" oder „nie". Die so ermittelte Stress-Prävalenz variierte sehr deutlich in Abhängigkeit vom Alter der Zielpersonen: 46 % der Befragten zwischen 18 und 30 standen nach eigener Aussage häufig unter Stress und nur 7 % nie, bei den Befragten über 60 dagegen nur 13 % häufig und 60 % nie. Diese Ergebnisse decken sich nicht mit der Verteilung von stressauslösenden Situationen und auf Stress hinweisenden Symptomen. Bei Folgebefragungen haben wir eben diese Situationen und Symptome erfragt (Belastungssituationen

---

[8] Hier ist außerdem noch anzumerken, dass eine solche Frage bei einer wirklichen Befragung nicht als Alternativfrage, sondern beispielsweise in Form eines Szenarios gestellt werden sollte, da es hier mehr als nur zwei Positionen gibt (siehe dazu das Beispiel im Abschnitt Szenarien im Abschnitt 4.2.4).

waren z. B. Zeitdruck, ständige Streitigkeiten in der Familie, permanente Überforderung oder Versagensängste, Symptome unter anderem Kopfschmerzen, Verspannungen, Magenbeschwerden, Nervosität, Schlaflosigkeit oder Konzentrationsschwäche) und den Begriff „Stress" völlig vermieden. Ein aus Situationen und Symptomen gebildeter Stress-Indikator ergab eine Stressprävalenz von 28 % bei den unter 30-Jährigen und 10 % bei den Personen über 60.

4. Suggestive Formulierungen vermeiden

Die Formulierung der Frage sollte Befragte nicht zu einer bestimmten Antwort nötigen. Einleitungen wie „Sie sind sicher auch der Meinung, dass … " sind auf jeden Fall zu vermeiden.

Schlecht	Besser
Die Lohnfortzahlung im Krankheitsfall wurde von den Gewerkschaften hart erkämpft und dient der sozialen Absicherung vieler Arbeitnehmer. Die Lohnfortzahlung soll jetzt beschränkt werden. Befürworten Sie diese Maßnahme oder lehnen Sie diese ab?	Sind Sie dafür oder dagegen, dass die Lohnfortzahlung im Krankheitsfall eingeschränkt wird?

Auch schlecht
Zur Sicherung des Standortes Deutschland und zur Erhaltung von Arbeitsplätzen müssen alle Opfer bringen. Dazu gehört auch, dass die Lohnfortzahlung im Krankheitsfall eingeschränkt wird. Befürworten Sie diese Maßnahme oder lehnen Sie diese ab?

Kommentar
Wenn man bei der Fragestellung an die in der öffentlichen Diskussion gebräuchlichen Argumente erinnern will, dann müssen diese Positionen alle angeführt werden, wofür sich die Formulierung der Frage in Szenarioform anbietet.

Ausnahme von der Regel
Man ist an der Verbreitung sozial nicht wünschenswerter Einstellungen und Verhaltensweisen interessiert. In solchen Fällen sind suggestive Formulierungen, die an Mitläufereffekte appellieren oder interessierende Sachverhalte begrifflich entschärfen, sinnvoll (siehe dazu vertiefend Abschnitt 4.2.3 „Fragen zu heiklen Themen"). Wenn man suggestive Formulierungen verwendet, sollte man immer darauf achten, dass diese nicht als Meinungen der Fragesteller fehlinterpretiert werden können. Man muss hier durch Formulierungen wie „die Mehrheit der Bevölkerung" auf eine an der Befragung nicht beteiligte Gruppe abstellen. Die Fragesteller selber müssen sich auf jeden Fall neutral verhalten, weil sonst die Gefahr besteht, dass Befragte und Interviewer in eine Konfliktsituation manövriert werden, die den Abbruch des Interviews zur Folge haben kann.

5. Ausbalancierte und gleichwertige Antwortkategorien verwenden

Genau wie die Frage dürfen auch die verwendeten Antwortkategorien die Befragten nicht zu einer bestimmten Antwort drängen. Positive und negative Stellungnahmen oder Antwortkategorien müssen gleich häufig vorkommen, zudem muss die ganze Bandbreite möglicher Merkmalsausprägungen abgedeckt werden (Exhaustivität von Antwortkategorien).

Beispiel 1

Schlecht	Besser
Wie zufrieden sind Sie mit unserem Gesundheitssystem? Sind Sie damit … ❏ sehr zufrieden ❏ zufrieden ❏ weniger zufrieden?	Wie zufrieden sind Sie mit unserem Gesundheitssystem? Sind Sie damit … ❏ sehr zufrieden ❏ zufrieden ❏ weder noch ❏ unzufrieden ❏ sehr unzufrieden?

Kommentar

Bei Zufriedenheitsmessungen müssen sich Zufriedenheits- wie Unzufriedenheitsurteile die Waage halten, im anderen Fall wird der Merkmalsraum durch die Messung nicht voll erfasst.

Ausnahme von der Regel

Keine.

Beispiel 2

Schlecht	Besser
Unter welchen Umständen wären Sie bereit, höhere Krankenkassenbeiträge zu zahlen? (Mehrfachnennungen möglich) ❏ Wenn dadurch die Zuzahlung bei Medikamenten gesenkt wird. ❏ Wenn das Leistungsangebot der Kassen ausgeweitet wird. ❏ Wenn die Qualität der medizinischen Versorgung dadurch deutlich steigt. ❏ Wenn sich dadurch der Gesundheitszustand der Bevölkerung verbessert.	Fragen splitten, siehe Kommentar.

Kommentar

Bei einer so gestellten Frage sind vermutlich 100 % der Bevölkerung verbal bereit, höhere Krankenkassenbeiträge zu zahlen, weil zumindest eine der Kategorien jedem Befragten eine Zustimmung entlocken dürfte. Die vorgängige Frage, ob man überhaupt bereit ist, höhere Krankenkassenbeiträge zu zahlen, wird gar nicht gestellt, die Alternative „unter keinen Umständen" bzw. „unter keinen der genannten Umstände" taucht bei den Antwortvorgaben nicht auf. Diese Frage muss gesplittet werden. Zunächst fragt man nach der von bestimmten Bedingungen abhängigen Bereitschaft zur Zahlung höherer Krankenkassenbeiträge. Personen, die dazu bereit sind, kann man dann in einer Anschlussfrage konkret nach solchen Bedingungen fragen.

Ausnahme von der Regel

Keine.

Kommentar zu 4 und 5: Gerade Fragen mit suggestiven Formulierungen oder Unterstellungen schon im Fragetext sind beliebte Mittel bei der Manipulation von Ergebnissen. Mit entsprechend gestellten Fragen kann man dann „beweisen", dass die Mehrheit der Deutschen für oder gegen die Reduzierung der Lohnfortzahlung im Krankheitsfall ist, mit dem Gesundheitssystem zufrieden bzw. unzufrieden ist usw. Dieser „Beweis" fällt umso leichter, wenn man nur die Prozentsätze der Ergebnisse interpretiert, ohne den genauen Wortlaut der Frage und der Antwortvorgaben in dem Bericht auszuweisen.

6. Eindimensionale Fragen stellen

Fragen sollen sich zur Vermeidung von Mehrdimensionalität auf genau einen Aspekt beziehen, ansonsten sind sie kaum auswertbar. Stecken mehrere Dimensionen in einer Frage, dann muss diese in entsprechend viele Teilfragen aufgeteilt werden.

Schlecht	**Besser**
Haben Sie schon einmal darüber nachgedacht, sich selbst vor AIDS zu schützen? Welche der Aussagen auf der Liste trifft für Sie zu? ❏ Habe nicht darüber nachgedacht. ❏ Habe darüber nachgedacht, aber mir wird schon nichts passieren. ❏ Habe zwar darüber nachgedacht, aber durch meine Lebensweise besteht keine Ansteckungsgefahr. ❏ Habe darüber nachgedacht, dass ich mich schützen sollte.	Siehe Kommentar

Kommentar

Diese Frage ist nicht zu reparieren, da hier zu viele Aspekte angesprochen worden sind. Zunächst interessiert, ob die Befragungspersonen schon einmal daran gedacht haben, sich vor AIDS zu schützen, was sich als einfache Alternativfrage formulieren lässt. Bei Befragten, die schon einmal daran gedacht haben, sich vor AIDS zu schützen, geht es außerdem implizit darum, ob diese Überlegungen Konsequenzen z. B. hinsichtlich der Verwendung von Kondomen hatten oder ob es Gründe gibt, die solche Konsequenzen verhindern. Dazu werden die Dimensionen „subjektive Nichtbetroffenheit" und „Verdrängung" angesprochen. Besser wäre es hier, gleich danach zu fragen, ob man zum Schutz vor AIDS Kondome verwendet oder nicht, und diejenigen, die dies nicht tun, nach den Gründen dafür zu fragen.[9]

Ausnahme von der Regel

Keine.

7. Kategorien müssen wechselseitig exklusiv sein

Sofern bei einer Frage nicht Mehrfachnennungen vorgesehen sind, sondern Befragte sich für genau eine Alternative entscheiden sollen, dürfen sich die Antwortvorgaben nicht inhaltlich überschneiden.

---

9 Diese Frage ist zugleich ein gutes Beispiel dafür, dass auch erfahreneren Umfrageforschern gröbere Fehler unterlaufen. Diese Frage stammt aus einer unserer Untersuchungen und lief problemlos durch alle Fragebogenkonferenzen. Erst bei der Datenauswertung fiel der Fehler auf.

Schlecht	Besser
Sehen Sie den kommenden 12 Monaten mit Hoffnungen, mit Befürchtungen oder mit Skepsis entgegen?	Sehen Sie den kommenden 12 Monaten eher mit Hoffnungen oder eher mit Befürchtungen entgegen?

Kommentar

Die Kategorien „Befürchtungen" und „Skepsis" sind kaum zu unterscheiden. Wer skeptisch ist, hegt auch Befürchtungen. Besser ist es hier, eine Alternativfrage zu stellen und durch Zusatz des Wortes „eher" deutlich zu machen, dass es um die dominierende Empfindung bei den Erwartungen für die nächsten 12 Monate geht.

Ausnahme von der Regel

Keine.

8. Merkmalsausprägungen sinnvoll zusammenfassen

Häufig ist man nicht an der Fülle realer Merkmalsausprägungen interessiert, sondern nur an ganz bestimmten Unterscheidungen. Weitere Merkmalsausprägungen kann man dann in einer Sammelkategorie zusammenfassen und spart so auch Befragungszeit. Dabei sollte aber darauf geachtet werden, dass diese Zusammenfassungen inhaltlich sinnvoll sind und auch dem Selbstverständnis von Befragten nicht zuwiderlaufen.

Schlecht	Besser
Welcher Konfession oder Religionsgemeinschaft gehören Sie an? ❑ Katholisch ❑ Evangelisch ❑ Andere/keiner	Welcher Religionsgemeinschaft gehören Sie an? ❑ Der evangelischen Kirche ❑ Der katholischen Kirche ❑ Einer anderen christlichen Religionsgemeinschaft ❑ Einer nicht-christlichen Religionsgemeinschaft ❑ Keiner Religionsgemeinschaft

Kommentar

Personen, die einer anderen als der evangelischen oder katholischen Religionsgemeinschaft angehören, sollten nie mit konfessionslosen Personen in eine Kategorie zusammengefasst werden. Denn dabei handelt es sich um mindestens zwei deutlich verschiedene Gruppen. Wer in den alten Bundesländern keiner Religionsgemeinschaft angehört, ist meistens aufgrund einer bewussten Entscheidung aus der Kirche ausgetreten und unterscheidet sich in grundlegenden Werthaltungen und Einstellungen merklich von Personen, die Mitglied in anderen als den großen Religionsgemeinschaften sind. Die Mitgliedschaft in einer solchen Religionsgemeinschaft geht in jedem Fall mit einer gemeinschaftsspezifischen sekundären Sozialisation einher, die zumindest ein stärkeres Gefühl der Zusammengehörigkeit nach innen und der Abgrenzung nach außen bewirkt. Auf einen sehr verkürzten Nenner gebracht: Konfessionslose sind Individualisten, Mitglieder in kleineren Religionsgemeinschaften oder Sekten eher gruppenorientiert (von weiteren Unterschieden ganz zu schweigen). Das Zusammenwerfen dieser beiden Gruppen in eine Kategorie rächt sich spätestens bei der Datenauswertung, weil mit einer solch heterogenen Kategorie keine Varianz erklärt werden kann.

Ausnahme von der Regel

Keine.

9. Fragen müssen für Befragte sinnvoll sein

Fragen, die an der Lebenswirklichkeit der Befragten vorbeigehen, sollten diesen auch nicht gestellt werden. Antwortvorgaben, die für Befragte unrealistisch oder unverständlich klingen, irritieren diese. Hier müssen durch entsprechende Filterführung Personen, für die bestimmte Fragen irrelevant sind, ausgefiltert werden. Schlecht ist z. B. die unvermittelte Frage: „Haben Sie schulpflichtige Kinder?" mit den Antwortvorgaben „Ja" und „Nein". Das Problem bei einer so gestellten Frage besteht in der großen Bedeutungsvarianz des Attributs „schulpflichtig". Die Verneinung der Frage kann deshalb bedeuten, dass man gar keine Kinder hat oder aber, dass man Kinder hat, die man als nicht-schulpflichtig einstuft. Dies können z. B. Kinder bis zum Alter von 6 Jahren oder auch ab 18 Jahren sein. Denkbar ist aber auch, dass die Kinder 16 Jahre alt sind und eine Lehre absolvieren und die Eltern die Frage deshalb verneinen. Umgekehrt können aber auch Eltern mit Kindern unter 6 Jahren die Frage bejahen, denn irgendwann müssen diese Kinder zur Schule gehen und sind deshalb schulpflichtig. Auch Studenten, also Kinder über 18, können in die Kategorie „schulpflichtig" eingeordnet werden, wenn Eltern diese noch finanziell unterstützen und sich damit aus deren Sicht die Schulzeit entsprechend verlängert. Sinnvollerweise fragt man hier zunächst nach dem Vorhandensein von Kindern, dann nach der Zahl der Kinder und dann nach den Geburtsdaten. Die Einstufung als schulpflichtig kann dann sehr viel präziser von den Forschern vorgenommen werden.

Schlecht	Besser: Filterfragen vorschalten

Haben Sie schulpflichtige Kinder?
❏ Ja
❏ Nein
	1. Haben Sie Kinder?
	  ❏ Ja (weiter mit Frage 2)
	  ❏ Nein (weiter mit Frage 4)
	2. Wie viele Kinder haben Sie?
	  _ _ _ _ _
	3. Wann sind Ihre Kinder geboren? Bitte nennen Sie die Geburtsdaten.

Ausnahme von der Regel	
Keine.	

10. Fragen müssen beantwortbar sein

Fragen dürfen Befragte nicht überfordern, da sonst die Gefahr der Verärgerung und des Abbruchs der Befragung, zumindest aber die Gefahr der Produktion von Artefakten besteht. Zu vermeiden sind insbesondere alle Fragen, bei denen die Zielpersonen Berechnungen anstellen müssen. Auch retrospektive Fragen bergen hier Probleme, und zwar dann, wenn die Referenzperioden zu lang sind oder im Alltag irrelevante

Referenzzeiträume verwendet werden (siehe dazu vertiefend das Thema Verhaltensreports in Abschnitt 2.2.2).

Schlecht	Besser
Wie viel Prozent Ihres monatlichen Nettoeinkommens geben Sie für Miete aus?	Frage splitten und sowohl nach der Höhe des monatlichen Nettoeinkommens als nach der Höhe der Miete fragen. Der prozentuale Anteil der Mietkosten am verfügbaren Einkommen kann dann bei der Datenanalyse berechnet werden.
Kommentar	
Trotz des Splittings der Frage wird Fragezeit gespart. Denn die Daten über Einkommen und Miete müssen in jedem Fall aus dem Gedächtnis abgerufen werden. Bei zwei Einzelfragen genügt die Weitergabe dieser Information an den Interviewer, bei der komplexeren Frage nach dem prozentualen Anteil muss dieser dagegen von dem Befragten ermittelt werden. Man sieht hieran, dass mehrere Fragen nicht zwangsläufig zu einer Verlängerung der Befragungszeit führen, sondern dass der entscheidende Faktor für die Befragungsdauer der Schwierigkeitsgrad von Fragen ist. (Zu bedenken ist hier allerdings, dass die Frage nach dem Einkommen zu den sensitiven Fragen zählt).	
Ausnahme von der Regel	
Keine.	

11. Doppelte Verneinungen vermeiden

Die Beantwortung negativ formulierter Fragen oder Statements führt in aller Regel zu großen Problemen, weil bei ihrer Beantwortung das Problem doppelter Verneinung auftaucht. Solche Fragen oder Statements sind häufig nicht auswertbar, was sich oft erst bei der Datenanalyse zeigt. Dieses an sich leicht zu vermeidende Problem taucht in der Praxis deshalb häufig auf, weil eine Empfehlung bei der Formulierung von Statement-Batterien lautet, dass die Polung der Statements ausgeglichen sein soll und eine bestimmte Einstellung durch eine annähernde Gleichverteilung von zu bejahenden und zu verneinenden Statements zu messen ist. Diese Forderung wird auch deshalb erhoben, um dem Problem der Akquieszenz (der inhaltsunabhängigen Zustimmung) zu begegnen. Im Zweifel sollte hier das Risiko der Akquieszenz in Kauf genommen werden, da das Problem doppelter Verneinung in sehr viel größerem Ausmaß zu Artefakten führt. Das Problem rührt daher, dass wir in unserer Alltagskommunikation meistens ausdrücken, „was ist" und nicht, „was nicht ist". Im Falle einer Krankheit sagen wir viel eher „Ich bin krank" als „Ich bin nicht gesund." Dies geht so weit, dass wir im Falle einer Krankheit auf die negativ formulierte Frage: „Du siehst blass aus, bist du nicht gesund?" typischerweise antworten: „Nein, ich bin nicht gesund, ich habe mich erkältet." Die logisch korrekte, aber vollkommen ungewohnte Antwort wäre hingegen: „Ja, ich bin nicht gesund."

Schlecht	Besser
AIDS hat nichts mit Schuld zu tun.	Siehe Kommentar
Kommentar	
Befragte, die der Meinung sind, dass AIDS sehr wohl etwas mit Schuld zu tun hat (und davon gibt es ziemlich viele), müssen bei der üblichen Likert-Skalierung dieses Statement ablehnen bzw. diesem nicht zustimmen – eine gedankliche Abstraktion, die viele Personen in der Befragungssituation überfordert.	
Ausnahme von der Regel	
Keine.	

Wir haben dieses Statement 1990 in einer bundesweiten Befragung eingesetzt. 25 % haben dieser Aussage zugestimmt, 44 % haben sie abgelehnt. Gleichzeitig haben 60 % dem Statement zugestimmt „Schuld an AIDS sind die Hauptrisikogruppen", nur 17 % haben dies abgelehnt. Von den 2101 Personen, die insgesamt befragt wurden, haben 393 beiden Aussagen zugestimmt, mithin haben also 19 % widersprüchliche Angaben gemacht.

12. Kausalkonstruktionen bei Statements vermeiden

In einem Statement sollten zwei Behauptungen nicht kausal miteinander verknüpft werden, weil man hier nicht nachvollziehen kann, auf welchen Teil der Gesamtaussage sich die Ablehnung eines solchen Statements bezieht.

Schlecht	Besser
Wer sich heute noch mit AIDS ansteckt, ist selbst schuld, denn schließlich sind die Ansteckungswege bekannt.	Zu beiden Sachverhalten separate Fragen stellen: 1. Ansteckung ist eigene Schuld 2. Die Ansteckungswege sind bekannt. Ob zwischen beiden Aussagen ein Zusammenhang besteht, wird die Datenanalyse zeigen.
Kommentar	
Die Ablehnung dieses Statements kann sich auf die erste Aussage beziehen, weil man der Meinung ist, dass die Frage der Ansteckung mit dem AIDS-Erreger keine moralische Frage ist und nicht in Kategorien von Schuld oder Unschuld behandelt werden sollte. Es kann aber auch sein, dass jemand durchaus der Meinung ist, dass eine Ansteckung mit HIV und Schuld zusammengehören, aber nicht die Auffassung teilt, dass die Ansteckungswege bekannt sind. Dieses Statement ist nicht trennscharf und damit nicht auswertbar, weil es sowohl von Personen, die zu Schuldattributionen neigen, als auch von Personen, die dies dezidiert nicht tun, abgelehnt werden kann. Wenn beide Statements aber durch eine Kausalkonstruktion verbunden werden, kann man nicht herausfinden, weshalb das Statement abgelehnt wird.	
Ausnahme von der Regel	
Keine.	

13. Mehrdeutige und interpretationsfähige Begriffe vermeiden

Das Problem der Mehrdeutigkeit taucht vor allem bei offenen Fragen auf. Man spricht in diesem Zusammenhang auch von der „Multi-Dimensionalität" offener Fragen, da es weitgehend den Befragten überlassen bleibt, worauf sie sich bei ihrer Antwort beziehen. Wenn man diese Variationsbreite in den Antworten vermeiden will, muss man sich um Präzision bemühen – insbesondere bei schriftlichen Befragungen (bei mündlichen Interviews können Interviewer im Zweifel nachfragen).

Schlecht	Besser
Wo wohnen Sie?	Wie heißt Ihr Wohnort?
Kommentar	
Die Frage „Wo wohnen Sie" ist zu allgemein und lässt hinreichend Spielraum für Interpretationen. Es kann hier das Bundesland, der Kreis, die Gemeinde oder auch die genaue Adresse eingetragen werden. Wenn man an dem Wohnort interessiert ist, muss man die Frage entsprechend formulieren.	
Ausnahme von der Regel	
Man ist gerade an der Bandbreite der Assoziationen bei bestimmten Begriffen interessiert.	

Ähnlich problematisch ist die offen gestellte Frage nach dem Beruf, die man unter anderem bisweilen verwendet, um das Berufsprestige oder das mit einer bestimmten Berufstätigkeit verbundene soziale Kapital zu messen. Die Schwierigkeit besteht darin, dass die Antworten kaum vergleichbar sind, da manche Befragte hier die Art ihrer Anstellung nennen (beispielsweise Beamter oder Angestellter), andere die Funktion (z. B. Hochschullehrer oder Professor), wieder andere den erlernten und ausgeübten Beruf (z. B. Soziologe). Alle drei Nennungen können sich auf die gleiche Tätigkeit beziehen (wenn der Befragte verbeamteter Hochschullehrer für Soziologie ist), sie sind aber im Hinblick auf die damit intendierten Messungen nicht vergleichbar und decken jeweils andere Aspekte von Berufsprestige und Sozialkapital ab. Wenn die Frage nach dem Beruf offen gestellt werden muss, dann sollte mithilfe eines Beispiels gezeigt werden, welche Informationen gegeben werden sollen. Erfahrungsgemäß ist es aber besser, den Beruf mit geschlossenen Fragen zu erheben und sich dabei an den *Demografischen Standards* zu orientieren, die vom ADM und dem Statistischen Bundesamt herausgegeben werden.

4.2.2 Unterstützendes Feldmaterial

Wir haben bei der Darstellung von Befragungsarten schon erwähnt, dass bestimmte Fragen am Telefon nicht gestellt werden können, weil sie zu lang oder für eine ausschließlich akustische Präsentation zu kompliziert sind. Bei anderen Arten von Um-

fragen bieten sich bei solchen Fragen visuelle Hilfsmittel an. Diese Hilfsmittel entlasten die Befragten davon, den genauen Wortlaut einer Frage und alle Antwortvorgaben im Kopf zu behalten, verdeutlichen und veranschaulichen den Inhalt von Fragen und lockern zudem die Interviewsituation auf. Zu diesen unterstützenden Feldmaterialien zählen bei PAPI-Befragungen standardmäßig:
- Listen
- Kartenspiele
- Grafiken
- Fotos

Sehr häufig werden Listen bei mündlichen Interviews verwendet. Als Faustregel kann hier gelten, dass jede Frage, die vier oder mehr Antwortvorgaben hat, durch eine Listenvorlage unterstützt werden sollte. Eine solche Listenvorlage sollte den genauen Wortlaut der Frage und alle Antwortvorgaben enthalten. Die Liste wird den Befragten vorgelegt, so dass diese den Inhalt der Frage vor Augen haben und sich bei ihrer Antwort auf diese Liste stützen können. Verzichtet man auf eine Liste, ist bei Fragen mit mehreren Antwortvorgaben die Gefahr von Recency-Effekten, also der gehäuften Wahl von letztgenannten Antwortkategorien, sehr groß.

Beispiel für eine Intervieweranweisung zu einer Liste

INT.: Beige Liste 2 vorlegen

Bitte denken Sie jetzt nicht an die Personen, die mit Ihnen zusammen im Haushalt leben, sondern an andere Personen, mit denen Sie privat öfter zusammen sind: Was von den Beschreibungen auf der Liste trifft da zu?

Würden Sie sagen: Die meisten Personen, mit denen ich privat zusammen bin, sind:

INT.: Antwortvorgaben vorlesen; Mehrfachnennungen möglich

❏ Verwandte
❏ Freunde
❏ Nachbarn
❏ Vereinskameraden
❏ Arbeitskollegen

INT.: Nicht vorlesen

❏ Habe keine Bekannten
❏ Keine Angabe

Die zu dieser Frage gehörige Liste enthält natürlich keine Intervieweranweisungen.

Listen sollten auch bei Fragen mit längeren Fragetexten wie Szenarios oder Statement-Batterien verwendet werden. Bei Statement-Batterien muss auch die Art der Skalierung auf der Liste wiedergegeben werden.

Beispiel für eine Statement-Batterie

INT.: Weiße Liste 1 vorlegen

Im Folgenden werden Ihnen einige Aussagen vorgestellt. Sagen Sie mir zu jeder Aussage auf der Liste, inwieweit Sie dieser zustimmen bzw. diese ablehnen.

Nennen Sie mir hierzu jeweils den Kennbuchstaben der Aussage und die dazugehörige Antwortkennziffer aus der Skala oben auf der Liste.

INT.: Zu jeder Vorgabe eine Antwortziffer ankreuzen

	Stimme sehr zu	Stimme eher zu	Lehne eher ab	Lehne sehr ab
Im Kreis von Kranken und Behinderten fühle ich mich eher unwohl.	○	○	○	○
Es wird zu viel über Krankheit und Tod berichtet, die angenehmen Seiten des Lebens kommen dagegen zu kurz.	○	○	○	○
Wenn man es genau bedenkt, gibt es gar keinen wirksamen Schutz vor AIDS.	○	○	○	○

Beispiel für ein Szenario

INT.: Weiße Liste 7 vorlegen

Zu dem Alltag in unserer Gesellschaft gehören sowohl Kontakte zu anderen Menschen und das Leben in der Öffentlichkeit als auch eine geschützte Privatsphäre im engsten Familien- und Freundeskreis.

Allerdings haben diese beiden Lebensbereiche nicht für jeden die gleiche Bedeutung. Wie ist das bei Ihnen: Ist Ihnen der Bereich des öffentlichen Lebens mit Kontakten zu vielen anderen Menschen wichtiger, oder hat das Privatleben im engen Familien- und Freundeskreis für Sie größere Bedeutung, oder sind Ihnen beide Lebensbereiche gleich wichtig?

- ❏ Leben in der Öffentlichkeit mit Kontakten zu vielen Menschen ist mir wichtiger.
- ❏ Privatleben im engen Familien- und Freundeskreis ist mir wichtiger.
- ❏ Beide Bereiche sind mir wichtig.
- ❏ Keine Angabe

Wenn man mehrere Listen in einer Befragung verwendet, sollte für diese unterschiedlich gefärbtes Papier verwendet werden. Dies erleichtert die Ordnung der Listen und deren Handhabung während des Interviews.

Kartenspiele werden eingesetzt, wenn man Fragen nicht immer in der gleichen Reihenfolge präsentieren will. Bei manchen Beurteilungsfragen könnte eine vorgegebene Reihung von Befragten als Indikator für eine bestimmte Ordnung interpretiert werden: Zuerst kommen die wichtigen, die richtigen oder die gefährlichen Beispiele, dann die anderen (oder umgekehrt). Um diesen Eindruck gar nicht erst entstehen zu lassen, verwendet man Karten, die im Beisein der Befragten gemischt werden und so auch für diese ersichtlich eine zufällige Reihung der einzelnen Items ergeben. Karten können außerdem mit Grafiken oder Bildern versehen werden, umso den Inhalt der Frage auch optisch zu verdeutlichen.

Beispiel für ein Kartenspiel inklusive Intervieweranweisung

INT.: Weißes Kartenspiel mischen und übergeben

Diese Karten zeigen Situationen aus dem Alltag. Welche Situationen sind Ihrer Meinung nach für eine Ansteckung mit AIDS gefährlich, welche ungefährlich? Nennen Sie einfach den Kennbuchstaben der Karte und die Ihrer Meinung nach zutreffende Antwortkennziffer.

INT.: Für jede Vorgabe eine Antwortkennziffer einkreisen

- ❏ A Flüchtige Körperkontakte
- ❏ B Besuch im Krankenhaus
- ❏ C Öffentliche Toiletten und Waschräume
- ❏ D Wartezimmer in Arztpraxen

Karte A: Flüchtige Körperkontakte

❏ Gefährlich
❏ Ungefährlich

Karte B: Besuch im Krankenhaus

❏ Gefährlich
❏ Ungefährlich

Karte C: Öffentliche Toiletten und Waschräume

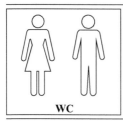

❏ Gefährlich
❏ Ungefährlich

...

Karte D: Wartezimmer in Arztpraxen

❏ Gefährlich
❏ Ungefährlich

Fotos oder Grafiken werden eingesetzt, um komplexe Situationen zu erfassen, z. B. den dominanten Bautyp in der Nachbarschaft der Befragten. Zudem wechseln Fotos die Gestaltung ab, und sie sind hilfreich, wenn Personen befragt werden sollen, die nicht (gut) lesen können. Das Beispiel für eine Bilderliste könnte etwa dazu dienen, Schulkinder zu ihren Ernährungsgewohnheiten zu befragen.

Beispiel für eine Bilderliste

INT.: Bilderliste „Obst" vorlegen

Welches Obst hast Du schon mal gegessen?

❏ Apfel
❏ Birne
❏ Banane
❏ Kiwi
❏ …

Apfel

Birne

Banane

Kiwi

Bildnachweis: www.sxc.hu

Bildblätter können in Form sogenannter Dialogblätter auch bei Szenarien eingesetzt werden, um auch grafisch deutlich zu machen, dass es verschiedene, aber gleichwertige Meinungen zu einem Sachverhalt gibt.

Bei computerunterstützten Interviews – CAPI und online – sind die Möglichkeiten von Visualisierungen und der zufälligen Rotation von Fragen und Antwortvorgaben im Prinzip unbegrenzt, neben den genannten Visualisierungen lassen sich hier auch (kürzere) Filmsequenzen und Audiodokumente verwenden.

Die individuelle Kreativität wird hier im Prinzip nur durch eine Maxime eingeschränkt: Feldmaterial soll unterstützen und verdeutlichen, also den Befragten die Befragung erleichtern, diese aber nicht überfordern oder verwirren. Feldmaterial muss primär funktional sein und weniger künstlerischen Ansprüchen genügen. Dabei sollte es sich von selbst verstehen, dass Feldmaterial genauso wie der Fragebogen vor der eigentlichen Hauptuntersuchung einer kritischen Prüfung und einem Pretest zu unterwerfen ist.

4.2.3 Fragearten

Bei Befragungen werden im Regelfall ganz unterschiedliche Untersuchungsdimensionen angesprochen: Neben Informationen über den Kenntnisstand der Zielpersonen ist man auch an bestimmten Einstellungen, an Verhaltensweisen oder an soziodemografischen Merkmalen interessiert. Der Intention der Frage entsprechend gibt es unterschiedliche Fragen, die wir unter dem Oberbegriff der „Fragearten" subsumieren wollen. Bei Fragearten lässt sich außerdem unterscheiden zwischen inhaltlichen Fragen und Funktionsfragen, die wir zunächst behandeln.

Funktionsfragen

Funktionsfragen sind in inhaltlicher Hinsicht weniger bedeutsam, aber für die Dramaturgie und das Gelingen einer Befragung unverzichtbar. Dabei ist es natürlich optimal, wenn sich die funktionalen Erfordernisse auch mit der Messung inhaltlich relevanter Merkmale kombinieren lassen. Man kann fünf Typen von Funktionsfragen unterscheiden:
- Einleitungsfragen
- Pufferfragen
- Filterfragen
- Kontrollfragen
- Schlussfragen

Einleitungsfragen, auch Eisbrecher- oder Kontaktfragen genannt, kommt eine besondere Bedeutung zu, denn sie vermitteln dem Befragten den ersten (und oft entscheidenden) Eindruck von der anstehenden Befragung. Einleitungsfragen sollen deshalb mögliche Befürchtungen vor einem Interview nehmen und dazu beitragen, Antworthemmungen abzubauen. Sie sollen das Interesse der Befragten wecken und diese motivieren, die Befragung nicht vorzeitig abzubrechen.

Einleitungsfragen müssen leicht beantwortbar sein, ohne deshalb aber banal oder belanglos zu wirken. Sie sollten auf keinen Fall so konstruiert sein, dass ein Teil der Befragten sie mit „nein" oder „trifft nicht zu" beantworten muss. Befragte können so leicht den Eindruck gewinnen, dass die gesamte Befragung sie eigentlich kaum betrifft. Es sollte sich von selbst verstehen, dass heikle oder intime Fragen ebenfalls nicht gleich zu Beginn des Interviews gestellt werden dürfen. Auch Fragen zur Demografie gehören aus diesem Grund nicht an den Anfang eines Interviews, zumal sie für die Befragten nicht interessant sind und diese relativ lange im Unklaren darüber lassen, worum es inhaltlich bei der Befragung geht. Geeignete Einleitungsfragen sind solche Fragen, mit denen man auch ein normales Alltagsgespräch eröffnen würde.

Beispiel für eine Einleitungsfrage

An welchem Ort haben Sie die meiste Zeit Ihres Lebens verbracht?:

❑ In einem Dorf in rein ländlicher Umgebung
❑ In einem Dorf in Stadtnähe
❑ In einer Kleinstadt (bis 30.000 Einwohner)
❑ In einer Stadt mittlerer Größe (bis 100.000 Einwohner)
❑ In einer Großstadt bis 500.000 Einwohner
❑ In einer Großstadt über 500.000 Einwohner

Diese Frage ist auch als ein Indikator für den sozialräumlichen Kontext von Zielpersonen für spätere Analysen interessant. Denn bestimmte Vorstellungen, Werthaltungen und Lebensziele werden auch durch das sozialräumliche Umfeld und eine spezifische sozialökologische Sozialisation geprägt. Wir haben es hier mit einer Einleitungsfrage zu tun, die jeder beantworten kann.

Pufferfragen (Überleitungsfragen) werden verwendet, wenn man Kontext- bzw. Ausstrahlungseffekte vermeiden will (siehe Abschnitt 2.2.2). Sie sollen die Aufmerksamkeit der Befragten von dem zuvor behandelten Thema ablenken. Pufferfragen sollen leicht beantwortbar sein und keine heiklen oder sensitiven Themen ansprechen. Man darf allerdings die Wirkung von Pufferfragen nicht überschätzen. Wenn man Kontexteffekte vermeiden will, dann muss man dies vor allem durch gut überlegte Fragen und einen geeigneten Aufbau des Fragebogens tun. Geschieht dies nicht, dann ist auch die Einschaltung von sehr vielen Pufferfragen unter Umständen wirkungslos.

Sudman, Bradburn und Schwarz (1996) schildern dafür ein anschauliches Beispiel aus den USA: In einem Split-Ballot-Experiment wurden einige der Zielpersonen nur danach gefragt, ob sie sich für Politik interessierten. 21 % verneinten diese Frage. Ein anderer Teil der Zielpersonen wurde zuerst danach gefragt, was der für sie zuständige Kongressabgeordnete für seinen Wahlkreis tut – eine Frage, die viele nicht beantworten konnten. Dies hatte den Effekt, dass die Folgefrage nach dem politischen Interesse hier von 39 % verneint wurde. Offensichtlich folgerten die Befragten aus ihrem durch die erste Frage evident gewordenen Informationsdefizit hinsichtlich der Arbeit des Kongressabgeordneten, dass eine anschließende Bekundung hohen politischen Interesses nicht besonders glaubwürdig wirkt. Dieser Effekt wurde, wie sich in einer Replikation der Untersuchung gezeigt hat, auch durch 101 Pufferfragen nicht gemildert – wohl aber durch eine den Befragten gebotene Möglichkeit, die Verantwortung für ihr Informationsdefizit anderen zuzuschreiben. Dies wurde in einer dritten Variante des Split-Ballot-Experimentes realisiert. Hier sollten die Befragten erst die Öffentlichkeitsarbeit des Kongressabgeordneten bewerten, bevor sie nach ihrem Interesse für Politik befragt wurden. So hatten sie die Möglichkeit, ihre Unkenntnis über dessen Arbeit für den Wahlkreis seiner mangelhaften Information der Öffentlichkeit zuzuschreiben. Dies hatte den Effekt, dass die Anschlussfrage nach dem politischen Interesse nur noch von 29 % verneint wurde.

Pufferfragen werden auch als Erholungsfragen eingesetzt, indem sie den Befragten die Möglichkeit bieten, emotional kaum belastende oder leicht erinnerbare Antworten zu geben.

Kontrollfragen sind Fragen, die ein schon behandeltes Thema in abgewandelter Form zu einem späteren Zeitpunkt noch einmal ansprechen. Kontrollfragen dienen dazu, mögliche inhaltsunabhängige Antwortstrategien wie Akquieszenz oder sozial wünschenswertes Antwortverhalten aufzudecken.

Filterfragen dienen dazu, Zielpersonen, für die bestimmte Fragen irrelevant sind, zu identifizieren und von diesen Fragen auszuschließen.

Schlussfragen beenden den inhaltlichen Teil der Befragung und leiten zu den soziodemografischen Fragen über (sofern diese vollständig am Ende des Fragebogens platziert werden, was allerdings bei Mehr-Themen-Umfragen nicht immer der Fall ist, da die Demografie hier häufig auch als Pufferblock genutzt wird). Schlussfragen sollten ebenfalls leicht zu beantworten sein und keine sensitiven Themen ansprechen. Empfehlenswert ist es, dem Befragten hier eine Art Resümee zum Thema der Befragung (bzw. bei Mehrthemenbefragung des letzten Befragungsblocks) anzubieten, indem nach einer allgemeinen Einschätzung oder Bewertung gefragt wird. Gut geeignet für solche Fragen ist die einleitende Formel „Alles in allem".

Beispiel für ein Resümee

Alles in allem: Ist das AIDS-Problem für Sie:
- ❏ sehr wichtig
- ❏ wichtig
- ❏ weniger wichtig
- ❏ überhaupt nicht wichtig?

Wissensfragen und Faktfragen

Wissensfragen werden vor allem bei der Vorbereitung und der Evaluation bestimmter Maßnahmen und Kampagnen eingesetzt, aber auch bei Untersuchungen zum allgemeinen Bildungsniveau in der Bevölkerung. Wie der Name schon sagt, soll mit Wissensfragen der Kenntnisstand der Befragungspopulation zu bestimmten Themen gemessen werden.

Zu beachten ist dabei, dass diese Fragen nicht wie Klausurfragen formuliert sein sollen, um zu vermeiden, dass bei den Befragten den Eindruck einer Prüfung erweckt wird. Es empfiehlt sich deshalb, diese Fragen als Meinungsfragen zu tarnen und mit Floskeln wie „Was glauben Sie" oder „Was meinen Sie" einzuleiten.

Beispiel für eine Wissensfrage

Was meinen Sie: Wie viele AIDS-Infizierte, unabhängig davon, ob die Krankheit schon ausgebrochen ist, gibt es ungefähr in der Bundesrepublik:
- ❏ Ca. 600
- ❏ Ca. 6.000
- ❏ Ca. 60.000
- ❏ Ca. 600.000
- ❏ Weiß nicht

Die Behandlung der Kategorie „weiß nicht" bei Wissensfragen wird kontrovers beurteilt. Eindeutig muss aus Gründen der Vollständigkeit diese Kategorie vorgesehen werden. Dissens gibt es aber darüber, ob sie stets als explizite Kategorie geführt werden soll, die den Befragten immer zusammen mit den inhaltlichen Antwortalternativen vorgegeben wird. Für dieses Vorgehen spricht die Tatsache, dass Befragte ansonsten in eine inhaltliche Kategorie gezwungen werden, die ihrem Kenntnisstand nicht entspricht. Dagegen lässt sich einwenden, dass eine explizite „Weiß-nicht"-Kategorie leichter als Fluchtkategorie gewählt werden kann, wenn Befragte die Mühe des Nachdenkens scheuen.

Man sollte hier im Einzelfall abwägen und es von den eigenen Forschungsinteressen und der jeweiligen Thematik abhängig machen, ob man die „Weiß-nicht"-Kategorie explizit vorgibt oder implizit mitführt, aber nicht vorlesen lässt. Um es aber noch mal zu betonen: Ganz weglassen darf man diese Kategorie nicht, denn die Antwort „weiß nicht" ist eine substanzielle Antwort, welche die tatsächliche Merkmalsausprägung der Befragten auf der betreffenden Dimension erfasst. „Weiß-nicht"-Antworten sind deshalb nicht zu behandeln wie Antwortverweigerungen.

Wir erinnern nochmals daran, dass Wissensfragen in postalischen und Onlinebefragungen nicht sinnvoll sind, weil Befragte die richtige Antwort nachschlagen können.

Die Verwendung des Terminus „Faktfragen" in der Literatur ist uneinheitlich. Neben dem synonymen Gebrauch von „Wissensfragen" und „Faktfragen" werden als Faktfragen alle Fragen bezeichnet, die objektive Informationen über die Befragten erheben. Diese Verwendung scheint uns die sinnvollere zu sein. Unter Faktfragen fallen demnach alle soziodemografischen Fragen, alle Fragen zu bestimmten Verhaltensweisen und alle Fragen zur jeweiligen Ausstattung mit bestimmten Ressourcen und Gütern.

Einstellungsfragen

Die meisten Fragebögen bestehen zu einem großen Teil aus Fragen, mit denen bestimmte Einstellungen gemessen werden sollen. Die Entwicklung der Umfrageforschung ist wesentlich vorangetrieben worden, weil Kenntnisse über die Bewertungen und Erwartungen von Menschen – sogenannte „weiche Daten" oder „subjektive Indikatoren" – zunehmend als wichtig angesehen wurden.

Dabei kann und soll die Frage, was eine „Einstellung" genau ist, an dieser Stelle nicht entschieden werden – wir verweisen hier auf die weiterführende Literatur und beschränken uns auf einige wenige grundsätzliche Anmerkungen: Eine Einstellung als „geistigen Zustand" zu bezeichnen, wurde erstmals von Thomas und Znaniecki in ihrer Untersuchung über polnische Bauern (*The Polish Peasant in Europe and America*) 1919 vorgeschlagen. Zuvor hat man eine Einstellung als physiologisch bedingte Handlungsdisposition aufgefasst und sich dabei insbesondere an dem Instinktbegriff der Biologie orientiert. Diese biologistische Sichtweise wurde in den 1920er-Jahren sukzessive aufgegeben. Die Einsicht, dass Einstellungen sozialen Ursprungs sind, setzte sich mehr und mehr durch.

Neben dieser Einsicht war ein wesentlicher Grund für die rasante Karriere des neuen Einstellungskonzepts die von vielen Theoretikern postulierte enge Beziehung zwischen Einstellungen und Verhaltensweisen. Man glaubte, mit dem neuen Einstellungskonzept den entscheidenden Faktor für die Erklärung und Prognose menschlichen Verhaltens gefunden zu haben. Diese Vorstellung hat sich allerdings als nicht haltbar herausgestellt. Eine Vielzahl von Forschungsergebnissen hat gezeigt, dass Einstellungen bestenfalls bedingt tauglich zur Vorhersage von Verhaltensweisen sind.

Entsprechend dem postulierten Zusammenhang zwischen Einstellungen und Verhaltensweisen lassen sich ganz allgemein zwei Einstellungskonzepte unterscheiden:

Vertreter eines mehrdimensionalen Einstellungskonzepts halten an der Auffassung einer engen Beziehung von Einstellungen und Verhaltensweisen fest. Eine Einstellung wird hier verstanden als mehrdimensionales System, bestehend aus der kognitiven, affektiven und konativen Dimension. Die kognitive Dimension beinhaltet danach Wahrnehmungen, Vorstellungen und Auffassungen von einem Einstellungsobjekt, die affektive die damit verbundenen Gefühle und Emotionen, die konative schließlich die Verhaltensintention zu diesem Objekt. Eine Einstellung ist „die erlernte latente Bereitschaft von relativer zeitlicher Beständigkeit, auf ein bestimmtes

Objekt zu reagieren; diese Bereitschaft bezieht sich auf die kognitive, die affektive und die konative Dimension, die untereinander systemhaft verbunden sind, so daß die Änderung in einer Dimension im allgemeinen Änderungen in einer oder in beiden anderen hervorruft mit der Konsequenz der Wiederherstellung eines stabilen und konsistenten Zustandes" (Meinefeld 1977, S. 27).

Vertreter eines eindimensionalen Einstellungskonzepts beschränken Einstellungen auf eine Ebene, und zwar auf die affektiv-evaluative, außerdem wird auf die Annahme einer Konsistenz der affektiven, kognitiven und konativen Reaktion in Bezug auf ein Objekt verzichtet. Zwar hat diese Konzeption erst in neuerer Zeit an Bedeutung gewonnen, allerdings findet sich eine eindimensionale Definition von Einstellung schon bei einem Klassiker der Einstellungsforschung: Thurstone hat bereits 1931 Einstellung als *affect for or against a psychological object* definiert. Bedeutende zeitgenössische Vertreter der eindimensionalen Konzeption sind insbesondere Ajzen und Fishbein (1977). Von beiden wird die mehrdimensionale Konzeption von Einstellungen insbesondere deshalb kritisiert, weil sie entgegen aller empirischen Evidenz an der Annahme einer Konsistenz zwischen Einstellung und Verhalten festhält. Fishbein definiert Einstellung demgegenüber als Affektion, die eine Person einem Objekt entgegenbringt; sie ist beschränkt auf die Ebene des „Für oder Gegen" das Objekt. Die als die beiden anderen Dimensionen von Einstellung bezeichneten Komponenten „kognitive Vorstellung" und „Verhaltensintention" werden ausdrücklich als Phänomene aufgefasst, die zwar in einer besonderen Beziehung zur Einstellung stehen, prinzipiell von dieser aber unabhängig sind.

Aus unserer Sicht ist die eindimensionale Konzeption von Einstellung plausibler und theoretisch besser begründet, allerdings spielen diese konzeptionellen Überlegungen bei der empirischen Umsetzung der Konzepte keine Rolle, sondern werden erst bei der Interpretation der Daten relevant.

Die Messung von Einstellungen vollzieht sich bei beiden Konzeptionen in gleicher Weise, was zum einen mit gemeinsamen Strukturelementen und zum anderen mit messtheoretischen Überlegungen zusammenhängt. In beiden Fällen wird eine Einstellung als ein hypothetisches Konstrukt aufgefasst, welches einer direkten Beobachtung nicht zugänglich ist. Man benötigt Indikatoren, die Aussagen über die Existenz und die Ausprägung einer Einstellung zulassen. Gemeinsam ist beiden Konzeptionen außerdem die Annahme einer affektiv-evaluativen Reaktion auf ein Einstellungsobjekt.

Da die simultane Messung multidimensionaler Konstrukte für die meisten Anwendungsfälle nicht möglich ist (siehe Abschnitt 2.1.1), werden mehrdimensionale Einstellungskonzepte bei der Operationalisierung in ihre einzelnen Dimensionen zerlegt und für diese Indikatoren gesucht (eine Ausnahme bilden hier Vignettenbefragungen, vgl. hierzu Abschnitt 4.2.4). Dabei verwendet man häufig Behauptungssätze, die in Form einer bestimmten Meinung zu einem Einstellungsobjekt formuliert werden, und lässt diese Meinung durch die Befragten bewerten (Grad der Zustimmung oder der Wichtigkeit).

Zur Messung von Einstellungen existiert neben der Messung über Behauptungssätze eine Fülle weiterer Frageformen. Neben Polaritätsprofilen, Vergleichen und Szenarien werden insbesondere Skalen – in Form von Rating- und Ranking-Skalen – eingesetzt. Was bei der Verwendung dieser Frageformen zu beachten ist, wird in den entsprechenden Abschnitten thematisiert.

Kontrovers wird die Frage diskutiert, ob man bei Einstellungsmessungen auch „Warum"-Fragen stellen, also eine Begründung für bestimmte Einstellungen abfragen soll. Als Argument dafür wird vor allem geltend gemacht, dass dies die Validität der Ergebnisse erhöht, weil Begründungen die Bewertungsstandards von Befragten offenlegen. Als Beispiel wird in diesem Kontext angeführt, dass die Ablehnung der Politik der Gewerkschaften (Frage: Befürworten Sie die Politik der Gewerkschaften oder lehnen Sie diese Politik ab?) nicht zu interpretieren ist, weil man diese Politik sowohl ablehnen kann, weil man sie für zu progressiv hält, als auch, weil man sie für nicht progressiv genug hält.

Gegen Begründungsfragen spricht, dass Befragte sich damit einem für sie unangenehmen Rechtfertigungszwang ausgesetzt sehen (etwa, weil ihnen die Gründe für eine bestimmte Einstellung selber gar nicht bewusst sind oder weil sie diese für sozial nicht wünschenswert und mitteilbar halten). Hinzu kommt, dass „Warum"-Fragen in aller Regel als offene Fragen gestellt werden müssten, um die ganze Bandbreite möglicher Begründungen erfassen zu können. In diesem Fall handelt man sich dann aber all die Probleme ein, die mit offenen Fragen verbunden sind.

Wir empfehlen, „Warum"-Fragen nicht zu stellen, sondern Fragen so zu formulieren, dass Hintergrundinformationen zu den Motiven von Befragten erhoben werden – etwa, indem man Statements formuliert, die Meinungen enthalten und den Grad der Zustimmung bzw. Ablehnung erfragen. Die Ermittlung von Begründungen für bestimmte Meinungen gehört in die Phase der Datenanalyse, nicht in die Befragungsphase.

Dieses Vorgehen haben wir beispielsweise genutzt, um die Gründe dafür zu erfahren, weshalb Ärzte es ablehnen, ihren Patienten eine elektronische Patientenakte zu empfehlen. Dazu sollten die befragten Ärzte zum einen angeben, ob sie ihren Patienten das Führen einer solchen Akte empfehlen werden. Zum anderen sollten sie 14 Aussagen zur elektronischen Patientenakte auf einer Rating-Skala beantworten. Diese Aussagen enthielten sowohl positive als auch negative Behauptungen über die Patientenakte, und die Ärzte sollten angeben, inwieweit sie den Aussagen zustimmen. Die Befragten mussten somit an keiner Stelle im Fragebogen ihre Empfehlungsbereitschaft begründen. Bei der Analyse der Empfehlungsbereitschaft und der 14 Aussagen mithilfe von Faktorenanalysen und Kreuztabellen ergaben sich trotzdem Hinweise auf deren Gründe. So hat sich gezeigt, dass Ärzte, die den Datenschutz anzweifelten, ihren Patienten das Anlegen einer Patientenakte signifikant seltener empfehlen wollten. Demgegenüber waren Ärzte eher zu einer solchen Empfehlung bereit, wenn sie sicher waren, dass Patientenakten die Qualität der Versorgung erhöhen, etwa indem sie Doppeluntersuchungen vermeiden und den Arzt besser über den Gesundheitszustand des Patienten informieren (Heinz 2009).

Ein Sonderfall der Einstellungsmessung ist die Messung eines perzipierten Meinungsklimas. Man fragt dabei nicht nach dem Standpunkt der Befragten selbst, sondern danach, wie wohl die Mehrheit der Bevölkerung, die Mehrheit der Teilnehmer an einer Diskussionsrunde usw. einen Sachverhalt beurteilt. Solche Informationen bieten Anhaltspunkte für die Frage, was Befragten als „normal" bzw. als „weitverbreitet" gilt. Der Vergleich der Meinung der Befragten zu diesem Thema mit der von ihnen berichteten Mehrheitsmeinung zeigt außerdem, ob es hier eine Diskrepanz oder Meinungshomogenität gibt. Zumindest bei Befragten, deren eigene Meinung von der perzipierten Mehrheitsmeinung abweicht, kann man davon ausgehen, dass diese sich bei ihren Antworten nicht an sozial wünschenswerten Standards orientieren. Ein solcher Vergleich kann damit auch als Validitätstest zumindest für bestimmte Gruppen verwendet werden.

Zur Ermittlung perzipierter Mehrheitsmeinungen gibt es unterschiedliche Techniken. Zunächst kann man bei jedem Einstellungsobjekt ganz schlicht fragen: „Was glauben Sie, wie denkt die Mehrheit der Bevölkerung über X? Würde die Mehrheit X befürworten/zustimmen oder würde sie X ablehnen/nicht zustimmen?"

Daneben gibt es für spezifischere Themen z. B. den sogenannten „Buh-Test", der folgendermaßen aufgebaut ist: Es wird über eine Diskussion berichtet, bei der ein bestimmtes Reizthema behandelt wurde (staatliche Kredite für Banken, Atomenergie, Auslandseinsätze der Bundeswehr usw.). Zu diesem Thema haben zwei Redner gesprochen, und zwar einer, der sich für die jeweilige Maßnahme aussprach, und einer, der dagegen war. Einer der Redner wurde vom Publikum ausgebuht, und die Befragten sollen nun einschätzen, welcher das war.

Beispiel für einen „Buh-Test"

Ich möchte Ihnen jetzt einen Vorfall schildern, der sich kürzlich bei einer öffentlichen Diskussion über die Atomenergie zugetragen hat. Zwei Redner sprachen zu diesem Thema, einer hat Atomenergie befürwortet, der andere hat sie abgelehnt. Einer der Redner wurde von dem anwesenden Publikum ausgebuht. Was glauben Sie, welcher der beiden Redner wurde ausgebuht: Der Befürworter oder der Gegner der Atomenergie?

❏ Der Befürworter
❏ Der Gegner
❏ Kann ich nicht sagen
❏ *Keine Angabe*

Dieser Test lässt sich natürlich variieren, immer geht es dabei aber um die Frage, mit welcher Meinung man sich in der Öffentlichkeit eher isoliert bzw. von dieser stigmatisiert wird.

Persönlichkeitsmerkmale
Unter Persönlichkeitsmerkmalen oder Persönlichkeitsfaktoren versteht man allgemeine, relativ konsistente und dauerhafte Eigenschaften, mit deren Hilfe spezifische Einstellungen und Verhaltensweisen von Personen erklärt werden können. Am bekanntesten (und durch eine Fülle von Untersuchungen auch empirisch gut bestätigt) dürfte das Konzept generalisierter Erwartungen (Kontrollüberzeugungen, Locus of Control) sein, welches Rotter (1954) erstmals vorgeschlagen hat. Dieses Konzept unterscheidet zwischen internen und externen Kontrollüberzeugungen.

Personen mit internen Kontrollüberzeugungen nehmen an, dass Merkmale ihrer Person (Fähigkeiten, Kompetenzen, Begabungen, Leistung) ursächlich für bestimmte Handlungsfolgen sind, während Personen mit externen Kontrollüberzeugungen eher Faktoren außerhalb ihrer Person (Glück oder Pech, Zufall, andere Personen, die Umstände) verantwortlich für ihnen widerfahrende Ereignisse machen. Personen mit internen Kontrollüberzeugungen gehen davon aus, ihr Verhalten und dessen Folgen kontrollieren zu können. Sie gehen davon aus, sehr viele Kontrollmöglichkeiten zu haben, während Personen mit externer Kontrollüberzeugung glauben, selbst sehr wenig Kontrolle ausüben zu können. Mit den perzipierten Kontrollmöglichkeiten verstärkt sich zugleich die Überzeugung, selbst verantwortlich zu sein für Handlungsfolgen und für wichtige Ereignisse, die die eigene Person betreffen.

Zur Messung von Persönlichkeitsmerkmalen verwendet man Skalen, wie sie beispielsweise in speziellen Test- und Skalenhandbüchern der Psychologie dokumentiert sind. Allerdings sind diese Skalen, die häufig auch für klinische Zwecke und Individualdiagnostik verwendet werden, in der Regel sehr lang (20 Items und mehr). Instrumente dieser Länge können in allgemeinen Bevölkerungsumfragen selten eingesetzt werden, vielmehr muss man eine Auswahl aus den jeweiligen Items treffen. Bei dieser Auswahl kann man sich durchaus an Faktorladungen oder sonstigen Koeffizienten orientieren (welche für die einzelnen Items in der Regel angegeben werden). Man sollte die Höhe der Koeffizienten aber nicht zum alleinigen Auswahlkriterium machen, sondern die Items auch auf inhaltliche Plausibilität überprüfen. Koeffizienten früherer Tests können als Hinweise für die Tauglichkeit bestimmter Items genutzt werden, dürfen aber nicht als ein für alle Mal gültiger Qualitätsausweis fehlinterpretiert werden. Denn wie wir in Kapitel 2 schon dargelegt haben, muss jede Skala ohnehin nach jeder erneuten Anwendung in einer Population getestet werden.

Generelle Empfehlungen für die Zahl der zu verwendenden Items sind schwierig, da diese von der zu untersuchenden Population und der Einbeziehung von Unterdimensionen abhängt.[10] Als Untergrenze bei allgemeinen Bevölkerungsumfragen sind hier drei Items pro Dimension anzusehen, ansonsten wird die Forderung nach mul-

---

[10] Bei externen Kontrollüberzeugungen gibt es beispielsweise noch die Unterscheidung zwischen „Schicksal" und „anderen Personen", denen man die Verantwortung für positive oder negative Ereignisse zuschreibt.

tipler Messung doch arg strapaziert. Wir haben bei allgemeinen Bevölkerungsumfragen gute Erfahrungen mit folgenden Statements gemacht (Die Zahlen in Klammern sind die jeweiligen Faktorladungen[11]. Referenzbefragung: ZUMA-Sozialwissenschaften-BUS II/1995, Jakoby und Jacob 1999):

Interne Kontrollüberzeugungen
- „Ich übernehme gern Verantwortung." (.811)
- „Es hat sich für mich als gut erwiesen, selbst Entscheidungen zu treffen, anstatt mich auf das Schicksal zu verlassen." (.779)
- „Bei Problemen und Widerständen finde ich in der Regel Mittel und Wege, um mich durchzusetzen." (.759)

Externe Kontrollüberzeugungen
- „Erfolg ist oft weniger von Leistung, sondern vielmehr von Glück abhängig." (.749)
- „Ich habe häufig das Gefühl, dass ich wenig Einfluss darauf habe, was mit mir geschieht." (.720)
- „Bei wichtigen Entscheidungen orientiere ich mich oft an dem Verhalten von anderen." (.714)

Die Obergrenze der Itemzahl hängt zum einen von dem zur Verfügung stehenden Budget, aber auch von den ansonsten noch zu untersuchenden Themen ab. Man muss hier darauf achten, dass ein Fragebogen nicht vollständig oder überwiegend aus Statement-Batterien besteht, weil deren Beantwortung sehr schnell zu einem monotonen und ermüdenden Frage-Antwort-Spiel wird. Daher sollten nicht mehr als sechs Statements pro Dimension verwendet werden. Die insbesondere in Fragebögen der Psychologie verwendeten Skalen mit teilweise 100 Items (oder noch mehr) sind deutlich zu lang. Da in sozialwissenschaftlichen Umfragen aber immer häufiger auf psychologische Merkmale zurückgegriffen wird, arbeitet u. a. GESIS permanent an Kurzskalen, die diese Merkmale valide mit wenigen Items messen. Dokumentiert sind diese Kurzskalen unter www.gesis.org/kurzskalen-psychologischer-merkmale/home/ (letzter Abruf: 26.04.2019).

Verhaltensreports
Neben Einstellungen ist man in den Sozialwissenschaften vor allem an faktischen Verhaltensweisen von Menschen interessiert. Bei Verhaltensweisen handelt es sich grundsätzlich um objektive Tatbestände, die auch ohne explizite Beteiligung der Betroffenen, nämlich durch Beobachtung erhoben werden können. Beobachtungsverfahren haben gegenüber Befragungen den großen Vorteil, dass es sich dabei um nonreaktive Verfahren handelt (solange verdeckt beobachtet wird, die Zielpersonen also

---

[11] Hauptkomponentenanalyse, Rotation: Varimax.

nicht wissen, dass sie beobachtet werden). Der entscheidende Nachteil von Beobachtungsverfahren besteht allerdings darin, dass viele Bereiche des menschlichen Lebens Beobachtungen nicht zugänglich sind. Zudem sind Beobachtungsverfahren noch aufwendiger als Befragungen und kommen für repräsentative Erhebungen mit größeren Fallzahlen nicht in Frage. Schließlich müssen Beobachtungen immer simultan zu dem interessierenden Verhalten erfolgen. Häufig ist man aber gerade an früheren Verhaltensweisen oder an typischen Verhaltensweisen interessiert. Wenn man diese durch Beobachtung erfassen will, muss man Personen über längere Zeiträume beobachten, was wiederum die Kosten in die Höhe treibt.

Aus diesen Gründen werden Verhaltensweisen häufig durch Befragungen erfasst. Diese Erhebungsmethode ist deutlich kostengünstiger, weist aber den prinzipiellen Nachteil auf, dass Personen Auskunft über ihr Verhalten geben müssen und diese Auskunft von dem tatsächlichen Verhalten deutlich abweichen kann (nicht nur, weil Personen über ihr tatsächliches Verhalten nicht berichten wollen, sondern weil sie vielleicht auch nicht darüber berichten können, weil sie sich nicht erinnern oder weil sie z. B. routinisiertes Verhalten an sich selbst gar nicht registrieren).

> **!** Man muss sich deshalb bewusst machen, dass mit Befragungen faktisches Verhalten häufig nicht gemessen werden kann, sondern nur Verhaltensberichte erfasst werden, die als Indikatoren für die eigentlich interessierende Dimension dienen.

Messfehler bei Verhaltensfragen können also zum einen damit zusammenhängen, dass die angesprochenen Verhaltensweisen als sozial nicht wünschenswert gelten und es deshalb zu einem Underreport kommt. Es kann aber – wie ausgeführt – auch sein, dass erfragte Verhaltensweisen den Befragten nicht bewusst sind oder zu ihrer Ermittlung ungeeignete Stimuli verwendet werden (Probleme des Informationsabrufs). Zur Minimierung solcher Effekte gibt es unterschiedliche Techniken, die wir im Folgenden vorstellen.

Sozial nicht wünschenswerte Verhaltensweisen
Häufig ist man gerade an der Verbreitung solcher Verhaltensweisen interessiert, die (zumindest in bestimmten Gruppen) in irgendeiner Form tabuisiert sind oder negativ sanktioniert werden.[12] Die Bereitschaft, sich zu solchen Verhaltensweisen zu bekennen, ist deshalb eher schwach ausgeprägt. Um diese Bereitschaft zu verbessern, gibt es verschiedene Möglichkeiten, mit deren Hilfe eine bestimmte Verhaltensweise als normal und weitverbreitet oder als eigentlich harmlos („Kavaliersdelikt") dargestellt und ein Mitläufereffekt ausgelöst werden soll.

---

[12] Die hier vorgestellten Techniken können natürlich auch bei der Messung sozial nicht wünschenswerter Einstellungen angewendet werden.

Um dies an einem Beispiel zu verdeutlichen: Kinder zu schlagen, gilt zumindest in der öffentlichen Diskussion als nicht wünschenswert, obwohl Schläge vermutlich nach wie vor von relativ vielen Personen als sinnvolle Erziehungsmethode angesehen werden. Aufgrund der negativen öffentlichen Bewertung kann man Eltern daher nicht fragen „Schlagen Sie Ihre Kinder, wenn ja, wie oft?" Folgende Vorgehensweisen dürften hier eher zu validen Ergebnissen führen:

1. Suggestive Formulierungen
- „Sie kennen das ja sicher auch, dass einem bei der Kindererziehung hin und wieder schon mal die Hand ausrutschen kann. Wie ist das bei Ihnen: Geben Sie Ihrem Kind schon mal einen Klaps?"

2. Verharmlosen
- „Die meisten Eltern sind der Ansicht, dass ein Klaps hier und da eigentlich noch keinem geschadet hat und dass Kinder manchmal auch eine Ohrfeige brauchen, um ihre Grenzen zu erkennen. Wie ist das bei Ihnen: Geben Sie Ihrem Kind schon mal einen Klaps?"

3. Weitverbreitete Verhaltensweise
- „Die meisten Eltern geben ihrem Kind auch schon mal einen Klaps, wenn andere Erziehungsmethoden nicht mehr helfen. Wie ist das bei Ihnen: Geben Sie Ihrem Kind hin und wieder einen Klaps?"
- Offene Anschlussfrage bei Bejahung solcher Fragen: „Wie oft kommt das ungefähr vor?"

4. Überrumpeln
- „Wenn Sie jetzt noch einmal ganz genau nachdenken: Wann haben Sie Ihrem Kind zuletzt einen Klaps gegeben?"

Diese letzte Variante ist allerdings nicht sehr empfehlenswert, da durch die implizite Unterstellung die Gefahr besteht, dass Befragte das Interview verärgert abbrechen.

Wir weisen nochmals daraufhin, dass bei der Verwendung solcher Techniken die Fragesteller nie selber Position beziehen sollen. Man darf z. B. eine Frage nicht so formulieren: „Ein Klaps hier und da hat eigentlich noch keinem geschadet und Kinder brauchen dies manchmal, um ihre Grenzen zu erkennen. Wie ist das bei Ihnen: Geben Sie Ihrem Kind schon mal einen Klaps?" In diesem Fall legt die Formulierung den Eindruck nahe, das Forscherteam halte Schläge erstens für harmlos und zweitens für sinnvoll. Hier besteht deshalb ebenfalls die Gefahr, dass Befragte, die diese Meinung nicht teilen, das Interview verärgert abbrechen.

Probleme des mentalen Informationsabrufs bei Verhaltensreports
Bei Befragungen ist man zwangsläufig an vergangenen Verhaltensweisen interessiert, und insofern sind alle Verhaltensfragen stets retrospektiv (sofern man nicht Verhaltensabsichten messen will, um die es hier aber nicht geht). Befragte müssen die gewünschten Informationen irgendwie aus dem Gedächtnis abrufen. Dabei ist die Idealvorstellung immer die, dass man sich an Verhaltensweisen erinnert und diese zählt, sofern Umfrageforscher auch an einer Quantifizierung von Verhaltensweisen interessiert sind. Die Frage nach der Häufigkeit bestimmter Ereignisse ist übrigens einer der ganz wenigen Fälle, in denen man am besten eine offene Frage mit Referenzzeiträumen (wie oft pro Woche oder pro Monat, wie viele Stunden täglich usw.) formuliert, da die Antwort nicht codiert zu werden braucht. Die Befragten nennen idealerweise eine Zahl, und diese wird in den Fragebogen eingetragen. (Was bei der Vergabe von quantifizierenden Kategorien zu beachten ist, sprechen wir im Abschnitt 4.2.4 zum Thema Skalen an.)

Um es gleich vorwegzunehmen: Die Ermittlung der Häufigkeiten von Verhaltensweisen durch Zählen ist in der Praxis eher selten und nur bei wichtigen biografischen oder seltenen Ereignissen zu beobachten.

! Häufig auftretende Verhaltensweisen (und Ereignisse) werden im Gedächtnis nicht als distinkte Episoden repräsentiert, sondern verschwimmen. Die Häufigkeit solcher Verhaltensweisen wird von den Befragten eher geschätzt als gezählt.

Sudman, Bradburn und Schwarz (1996) unterscheiden verschiedene Arten von Verhaltensweisen, wobei mit Blick auf die Beispiele zu bemerken ist, dass eine einheitliche Zuordnung von konkreten Verhaltensweisen in dieses Schema problematisch ist, denn was der eine Befragte regelmäßig praktiziert, kann für andere Befragte gerade die seltene Ausnahme sein. Neben der Frage nach der Häufigkeit bestimmter Verhaltensweisen ist deshalb auch die Frage nach der (subjektiven) Regelmäßigkeit für die Interpretation der Daten wichtig.

Bei gleichen und regelmäßig wiederkehrenden Verhaltensweisen (Haarewaschen, Einkaufen, Besuch beim Friseur) werden die Häufigkeiten eher geschätzt. Bei gleichen, aber unregelmäßigen Verhaltensweisen (Besuch im Schwimmbad, Essen in der Mensa) werden die Häufigkeiten dann eher geschätzt, wenn diese Verhaltensweisen zwar unregelmäßig, aber doch vergleichsweise häufig praktiziert werden. Sind sie dagegen selten, werden sie eher gezählt. Generell gilt hier die Faustregel: Aus Sicht des Befragten besondere Ereignisse werden eher gezählt, alltägliche oder für die Befragten „normale" eher geschätzt.

Ungleiche Verhaltensweisen bezeichnen Formen von Verhalten, die einem einheitlichen Typus zugeordnet werden können, aber trotzdem in bestimmter Weise unterscheidbar sind. Essen in Restaurants ist z. B. dann eine ungleiche Verhaltensweise, wenn man verschiedene Restaurants aufsucht. Wird dieses Verhalten regelmäßig praktiziert, wird seine Häufigkeit wiederum eher geschätzt. Nur wenn man dies sehr unregelmäßig (und damit vergleichsweise selten tut), werden die Einzelereignisse erinnert und gezählt.

Bei der Erinnerung und der Art der Ermittlung von Häufigkeiten (zählen oder schätzen) spielt natürlich auch der Referenzzeitraum eine Rolle. Zu beachten ist, dass dieser den Befragten vorgegeben werden muss, um die Angaben vergleichen zu können. Es ist dagegen nicht ratsam, die Bestimmung des Referenzzeitraums den Zielpersonen selbst zu überlassen, weil diese dann ganz unterschiedliche Perioden als Basis für die Ermittlung von Häufigkeiten verwenden dürften, ohne dass dies expliziert würde. Als Referenzperiode für die Frage: „Wie oft gehen Sie in Restaurants essen" kann stillschweigend eine Woche oder auch ein Jahr verwendet werden – je nachdem, wie häufig man essen geht. Wer sehr selten in ein Restaurant geht, wird eher ein Jahr zum Maßstab nehmen, wer dort sehr oft isst, eine Woche. In beiden Fällen kann die Antwort dann z. B. lauten: „ca. 4-mal".

Bei der Vorgabe von Referenzperioden gilt generell, dass diese kurz sein sollten, weil sie dann besser überschaubar sind und dies die Erinnerung erleichtert. Lugtig, Glasner und Boevé (2016) zeigten in ihrer experimentellen Studie, dass eine möglichst kurze Referenzperiode die Underreports minimieren kann. In ihrem Experiment reduzierten sich die Underreports von 58 % bei der Referenzperiode „im letzten Jahr" auf 16 %, wenn als Referenzperiode „im letzten Monat" vorgegeben wurde. Jedoch ist bei der Festlegung von Referenzperioden darauf zu achten, dass die interessierenden Verhaltensweisen in der vorgegebenen Periode mit einer nennenswerten Häufigkeit auch realisiert werden können. Als Referenzperiode für Arztbesuche sollte ein Zeitraum zwischen einem Monat und einem Jahr gewählt werden, geht es dagegen um den Fernsehkonsum, sollte der Zeitraum zwischen einer Woche und einem Tag betragen.

Bei der Vorgabe von Referenzperioden ist außerdem sicherzustellen, dass diese von allen Befragten auch in gleicher Weise verstanden werden. Man muss unmissverständlich deutlich machen, ob sich die Frage „Wie oft haben Sie im letzten Monat einen Arzt aufgesucht?" auf die der Befragung vorangegangenen vier Wochen oder auf den vorherigen und abgeschlossenen Monat bezieht. Dieses Problem dadurch lösen zu wollen, dass man genaue Tagesdaten vorgibt (etwa: „vom 1.10. bis jetzt") ist allerdings weniger sinnvoll. Solche Angaben produzieren im Alltagsdenken normalerweise keine signifikante Interpunktion, weil kalendarische Daten meist bedeutungslos sind und selten bewusst zur Kenntnis genommen werden.

Als Referenzzeiträume sollten nur solche Stimuli verwendet werden, die auch im Alltagsleben relevant sind. Dies sind im Regelfall Zeitangaben wie Tag, Woche, Monat oder Jahr oder durch bestimmte Ereignisse definierte Perioden. Letztere – etwa Sommerferien, Semesterferien, Hauptsaison usw. – sind meist aber nur für ganz bestimmte Gruppen bedeutsam und eignen sich deshalb auch nur für Befragungen dieser Gruppen. Für allgemeine Bevölkerungsumfragen sind lediglich jahreszeitlich definierte Perioden wie Sommer, Winter oder Adventszeit verwendbar. Diese Angaben haben zwar den Nachteil, unscharf zu sein, da z. B. „Sommer" für verschiedene Befragte unterschiedlich lange Perioden markiert, ihr Vorteil liegt aber darin, dass sie für die Befragten relevante und klar definierte Zeitabschnitte markieren.

Der Erinnerung ist es auch förderlich, wenn allgemeine Fragen in mehrere spezifische differenziert werden (sofern der zeitliche Rahmen und das für die Befragung vorgesehene Budget dies zulassen). Statt nach der Zahl der Arztbesuche allgemein zu fragen, kann man diese differenzieren nach Besuchen beim Zahnarzt, beim Allgemeinmediziner bzw. Hausarzt und bei Fachärzten.

Bei bestimmten Verhaltensweisen steht man vor dem Problem, dass diese nicht als numerische Häufigkeiten repräsentiert werden. Dies könnte etwa die Zeit betreffen, die man online in sozialen Netzwerken verbringt: Hier ist die Angabe „einmal am Tag" nicht aussagekräftig. Solches Verhalten wird eher in Form relationaler, qualitativer Häufigkeiten mental repräsentiert („mehr als andere", „durchschnittlich viel", „sehr viel weniger als andere" usw.). In solchen Fällen sollten entweder entsprechende relationale Einschätzungen als Antwortkategorien vorgegeben oder quantifizierende Kategorien verwendet werden. Letzteres ist empfehlenswert, wenn man Grund zu der Annahme hat, dass Befragte ein merkliches Abweichen von einer subjektiv perzipierten Norm nach oben oder unten ungern explizit zugeben.

Neben der Häufigkeit von bestimmten Verhaltensweisen kann auch die Frage von Interesse sein, wann man etwas zuletzt getan hat. Dabei muss man sich mit dem Problem auseinandersetzen, dass Antworten auf den Fragetypus „Wann haben Sie zuletzt X getan/erlebt/gekauft/usw." regelmäßig folgende Verteilung (Abbildung 4.2) produzieren:

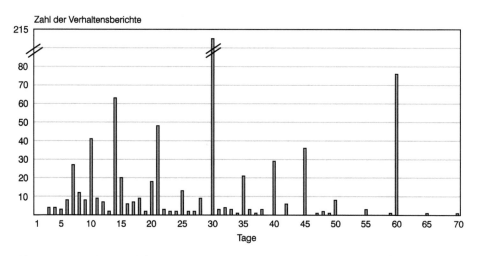

Abb. 4.2: Retrospektive Verhaltensreports: Verhaltensberichte und vergangene Zeit (Quelle: Sudman, Bradburn und Schwarz 1996, S. 191).

Man sieht hier, dass sich Befragte umso stärker an Standardperioden wie Wochen oder 10-Tage-Rhythmen orientieren, je länger das interessierende Phänomen zurückliegt. Der vergangene Zeitraum wird kaum je gezählt – denn dazu müssten Kalenderdaten fester Bestandteil mentaler Präsentationen sein –, sondern eher geschätzt, und zwar unter Verwendung von im Alltag gebräuchlichen Zeiteinheiten. Wenn man solche Unschärfen vermeiden will, muss man auch hier die Referenzperioden eingrenzen (relativ gut überschaubar sind immer die letzten zwei Wochen).

In den meisten Fällen ist es sinnvoll, die Fragen entgegen der Zeitachse zu strukturieren und zuerst nach den zuletzt aufgetretenen Ereignissen zu fragen, da diese im Gedächtnis noch am ehesten präsent sind. Dieses Vorgehen eignet sich insbesondere bei alltäglichen Verrichtungen (z. B. Einkäufe) und Erlebnissen eher kurzer Dauer (Besuche im Theater, Kino etc.). Eine Ausnahme stellen Fragen nach zusammenhängenden Sachverhalten dar, die eine eindeutige und vorgegebene zeitliche Strukturierung aufweisen und die für die Befragten sehr relevant sind. Darunter fallen insbesondere biografische Angaben zur schulischen und beruflichen Ausbildung, die aufeinander aufbauen und daher zumeist chronologisch mental repräsentiert werden („Nach dem Kindergarten ging ich in X-Stadt zur Grundschule, dann wechselte ich im Jahr Y auf das Gymnasium in Z ...").

Wenn man Verhaltensweisen misst, die sehr weit zurückliegen, muss man sich klarmachen, dass die meisten Menschen Erinnerungen daran gar nicht haben. Angaben darüber kommen deshalb auch weniger durch Erinnerung zustande, sondern leiten sich aus subjektiven Theorien über die Stabilität bestimmter Eigenschaften ab. Oft findet hier gewissermaßen eine Trendextrapolation in die Vergangenheit statt, wenn es keinen plausiblen Grund gibt anzunehmen, dass man vor 10 Jahren in dieser Hinsicht anders handelte als heute. Weit zurückreichende retrospektive Fragen sollten deshalb auf markante Ereignisse mit hohem Erinnerungswert beschränkt bleiben.

Ein Beispiel dafür, dass uns unser Gedächtnis trügen kann, liefert das Experiment „Lost in the Mall" von Elizabeth Loftus: 24 Versuchspersonen wurden jeweils vier Erlebnisse aus ihrer Kindheit in Form einer kurzen schriftlichen Beschreibung in Erinnerung gerufen. Die Aufgabe der Versuchspersonen bestand darin, weitere Details zu den Erlebnissen aus dem Gedächtnis abzurufen und aufzuschreiben. Diese Ergänzungen sollten sie an die Forscher senden, zudem wurden sie nach zwei bzw. weiteren vier Wochen zu den Erlebnissen mündlich oder telefonisch befragt. In den Interviews sollten sie erneut die Erlebnisse schildern und angeben, inwieweit sie sich ihrer Schilderungen sicher waren. Was die Versuchspersonen nicht wussten: Von den vier Ereignissen wurden drei von Eltern oder Geschwistern der Versuchspersonen aufgeschrieben, es handelte sich um Ereignisse, die die Versuchspersonen nachweislich erlebt haben. Das vierte Ereignis wurde jedoch von den Forschern erfunden und hat sich nachweislich nicht ereignet: Angeblich sei die Versuchsperson im Alter von fünf Jahren mit der Familie in einem Einkaufszentrum gewesen und habe Geld erhalten, um sich ein Eis zu kaufen, habe sich dabei verlaufen und sei von einer älteren Frau gefunden und zur Familie gebracht worden. Bei den 72 wahren Erlebnissen (3*24) war es so, dass die Versuchspersonen 49 rekonstruieren konnten. Es wurden somit Erlebnisse vergessen. Der entgegengesetzte Fall trat aber auch ein: Immerhin sieben der 24 Versuchsteilnehmer „erinnerten" sich daran, im Einkaufszentrum verloren gegangen zu sein, und sie schmückten dieses „Erlebnis" mit weitere Details aus (Loftus und Pickrell 1995).

Bei retrospektiven Fragen, aber auch bei Längsschnittuntersuchungen und Kohortenvergleichen muss man außerdem bedenken, dass sich die Bedeutung qualitativer Begriffe im Zeitverlauf wandeln kann. Mit „artig am Tisch sitzen" etwa verbinden sich heute andere Konnotationen als vor 40 Jahren, diese wiederum unterscheiden sich deutlich von den Vorstellungen der 1930er-Jahre. In allen Fällen mögen Befragte berichten, dass sie als Kind „artig am Tisch sitzen" mussten, so dass man zu dem Fehlschluss verleitet werden könnte, es habe hier kein Wandel stattgefunden. Dieser Schluss ist aber nur insoweit richtig, als die generelle Verhaltensnorm nach wie vor gilt, nur hat sich das damit vereinbare Verhalten deutlich geändert. Was heutzutage als „artig" gilt, dürfte in den 1930er-Jahren als höchst ungezogenes Verhalten angesehen worden sein. Um solche Probleme zu vermeiden, sollte man bei Verhaltensreports auf qualitative, evaluative Begriffe verzichten und stattdessen konkrete Verhaltensweisen bzw. Verhaltenserwartungen abfragen, beispielsweise: Durften Sie als Kind bei Tisch sprechen, sich selber Essen nehmen usw.

Gerade bei Erinnerungsleistungen dauert der Informationsabruf normalerweise eine gewisse Zeit. Die Validität der Angaben kann dadurch verbessert werden, dass man Befragte von dem subjektiv empfundenen Druck entlastet, eine schnelle Antwort geben zu müssen. Man sollte also explizit darauf hinweisen, dass sich die Befragten bei der Beantwortung solcher Fragen Zeit nehmen dürfen.

Als Indikatoren für die Validität von Verhaltensreports können allerdings auch die subjektive Sicherheit der Erinnerung und die Reaktionszeit verwendet werden. Verhaltensreports, die spontan und mit großer subjektiver Sicherheit gegeben werden, sind mit einiger Wahrscheinlichkeit zutreffender als solche, bei denen Befragte sehr lange nachdenken und ihre Antwort mit Kommentaren wie „ich bin mir nicht mehr sicher" oder „ich weiß es nicht mehr so genau" begleiten. Solche Informationen ermöglichen außerdem eine Typisierung der Befragten hinsichtlich der subjektiven Sicherheit bei Urteilen und können in der Datenanalyse zusammen mit anderen Persönlichkeitsmerkmalen (wie z. B. Kontrollüberzeugungen) zur Varianzaufklärung beitragen (sofern man die Kommentare oder Reaktionszeiten von den Interviewern explizit miterfassen lässt).

Man sollte deshalb überlegen, ob man bei retrospektiven Fragen eine vom Interviewer auszufüllende Kategorie „Reaktionszeit" vorsieht und die Befragten die Sicherheit ihrer Erinnerungen einschätzen lässt. Interviewer müssen zur Erfassung der Reaktionszeit natürlich entsprechend geschult werden, weil man ansonsten mit dem Problem der Heterogenität von Interviewerurteilen konfrontiert ist. Wenn die Reaktionszeit in qualitativen Begriffen wie „spontane Antwort", „kürzeres Nachdenken" und „längeres Nachdenken" gemessen werden soll, muss man die jeweiligen Bedeutungen der Begriffe standardisieren, damit alle Interviewer (in etwa) gleiche Sachverhalte unter die verschiedenen Begriffe subsumieren. Die Alternative ist hier, Reaktionszeiten zu messen und als Sekunden einzutragen. Dabei muss aber sichergestellt werden, dass Befragte dies nicht bemerken und sich dadurch kontrolliert und unter Druck gesetzt fühlen. Man kann dieses Problem dadurch lösen, dass man gleich zu Beginn der Befragung eine Uhr auf den Tisch legt und den Befragten erklärt, dass die Gesamtdauer der Befragung aus statistischen Gründen erfasst werden muss (was in der Regel auch der Fall ist). In diesem Fall ist ein gelegentlicher Blick auf die Uhr weniger auffällig und störend. Bei computergestützten Interviews (z. B. CAPI, CATI und CAWI) lässt sich alternativ eine Routine programmieren, die die Interviewdauer und die Antwortreaktionszeiten automatisch erfasst.

Grundsätzlich gilt bei Verhaltensreports: Sich erinnern zu müssen ist eine schwierige und anstrengende kognitive Aufgabe. Man sollte deshalb nicht zu viele Fragen stellen, die mit Erinnerungsleistungen verbunden sind. Als grobe Faustregel kann hier gelten, dass höchstens ein Viertel der Fragen als retrospektive Fragen gestellt werden sollte.

Netzwerke
Die Sozialisationsforschung hat gezeigt, dass Einstellungen, Vorstellungen, Werthaltungen und Verhaltensweisen von Menschen in hohem Maß von deren sozialen Kontexten geprägt werden. Spezifische Merkmalsausprägungen lassen sich deshalb adäquat nur erklären, wenn man sozialisationsrelevante Kontextindikatoren ebenfalls erfasst. Dies geschieht beispielsweise durch die Erhebung bestimmter soziodemografischer Daten. Wichtig kann hier aber auch die Erfassung der Einbindung in bestimmte Gruppen sein. Dazu dient die Erhebung von Netzwerken. Mit dem Begriff „Netzwerk" wird eine durch spezifische Beziehungen verbundene Gruppe von Personen (oder anderer sozialer Einheiten wie Unternehmen oder Kommunen) bezeichnet. Bei Netzwerkanalysen ist man interessiert an der Zusammensetzung des Netzwerks, den Arten der Beziehungen und seiner Struktur.

Dabei lassen sich Netzwerke grundsätzlich nach unterschiedlichen Kriterien klassifizieren (Tabelle 4.2): Will man alle Arten von Beziehungen, die in einem Netzwerk vorkommen, erfassen (indem z. B. in einem Netzwerk von Arbeitskollegen formelle wie auch informelle Beziehungen am Arbeitsplatz, Feierabend-Beziehungen in Vereinen, Freundschaften usw. erhoben werden), spricht man von totalen Netzwerken. Werden nur einige Beziehungsarten untersucht, handelt es sich um partielle Netzwerke. Diese können nochmals danach untergliedert werden, ob genau eine Art von Beziehung (z. B. nur formelle Kontakte) oder mehrere Arten von Beziehungen analysiert werden sollen. Im ersten Fall handelt es sich um uniplexe Netzwerke, im zweiten Fall um multiplexe Netzwerke.

Hinsichtlich der Informationsquelle unterscheidet man Gesamtnetzwerke und Ego-zentrierte oder persönliche Netzwerke. Bei Gesamtnetzwerken erhebt man von jedem Mitglied des Netzwerks Informationen über alle anderen Mitglieder. Bei Ego-zentrierten Netzwerken erfasst man die Sichtweise genau einer Person.

Tab. 4.2: Netzwerktypologie (Quelle: eigene Erstellung).

	Erhobene Beziehungsarten		
Informationsquelle	Alle	Mehrere	Eine
Alle Mitglieder des Netzwerks	Totales Gesamtnetzwerk	Multiplexes Gesamtnetzwerk	Uniplexes Gesamtnetzwerk
Ein Mitglied des Netzwerks	Totales Ego-zentriertes Netzwerk	Multiplexes Ego-zentriertes Netzwerk	Uniplexes Ego-zentriertes Netzwerk

In der Forschungspraxis werden nur sehr selten Gesamtnetzwerke und kaum totale Gesamtnetzwerke erhoben, weil dies – wie man sich leicht vorstellen kann – mit einem immensen Aufwand verbunden ist, der nur äußerst schwer finanziert und datentechnisch organisiert werden kann. Im Regelfall erhebt man uniplexe, Ego-zentrierte Netzwerke. Die Erhebung solcher Netzwerke unterscheidet sich von anderen Formen der Erfassung des sozialen Kontextes insofern, als hier nicht mit festgelegten Beziehungskategorien (Freunde, Verwandte, Vereinskameraden), sondern mit spezifischen Beziehungsarten operiert wird. Die Auswahl der Personen wird von der Befragungsperson vorgenommen, und zwar üblicherweise entsprechend der Bedeutung, die sie für sie haben.

Gemessen werden Ego-zentrierte Netzwerke mittels Namens- oder Netzwerkgeneratoren. Der einfachste Namensgenerator zur Erhebung eines uniplexen Netzwerks ist der Burt-Netzwerkgenerator, der sich gleichwohl als effizientes Verfahren zur Erhebung „wichtiger" Netzwerkpersonen erwiesen hat (Pfennig und Pfennig 1987; Hill 1988). Bei diesem Verfahren werden drei bis maximal fünf Personen ermittelt, mit denen die Befragten in den letzten sechs Monaten für sie wichtige Angelegenheiten besprochen haben. Für diese Personen werden dann bestimmte Merkmale erfasst. Die konkrete Anwendung eines Burt-Netzwerkgenerators kann dann z. B. so aussehen.

Fragen für Netzwerkgenerator mit Intervieweranweisung

Als kleine Hilfe für die Beantwortung der nächsten Frage möchte ich Ihnen hier zunächst eine Karte für Ihre eigenen Notizen geben. Die Karte können Sie danach wieder zerreißen und wegwerfen.

In dieser Frage geht es um Gespräche mit anderen Menschen über wichtige Angelegenheiten wie Gesundheit und Krankheit, politische Fragen, aber auch um persönliche Themen. Bitte denken Sie einmal an die letzten sechs Monate: Mit welchen Personen aus Ihrem Verwandten -, Freundes- oder Bekanntenkreis haben Sie dabei über Dinge gesprochen, die Ihnen wichtig waren?

Bitte notieren Sie einmal auf der weißen Notizkarte die Vornamen dieser Personen, die für Sie als Gesprächspartner besonders wichtig waren. Sie können dazu neben den Buchstaben A bis C bis zu drei Personen notieren. Neben A notieren Sie die für Sie wichtigste Person, neben B die zweitwichtigste und neben C die drittwichtigste Person.

Zu diesen Personen, die ich dann A, B oder C nenne, möchte ich Ihnen anschließend einige wenige Fragen stellen.

INT.: Namen notieren lassen, auf der Karte sind bis zu vier Angaben möglich, dann fortfahren:

Neben welchen Buchstaben haben Sie Personen auf Ihrer Karte notiert? Bitte nennen Sie mir nur die Buchstaben

INT.: In oberer Zeile des nebenstehenden Schemas ankreuzen und Fragen 1a bis 1e für alle angekreuzten Personen (A, B, C) stellen.

		Person A	Person B	Person C
INT.: Hier Personen ankreuzen und Frage 1a bis 1e für jede angekreuzte Person stellen		❏	❏	❏
INT.: Weiße Liste 3 vorlegen und bis Frage 1d liegenlassen Bitte antworten Sie jetzt anhand dieser Liste. Nennen Sie nur die Antwortkennziffer. Zunächst: Wie oft haben Sie Kontakt mit der Person, die Sie auf Ihrer Karte neben A notiert haben? (*INT.: Weiter B, C*) *INT.: Gemeint sind sowohl persönliche wie telefonische oder briefliche Kontakte*	Täglich	❏	❏	❏
	Mehrmals in der Woche	❏	❏	❏
	Einmal in der Woche	❏	❏	❏
	Mehrmals im Monat	❏	❏	❏
	Einmal im Monat	❏	❏	❏
	Mehrmals im Jahr	❏	❏	❏
	Seltener	❏	❏	❏
In welcher Beziehung stehen Sie zu der Person A? Was trifft zu? Bitte sehen Sie sich die Antwortvorgaben zu Frage 1b an. (*INT.: Weiter Person B, C*)	Ehepartner	❏	❏	❏
	Sohn/ Schwiegersohn	❏	❏	❏
	Tochter/ Schwiegertochter	❏	❏	❏
	Vater	❏	❏	❏
	Mutter	❏	❏	❏
	Geschwister	❏	❏	❏
	Verwandte	❏	❏	❏
	Bekannte	❏	❏	❏

Proxy-Reports
Proxy-Reports sind Angaben, die die Befragungsperson über Dritte machen soll, indem z. B. zur Ermittlung des Sozialstatus der Familie nach dem Bildungsabschluss und der beruflichen Position von Partnern (sofern vorhanden) gefragt wird. Proxy-Reports sind eine ökonomische Variante zur Ermittlung von (im Regelfall) soziodemografischen Daten von weiteren Mitgliedern eines Befragungshaushalts, z. B. bei Umfragen, die für Sozialstrukturanalysen verwendet werden sollen. Man muss hier aber bedenken, dass deren Validität aufgrund von Kenntnisdefiziten eingeschränkt ist. Beispielsweise hat sich bei den Gesundheitssurveys und Befragungen im Rahmen der Einschulungsuntersuchungen, die wir durchgeführt haben, immer wieder gezeigt, dass Väter über den Impfstatus ihrer Kinder deutlich schlechter informiert sind als Mütter.

Soziodemografische Fragen
Zentrale soziodemografische Merkmale wie das Alter, der Bildungsabschluss oder der Wohnort sind Indikatoren für bestimmte Sozialisationsschicksale, unterschiedliche Lebenschancen und Erfahrungsmöglichkeiten. Sie sind damit wichtige unabhängige, erklärende Variablen und werden in jeder Datenanalyse benötigt. Die Erhebung von soziodemografischen Merkmalen setzt allerdings – wie schon bei Netzwerkfragen – aufgrund ihrer Indikatorfunktion eine eingehende theoretische Begründung der Forschungsfrage voraus, aus der auch hervorgeht, welche unabhängigen Merkmale warum erhoben werden.

Auf keinen Fall sollte man soziodemografische Merkmale ziel- und planlos abfragen, weil man eventuell das eine oder andere Merkmal für die Datenanalyse gebrauchen könnte.

Dieses Vorgehen kostet erstens Befragungszeit und impliziert zweitens das Risiko von im Prinzip beliebigen Ad-hoc-Erklärungen. Eingehendere Überlegungen darüber, welchen Erklärungswert soziodemografische Merkmale haben und wofür sie Indikatoren sind, bewahren auch eher davor, schlecht operationalisierte, aber weit verbreitete Fragen zu übernehmen. Deshalb sollten Sozialforscher sich stets über Art und Umfang der notwendig zu erfassenden soziodemografischen Merkmale hinreichend Gedanken machen. Bei den ausgewählten Variablen sollten sie aber möglichst auf die bewährten Operationalisierungen der *Demografischen Standards* und *Regionalen Standards* zurückgreifen, die gemeinsam von ASI e. V., ADM und Statistischem Bundesamt entwickelt werden.[13] Nur so lassen sich eigene Fehler bei der Operationalisierung vermeiden und Analysevergleiche mit evtl. anderen Untersuchungen anstellen.

---

[13] Informationen zu den *Regionalen Standards* und die *Demografischen Standards* des Statistischen Bundesamtes finden Sie z B. unter folgendem Link: https://www.destatis.de/DE/Methoden/Demografische-Regionale-Standards/standards-einfuehrung.html (letzter Abruf: 26.04.2019)

Grundsätzlich sollte man bei der Entwicklung einer Demografie deshalb nochmals reflektieren:
- Welche Zusammenhänge wurden postuliert, welche Erklärungsmodelle verwendet?
- Welche unabhängigen Merkmale leiten sich aus diesen Überlegungen ab?
- Wie müssen diese Merkmale operationalisiert werden, welche Indikatoren gibt es dafür?
- Wie differenziert müssen die Indikatoren sein?

So ist beispielsweise die Schichtzugehörigkeit einer Person nach wie vor ein wichtiger Indikator für Sozialisationserfahrungen, Lebenschancen und Werthaltungen. Man sollte sich aber überlegen, wie wir schon in Kapitel 2 angesprochen haben, wie man dieses komplexe Merkmal konzeptionell fasst und operationalisiert.

Wenig sinnvoll ist hier der unreflektierte Versuch der Messung des Einkommens als einer Dimension von Schichtzugehörigkeit. Die Frage nach dem Einkommen gehört heute zu den hochsensiblen Fragen mit einer hohen Rate von Antwortverweigerungen. Die Konstruktion eines klassischen Schichtungsindexes führt dann dazu, dass ein großer Teil der Befragten aus der Datenanalyse ausgeklammert wird – was die Validität der Ergebnisse nicht gerade verbessert. Oder aber man verzichtet bei der Ermittlung der Schichtzugehörigkeit auf das Merkmal Einkommen – dann aber sollte man sich schon bei der Konstruktion des Fragebogens überlegen, ob man eine entsprechende Frage überhaupt stellt oder die Fragezeit nicht besser anders nutzt.[14] Wenn man aus anderen Gründen auf Informationen zum Einkommen angewiesen ist, sollte man überlegen, ob eine Erfassung des Einkommens in Einkommensklassen für die Zwecke der Analyse nicht ausreicht, da Fragen nach Einkommensklassen weniger sensitiv sind als Fragen nach der genauen Höhe des Einkommens. Dabei kann man zusätzlich die Antwortbereitschaft erhöhen, indem man die Einkommensklassen durch eine ungeordnete Folge von Buchstaben repräsentiert und die Befragten lediglich bittet, den für sie zutreffenden Buchstaben zu nennen (siehe zu heiklen oder sensitiven Fragen Abschnitt 4.2.3).

Bei Fragen nach dem Einkommen muss zudem deutlich gemacht werden, welches Einkommen gemeint ist und was alles dazuzurechnen ist. Eher vergleichbar, den Befragten aber seltener präsent, ist das Bruttoeinkommen. Um den ökonomischen Status einer Person einschätzen zu können, interessiert man sich hingegen dafür, wie viel

---

14 Hinzu kommt – allen Theorien über Individualisierung und Wahlfreiheiten von Milieus zum Trotz –, dass das Einkommen nach wie vor in hohem Maß durch berufliche Position und Bildungsabschluss determiniert wird und mit steigender Formalbildung linear steigt; vgl. dazu exemplarisch entsprechende Analysen bei Jacob 1995. Nach Winkler und Stolzenberg beträgt die Korrelation zwischen dem Scheuch-Index inkl. Einkommen und einer aus der Schulbildung und der beruflichen Stellung gebildeten Skala 0,73 (Winkler/Stolzenberg 1999, S. S179). Als Schichtungsindikator ist das Einkommen mithin verzichtbar.

die Befragten netto im Monat zur Verfügung haben. Die Frage nach dem Nettoeinkommen hat zudem den Vorteil, dass Befragte dieses Einkommen eher benennen können, da es für sie relevanter ist als das Bruttoeinkommen. Was hier neben der Lohn-, Gehalts- oder Verdienstsumme noch an Einkünften aus Vermietung und Verpachtung, Geldvermögen oder Transferleistungen zu berücksichtigen ist, hängt von der Art der Forschungsfrage und der zu untersuchenden Population ab, sollte in jedem Fall aber explizit angesprochen werden. Bei bestimmten, insbesondere bei konsumsoziologischen Fragestellungen können auch Vergünstigungen wie Preisnachlässe und andere Formen der Naturalentlohnung von großer Bedeutung sein. Man denke etwa an die besonders günstige Werkswohnung, an den auch privat nutzbaren Firmenwagen oder an Werksrabatte beim Wagenkauf etc. Diese Vergünstigungen stellen heute eine wesentliche Verbesserung des verfügbaren Einkommens dar, weil es sich in der Regel um namhafte Beträge handelt, die ansonsten das verfügbare Einkommen deutlich schmälern. Ebenfalls ist bei der Frage nach dem Einkommen zu beachten, dass nach dem Nettoeinkommen des Haushalts und nicht nach dem Nettoeinkommen des Individuums gefragt werden sollte. Der Grund dafür ist, dass das Haushaltsnettoeinkommen relevant für die wirtschaftliche Lage einer Person ist und nicht das individuelle Nettoeinkommen. Allerdings ist das Haushaltsnettoeinkommen nur mit hohem Erhebungsaufwand abzufragen, da hier die Einkommen aller Haushaltsmitglieder abzüglich Steuern und Abgaben zuzüglich Transfers zusammenzuzählen sind. Will man aus diesen Angaben das sog. Äquivalenzeinkommen berechnen,[15] benötigt man außerdem Angaben zu allen im Haushalt lebenden Personen und deren Alter. Unter Umständen benötigt man auch Angaben dazu, wie viele Personen zum Haushaltseinkommen beitragen, auf welche Einkommensquellen man zurückgreifen kann und ob erwerbstätige Personen in Vollzeit oder Teilzeit, befristet oder unbefristet erwerbstätig sind.

Unverzichtbar ist bei sozialwissenschaftlichen Erhebungen im Regelfall die Frage nach dem Bildungsabschluss der Zielpersonen. Sehr differenziert wird dieses Merkmal in der GESIS-Standarddemografie erfasst. Für die meisten Analysezwecke reicht allerdings auch die folgende Operationalisierung aus (wobei zu beachten ist, dass seit

---

[15] „Das Äquivalenzeinkommen dient der besseren Vergleichbarkeit von Einkommen in Haushalten und Lebensformen unterschiedlicher Größe. Das Einkommen kann die wirtschaftliche Leistungsfähigkeit nicht direkt ausdrücken, da in größeren Haushalten Einspareffekte auftreten, z. B. durch die gemeinsame Nutzung von Wohnraum oder von Haushaltsgeräten. Das Äquivalenzeinkommen trägt diesen Skaleneffekten Rechnung, indem es die einzelnen Mitglieder des Haushalts oder der Lebensformen gewichtet. Der erste Erwachsene geht mit dem Gewicht 1, Kinder unter 14 Jahren mit dem Gewicht 0,3 und weitere Personen über 14 Jahren mit dem Gewicht 0,5 ein. Ein Ehepaar mit 2 Kindern unter 14 hätte bei einem verfügbaren Einkommen von 4.500 Euro monatliche ein Äquivalenzeinkommen von 2.142,86 Euro – 4.500/(1,0 + 0,5 + 0,6). Ein Alleinstehender mit einem Einkommen von 2.142,86 Euro würde hinsichtlich der wirtschaftlichen Leistungsfähigkeit als diesem Haushalt gleichwertig eingestuft." (Statistisches Bundesamt 2013. o. S.)

der Wiedervereinigung die ehemals differenten Bildungsabschlüsse in der damaligen DDR in allgemeinen Bevölkerungsumfragen für die Bundesrepublik mit erfasst werden müssen).

Frage nach höchstem Schulabschluss in Kurzform

Welchen höchsten allgemeinbildenden Schulabschluss haben Sie? Sehen Sie sich bitte die Liste an und nennen Sie mir das für Sie Zutreffende.

- ❏ Kein Abschluss
- ❏ Volks-, Hauptschulabschluss
- ❏ Mittlere Reife, Realschule oder ähnlicher Abschluss
- ❏ Fachhochschulreife oder Abitur
- ❏ Sonstiger Abschluss
- ❏ *Keine Angabe*

Wenn zur Grundgesamtheit Personen aus den alten und aus den neuen Bundesländern gehören, dann sollte aufgrund der unterschiedlichen Bildungssysteme die nachfolgend dokumentierte Variante verwendet werden:

Frage nach höchstem Schulabschluss in Langform

Welchen höchsten allgemeinbildenden Schulabschluss haben Sie? Sehen Sie sich bitte die Liste an und nennen Sie mir das für Sie Zutreffende.

- ❏ Kein Abschluss
- ❏ Volks-, Hauptschulabschluss
- ❏ Mittlere Reife, Realschule oder ähnlicher Abschluss
- ❏ Polytechnische Oberschule mit 10. Klasse Abschluss (vor 1965: 8. Klasse Abschluss)
- ❏ Fachhochschulreife, Fachgebundene Hochschulreife, Abschluss einer Fachoberschule
- ❏ Abitur, allgemeine Hochschulreife, Erweiterte Oberschule (EOS)
- ❏ Sonstiger Abschluss
- ❏ *Keine Angabe*

Häufig wird die Frage nach dem Schulabschluss implizit kombiniert mit Angaben zum Beruf, indem z. B. danach gefragt wird, ob man einen Hauptschulabschluss mit oder ohne Lehre hat. Weit verbreitet ist es auch, ein abgeschlossenes Fachhochschul- oder Universitätsstudium als Antwortkategorie vorzusehen. Diese Vorgehensweise ist nicht empfehlenswert. Die Frage wird mehrdimensional, weil Bildungsabschlüsse und berufliche Abschlüsse kombiniert werden (ein abgeschlossenes Studium ist ein Berufsabschluss und kein Schulabschluss). Außerdem sind die Kategorien „abgeschlossenes Hochschulstudium" und „Abitur" nicht wechselseitig exklusiv, denn wer ein Hochschulstudium hat, hat im Regelfall auch Abitur.

Zudem ist der Ausbildungsabschluss in aller Regel auch weniger interessant als der tatsächlich ausgeübte Beruf. Letzterer ist ein guter Indikator für sekundäre Sozialisationserfahrungen, Ausstattung mit Ressourcen usw. und sollte im Zweifelsfall eher erhoben werden als der berufliche Abschluss.

Dabei sollte man aber nicht den Fehler machen, die versorgungsrechtliche Stellung mit der beruflichen Position zu verwechseln, auch wenn dies in der Praxis allzu häufig geschieht. Denn vielfach beschränkt sich die Frage nach der beruflichen Stellung auf die Unterscheidung zwischen Landwirten, Arbeitern, Angestellten, Beamten, Freiberuflern, Selbstständigen und mithelfenden Familienangehörigen. Einige dieser Kategorien, insbesondere die der Beamten und Angestellten, sind aber als Gruppierungsvariablen viel zu heterogen. Der Verkäufer an der Käsetheke im Supermarkt fällt ebenso wie der Vorsitzende des Vorstands der Deutschen Bank in die Kategorie „Angestellter". Das Merkmal „Berufliche Position" muss entweder differenzierter oder sollte gar nicht erfasst werden. Die Messung der versorgungsrechtlichen Stellung ist lediglich für Untersuchungen im Zusammenhang mit Fragen der Altersversorgung interessant.

Differenziert wird die berufliche Position wiederum in der GESIS-Standarddemografie erfasst. Eine etwas kürzere, aber ebenfalls bewährte Variante sieht wie folgt aus.

Frage nach beruflicher Position in Kurzform

1. Sind Sie gegenwärtig berufstätig oder waren Sie früher berufstätig?	
❏ Ja (→ weiter mit der nächsten Frage) ❏ Nein (→ weiter mit Frage 3)	
2. Welche berufliche Position trifft zurzeit auf Sie zu bzw. traf zuletzt auf Sie zu?	
❏ Ungelernter oder angelernter Arbeiter	❏ Beamter im einfachen Dienst
❏ Gelernter Arbeiter oder Facharbeiter	❏ Beamter im mittleren Dienst
❏ Meister	❏ Beamter im gehobenen Dienst
❏ Angestellter in einfacher Position	❏ Beamter im höheren Dienst
❏ Angestellter in mittlerer Position	❏ Landwirt
❏ Angestellter in gehobener Position	❏ Selbstständiger[16]
❏ Angestellter in höherer Position	❏ Freiberufler

Wenn man an Intergenerationenmobilität interessiert ist, muss natürlich auch nach dem Bildungsabschluss und der beruflichen Position der Eltern gefragt werden. Man sollte dazu die gleichen Kategorien verwenden wie zur Messung der entsprechenden Merkmale der Befragten selbst.

Zur Messung des Alters gibt es in der Praxis zwei Varianten: Entweder fragt man nach dem aktuellen Alter in Jahren oder man lässt sich das Geburtsjahr nennen. Die Abfrage des aktuellen Alters ist aber nicht empfehlenswert, weil das genaue Alter nicht unbedingt immer sofort kognitiv verfügbar ist (zumal es sich – dieser Einwand

---

[16] Gegebenenfalls kann man die Kategorien Selbstständiger und Freiberufler noch nach der Zahl der Angestellten differenzieren.

ist durchaus ernst gemeint – jedes Jahr ändert), und es auch Personen gibt, die dem Interviewer ihr Alter gar nicht so gerne sagen wollen. Die Frage nach dem Geburtsjahr, das ein Leben lang gleichbleibt, ist vorteilhafter, weil dies eine Information ist, die den meisten Befragten präsent sein dürfte (bei amtlichen Formularen wird immer wieder auch nach dem Geburtsdatum gefragt).

Die Frage nach dem Geschlecht erübrigt sich bei persönlichen Interviews, diese Information sollten die Interviewer selbstständig eintragen. Problematisch kann die Feststellung des Geschlechts aber am Telefon werden. Im Zweifel sollte man dies gleich zu Beginn des Gespräches klären, indem man sich beispielsweise noch einmal nach dem genauen Namen der Zielperson erkundigt („Entschuldigung, aber ich habe Ihren Namen nicht genau verstanden, Sie sind?").

Weitere, unter Umständen wichtige soziodemografische Fragen sind die nach dem Familienstand, nach der Konfessionszugehörigkeit und der Verbundenheit mit der jeweiligen Religionsgemeinschaft, der Häufigkeit des Kirchenbesuchs, der Wahlbeteiligung bei Bundestagswahlen und der Parteipräferenz, der Haushaltsgröße und der Zahl der Kinder.

Häufig – gerade bei regional vergleichenden Untersuchungen – braucht man auch Informationen über den Wohnort des Befragten oder generell Angaben über den sozialräumlichen Kontext. Neben der regionalen Zuordnung und der Bildung von Subsamples können diese Informationen auch als Indikatoren für Instanzen der primären und sekundären Sozialisation und der Gelegenheitsstrukturen der jeweiligen Lebenswelten verwendet werden. Man kann dazu z. B. nach der Wohnortgrößenklasse fragen.

Wohnortgrößenklasse

INT.: Wohnort des Befragten in Wohnortgrößenklasse einordnen:

- ❏ Unter 2.000 Einwohner
- ❏ 2.000 bis unter 5.000 Einwohner
- ❏ 5.000 bis unter 20.000 Einwohner
- ❏ 20.000 bis unter 50.000 Einwohner
- ❏ 50.000 bis unter 100.000 Einwohner
- ❏ 100.000 bis unter 500.000 Einwohner
- ❏ 500.000 Einwohner oder mehr
- ❏ Keine Angabe

Besser ist aber die Frage nach der Postleitzahl und dem Namen des Wohnorts (oder anderer relevanter Orte, z. B. des Studienorts). Bei Städten empfiehlt sich unter Umständen auch noch die Erfassung von Stadtteilen oder Wohnquartieren (offen oder als Liste). Dazu am besten geeignet ist natürlich die Frage nach der Straße, in der die Zielpersonen leben, hier ist allerdings aufgrund (zu Recht) unterstellter guter Möglichkeiten zur Deanonymisierung von Zielpersonen mit einer hohen Item-Non-Response-Rate zu rechnen.

Die Frage nach Postleitzahl und Wohnort liefert eine Vielzahl relevanter Kontextinformationen, weil man diese mit den Daten des Gemeindeverzeichnis-Informationssystems GV-Isys des Statistischen Bundesamtes verknüpfen kann (als Excel-Datei verfügbar unter: www.destatis.de/DE/Themen/Laender-Regionen/Regionales/_inhalt.html; letzter Abruf: 26.04.2019). Diese Datei beinhaltet neben Gemeindename und Postleitzahl Angaben zu Bundesland, ggfs. Regierungsbezirk, Kreis und Verbandsgemeinde bzw. Gemeinde, Einwohnerzahl (auch getrennt nach Männern und Frauen), Fläche der Gemeinde in km^2 und Bevölkerungsdichte. Diese Angaben können den Befragungsdaten zugeordnet werden, wenn in beiden Dateien die Gemeindenamen in einheitlicher Schreibweise vorliegen. Dies erfordert zwar in der Phase der Datenbereinigung einen gewissen Bearbeitungsaufwand, man erhält dafür aber vielfältig aggregierbare Gebietsdaten. Die zugrundeliegende Datei des Statistischen Bundesamtes wird jährlich aktualisiert. Wir haben für diese Verknüpfung ein Excel-Tool entwickelt, dass bei uns angefordert werden kann.

Fragen zu heiklen Themen
Als heikle Themen werden alle Themen bezeichnet, über die Befragte ungern Auskunft geben oder die Interviewer nicht gern ansprechen, weil sie als zu intim oder peinlich gelten, weil sie tabuisierte und sozial nicht wünschenswerte Einstellungen oder Verhaltensweisen betreffen oder weil Befragte nicht an die Folgenlosigkeit des Interviews glauben und bei ehrlichen Antworten negative Sanktionen befürchten.

Fragen zu heiklen Themen sind deshalb einem hohen Risiko der Antworthemmung und Antwortverweigerung (*non response*), der falschen Beantwortung ausgesetzt (Artefakte) und verfügen zudem über ein erhöhtes Risiko, dass die Befragten die Umfrage abbrechen (*unit non response*). Hinzu kommt das Problem, dass vor dem Hintergrund der Pluralisierung von Lebenszielen, Normen und Werten eine einheitliche Beurteilung von Themen als sensitiv bei allgemeinen Bevölkerungsumfragen nur noch sehr selten ist. Häufiger ist man damit konfrontiert, dass ein bestimmtes Thema bei den einen als heikel gilt, andere aber gerade zu besonderer Auskunftsfreude motiviert. Im Zweifelsfall muss man durch Pretests oder Vorstudien ermitteln, welche Themen in welchen Gruppen als sensitiv angesehen werden.

Einige allgemeine Trends lassen sich gleichwohl beobachten: Fragen nach der Zahl der Sexualpartner sind – anders als noch in den 1950er-, 1960er- und 1970er-Jahren – heute kaum noch als heikel einzustufen und produzieren nur noch wenige Antwortverweigerungen (sofern man diese nicht an eine spezifische Population richtet, wie z. B. vornehmlich ältere Personen). Trotzdem ist die Frage nach der Zahl der Sexualpartner artefaktanfällig, weil es bei bestimmten Personen eher zu einem Overreport tatsächlicher Sexualkontakte kommen kann. Es lässt sich in entsprechenden Untersuchungen immer wieder feststellen, dass Männer, die von Männern interviewt werden, über signifikant mehr Beziehungen berichten als Männer, die von Frauen interviewt werden. Deren durchschnittliche Kontaktzahl entspricht der, die auch Frauen nennen, wobei bei den Frauen das Geschlecht der Interviewer keine Rolle spielt. Offenbar orientieren sich von Männern interviewte Männer an bestimmten Rollenvorstellungen und neigen dann zu mehr oder weniger ausgeprägten Übertreibungen.

Dagegen sind Fragen nach der persönlichen Hygiene, nach dem politischen Interesse oder der politischen Einstellung gegenwärtig eher als heikel einzustufen. Wir sagten es schon: Eine der heikelsten Fragen überhaupt ist die Frage nach dem Einkommen, die regelmäßig große Non-Response-Raten produziert. Um hier nur ein Beispiel zu nennen: Im ZUMA-Sozialwissenschaften-BUS II/1990 haben rund 55 % der Befragten die Auskunft auf die direkte Frage nach dem Einkommen verweigert. Dieser Prozentsatz reduzierte sich durch die nachgeschaltete Frage, die mit Einkommensklassen operierte, zwar auf rund 16 %, auch dies ist aber immer noch eine vergleichsweise hohe Verweigerungsquote. Zum Vergleich: Die Frage danach, ob man in den letzten 12 Monaten vor der Befragung sexuell aktiv war, haben nur 6,2 % die Antwort verweigert. Von den sexuell Aktiven wiederum verweigerten nur 1,3 % die Antwort auf die Anschlussfrage nach wechselnden sexuellen Beziehungen in diesem Zeitraum.

Anders als in den USA, wo man umso eher über sein Einkommen spricht, je höher es ist, nimmt hierzulande die Auskunftsfreudigkeit mit steigendem Einkommen ab. Neben Antwortverweigerungen muss man bei der Frage nach dem Einkommen auch mit einem systematischen Underreport rechnen, weil vielfach zu niedrige Angaben gemacht werden.

Eine Möglichkeit, die Non-Response-Rate zu verringern, wurde eben schon angesprochen: Anstatt nach der exakten Höhe des Einkommens zu fragen, kann man Einkommensklassen bilden und die Zielpersonen dann fragen, in welche dieser Klassen ihr Einkommen fällt (und evtl. die Einkommensklassen zusätzlich durch ungeordnete Buchstaben repräsentieren).

Klassierte Frage nach dem Haushaltseinkommen

Wie hoch ist das monatliche Nettoeinkommen Ihres Haushaltes insgesamt? Wir meinen dabei die Summe, die sich ergibt aus Lohn, Gehalt, Einkommen aus selbstständiger Tätigkeit, Rente oder Pension, jeweils nach Abzug aller Steuern und Sozialversicherungsbeiträge.

Rechnen Sie bitte auch die Einkünfte aus öffentlichen Beihilfen, Einkommen aus Vermietung, Verpachtung, Wohngeld, Kindergeld und sonstige Einkünfte hinzu. Bitte kennzeichnen Sie, in welche Einkommensklasse das Nettoeinkommen Ihres gesamten Haushaltes fällt.

❏ Unter 1.000 €	❏ 4.500 bis unter 5.000 €
❏ 1.000 bis unter 1.500 €	❏ 5.000 bis unter 5.500 €
❏ 1.500 bis unter 2.000 €	❏ 5.500 bis unter 6.000 €
❏ 2.000 bis unter 2.500 €	❏ 6.000 bis unter 7.000 €
❏ 2.500 bis unter 3.000 €	❏ 7.000 bis unter 8.000 €
❏ 3.000 bis unter 3.500 €	❏ 8.000 bis unter 9.000 €
❏ 3.500 bis unter 4.000 €	❏ 9.000 bis unter 10.000 €
❏ 4.000 bis unter 4.500 €	❏ 10.000 € oder mehr

In der Umfrageforschung wurden schon seit den 1960er-Jahren ausgefeilte Techniken entwickelt, um heikle Fragen zu stellen. Im Folgenden stellen wir drei dieser Techniken in Grundzügen vor: *randomized response technique*, *item count technique* und *crosswise model*. Alle haben als gemeinsames Merkmal, dass der Antwort ein Zufallselement hinzugefügt wird, so dass niemand aus der gegebenen Antwort mit Sicherheit auf das heikle Verhalten des Befragten schließen kann. Trotzdem ist es möglich, auf das heikle Verhalten aller Befragten zu schließen. Wie dies geschieht, wird am Beispiel des Cannabiskonsums demonstriert.

Die Grundidee der *randomized response technique* (RRT) wurde von bereits im Jahr 1965 von Warner präsentiert. Bei RRT werden zwei Fragen gestellt, von denen jeder Befragte aber nur eine beantworten soll. Eine dieser Frage ist heikel, eine ist es nicht. Der springende Punkt ist nun, dass ein Zufallsmechanismus darüber entscheidet, ob die heikle oder nicht-heikle Frage beantwortet werden soll, wobei nur der Befragte selbst weiß, welche Frage er beantwortet hat. Damit die Frage ausgewertet werden kann, muss aber bekannt sein, wie viele Befragte welche der beiden Fragen beantworten werden. In der Regel wird dazu ein Zufallsexperiment mit der Auswahlwahrscheinlichkeit von 50 % durchgeführt. Im Beispiel könnte die heikle Frage lauten: „1. Haben Sie jemals in Ihrem Leben Cannabis genommen?" und die nicht-heikle Frage „2. Wurde Sie in einem geraden Jahr geboren (z. B. 1960)?".

Beispiel für eine RRT-Operationalisierung

Werfen Sie eine Münze: Wenn die Münze „Kopf" zeigt, dann beantworten Sie bitte Frage 1. Wenn die Münze „Zahl" zeigt, dann beantworten Sie bitte Frage 2.
1. Haben Sie jemals in Ihrem Leben Cannabis genommen?
2. Wurden Sie in einem geraden Jahr geboren (z. B. 1960)?

❏ Ja
❏ Nein

Beide Fragen können mit Ja oder Nein beantwortet werden. Als Zufallselement kann beispielsweise ein Münzwurf dienen: Wenn die Münze Kopf zeigt, soll der Befragte die heikle Frage 1 beantworten, bei Zahl soll die nicht-heikle Frage 2 beantwortet werden. Da der Forscher nicht weiß, welche Frage beantwortet wurde, kann aus der Antwort „Ja" nicht geschlossen werden, dass der Befragte Cannabis genommen hat, da „Ja" auch bedeuten kann, dass der Befragte in einem geraden Jahr geboren wurde.

Obwohl Rückschlüsse auf das Verhalten des Einzelnen somit nicht möglich sind, kann die Prävalenz des Cannabiskonsums berechnet werden: Angenommen, es werden 1.000 Personen befragt, dann ist bekannt, dass rund 500 Befragte die nicht-heikle Frage beantworten werden. Von diesen Befragten kann wiederum angenommen werden, dass die Hälfte die nicht-heikle Frage mit „Ja" beantwortet wird, weil eben die Hälfte der Menschen in einem geraden Jahr und die andere Hälfte in einem ungeraden Jahr geboren wird. In der Gruppe der Personen mit der nicht-heiklen Frage sind somit

250 „Ja-Antworten" zu erwarten. Um die Prävalenz des Cannabiskonsums zu schätzen, werden von den Ja-Antworten aller Befragten diese 250 Ja-Antworten abgezogen. Wenn im Beispiel insgesamt 300-mal „Ja" geantwortet wird, dann ist anzunehmen, dass sich (rund) 50 dieser Antworten auf die heikle Frage nach dem Cannabiskonsum beziehen, die von (rund) 500 Personen beantwortet wurde. Die geschätzte Cannabisprävalenz ist demnach 10 %. An diesem Zahlenbeispiel wird deutlich, dass bei der *randomized response technique* zwei Wahrscheinlichkeiten bekannt sein müssen, um die Prävalenz berechnen zu können: Neben der Wahrscheinlichkeit des Zufallsmechanismus (je 50 % für heikel und nicht-heikel bei einem Wurf einer fairen Münze) muss die Wahrscheinlichkeit bekannt sein, wie häufig die nicht-heikle Frage mit Ja beantwortet wird (ebenfalls 50 %).

In der Theorie mag RRT eine plausible und sinnvolle Methode zu sein, um heikle Fragen zu stellen, da sie keine Rückschlüsse auf den einzelnen Befragten zulässt, sehr wohl aber auf die Befragten insgesamt. In der Forschungspraxis haben sich aber Probleme gezeigt. Coutts und Jann haben in einem Methodenexperiment verschiedene Zufallsmechanismen ausprobiert (z. B. Münzwurf per Hand, elektronischer Zufallsgenerator usw.) und diese miteinander und mit einer direkten Frage nach heiklen Verhaltensweisen verglichen. Bis zu 20,5 % gaben an, den jeweiligen Zufallsmechanismus nicht vollständig zu verstehen. Dementsprechend gab es sehr viele Befragte, die dem Mechanismus nicht trauten – weniger als ein Viertel der Befragten gab an, dass sie sicher seien, dass der Zufallsmechanismus ihre Anonymität garantiere. Das Beantworten der heiklen Fragen einschließlich des Lesens der Instruktionen und der Durchführung des Zufallsmechanismus dauerte im Median bis zu knapp drei Minuten. Wenn die Befragten hingegen direkt und ohne RRT gefragt wurden, dauerte das Antworten nur 28 Sekunden. Des Weiteren haben bis zu 8,8 % der Befragten keine einzige heikle Frage beantwortet. Bei der Vergleichsgruppe, die direkt befragt wurde, lag dieser Wert bei 0 %, d. h. alle Befragten haben zumindest eine von mehreren heiklen Fragen beantwortet. Da viele Befragte die Technik nicht verstanden und ihr nicht vertrauten, hat ein Teil von ihnen immer „Nein" geantwortet, egal ob dies zutraf (Coutts und Jann 2011). Mit dieser Antwort wollten sie offensichtlich auf der „sicheren Seite" sein, so dass das Ziel der Technik verfehlt wurde. Etwas besser hat im Experiment die *item count technique* abgeschnitten, die im Folgenden vorgestellt wird.

Bei der *item count technique* wird den Befragten eine Serie von Aussagen präsentiert, und diese sollen angeben, wie viele dieser Aussagen auf sie zutreffen. Das Zufallselement besteht darin, dass es eine kurze Serie gibt und eine lange Serie, wobei die heikle Aussage nur in der langen Serie enthalten ist. Der Zufall bestimmt, ob die Befragten die kurze oder die lange Version beantworten sollen, wobei ihnen nicht bekannt ist, dass es verschiedene Versionen gibt. Im Cannabisbeispiel könnte die Langversion lauten: „Wie viele der folgenden Aussagen treffen auf Sie zu: 1. Ich besitze ein Haustier 2. Ich habe einen Führerschein 3. Letztes Jahr habe ich einen Urlaub in Frankreich verbracht 4. Ich habe mindestens einmal in meinem Leben Cannabis genommen".

Beispiel für eine Item-Count-Technik-Operationalisierung

Wie viele der folgenden Aussagen treffen auf Sie zu?

Langversion	Kurzversion
– Ich besitze ein Haustier – Ich habe einen Führerschein – Letztes Jahr habe ich einen Urlaub in Frankreich verbracht – Ich habe mindestens einmal in meinem Leben Cannabis genommen	– Ich besitze ein Haustier – Ich habe einen Führerschein – Letztes Jahr habe ich einen Urlaub in Frankreich verbracht
Auf mich treffen _____ der vier Aussagen zu.	Auf mich treffen _____ der drei Aussagen zu.

Die Antwortvorgaben reichen entsprechend von 0 bis 4. Wenn eine Person die Frage mit 2 beantwortet, dann treffen 2 Aussagen zu, aber es bleibt unklar, ob der Cannabiskonsum dazugehört. Erneut kann somit aus der individuellen Antwort nicht mit Sicherheit auf das individuelle Verhalten geschlossen werden. Um die Prävalenz des Cannabiskonsums zu ermitteln, werden die Ergebnisse der Langform mit denen der Kurzform verglichen. In der Kurzform wird die Aussage zum Cannabiskonsum nicht präsentiert, und die Antwortvorgaben reichen von 0 bis 3. Angenommen, jeweils 100 Personen beantworten die Kurzversion, und diese Personen geben an, dass im Durchschnitt 2,0 von maximal 3 Aussagen zutreffen. Wenn der Durchschnitt bei der Langversion 2,5 beträgt, dann ist davon auszugehen, dass 50 % der Befragten in ihrem Leben mindestens einmal Cannabis genommen haben (2,5–2,0). Dahinter steht die Annahme, dass die Befragten sich hinsichtlich der nicht-heiklen Fragen gleichen und die Zunahme des Mittelwerts um 0,5 auf die heikle Frage zurückzuführen ist.

Im bereits erwähnten Methodenexperiment von Coutts und Jann (2011) hat sich gezeigt, dass die *item count technique* besser bewertet wurde als die *randomized response technique*: So gaben 91,8 % an, die Technik verstanden zu haben. Mit 28,6 % gaben im Vergleich zur RRT zwar mehr Personen an, die *item count technique* wahre ihre Anonymität, aber auch dieser Wert ist recht niedrig. Mit einem Median von 116 Sekunden dauerte die Durchführung nicht so lange wie die meisten RRT-Techniken und der *non response* lag nur bei 0,3 %, womit die direkte Befragung immer noch besser abschneidet (Coutts und Jann 2011).

Beim *crosswise model* werden den Befragten zwei Fragen gestellt, wobei eine heikel ist und die andere nicht. Die Befragten geben an, ob die Antworten auf beide Fragen gleich sind oder ob sie sich unterscheiden. In Cannabisbeispiel könnten die beiden Fragen lauten: „1. Wurde Ihre Mutter im Januar, Februar oder März geboren? 2. Haben Sie jemals in Ihrem Leben Cannabis genommen?" Die Antwortvorgaben sind: a) Die Antwort auf beide Fragen ist gleich (Ja/Ja oder Nein/Nein) oder b) Die Antworten auf beide Fragen unterscheiden sich. Um die Prävalenz des Cannabiskonsums schätzen zu können, muss bekannt sein, wie viele Befragte die nicht-heikle Frage mit Ja beantworten werden, und diese Wahrscheinlichkeit darf nicht 50 % betragen. Zudem darf kein direkter Zusammenhang zwischen den Antworten auf beide Fragen bestehen, was hier angenommen werden kann. Die Berechnung der Prävalenz beruht auf dem Vergleich bedingter Wahrscheinlichkeiten.

Beispiel für eine Crosswide-Modell-Operationalisierung

Wir stellen Ihnen nun zwei Fragen. Geben Sie uns bitte an, ob die Antwort auf beide Fragen bei Ihnen gleich ist oder ob sich diese unterscheiden.

Frage 1: Wurde Ihre Mutter im Januar, Februar oder März geboren?

Frage 2: Haben Sie jemals in Ihrem Leben Cannabis genommen?

❏ Die Antwort auf beide Fragen ist bei mir gleich (Ja/Ja oder Nein/Nein).
❏ Die Antworten auf beide Fragen unterscheiden sich bei mir (eine Antwort ist Ja, die andere Antwort ist Nein).

Die Vorteile des *crosswise models* sind, dass sich der Befragte mit keiner Antwort „selbst belasten" muss – keine der Antworten legt nahe, dass der Befragte bereits Cannabis konsumiert hat. Durch diese Eigenschaft gibt es weder einen Anlass noch eine Möglichkeit, sich durch die Wahl einer (falschen) Antwort zu schützen. In einem Vergleich von RRT mit dem *crosswise model* und mit einer direkten Frage zeigte das *crosswise model* die höchsten Prävalenzen heiklen Verhaltens. Dies könnte darauf hindeuten, dass das *crosswise model* am besten dazu geeignet ist, solche Verhaltensweisen zu messen, es könnte aber auch auf falsch-positive Angaben zurückzuführen sein (Höglinger, Jann und Diekmann 2016).

Der derzeitige Forschungsstand zu diesen und ähnlichen Techniken ist noch spärlich, und es zeichnet sich derzeit noch kein Ansatz ab, der allen anderen überlegen ist und generell für heikle Fragen zu empfehlen ist. Ein grundlegendes Problem dieser Techniken ist zudem das Zufallselement, das der Antwort auf das heikle Verhalten hinzugefügt wird. Dieser zusätzliche Zufall führt dazu, dass die herkömmlichen statistischen Prozeduren etwa zur Berechnung von Konfidenzintervallen nicht greifen und die so gewonnen Daten mit Spezialsoftware ausgewertet werden müssen. Methodisch führt dies zudem dazu, dass mit den vorgestellten Techniken im Vergleich zu einer direkten Frage deutlich mehr Personen befragt werden müssen, um die gleiche Präzision der Stichprobenschätzung zu erreichen. Aktuell sollten solche Methoden daher nur dann verwendet werden, wenn es absolut notwendig ist und heikle Fragen nicht mit herkömmlichen Methoden gestellt werden können.

Eine weitere Möglichkeit, die Antwortrate bei sensitiven Fragen zu erhöhen, ist der Fragetrichter. Dabei beginnt man zunächst mit sehr allgemeinen Fragen zu dem jeweiligen Thema, die dann sukzessive spezieller werden (siehe dazu vertiefend 4.3 Aufbau des Fragebogens).

Schließlich kann man sensitive Fragen in sogenannten Selbstausfüllbögen oder Selbstausfüllern stellen, die von den Befragten verdeckt ausgefüllt werden und nach Beantwortung in einem verschlossenen Umschlag an die Interviewer zurückgegeben werden. Denn häufig lassen sich Antworthemmungen dadurch vermeiden, dass man sich zu bestimmten Einstellungen oder Verhaltensweisen nicht vor anderen bekennen muss („was mögen die denken"), sondern entsprechende Fragen anonym beantworten kann. Auch für Interviewer bietet dieses Vorgehen übrigens Vorteile, weil sie so die für viele schwierige und belastende Situation, heikle, peinliche oder unangenehme Fragen stellen zu müssen, vermeiden können. Diese Vorgehensweise hat zudem den Vorteil, dass das Interview durch den Wechsel des Mediums aufgelockert wird. Der Nachteil von Selbstausfüllern besteht allerdings darin, dass sie mehr Zeit in Anspruch nehmen, damit die Befragung verteuern und die Lesefähigkeit der Befragten voraussetzen. Bei sensitiven Fragen lassen sich – je nach Thema – außerdem die schon im Abschnitt 2.2.2 zum Thema Verhaltensreport vorgestellten Techniken anwenden.

4.2.4 Frageformen

Während es im vorherigen Abschnitt 4.2.3 „Fragearten" um inhaltliche Überlegungen ging, werden nun formale Aspekte der Formulierung von Fragen behandelt.

> ❗ Fragen lassen sich in unterschiedlicher Weise stellen, aber nicht jede Frageform ist für jedes inhaltliche Problem geeignet.

Zunächst muss das Messniveau des mit einer Frage zu messenden Merkmals berücksichtigt werden. Es ist nicht sinnvoll, nominale Merkmale z. B. durch Rating-Skalen zu messen. Das mag sich trivial anhören, wird in der Praxis aber immer wieder nicht beachtet, und zwar insbesondere in psychologischen Untersuchungen nicht. Dagegen kann es durchaus sinnvoll sein, ein höher skaliertes Merkmal auf einem niedrigeren Messniveau zu messen, wie dies am Beispiel der Merkmale Alter und Einkommen im vorherigen Abschnitt schon dargestellt wurde.

Kategoriale Fragen

Kategoriale Fragen dienen der Messung von Merkmalen mit nominalem Messniveau. Der häufigste Anwendungsfall ist die Alternativfrage oder Frage mit dichotomer Antwortvorgabe, wenn das zu messende Merkmal lediglich zwei Ausprägungen hat – wie im Fall des Geschlechts – oder man nur an zwei Ausprägungen interessiert ist. Viele Meinungsfragen sind sinnvollerweise als Alternativfragen zu formulieren, und zwar immer dann, wenn man wissen will, ob jemand eine bestimmte Meinung teilt oder nicht.

Beispiele für Alternativfragen

Sind Sie für oder gegen die Wiedereinführung der D-Mark?
- ❑ Ja, ich bin für die Wiedereinführung der D-Mark.
- ❑ Nein, ich bin gegen die Wiedereinführung der D-Mark.

Welche der folgenden Situationen sind Ihrer Meinung nach für eine AIDS-Infektion gefährlich, welche ungefährlich?

	gefährlich	ungefährlich
Flüchtige Körperkontakte	❏	❏
Besuche beim Zahnarzt	❏	❏
Küsse	❏	❏
Insektenstiche	❏	❏
Besuch eines Schwimmbads	❏	❏
Öffentliche Toiletten und Waschräume	❏	❏
Nutzung von Geschirr in Gaststätten	❏	❏
Besuch von Großveranstaltungen	❏	❏

Bei Fragen wie der zuletzt genannten ist man häufig nicht nur an den Merkmalsausprägungen für jede einzelne Frage interessiert, sondern will auch wissen, wie viele dieser Meinungen prozentual oder im Mittel geteilt werden. Im Fall von Ansteckungsängsten weiß man dann nicht nur, wer sich wovor fürchtet, sondern auch, wie ausgeprägt und tiefgehend Ansteckungsängste eigentlich sind, denn je häufiger jemand die Kategorie „gefährlich" wählt, umso stärker dürften auch seine Ansteckungsängste sein. Man wird hier also in der Datenanalyse einen Summenindex bilden, indem man einfach die Nennungen für „gefährlich" addiert. Um sich hier aufwendige Recodierungen zu sparen, ist es sinnvoll, „gefährlich" mit 1 zu codieren und „ungefährlich" entsprechend mit 0 zu codieren. Ein Indexwert von 7 bedeutet dann, dass die betreffenden Personen insgesamt sieben der vorgegebenen acht Alltagssituationen für ansteckungsrelevant halten.

Ein weiterer Anwendungsfall von Alternativfragen sind Fragen, bei denen Mehrfachnennungen vorzusehen sind. Dies ist immer dann der Fall, wenn sich bestimmte Merkmalsausprägungen nicht wechselseitig ausschließen, sondern parallel auftreten können. In diesem Fall wird danach gefragt, ob eine bestimmte Merkmalsausprägung vorhanden ist oder nicht. Ein Beispiel dafür ist die folgende Frage nach dem Vorhandensein von verschiedenen Elektrogeräten.

Beispiel für eine Frage mit Mehrfachnennungen

Sind in Ihrem Haushalt die folgenden Geräte vorhanden? (Mehrfachnennungen sind möglich!)

❏ Fernseher	❏ Bügeleisen
❏ Radio	❏ Kühlschrank
❏ Waschmaschine	❏ Tiefkühltruhe
❏ Wäschetrockner	❏ Mikrowelle

Fragen mit Mehrfachnennungen sind eine zeitökonomischere Alternative zu ausformulierten Fragen mit dichotomer Antwortvorgabe und formal auch überall dort einsetzbar, wo man mit diesen operieren kann. So hätte die schon vorgestellte Frage nach der perzipierten Ansteckungsgefahr mit HIV in Alltagssituationen auch in Form von

Mehrfachnennungen gestellt werden können. Von diesem Vorgehen ist allerdings bei Meinungsfragen abzuraten, weil es bei Mehrfachnennungen keine balancierten Antwortvorgaben gibt. Wenn man nur danach fragt, welche Alltagssituationen als gefährlich einzustufen sind, dann mag dies in einer wissenschaftlichen Untersuchung über ein so brisantes und gleichzeitig mit vielfältigen Unsicherheiten verknüpftes Thema wie AIDS bei Befragten den Eindruck suggerieren, dass eigentlich alle der genannten Ansteckungssituationen ansteckungsrelevant sind, denn warum sonst wird man überhaupt danach gefragt? Fragen mit Mehrfachnennungen sollten deshalb auf Verhaltensreports bzw. auf Faktfragen beschränkt bleiben.[17]

Zudem muss man sich bei Mehrfachnennungen wie im vorstehenden Beispiel darüber im Klaren sein, dass eine Verneinung nicht von „keine Angabe" unterschieden werden kann. Wenn ein Befragter kein einziges Haushaltsgerät angekreuzt hat, kann es sein, dass er tatsächlich über keins der genannten Geräte verfügt. Es kann aber auch sein, dass er dazu keine Angaben machen konnte oder wollte. Bei dichotomen Antwortvorgaben kann dieses Problem nicht auftauchen, was man sich im Beispiel zu den als gefährlich angesehenen Alltagssituationen leicht verdeutlichen kann: Entweder wird eine der Alternativen (gefährlich/ungefährlich) angekreuzt, oder es findet sich kein Kreuz, was als „keine Angabe" zu verstehen ist. Wenn also bei Fragen mit hohen Anteilen von „weiß nicht", „keine Angabe" oder Verweigerung zu rechnen ist, sollten dichotome Antwortvorgaben den Mehrfachnennungen vorgezogen werden.

Neben dichotomen Merkmalen gibt es auch nominale Merkmale mit mehr als zwei Ausprägungen. Beispiele dafür sind die individuelle Parteipräferenz, der Familienstand oder die Konfessionszugehörigkeit.

Ein Sonderfall von kategorialen Fragen sind Szenarien, die zur Messung von Einstellungen verwendet werden, wir werden darauf Abschnitt „Szenarien" weiter unten in diesem Kapitel zurückkommen.

Ordinale Fragen

Mit ordinalen Fragen werden Merkmalsausprägungen gemessen, die sich in eine hierarchische Ordnung bringen lassen. Anwendungsbereiche sind z. B. Gradmessungen der Zufriedenheit/Unzufriedenheit in bestimmten Lebensbereichen, der Zustimmung/Nichtzustimmung zu bestimmten Meinungen, der Wichtigkeit/Unwichtigkeit von Wertvorstellungen usw. Für solche Gradmessungen verwendet man üblicherweise sogenannte Skalen, die als dominante Anwendungsfälle von ordinalen Fragen behan-

---

[17] Bei der Codierung und Dateneingabe von Mehrfachnennungen ist zu beachten, dass es sich um einzelne Variablen handelt. Im Beispiel ist somit für jedes Gerät eine eigene Variable anzulegen (entspricht einer Spalte in der Datenansicht von SPSS). Bei den jeweiligen Ausprägungen ist eine „1" zu codieren, wenn das entsprechende Gerät vorhanden ist, und „0", wenn es nicht vorhanden ist. Im Datensatz werden somit insgesamt 8 Spalten angelegt, wenn 8 Geräte abgefragt werden.

delt werden. Ordinales Messniveau haben aber auch der formale Bildungsstand, die subjektive Schichteinstufung oder die Verbundenheit mit der Kirche oder anderen Institutionen.

Beispiele für ordinale Fragen

Wie stark fühlen Sie sich Ihrer Kirche verbunden?			
Sehr stark ○	Stark ○	Weniger stark ○	Gar nicht ○

Es wird heute viel über verschiedene Bevölkerungsschichten gesprochen. Welcher dieser Schichten rechnen Sie sich selbst eher zu:
- ❑ Der Unterschicht
- ❑ Der unteren Mittelschicht
- ❑ Der mittleren Mittelschicht
- ❑ Der oberen Mittelschicht
- ❑ Der Oberschicht
- ❑ Keiner dieser Schichten
- ❑ Weiß nicht

Ordinales Messniveau haben schließlich auch alle Fragen, die metrische Merkmale in klassierter Form erfassen, also Fragen nach Alters-, Einkommens- oder Wohnortgrößenklassen.

> ❗ Bei der Vergabe von Codezahlen für ordinale Fragen ist darauf zu achten, dass die hierarchische Ordnung der Antwortalternativen in den Codezahlen erhalten bleibt.

Metrische Fragen

Echte metrische Fragen, also Fragen mit Intervall- oder Ratioskalen-Niveau sind in den Sozialwissenschaften sehr selten. Hinzu kommt, dass etwa die unklassierte Variable „Alter" zwar metrisches, das damit zu messende latente Merkmal dagegen wohl nur ordinales Messniveau hat (siehe dazu vertiefend die Anmerkungen zum Unterpunkt Ratioskala im Abschnitt 2.1.2). Unstrittig metrisches Messniveau haben die unklassierte (aber hoch sensitive) Frage nach dem Einkommen und alle Fragen nach abzählbaren Eigenschaften.

Echte metrische Fragen sind von der Fragestellung und der Codierung her unproblematisch. Sie können als offene Fragen gestellt und die numerischen Antworten unmittelbar als Codes eingegeben werden. Problematisch ist hier eher der Informationsabruf seitens der Befragten, so dass man vielfach doch mit geschlossenen Fragen und bestimmten quantifizierenden Kategorien (quantifizierende Skalen) arbeitet, um den Befragten den Informationsabruf zu erleichtern (siehe dazu vertiefend Abschnitt 2.2.2

zum Thema Verhaltensreports sowie die Ausführungen zum Thema Skalen in diesem Kapitel). In der Praxis der Datenanalyse werden zudem viele Skalen wie intervallskalierte Merkmale behandelt und mit mittelwertbasierten Verfahren analysiert.

Skalen

Auch diese Streitfrage über das „wahre" Messniveau von Skalen können und wollen wir hier nicht entscheiden, sondern verweisen nochmals auf die Anmerkungen zum Messniveau am Ende des Abschnitts 2.1.2". Stattdessen werden wir in diesem Abschnitt einige der gebräuchlichsten Skalentypen vorstellen und deren Besonderheiten diskutieren. Zunächst ist jedoch zu beachten, dass mit dem Begriff der „Skala" in der empirischen Forschung zweierlei bezeichnet wird.

Mit „Skala" wird ein Set von mehreren zusammengehörigen Aussagen oder multiplen Indikatoren bezeichnet, mit deren Hilfe theoretische Konstrukte gemessen werden sollen. Beispiele für solche Skalen sind die „Kurzskala zur Messung von internalen und externalen Kontrollüberzeugungen" (siehe Abschnitt 4.2.3) oder die Skala zur Messung von „Schuldzuschreibung und Ausgrenzungsbereitschaft", die als Beispiel zur Datenaufbereitung von Skalen dient (siehe hierzu Abschnitt 5.1). Diese Bedeutung von „Skala" ist im Folgenden nicht gemeint.

Hier ist mit Skala die geordnete Folge von Mess- oder Skalenpunkten gemeint. Unterscheiden kann man Skalen unter anderem danach, ob die abgefragten Merkmale („Items" genannt) beurteilt oder quantifiziert werden sollen.

Quantifizierende Skalen dienen dazu, Häufigkeiten zu erfassen. Handelt es sich um eine Beurteilung, so spricht man von Beurteilungs-, Einschätzungs- oder Bewertungsskalen. Diese Art von Skalen macht den weitaus größten Teil von Skalen aus. Innerhalb dieser Skalenart ist zwischen Rating-Skalen und Ranking-Skalen zu unterscheiden. Bei Rating-Skalen werden verschiedene Objekte auf der gleichen Skala bewertet. Ein Beispiel wäre die Vorgabe, den Geschmack der drei Eissorten Vanille, Schoko und Erdbeere eines Herstellers mit Schulnoten zu bewerten. Bei Ranking-Skalen werden die Objekte dagegen in eine Rangfolge gebracht. Hier würde die Vorgabe entsprechend lauten, den drei Eissorten ihrem Geschmack entsprechend die Plätze 1, 2 und 3 zuzuordnen.

Dieses Beispiel verdeutlicht auch die Unterschiede zwischen beiden Verfahren. Häufig ist bei einem Ranking nicht vorgesehen, dass zwei Objekte gleich bewertet werden können (Vanille und Schoko z. B. beide auf Platz 2), wohingegen bei Rating-Skalen alle Objekte gleich bewertet werden können (alle Eissorten können mit der Schulnote „gut" bewertet werden). Wenn eine gleichrangige Bewertung von Objekten sinnvoll ist – was der Regelfall sein dürfte –, dann sollte eine Rating-Skala genutzt werden oder eine Ranking-Skala, die einen gleichen Rang für mehrere Objekte vorsieht.

Ein weiterer Nachteil von Ranking-Skalen im Vergleich zu Rating-Skalen ist, dass das absolute Niveau bei einem Rating häufig unklar bleibt. Im Beispiel bleibt ohne weitere Informationen unklar, ob der Platz 3 für die Sorte Erdbeere bedeutet, dass diese Sorte für ungenießbar gehalten wird oder für sehr gut, aber eben nicht so ausgezeichnet wie Vanille und Schoko. Analog kann Platz 1 für Schoko für ein hervorragendes Eis stehen, aber auch für das kleinste Übel unter den drei angebotenen Sorten. Wenn also keine weiteren Informationen über das absolute Niveau verfügbar sind, spricht dies für die Verwendung von Rating-Skalen anstatt Ranking-Skalen.

Eine formale Unterscheidung von Skalen ist möglich nach der Art der abzugebenden Urteile:
- numerische Skalen
- verbale Skalen
- grafische Skalen

Dabei sind auch Kombinationen dieser Grundtypen möglich und werden häufig verwendet. Quantifizierende Skalen mit vorgegebenen klassierten Häufigkeiten zählen zu den verbalen Skalen.

Beispiel für eine quantifizierende verbale Skala

Wie viele Stunden sehen Sie an einem normalen Wochentag, also von Montag bis Donnerstag, ungefähr fern? Sehen Sie sich bitte die Liste an und sagen Sie mir, was auf Sie zutrifft:

❏ Bis zu einer Stunde
❏ Ein bis zwei Stunden
❏ Zwei bis drei Stunden
❏ Drei bis vier Stunden
❏ Mehr als vier Stunden

Bei der Festlegung der Bandbreite quantitativer Kategorien muss man berücksichtigen, dass viele Befragte bei quantitativen Verteilungen eine Normalverteilung unterstellen und davon ausgehen, dass die Extremwerte der Skala auch die Extremwerte der tatsächlichen Verteilung darstellen. Mental repräsentiert wird bei bestimmten Verhaltensweisen, wie schon im Abschnitt über Verhaltensreports angemerkt, vielfach eine relationale Frequenz, woraus eine Tendenz zur Wahl von mittleren Kategorien der Skala resultieren kann. Deutlich wird dies z. B. anhand der beiden in Tabelle 4.3 dargestellten Verteilungen. Schwarz, Hippler, Deutsch und Strack (1985) haben in einem Split-Ballot-Experiment nach dem täglichen Fernsehkonsum gefragt. Die Frage war jeweils die gleiche, variiert wurden nur die Antwortvorgaben. In dem einen Fall wurde mit niedrigen, in dem anderen Fall mit hohen Häufigkeitskategorien gearbeitet.

In Gruppe A gaben rund 16 % der Befragten an, dass sie mehr als 2,5 Stunden am Tag fernsehen, in Gruppe B waren es dagegen 37,5 %. Ein bedeutender Teil der Befragungspopulation hat sich mithin an den vorgegebenen Antwortalternativen orientiert.

Man kann dieses Problem dadurch steuern, dass man viele Kategorien vorgibt, die relativ kleine Intervalle abdecken, und die Bandbreite der Skala nicht zu eng gestaltet. Sofern entsprechende Erkenntnisse vorliegen, sollten die Ausprägungen der Häufigkeitskategorien der Skala denen der tatsächlichen Verteilung angepasst werden.

Tab. 4.3: Berichteter täglicher Fernsehkonsum in Abhängigkeit von Antwortvorgaben (Quelle: Schwarz, Hippler, Deutsch und Strack 1985, S. 391).

GRUPPE A		GRUPPE B	
STUNDEN	%	STUNDEN	%
Bis zu 0,5	7,4	Bis zu 2,5	62,5
0,5 bis 1	17,7	2,5 bis 3	23,4
1 bis 1,5	26,5	3 bis 3,5	7,8
1,5 bis 2	14,7	3,5 bis 4	4,7
2 bis 2,5	17,7	4 bis 4,5	1,6
Mehr als 2,5	16,2	Mehr als 4,5	0,0

Die Option, auf eine Skala mit vagen Quantifizierungen wie „häufig, manchmal, selten, nie" zurückzugreifen, ist weniger empfehlenswert, wenn man an objektiven Häufigkeiten interessiert ist. Vage Quantifizierungen sind nicht objektiv verankert und damit schwer zu interpretieren. Die Bedeutungen vager Quantifizierungen sind sowohl zwischen Personen und Gruppen als auch über die Zeit sehr unterschiedlich. Zwei Stunden Fernsehkonsum an einem Werktag z. B. mag für die einen sehr wenig, für andere dagegen ein selten erreichtes Maximum sein und wären vor 40 Jahren vielleicht gar nicht vorstellbar gewesen.

Dagegen sind vage Quantifizierungen aber als Rating-Skalen durchaus verwendbar, wenn man an der subjektiven Einschätzung der Häufigkeit bestimmter positiver oder negativer Erlebnisse, Ereignisse usw. interessiert ist. Dabei interessiert im Sinn des Thomas-Theorems also weniger die objektive Häufigkeit bestimmter Ereignisse als deren subjektive Einschätzung. Gerade im Kontext von Zufriedenheitsmessungen sind solche Beurteilungen interessant, wie das folgende Beispiel verdeutlicht:

Beispiel für Quantifizierung mit vager Skala

Wenn Sie an Ihre Arztbesuche denken, wie würden Sie das Verhalten dieser Ärzte beschreiben? Bitte sagen Sie mir zu jeder Beschreibung auf der Liste, wie häufig sich Ihre Ärzte so verhalten:

	Häufig	Manchmal	Selten	Nie
Sie nehmen sich zu wenig Zeit.	○	○	○	○
Sie sind verständnisvoll.	○	○	○	○
Sie sind bevormundend.	○	○	○	○
Sie sind menschlich.	○	○	○	○
Sie drücken sich unverständlich aus.	○	○	○	○
Sie sind kühl und unpersönlich.	○	○	○	○
Sie sind freundlich und zuvorkommend.	○	○	○	○
Sie lassen einen lange warten.	○	○	○	○

Folgt man dem Thomas-Theorem, dann hängt die Zufriedenheit mit Ärzten nicht davon ab, wie häufig sie die Befragten tatsächlich bevormundet haben. Vielmehr hängt sie davon ab, ob die Befragten *glauben*, dass dies häufig oder selten geschieht. Somit mögen die vagen Quantifizierungen von den Befragten mit unterschiedlichen Häufigkeiten verbunden werden und sich darüber hinaus auch noch in ihren Häufigkeiten teilweise überlappen – entscheidend bleibt hier aber das relationale Urteil der Befragten, das auf diese Weise gemessen werden kann und von dem anzunehmen ist, dass es Einfluss auf andere Variablen hat.

Generell ist bei quantifizierenden Skalen darauf zu achten, dass die einzustufenden Items nicht schon quantifizierende Begriffe enthalten. Die Aussage „Ich gehe selten zum Arzt" lässt sich nicht sinnvoll mit Kategorien wie „dreimal im Jahr" oder mit der Vorgabe „häufig–manchmal–selten–nie" kombinieren.

Die gebräuchlichste verbale Rating-Skala ist die von Rensis Likert 1932 erstmals vorgestellte Skala zur Einstellungsmessung. Dabei werden mehrere Aussagen zu einer bestimmten Einstellungsdimension zusammengestellt, die dann anhand einer (meist) fünfstufigen Skala beurteilt werden sollen. Deutlich seltener sind siebenstufige Likert-Skalen. Zu beachten ist: Ungeeignet für Einstellungsmessungen sind Statements, die wahre Sachverhalte beschreiben. Zustimmungen zu solchen Statements indizieren keine Meinung, sondern Fachkenntnisse. Bei Einstellungsmessungen sollten präskriptive, aber keine deskriptiven Aussagen verwendet werden.

Die verbale Benennung der Skalenpunkte hängt ab von der Art des zu beurteilenden Gegenstandes. Bei Statements geht es um den Grad der Zustimmung oder Nichtzustimmung bzw. Ablehnung wie im folgenden Beispiel.

Beispiel für Item-Batterie mit Likert-Skala

Wir haben hier einige Aussagen zusammengestellt, die man häufig im Zusammenhang mit AIDS zu hören bekommt. Sagen Sie mir bitte zu jeder Aussage auf der Liste, inwieweit Sie dieser zustimmen bzw. diese ablehnen.

	Stimme sehr zu	Stimme eher zu	Teils/ teils	Lehne eher ab	Lehne sehr ab
AIDS ist die Geißel der Menschheit und die Strafe für ein unmoralisches, zügelloses Leben	○	○	○	○	○
AIDS-Infizierte haben meist einen fragwürdigen Lebenswandel	○	○	○	○	○
Unsere heutige Zeit mit ihrer Vergnügungssucht und all den Ausschweifungen hat AIDS erst möglich gemacht	○	○	○	○	○
Schuld an AIDS sind die Hauptrisikogruppen	○	○	○	○	○
usw.	○	○	○	○	○

Diese gewissermaßen klassische Benennung von Skalenpunkten[18] ist allerdings immer wieder mit dem Argument kritisiert worden, dass sie nicht eindimensional sei, da Zustimmung etwas qualitativ anderes ist als Ablehnung und sich nicht auf dem gleichen semantischen Kontinuum bewegt. Die explizite Ablehnung einer Aussage kann mit höheren psychischen Kosten verbunden sein als deren bloße „Nichtzustimmung" und damit in besonderer Weise Bejahungstendenzen provozieren. Um einem solchen möglichen Effekt zu begegnen, müsste eine eindimensionale Likert-Skala folgerichtig aus den verbalen Kategorien „stimme sehr zu", „stimme eher zu", „teils/teils", „stimme eher nicht zu" und „stimme überhaupt nicht zu" konstruiert werden.

Dem Argument, dass Zustimmung und Ablehnung semantisch differenzielle Konzepte sind, ist nicht zu widersprechen, allerdings ließen sich in einem Split-Ballot-Experiment, das wir 1995 im Rahmen des ZUMA-Sozialwissenschaften-BUS durchgeführt haben, keine signifikanten Unterschiede zwischen den beiden Versionen der Skalenbenennung erkennen (Eirmbter und Jacob 1996). Grundsätzlich kann man das Problem der strittigen Eindimensionalität natürlich dadurch umgehen, dass man die auch semantisch eindimensionale Verbalisierung verwendet. Bei Messungen von Persönlichkeitsmerkmalen wie Kontrollüberzeugungen empfiehlt sich folgende Skalierung.

Messung von Persönlichkeitsmerkmalen

Nachfolgend haben wir noch einmal einige Aussagen zusammengestellt. Bitte geben Sie an, in welchem Maße diese Aussagen auf Sie persönlich zutreffen: voll und ganz, eher, teils/teils, eher nicht oder überhaupt nicht

	Trifft voll u. ganz zu	Trifft eher zu	Teils/teils	Trifft eher nicht zu	Trifft überhaupt nicht zu
Häufig sind andere verantwortlich für Ereignisse, die mich betreffen	○	○	○	○	○
Erfolg ist oft weniger von Leistung, sondern vielmehr von Glück abhängig	○	○	○	○	○
usw.	○	○	○	○	○

Von Likert-Skalen leiten sich auch Messungen der Wichtigkeit von bestimmten Einstellungsobjekten ab, wobei es hier auch vierstufige Skalen gibt.

---

[18] Im Englischen reicht die Skalierung von *totally agree* bis *totally disagree*.

Messung der Wichtigkeit

Im Folgenden nenne ich Ihnen einige Ziele, nach denen sich Menschen in ihrem Leben richten können. Bitte bewerten Sie jedes der folgenden Ziele daraufhin, inwieweit es Ihnen persönlich für Ihr Leben von Bedeutung ist.

	Sehr wichtig	Wichtig	Weniger wichtig	Unwichtig
Erfolg im Beruf	○	○	○	○
Selbstverwirklichung	○	○	○	○
Ordnung	○	○	○	○
Sparsamkeit	○	○	○	○
glückliches Familienleben	○	○	○	○
Anerkennung	○	○	○	○
Bildung	○	○	○	○
politisches/soziales Engagement	○	○	○	○

Neben der Wichtigkeit lassen sich auch die Intensität, Wahrscheinlichkeit oder Zufriedenheit mit verbalen Antwortskalen messen:

Beispiele für verbale Antwortskalen

Intensitäten	„sehr / ziemlich / mittelmäßig / wenig / nicht"
Wahrscheinlichkeiten	„sicher / wahrscheinlich / vielleicht / wahrscheinlich nicht / keinesfalls"
Zufriedenheiten	„sehr zufrieden / zufrieden / weniger zufrieden / unzufrieden / sehr unzufrieden"

Zur Messung von Zufriedenheiten werden auch grafische Skalen eingesetzt, und zwar insbesondere die sogenannte Gesichter- oder Kunin-Skala. Man verwendet dabei in der Regel fünf oder sieben Gesichter-Piktogramme, die unterschiedliche Zustände von Zufriedenheit bzw. Unzufriedenheit symbolisieren (Abb. 4.3). Diese Form der Rating-Skala findet in der letzten Zeit zunehmend Anklang. Gründe hierfür sind unter anderem der ansteigende Anteil an Web- bzw. Onlinebefragungen, die die technische Implementierung solcher Skalen begünstigen, sowie die veränderte Kommunikation insbesondere von jungen Menschen über soziale Medien und mobile Endgeräte. Aus diesem Grund befassen sich aktuell immer mehr Studien mit der Frage, ob solche Smiley-Bewertungskalen, zumindest für bestimmte Zielgruppen (z. B. Kinder), Alternati-

Abb. 4.3: Beispiel für eine das Layout einer Kunin-Skala.

ven zu den traditionellen verbalen Rating-Skalen sein können sowie welchen Einfluss solche Skalen auf die Teilnahmemotivation und das Antwortverhalten der Respondenten haben (Cernart und Liu 2018; Couper et al. 2007; Stange et al. 2018).

Die Anwendung dieser Skala ist einfach und erfordert keine Instruktionen. Eine andere Variante der grafischen Skala, die sofort auch den hierarchischen Charakter der geforderten Beurteilung erkennen lässt, ist die Leiterskala, die aus 10 oder 11 Stufen bestehen kann. Diese Leiter geht auf Hadley Cantril (1965) zurück und sie hat sich bis heute vielfach bewährt (Levin und Currie 2014). Neben Zufriedenheitsmessungen können mit Leiterskalen auch soziale Distanzen gut erfasst werden, also Fragen danach, wie nah oder fern man anderen Personen, Gruppen oder Institutionen steht.

Beispiel für die Anwendung einer Leiterskala.

Alles in allem: Wie zufrieden sind Sie bisher mit diesem Lehrbuch? Benutzen Sie bitte für Ihr Urteil diese Leiter. 0 bedeutet, dass Sie damit überhaupt nicht zufrieden sind, und 10, dass sie völlig zufrieden sind.

Ähnlich wie die Leiterskala, aber mit wesentlich mehr Skalenpunkten, sind die Thermometer- und die Meterstabskala aufgebaut. Diese Skalen decken üblicherweise den Wertebereich von 0 bis 100 ab. Dieser große Wertebereich mag zu der Annahme verleiten, dass man mit diesen Skalen echte metrische Messungen durchführen kann, gerade dieser große Wertebereich ist aber bei vielen Fragen durchaus problematisch. Bei allen Beurteilungsobjekten dürfte eine Skala mit 101 Messpunkten das verbale Differenzierungsvermögen der meisten Befragten bei weitem überfordern (dies gilt übrigens schon für Skalen mit mehr als sieben Skalenpunkten). Viele Befragte lokalisieren sich relativ zur Mitte oder den Extremwerten, der dadurch erzielte (vermeintlich) exakte Skalenwert kommt dann zufällig zustande. Das metrische Messniveau ist ein reines Artefakt des Instruments, die Angaben der Befragten können eigentlich nur ordinal interpretiert werden. Dies ist auch der entscheidende Einwand gegen die Entwicklung psychometrischer Skalen, mit denen man in der Sozialforschung versucht, auf metrischem Messniveau zu messen.

Zwei Beispiele für psychometrische Skalen

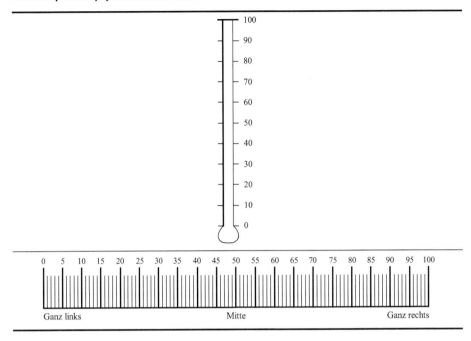

Die mit Thermometer- und Meterstab hergestellte Analogie zu physikalischen Messungen hat in vielen Fällen mit Alltagsurteilen wenig zu tun. Die eigene politische Position auf einem Meterstab zu verorten oder das Interesse an dem Thema Abtreibung anhand eines Thermometers zu quantifizieren, deckt sich nicht mit alltagsweltlichen Kategorien und verlangt eine klare Abstraktion von einer „normalen" Beantwortung solcher Fragen.

Beispiel für eine Notenskala zur Lehrevaluation

Alles in allem: Welche Note würden Sie dem Dozenten geben?

❏ Sehr gut
❏ Gut
❏ Befriedigend
❏ Ausreichend
❏ Mangelhaft
❏ Ungenügend

Thermometer- und Meterstabskalen eignen sich wiederum zur Messung von Zufriedenheiten und ganz allgemein zur Messung der Intensität emotionaler Befindlichkeiten wie Ärger oder Angst. Dabei kann es vorteilhaft sein, wenn man keine numerische Skala vorgibt, sondern die Befragten bittet, die Intensität eines bestimmten Gefühls auf der Skala selbst durch eine entsprechend kürzere oder längere Linie abzutragen. Eine ähnliche Vorgehensweise wird bei grafischen Schätzskalen praktiziert, wo Befragte auf einer vorgegebenen Linie Markierungen anbringen sollen.

Beispiel für eine grafische Schätzskala

In welchem Ausmaß entspricht dieses Lehrbuch Ihren Erwartungen? Bringen Sie bitte auf der Linie eine Markierung an der Stelle an, die Ihren Erwartungen entspricht.

Das Lehrbuch entspricht meinen Erwartungen:

überhaupt nicht |————————————————————————————————| voll und ganz

Skalen dieses Typs sind bei der Nutzung von gedruckten Fragebögen in der Codierung sehr aufwendig, weil man alle Linien nachmessen muss. Mit Hilfe von Schiebereglern in Onlinefragebögen können die Werte dagegen sofort erfasst werden.

! Grundsätzlich gilt, dass durch die grafischen Skalen die Befragung aufgelockert wird. Man sollte sich aber davor hüten, in einer Befragung in bunter Folge verschiedene grafische Skalen einzusetzen. Der Abwechslungseffekt tritt hier sehr rasch gegenüber einem Überforderungseffekt in den Hintergrund, weil die Befragten sich jedes Mal auf ein neues Skalierungsmodell einstellen müssen.

Bei numerischen Skalen wird zur Skalierung eine geordnete Zahlenfolge verwendet, wobei nur die Endpunkte verbale Etiketten erhalten.

Beispiel für eine numerische Skala zur Beurteilung der Sympathie eines Politikers

Wie sympathisch oder unsympathisch ist Ihnen Angela Merkel? Benutzen Sie bitte für Ihre Antwort die folgende Skala. Der Wert 1 bedeutet, dass Angela Merkel Ihnen sehr sympathisch ist, der Wert 5, dass Angela Merkel Ihnen sehr unsympathisch ist. Mit den Zahlen dazwischen können Sie Ihr Urteil abstufen.

1 = sehr sympathisch	2	3	4	5 = sehr unsympathisch
○	○	○	○	○

Numerische Skalen können im Prinzip überall dort eingesetzt werden, wo auch verbale Skalen angewendet werden. Als Zahlenfolge sollten bei numerischen Skalen positive Werte verwendet werden, weil Minus-Plus-Skalen die Vorstellung eines bipolaren Konstrukts wecken und deshalb unter Umständen der durch die negativen Zahlen abgedeckte Skalenbereich kaum genutzt wird.

> Hinsichtlich der Zahl der Skalenpunkte gilt für alle Skalentypen, dass in allgemeinen Bevölkerungsumfragen nicht zu viele Skalenpunkte verwendet werden sollten, weil dies das Differenzierungsvermögen der Befragten überfordern kann. Fünfstufige Skalen scheinen hier vielfach die beste Lösung darzustellen.

Problematisch ist die Verwendung von Skalen bei Telefoninterviews. Grafische Skalen lassen sich überhaupt nicht verwenden. Der Einsatz numerischer Skalen mit 10 oder 11 Skalenpunkten ist ohne Listenvorlagen ebenfalls kaum möglich. Lediglich verbale Skalen können bei Telefoninterviews verwendet werden, auch hier ist aber die Vorgabe von fünf Antwortalternativen unter Umständen schwierig. Zumindest bei bipolaren Rating-Skalen ist dieses Problem aber lösbar, nämlich durch das sogenannte Branching. Zur Beurteilung eines Objekts gibt man zunächst dichotome Antworten vor und lässt dann die gewählte Option auf einer Halbskala differenzieren.

Beispiel für Branching bei Telefoninterview

Bitte denken Sie doch nun einmal an Ihre körperliche Verfassung und Ihr Wohlbefinden. Sind Sie mit ihrem Gesundheitszustand im Augenblick:

INT.: Bitte Alternativen vorlesen

ERSTE STUFE	❏ zufrieden	❏ unzufrieden
ZWEITE STUFE	Wie zufrieden sind Sie mit Ihrem Gesundheitszustand?	Wie unzufrieden sind Sie mit Ihrem Gesundheitszustand?
	❏ völlig ❏ überwiegend	❏ völlig ❏ überwiegend

Polaritätsprofile

Polaritätsprofile sind ein Spezialfall numerischer Schätzskalen zur mehrdimensionalen Messung der Beurteilung der Eigenschaften eines Objekts oder einer Person. Das Verfahren wurde 1952 von Osgood unter dem Namen „Semantisches Differenzial" entwickelt. Der heute gebräuchlichere Begriff „Polaritätsprofil" wurde 1955 von Hofstätter geprägt (daneben findet sich außerdem der Begriff des „Eindrucksdifferentials"). Ein Polaritätsprofil besteht aus mehreren in der Regel siebenstufigen numerischen Skalen mit gegensätzlichen verbalen Etiketten an den Polen.

Die Art der Skalierung ist unterschiedlich: Entweder werden die Skalen als bipolare Minus-Plus-Skalen mit der 0 als Mittelkategorie konstruiert oder aber die Werte 1 bis 7 verwendet. Die Befragten sollen dann Objekte oder Personen auf jeder der Einzelskalen einstufen.

Beispiel für ein Polaritätsprofil

Im Folgenden stellen wir Ihnen einige gegensätzliche Eigenschaftspaare vor. Bitte beurteilen Sie anhand dieser Eigenschaftspaare die deutsche Bundeskanzlerin Angela Merkel.

INT.: Liste vorlegen

	1	2	3	4	5	6	7	
Zuverlässig	○	○	○	○	○	○	○	Unzuverlässig
Kurzsichtig	○	○	○	○	○	○	○	Weitblickend
Entschlusskräftig	○	○	○	○	○	○	○	Zögernd
Inkompetent	○	○	○	○	○	○	○	Kompetent
Gebildet	○	○	○	○	○	○	○	Ungebildet
Provinziell	○	○	○	○	○	○	○	Weltoffen
Selbstbewusst	○	○	○	○	○	○	○	Unsicher
Schlechte Rednerin	○	○	○	○	○	○	○	Gute Rednerin
Ideenreich	○	○	○	○	○	○	○	Einfallslos
Faul	○	○	○	○	○	○	○	Fleißig
Umgänglich	○	○	○	○	○	○	○	Aggressiv

Zu beachten ist bei der Entwicklung von Polaritätsprofilen, dass die Gegensatzpaare auch tatsächlich Gegensätze bezeichnen und in ihrer Bedeutung klar sind. Das mag sich trivial anhören, wird aber in der Praxis immer wieder nicht beachtet. Ob Begriffspaare wie „Sicherheitsdenken vs. Handlungsorientiertheit"; „Individualismus vs. Selbstdisziplin", „Kooperationsfähigkeit vs. Autonomie", „Sorgfalt vs. Kreativität" oder „Empfindsamkeit vs. Ausgeglichenheit", die im Rahmen von Assessment-Centern in Persönlichkeitstests verwendet wurden, wirklich Gegensätze beschreiben, muss doch sehr bezweifelt werden.

Es gibt eine Reihe von getesteten und bedeutungsklaren Gegensatzpaaren des sogenannten „universellen" oder „generellen semantischen Differenzials". Bei der Übernahme solcher Begriffspaare ist aber darauf zu achten, dass diese auf das zu beurteilende Objekt auch sinnvoll angewendet werden können.

! Bei der Zusammenstellung eines Polaritätsprofils sollte die Polung der Teilskalen variieren, um Positionseffekte zu vermeiden. Positive Begriffe sollten also auf der linken wie auch auf der rechten Seite des semantischen Differenzials stehen.

Bei der Auswertung eines Polaritätsprofils werden die jeweiligen Teilskalenmittelwerte berechnet, in das semantische Differenzial eingetragen und miteinander verbunden, so dass ein charakteristischer Profilverlauf für das zu beurteilende Objekt entsteht. Außer den Mittelwerten kann auch die Standardabweichung jeder Teilskala berechnet werden und in Form eines Box-Plots eingetragen werden, so dass man auf einen Blick sieht, welche Eigenschaften vergleichsweise einheitlich und welche eher heterogen beurteilt werden.

Vergleiche

Polaritätsprofile lassen sich auch zu Vergleichszwecken verwenden, indem man etwa die Beurteilungsprofile von zwei Politikern miteinander vergleicht. Dies kann entweder erst in der Datenanalyse geschehen, indem man in der Befragung die Eigenschaften für jeden der beiden Politiker separat abfragt. Möglich ist aber auch, dass man die Befragten bittet, zuerst den einen Politiker zu beurteilen und im Vergleich dazu dann den anderen.

Dabei können durchaus andere Resultate erzielt werden als bei getrennten Beurteilungen. So mag beispielsweise der Politiker X allgemein betrachtet als langweilig und farblos gelten, im Vergleich mit dem Politiker Y dagegen aber als durchaus noch charismatisch. D. h., dass bei voneinander unabhängigen Messungen beide Politiker unter Umständen gleiche Profilverläufe aufweisen, bei relationalen Messungen dagegen nicht.

Die Resultate allgemeiner und globaler Vergleiche ohne Vorgabe von Eigenschaftslisten sind nicht unabhängig davon, welches Objekt als Vergleichsbasis fungiert. Logischerweise müsste bei einem Vergleich von A mit B das gleiche Resultat erzielt werden wie bei einem Vergleich von B mit A. Vergleiche von Objekten oder Personen folgen in der Regel aber nicht der formalen Logik, sondern in sehr viel stärkerem Maß einer spezifischen Psycho-Logik.

Bei der psychologischen Vorgehensweise wird von dem Objekt, das als Vergleichsmaßstab fungiert (Objekt 1), eine mentale Repräsentation erstellt und das zu vergleichende Objekt 2 mit den Eigenschaften verglichen, die für 1 charakteristisch sind. Was bei 1 nicht vorkommt, spielt dann bei dem Vergleich unter Umständen keine Rolle, auch wenn 2 über entsprechende Eigenschaften verfügt. Insofern kann beispielsweise die Frage: „Ganz allgemein gefragt, wen halten Sie für den besseren Politiker: Gerhard Schröder oder Angela Merkel?" eine andere Verteilung produzieren als die Frage „Ganz allgemein gefragt, wen halten Sie für den besseren Politiker: Angela Merkel oder Gerhard Schröder?" Wenn Gerhard Schröder als Vergleichsmaßstab zuerst genannt wird, könnte die Befragungsperson ihn beispielsweise mit seiner Sozialpolitik („Agenda 2010") verbinden und Angela Merkel daran messen. Wird hingegen Angela Merkel zuerst genannt, könnte etwa ihre Einwanderungspolitik der Maßstab sein, an dem Gerhard Schröder gemessen wird.

Zur besseren Einschätzung der Ergebnisse von Vergleichen sollte deshalb bei der Präsentation immer die genaue Aufgabenstellung dokumentiert werden.

Bei Vergleichen von mehreren Objekten auf der gleichen Skala spielt außerdem eine Rolle, aus welchen Objekten sich die zu beurteilende Menge zusammensetzt und in welcher Form diese den Befragten präsentiert wird. **!**

Wenn man Befragten alle Beurteilungsobjekte gleichzeitig auf einer Liste präsentiert, dann verschieben sich die Ratings für die einzelnen Objekte je nach Zusammensetzung der Beurteilungsmenge –abhängig von den jeweiligen Extremen der vorgegebenen Gruppe. Wenn z. B. bestimmte Politiker auf einem Rechts-Links-Kontinuum angeordnet werden sollen, dann dürfte sich die Position aller einzustufenden Politiker nach links verschieben, wenn man einen bekannt rechtsextremen Politiker mit aufführt. Umgekehrt dürften sich die Positionen nach rechts verschieben, wenn stattdessen ein linker Politiker genannt wird.

In jedem Fall aber sollte den Befragten *vor* dem Rating solcher Objekte die ganze Liste präsentiert werden, damit auch extreme Objekte auf der vorgegebenen Skala platziert werden können. Beachtet man beides nicht, so kann es passieren, dass die Pole der Skala bereits für andere Objekte verwendet wurden und das Extremobjekt der einzustufenden Gruppe nicht mehr korrekt eingestuft werden kann. In solchen Fällen kann es zu Ceiling- oder Floor-Effekten kommen. Im ersten Fall werden mehrere Beurteilungsobjekte mit durchaus unterschiedlichen Merkmalsausprägungen im obersten Teil der Skala zusammengedrängt, im zweiten Fall im untersten. Adäquat interpretieren kann man solche Vergleiche mithin nur relational und wenn man weiß, ob die Befragungspersonen die gesamte Liste vor Abgabe ihrer Urteile zur Kenntnis genommen haben oder diese sukzessive abgearbeitet wurde.

Um im Beispiel zu bleiben: Ohne Kenntnis, dass ein rechtsextremer Politiker noch genannt wird, wird vielleicht schon ein moderater Rechter ganz rechts gruppiert. Der Rechtsextreme kann dann bestenfalls noch in die gleiche Kategorie eingeordnet werden. Daraus das „Ergebnis" abzuleiten, dass der moderat rechte Politiker als genauso rechtslastig gilt wie der Rechtsextreme oder umgekehrt, ist aus methodischen Gründen unzulässig, weil es sich hier vielfach schlicht um ein Artefakt handelt, bedingt durch die Art die Frage und die Präsentation der Skala.

Szenarien

Szenarien werden zur Messung von Einstellungen verwendet, die sich nur schlecht als Statements operationalisieren lassen, weil die Formulierung von Indikatoren längere Texte notwendig macht.

Bei Szenarien werden zwei bis drei unterschiedliche Meinungen zu einem bestimmten Sachverhalt formuliert. Die Befragten sollen dann entscheiden, welche dieser Meinungen am ehesten ihrem eigenen Standpunkt entspricht. Mehr als drei Meinungen sollten nur in Ausnahmefällen formuliert werden, weil dies in Anbetracht der etwas längeren Formulierungen leicht zu einer Überforderung der Befragten führen kann.

Bei Szenarien gibt es zwei Varianten: Entweder werden die zu messenden Meinungen als vergleichsweise weit verbreitete, aber eben unterschiedliche Standpunkte eingeführt, oder sie werden als sogenannte Dialogfragen gestellt. In diesem Fall wird eine Unterhaltung zwischen zwei oder drei Personen vorgestellt, und den Beteiligten werden die verschiedenen Meinungen in den Mund gelegt. In beiden Fällen ist darauf zu achten, dass die vorgestellten Meinungen als gleichwertig dargestellt werden.

Jede explizite oder implizite Wertung ist zu unterlassen, weil sie Befragte zu einer bestimmten Antwort drängen kann.

Beispiele für Szenarien

Stellen Sie sich vor, drei Diabetiker unterhalten sich im Wartezimmer über ihren Diabetes.

Diabetiker 1 sagt, dass er sich immer an die Ernährungsrichtlinien für Diabetiker hält.

Diabetiker 2 räumt ein, dass er bei Anlässen wie Geburtstagen oder anderen Festen nicht immer auf Ernährungsrichtlinien achtet.

Diabetiker 3 ist der Überzeugung, dass die Ernährungsrichtlinien zu streng sind und er alles essen und trinken kann, solange er seine Medikamente nimmt.

Zu welcher Haltung neigen Sie selbst?

- ❏ Diabetiker 1 (hält sich immer an die Ernährungsrichtlinien)
- ❏ Diabetiker 2 (achtet bei bestimmten Anlässen nicht immer auf die Ernährungsrichtlinien)
- ❏ Diabetiker 3 (kann alles essen, solange er seine Medikamente nimmt)

Hier diskutieren drei Frauen über den § 218.

Welcher Meinung neigen Sie eher zu, der Meinung von Frau A, von Frau B oder Frau C?

- ❏ Frau A
- ❏ Frau B
- ❏ Frau C

Frau A: Ich finde, der §218 sollte ersatzlos gestrichen werden. Jede Frau muss allein entscheiden, ob sie ein Kind austragen will oder nicht, schließlich muss sie sich auch später um dessen Erziehung kümmern

Frau B: Ich finde, das Lebensrecht der Kinder hat absoluten Vorrang vor dem Recht der Frau auf Selbstbestimmung. Schwangerschaftsabbrüche sollten deshalb nur zulässig sein, wenn das Leben der Mutter durch eine Schwangerschaft gefährdet ist.

Frau B

Frau A

Frau C

Frau C: Ich finde zwar auch, dass man Frauen hier mehr Rechte einräumen muss, man muss aber auch das Wohl des Kindes sehen. Deshalb finde ich die Regelung sinnvoll, dass Schwangerschaftsabbrüche bis zum dritten Monat nach vorheriger Beratung der Frauen grundsätzlich möglich sind. Nach dieser Frist darf dann aber kein Abbruch mehr möglich sein.

Vignetten/Faktorielle Surveys

Vignetten sind Beschreibungen sozialer Situationen, die die Befragungspersonen bewerten sollen, wobei immer mehrere Situationen zu bewerten sind, die sich in für die Bewertung als relevant vermuteten Merkmalen unterscheiden. Diese Merkmale werden unabhängig voneinander variiert. Bei Vignetten werden diese Merkmale auch „Faktoren" genannt, und die jeweiligen Merkmalsausprägungen heißen „Faktorstufen".

Eine Vignette könnte beispielsweise lauten: „Wie viel sollte eine Ärztin mit fünf Jahren Berufserfahrung, die in einem Krankenhaus arbeitet und durchschnittliche Leistungen erbringt, im Monat netto verdienen?" Bei dieser Vignette könnten die Merkmale Geschlecht (Arzt/Ärztin), Berufserfahrung (ohne/5/10/15/mehr als 20 Jahre), Leistung (über-/unterdurchschnittlich, durchschnittlich) und Arbeitsverhältnis (Krankenhaus/niedergelassen) variiert werden. Auf diese Weise kann ermittelt werden, welchen Einfluss die Merkmale jeweils für sich und in ihrer Kombination auf das Urteil der Befragten haben. Ein solches Vorgehen hat Vorteile gegenüber den bisher vorgestellten Einstellungsfragen. Ein zentraler Vorteil von Vignetten ist, dass die Befragten bei der Beantwortung der Vignetten implizit eine Gewichtung der Wichtigkeit einzelnen Einflussfaktoren vornehmen. Zudem gilt dieses Instrument durch seine indirekte Abfrage, zumindest in schriftlichen Befragungen, als deutlich weniger anfällig für sozial wünschenswertes Antwortverhalten. Demzufolge eignet es sich besonders gut zur Messung von sensiblen Themen, die in der Öffentlichkeit schwer zu diskutieren sind, z. B. die etwaige Diskriminierung von ausländischen Fachkräften auf dem deutschen Arbeitsmarkt (Mergener und Maier 2018). Beispielsweise kann mit einem Mittelwertvergleich indirekt ermittelt werden, ob weibliche und männliche Fachkräfte aus Sicht der Befragten unterschiedliche Einkommen haben sollten. Die direkte Frage „Sollten Frauen bei gleicher Tätigkeit und bei gleicher Leistung weniger verdienen als Männer?" wird dagegen kaum bejaht werden, weil sie sozial wünschenswertes Antwortverhalten provoziert.

Vignetten kombinieren die Vorteile klassischer Laborexperimente mit den Vorteilen der Befragung. Wie bei Laborexperimenten werden die vermuteten Einflussfaktoren gezielt variiert und deren Auswirkungen gemessen. Anders als Laborexperimente sind Befragungen mit Vignetten hingegen vergleichsweise günstig. Ein weiterer Vorteil von Vignetten ist, dass die Merkmale unabhängig voneinander variiert werden können, wohingegen sich etwa bei Sekundärdatenanalysen zu Gehältern zeigen könnte, dass die Berufserfahrung und die Arbeitsleistung positiv korrelieren. In den Vignetten können die Einflüsse beider Merkmale getrennt voneinander variiert und untersucht werden. Zudem ist als Vorteil zu nennen, dass sowohl Merkmale der Vignette („ausländische Fachkraft/deutsche Fachkraft") als auch Merkmale der Befragungsperson selbst (z. B. Geschlecht des Befragten) in die Analyse einbezogen werden können.

Wegen der genannten Vorteile werden Vignetten zunehmend genutzt, wobei die Technik bereits 1951 von Peter H. Rossi in seiner Dissertation vorgestellt wurde, allerdings zunächst in Vergessenheit geriet. Typische Anwendungsgebiete sind in den Sozialwissenschaften und der Psychologie Studien zur Normgeltung, zur Definition von

Armut und Sozialprestige und zu Gerechtigkeitsvorstellungen. Aus dem Bereich der Rechtsprechung gibt es Studien zur Angemessenheit von Strafen und zur Bewertung von sexuellem Missbrauch. Das Verfahren der Conjoint-Analyse aus der BWL dient dazu, die Nützlichkeit einzelner Produktkomponenten zu bewerten oder einen angemessenen Preis für ein Produkt zu ermitteln und ähnelt damit der Vignettentechnik.

Allerdings bringt das Verfahren auch einige Probleme mit sich. Ein Problem ist, dass die Zahl der zu beurteilenden Vignetten schnell sehr groß wird. Die Gesamtzahl der Variationen einer Vignette berechnet sich durch die Multiplikationen der jeweiligen Ausprägungen der Merkmale. Bereits das einfache obige Beispiel mit vier Merkmalen enthält 60 Kombinationen = $2 \cdot 5 \cdot 3 \cdot 2$ (= Geschlecht·Berufserfahrung·Leistung·Arbeitsverhältnis). Jeden Befragten jede Variation beantworten zu lassen würde viel Zeit kosten und Abbrüche oder „Standardantworten" provozieren, da die „Variationen des immer Gleichen" die Befragten stark ermüden. Eine Lösung besteht darin, eine bestimmte Anzahl Vignetten per Zufall auf die Befragten zu verteilen. Vorab sollten aber in Pretests die wichtigsten Dimensionen ermittelt werden, um weniger wichtige auszuschließen. Eine zu große Zahl von Dimensionen erhöht zudem die Komplexität der Urteilsfindung für den Befragten, so dass einzelne Dimensionen womöglich nicht mehr gegeneinander abgewogen werden. Allerdings gibt es noch keinen Konsens über die „optimale" Zahl von Dimensionen, wobei die Kognitionsforschung davon ausgeht, dass Menschen zwischen fünf und neun Dimensionen gleichzeitig in ein Urteil einfließen lassen können.

Zur weiteren Reduktion der Anzahl der Vignetten kann es sinnvoll sein, die Zahl der Ausprägungen der Dimensionen zu reduzieren, etwa im Beispiel die Ausprägungen der Berufserfahrung von 5 auf 3 (ohne/10/mehr als 20 Jahre). Hier ist zudem der „Number-of-Levels-Effekt" bedeutsam. Dies bedeutet, dass Dimensionen mit vielen Ausprägungen mehr Aufmerksamkeit anziehen als Dimensionen mit wenig Ausprägungen (z. B. Geschlecht) und in Folge das Ergebnis stärker beeinflussen.

Zu beachten ist, dass empirisch unrealistische Kombinationen nicht abgefragt werden. Vignetten wie im folgenden Beispiel können Zweifel an der Ernsthaftigkeit der Forschung wecken und provozieren „Spaßantworten" oder den Abbruch der Befragung: „Wie viel sollte eine 20-jährige Professorin mit 10 Jahren Berufserfahrung, die überdurchschnittliche Leistungen erbringt, 3 Kinder hat und häufig krank ist, im Monat verdienen?" Solche Vignetten sollten tunlichst nicht im Feld präsentiert werden (vgl. zum Number-of-Levels-Effekt und zu unrealistischen Vignetten Auspurg, Hinz und Liebig 2009).

Eine Einschränkung der Vignettentechnik besteht darin, dass sie sich nicht für alle Befragungsarten eignet. Wenn die Befragungstechnik erläutert wird, können Vignetten bei postalischen Befragungen, vor allem aber bei Onlinebefragungen genutzt werden. Bei persönlichen Befragungen können Vignetten in Form eines Kartenspiels abgefragt werden, was Abwechslung in das Interview bringt. Nicht geeignet sind Vignetten dagegen für telefonische Befragungen, da sie in dieser Form die Erinnerungsleistung stark strapazieren und als wenig abwechslungsreich empfunden werden.

4.3 Aufbau des Fragebogens

Dem Aufbau des Fragebogens kommt ähnliche Bedeutung zu wie der Formulierung von Fragen.

Kontexteffekte sind, wie die Beispiele in den vorherigen Abschnitten deutlich gemacht haben dürften, vor allem Folge eines suboptimalen Fragebogenaufbaus. Dringend zu empfehlen ist deshalb die Entwicklung und Diskussion von Fragebögen in einem Team. Man sollte sich auch klarmachen, dass häufige Überarbeitungen des Instruments (womit auch Änderungen der Frageformulierungen gemeint sind) der Normalfall sind. Bevor ein Fragebogen als Pretest-Version das erste Mal ins Feld geht, dürfte er bei sorgfältiger Arbeit mindestens fünfmal überarbeitet und geändert worden sein.[19]

Bei der Komposition eines Fragebogens wird zunächst im Sinn einer Makroplanung der Grobaufbau festgelegt. Dieser Grobaufbau spiegelt sich auch in der Gliederung dieses Abschnitts. Einem Einleitungstext und den Eröffnungsfragen folgen Frageblöcke mit unterschiedlicher inhaltlicher Ausrichtung. Beendet wird die Befragung mit der Erhebung der soziodemografischen Merkmale und einer Schlussformel.

Von diesem Grobaufbau sollte nur in begründeten Ausnahmefällen abgewichen werden, z. B. kann der Demografieteil bei Mehrthemenbefragungen mit deutlich divergierenden Inhalten als Pufferblock zwischen zwei Themen geschaltet werden.

Formal müssen Fragebögen so gestaltet werden, dass sie für Interviewer (bei mündlichen Interviews) oder für Befragte (bei schriftlichen Befragungen) übersichtlich sind und leicht und sicher gehandhabt werden können. Fragebogenseiten sollten nicht mit Fragen und erläuternden Texten (etwa zur Filterführung) überfrachtet sein. Es ist hier empfehlenswerter, großzügig mit Papier umzugehen und ein paar Seiten mehr zu verwenden.

Allerdings sollte eine zusammenhängende Frage oder Statement-Batterie auf einer Seite präsentiert werden, weil andernfalls das Risiko zu groß ist, dass die Antwortvorgaben schlicht vergessen werden.

Zur besseren Handhabbarkeit gehört auch ein ansprechendes Design und Layout. Die Verwendung von Proportionalschriften (z. B. Times New Roman, Arial) ist der von Schriften gleicher Breite (z. B. Courier) vorzuziehen, die Strukturierung von Fragen durch Rahmen und Linien ist ebenfalls empfehlenswert. Nicht empfehlenswert ist dagegen ein häufiger Wechsel von Schriftart und Schriftgrad, weil dadurch das Schriftbild sehr unruhig wird. Man sollte sich hier auf eine Schriftart für Fragen und eine für Hinweise (z. B. bei Filterführungen beschränken). Auch Hervorhebungen im Text sollten einheitlich gestaltet werden (entweder immer im Fettdruck oder immer unterstrichen).

---

19 Um hier nur ein typisches Beispiel aus unserer Forschungspraxis zu nennen: Die Fragebogenentwicklung für ein von der DFG gefördertes Umfrageprojekt über Laienkonzepte von Gesundheit und Krankheit umfasste insgesamt 11 interne Arbeitsversionen, bevor das Pretest-Exemplar an ZUMA geschickt wurde.

Bei Fragebögen für mündliche Interviews müssen außerdem Intervieweranweisungen in den Fragebogen integriert und optisch hervorgehoben werden. Bewährt haben sich hier Kursivdruck und der Zusatz: *„Int.:"* oder *„Interviewer:"*.

Alle Texte, die ein Interviewer sprechen muss, müssen im Fragebogen auch wörtlich abgedruckt werden. Neben Fragen sind dies Einleitungs- und Schlusstexte, Überleitungen oder mögliche Erläuterungen.

4.3.1 Einleitungstext

Jede Befragung – egal ob schriftlich oder mündlich – muss mit einem kurzen und allgemein gehaltenen Einleitungstext eröffnet werden, der die Zielpersonen über Themenbereich, Auftraggeber und durchführende Institution der Befragung informiert und erklärt, wie die Zielpersonen ausgewählt wurden.

Außerdem müssen die Zielpersonen darauf hingewiesen werden, dass eine Teilnahme freiwillig ist und dass man alle Angaben entsprechend den Vorgaben der Datenschutzgesetzgebung vertraulich behandelt und anonym auswertet. Erfahrungsgemäß ist es aber nicht ratsam, ausführlich darauf einzugehen, wie man die Daten anonymisiert, um zu verhindern, dass man konkrete Personen identifizieren kann. Dieses Vorgehen ist eher kontraproduktiv und führt nicht etwa zur Zerstreuung von Befürchtungen, sondern weckt diese vielfach erst, da man Befragte so darauf aufmerksam macht, was man mit ihren Daten alles anstellen könnte.

Einladung zum ZUMA-Sozialwissenschaften-BUS II/1990

Die GFM-GETAS, Gesellschaft für Marketing-, Kommunikations- und Sozialforschung mbH, Hamburg, ist ein Umfrageinstitut, das in der Bundesrepublik Deutschland Umfragen zu ganz unterschiedlichen Themen durchführt. Wir bitten Sie heute um Ihre Teilnahme an einem Studienprojekt, das wir in Zusammenarbeit mit universitären Forschungsinstituten bearbeiten und das sich insbesondere mit Problemen beschäftigt, die Menschen haben können, bzw. mit Problemen, die in unserer Gesellschaft auftreten können. Ihre Anschrift ist durch ein statistisches Zufallsverfahren in die Befragungsstichprobe gelangt. Alle Ihre Angaben werden anonym behandelt, d. h. die Antworten werden ohne Namen und Adresse ausgewertet. Die Forschungsarbeit unterliegt den Regelungen der Datenschutzgesetzgebung. Es ist absolut sichergestellt, dass Ihre Angaben nicht mit Ihrer Person in Verbindung gebracht werden.

Der Einleitungstext soll sehr allgemein gehalten werden, um Reaktivitäten zu vermeiden. Eine ausführliche Erläuterung der Untersuchungsziele und -inhalte könnte bei den Befragten bestimmte Erwartungen produzieren oder Assoziationen in eine bestimmte Richtung lenken, so dass diese dann unter Umständen nicht mehr spontan, sondern strategisch oder im Sinn sozialer Erwünschtheit antworten. Die präzise Benennung des Auftraggebers könnte einen Sponsorship-Bias zur Konsequenz haben. Auf konkrete Nachfrage hin sollte der Auftraggeber der Untersuchung natürlich immer genannt werden. Dies ist dann aber explizit auf dem Fragebogen zu vermerken, um später bei der Datenanalyse gegebenenfalls berücksichtigt zu werden. Grundsätzlich ist eine kurze Einleitung ratsam, weil auch die Einleitung Befragungszeit kostet. Zudem strapaziert ein langer Einleitungstext die Geduld vieler Befragter gleich zu Beginn und ist deshalb kein guter Einstieg in eine Befragung.

Beispiel für einen Einleitungstext für eine telefonische Befragung

Guten Tag/Guten Abend

Mein Name ist... Ich rufe an von der Universität Trier. Ich gehöre zu einer Forschungsgruppe, die unter der Leitung von Prof. Dr. Jacob eine Befragung zum Thema „Medizinische Versorgung in Trier" durchführt. Wie Sie vielleicht im Trierischen Volksfreund gelesen haben, suchen wir für unsere telefonische Befragung Personen, die älter als 18 Jahre sind und in Trier oder Umgebung leben. Falls dies auf Sie zutrifft, würden wir uns sehr darüber freuen, wenn Sie uns einige Fragen beantworten würden. Ihre Telefonnummer wurde zufällig ausgewählt und alle Ihre Angaben werden selbstverständlich anonym und vertraulich behandelt. Sind Sie bereit, uns einige Fragen zu beantworten?

INT.:

Falls „ja": Mit Frage 1 beginnen.

Falls „nein": „Trotzdem vielen Dank. Auf Wiederhören".

Falls unschlüssig: „Es ist sehr wichtig, dass alle ausgewählten Personen auch tatsächlich an der Befragung teilnehmen. Kann ich Sie vielleicht zu einem späteren Zeitpunkt noch mal anrufen?" → gegebenenfalls Termin vereinbaren.

Nur bei konkreter Nachfrage: „Das Interview dauert ca. 15 Minuten."

Bei Rückfragen oder Zweifeln an der Seriosität der Untersuchung: Verweis an Sekretariat Methodenlehre zu Prof. Dr. Jacob, Tel. 0651/201-XXXX

Allerdings sollte, sofern die Befragung in den Medien angekündigt wurde oder die Zielpersonen vorher angeschrieben oder angerufen worden sind, darauf in dem Einleitungstext noch einmal Bezug genommen werden. Bei Telefoninterviews dürfte es sich von selbst verstehen, dass Interviewer zunächst ihren Namen nennen (bei persönlichen Interviews müssen Interviewer seriöser Institute sich ausweisen). Hier kann es außerdem auch vorteilhaft sein, eine Telefonnummer für Rückfragen anzugeben, falls bei den Zielpersonen Zweifel über die Seriosität der Umfrage bestehen. Bei größeren Umfragen kann es ratsam sein, diese online anzukündigen (ggf. sogar eine eigene Homepage mit Informationen zur Befragung zu erstellen) und auch hier Kontaktdaten der Verantwortlichen zu hinterlegen.

Bei postalischen Befragungen formuliert man den Einleitungstext in Form eines Anschreibens, wobei die Zielpersonen namentlich angesprochen werden sollten. Zusätzlich zu den oben schon genannten Informationen muss dieses Anschreiben außerdem folgende Angaben enthalten:
- Dauer des Ausfüllens
- Rücklauftermine
- Verweis auf Rücklaufkontrolle bzw. Nachfassaktionen

Wie jeder Brief ist auch dieses Anschreiben natürlich zu unterschreiben.

Beispiel für ein postalisches Anschreiben

Universität Trier

Prof. Dr. Rüdiger Jacob
Professor für Soziologie, insbesondere Methodenlehre/Empirische Sozialforschung

Herrn Karl Marx
Brückenstr. 10
54290 Trier

Sehr geehrter Herr Marx,

an der Universität Trier führen wir zurzeit eine Befragung zur sozialen Lage der Bevölkerung in der Region Trier durch. Dabei geht es vor allem um die Situation auf dem Arbeitsmarkt. Ziel der Untersuchung ist die Erstellung eines repräsentativen Meinungsbildes der Bevölkerung der Region Trier.

Wir sind deshalb sehr an Ihrer Meinung interessiert und würden uns freuen, wenn Sie den Fragebogen ausgefüllt an uns zurücksenden. Das Ausfüllen des Fragebogens wird ca. 10 Minuten in Anspruch nehmen.

Ihre Anschrift ist zufällig ausgewählt worden. Ihre Angaben werden anonym behandelt, d. h. die Antworten werden ohne Namen und Adresse ausgewertet. Die Forschungsarbeit unterliegt den Regelungen der Datenschutzgesetzgebung. Es ist absolut sichergestellt, dass Ihre Angaben nicht mit Ihrer Person in Verbindung gebracht werden.

Wir bitten Sie, den Fragebogen bis zum 1. Mai unter Verwendung des beiliegenden Freiumschlages an uns zurückzusenden. Bitte senden Sie in diesem Fall auch die beiliegende Postkarte an uns zurück. Diese Postkarte, die nicht mit Ihrem Fragebogen in Verbindung gebracht werden kann, dient lediglich der Rücklaufkontrolle. Wir erhalten so einen Überblick, wer uns den Fragebogen bis Monatsende zurückgeschickt hat.

Für Ihre Mitarbeit bedanken wir uns ganz herzlich.

Mit freundlichen Grüßen

Prof. Dr. Rüdiger Jacob

Fachbereich IV: Wirtschafts – und Sozialwissenschaften /Mathematik /Informatik
Gebäude C • Raum 357 • Universitätsring 15 • 54286 Trier
Tel.: 0651 201 –XXXX/ –YYYY • Fax: 0651 201 –YYYY • E –Mail: mail@uni –trier.de
http://www.mes.uni –trier.de

4.3.2 Fragenblöcke

Kontexteffekte können insbesondere bei Fragenblöcken mit thematisch ähnlich gelagerten Fragen auftreten. In der Literatur findet sich deshalb mitunter auch die Empfehlung, zur Vermeidung solcher Effekte Fragen zu mischen, also in raschem Wechsel von Thema zu Thema zu springen. Dies erscheint uns als generelle Strategie aber nicht ratsam zu sein, weil es vor allen Dingen dazu angetan ist, Befragte zu verwirren oder sogar zu überfordern. Ein bereits behandeltes Thema erneut aufzugreifen, sollte die Ausnahme bleiben und für Kontrollfragen reserviert werden.

Zur Vermeidung unerwünschter Kontexteffekte bedarf es vor allem einer entsprechenden Mikroplanung der jeweiligen Fragenblöcke. Dazu gehört, dass die Reihenfolge der Fragen zu einem bestimmten Thema eindeutig festgelegt werden muss. Weil dies naturgemäß themen- und fragenabhängig ist, sind allgemeine Empfehlungen kaum möglich. Im Zweifel sollte man eine Methodenberatung in Anspruch nehmen und entsprechende Pretests durchführen.

Auch die Anordnung und Abfolge verschiedener Fragenblöcke ist natürlich abhängig von deren Inhalten. Hier gibt es zwei allgemeine Faustregeln:
- Einleitend nur allgemeine, leicht zu beantwortende und emotional wenig belastende Themen ansprechen und Fragen zu problematischeren Aspekten erst später stellen.
- Auf Blöcke mit anstrengenderen Fragen (retrospektive Fragen, Wissensfragen, sensitive Fragen) sollten Erholungsblöcke mit leicht zu beantwortenden Fragen folgen.

Weniger günstig ist es, den Befragten die inhaltliche Struktur des Fragebogens in Form von Überschriften oder erläuternden Texten zu präsentieren. Mit einem solchen Vorgehen werden, ähnlich wie bei einer genaueren Beschreibung der Untersuchungsziele, unter Umständen Assoziationen ausgelöst, die spontane Antworten verhindern, oder auch Erwartungen über das folgende Thema geweckt. Wenn aufgrund eines drastischen Themenwechsels eine Überleitung notwendig erscheint, dann sollte diese allgemein gehalten werden.

Während ein rascher und häufiger Wechsel der Themen (Themenmischung) weniger empfehlenswert ist, sollte man Frageformen sehr wohl mischen. Die immer gleiche Art der Fragestellung ist für die Befragten recht ermüdend und langweilig. Insbesondere sollten seitenweise Statement-Batterien vermieden werden. Zudem ist darauf zu achten, dass die Befragten den Wechsel von Frageformen ohne Mühe nachvollziehen können. Häufig werden Fragebögen aus den Teilen von anderen Fragebögen zusammengesetzt, um die eigenen Daten mit fremden Daten vergleichen zu können. Dabei kann es jedoch leicht passieren, dass die einzelnen Fragen zwar für sich genommen funktionieren, aber nicht im Zusammenspiel: Bei einem uns vorliegenden Fragebogen wurden beispielsweise zwei kurze Statement-Batterien hintereinander abgefragt, die für sich unproblematisch waren. Leider standen aber in der ersten Statement-Batterie die Ankreuzkästchen auf der linken Seite für „Stimme zu", wohingegen sie in der zweiten Batterie für „Stimme nicht zu" standen. Bei der Datenanalyse hat sich dann gezeigt, dass ein großer Teil der Befragten diesen Wechsel wohl übersehen hat. Diese Befragten haben in der Folge das Gegenteil dessen angekreuzt, was sie ausdrücken wollten.

4.3.3 Filterführung und Fragetrichter

Häufig ist man an Merkmalen interessiert, die nur bestimmte Personen innerhalb der Stichprobe aufweisen. Zur Identifikation dieser Personen werden Filterfragen gestellt, und nur die jeweiligen Merkmalsträger werden dann mit Folgefragen konfrontiert.

Die Filterführung muss einfach und eindeutig sein und darf insbesondere nicht zu einem längeren Suchen nach der nächsten zu beantwortenden Frage führen.

Fragetrichter werden eingesetzt, um zu einem bestimmten Thema sukzessive speziellere Fragen zu stellen. Heikle oder sensitive Themen, bei denen man nicht gleichsam mit der Tür ins Haus fallen will, lassen sich mit Hilfe von Fragetrichtern recht gut erfragen. Man beginnt hier mit allgemeineren Fragen zu dem jeweiligen Thema, die dann schrittweise spezifischer werden.

Filter und Trichter werden im Regelfall kombiniert, weil spezifischere Fragen oft nur in Abhängigkeit von der Antwort vorheriger allgemeinerer Fragen gestellt werden. Ein Beispiel ist die Messung der Frage, ob man mit einem Partner zusammenlebt, also eine Ehe im soziologischen Sinn führt, die ausdrücklich auch nichtverheiratete Paare einbezieht und damit über den Zivilstand deutlich hinausgeht. Diese Frage ist unter anderem von Bedeutung, wenn man das Einkommens- und Wohlstandsniveau eines Haushalts beurteilen will – etwa zur Berechnung des Äquivalenzeinkommens (sofern man valide Angaben zum Haushaltseinkommen hat). Diese Frage ist auch wichtig zur Einschätzung des Potenzials für soziale Unterstützung bei Gesundheitssurveys. In der Praxis findet man hier häufiger schlechte Operationalisierungen, die in einer Frage zwei Dimensionen abfragen, nämlich die nach dem Zivilstand (der im Wesentlichen ein Indikator für die Besteuerung der Person ist) und nach Partnern. Die Frage lautet dann z. B. „Welchen Familienstand haben Sie?" Die Antwortvorgaben sind: „ledig, verheiratet, verwitwet, geschieden und Lebensgemeinschaft" (oder „Partner"). Eine Lebensgemeinschaft ist aber kein „Familienstand", bei diesem wiederum fehlt in der Liste „verheiratet und getrennt lebend". Bei allen Ausprägungen des Familienstands, abgesehen von der Kategorie „verheiratet", können die Befragten aber in einer Lebensgemeinschaft leben. Die Frage ist damit mehrdimensional, die Antwortvorgaben sind weder exklusiv noch exhaustiv.

Frage nach Familienstand und Partnerschaft als Beispiel für Filterführung (Quelle: angelehnt an die Demografischen Standards des Statistischen Bundesamts 2016, S. 41)

1. Welchen Familienstand haben Sie?
- ❑ Ich bin verheiratet und lebe mit meinem/meiner Ehepartner/-in zusammen (→ weiter mit Frage 3)
- ❑ Ich lebe mit meinem/meiner Partner/-in zusammen in einer eingetragenen Lebenspartnerschaft (gleichgeschlechtlich) (→ weiter mit Frage 3)
- ❑ Ich bin verheiratet und lebe von meinem/meiner Ehepartner/-in getrennt. (→ weiter mit Frage 2)
- ❑ Ich bin ledig. (→ weiter mit Frage 2)
- ❑ Ich bin geschieden. (→ weiter mit Frage 2)
- ❑ Ich bin verwitwet. (→ weiter mit Frage 2)
- ❑ Ich lebe in einer eingetragenen Lebenspartnerschaft (gleichgeschlechtlich) und bin von meinem/meiner Partner/-in getrennt (→ weiter mit Frage 2)
- ❑ Die eingetragene Lebenspartnerschaft wurde aufgehoben (gleichgeschlechtlich) (→ weiter mit Frage 2)
- ❑ Mein/meine Partner/-in der eingetragenen Lebenspartnerschaft ist verstorben (gleichgeschlechtlich) (→ weiter mit Frage 2)

2. Leben Sie zurzeit mit einer Person aus Ihrem Haushalt in einer Partnerschaft?
- ❑ Ja
- ❑ Nein (→ weiter mit Frage 4)

3. Welchen höchsten allgemeinbildenden Schulabschluss haben Sie?
- ❑ …
- ❑ …

4.3.4 Selbstausfüller

Selbstausfüller dienen der Erhebung heikler Fragen bei mündlichen Interviews. Selbstausfüller sind Fragebögen, die die Befragten schriftlich beantworten und an die Interviewer in einem verschlossenen Umschlag zurückgeben. Interviewer müssen diesen Umschlag danach sofort in die Tasche zu ihren sonstigen Unterlagen stecken und nicht etwa in Anwesenheit der Befragten mit deren Identifikationsnummer versehen oder in anderer Weise beschriften. Der Umschlag muss zwar entsprechend beschriftet werden, um die Angaben auf dem Selbstausfüller den Daten des mündlichen Interviews zuordnen zu können (was keine Identifikation konkreter Personen ermöglicht), dies muss aber im Anschluss an die jeweilige Befragung erledigt werden.

Interviewer sollten natürlich den Befragten bei der Beantwortung dieser Fragen auch nicht über die Schulter sehen und auch sonst nicht den Eindruck entstehen lassen, sie würden diese beobachten. Ratsam ist es hier z. B., während der Beantwortungszeit Befragungsunterlagen zu ordnen. Aus diesem Grund und weil der Wechsel des Mediums für Befragte nach längeren mündlichen Interviewpassagen auch eine Erholung darstellen kann, werden Selbstausfüllbögen meist im letzten Drittel des Interviews eingesetzt.

Zu bedenken ist beim Einsatz von Selbstausfüllern, dass schriftliche Fragen mehr Zeit kosten als mündliche und damit teurer sind. Viele sensitive Fragen, die man nur schriftlich stellen kann oder will, verlängern also bei einem gegebenen Finanzrahmen die Befragungszeit.

4.3.5 Demografie

Im Regelfall wird eine Befragung durch die Erhebung der soziodemografischen Merkmale abgeschlossen.

Solche Fragen sind für Befragte normalerweise vergleichsweise leicht zu beantworten, haben für diese aber nur einen äußerst begrenzten Neuheitswert. Als Einleitungsfragen, die auch Neugier wecken und zur Mitarbeit motivieren sollen, sind sie deshalb nicht geeignet. Zudem besteht die Gefahr, dass eine zu frühe Erkundigung nach Alter, Bildungsabschluss, Konfession oder Einkommen als ungehörig empfunden wird und zur nachhaltigen Verärgerung der Befragten führen kann. Entsprechend der Konventionen bei Gesprächen zwischen Fremden fragt man nach solchen persönlichen Daten erst, wenn man sich etwas besser kennt, also am Ende einer Befragung. Als Einleitung zu diesem Fragenblock sollte darauf hingewiesen werden, dass man aus Gründen der Datenanalyse noch einige Angaben zur Statistik benötigt und dass die Befragung danach abgeschlossen ist, um mögliche Ungeduld gar nicht erst aufkommen zu lassen.

4.3.6 Schlussformel

Die Schlussformel beendet die Befragung. Wie auch der einleitende Text sollte diese kurz ausfallen. Die zentrale Funktion der Schlussformel besteht darin, den Befragten für ihre Teilnahme zu danken. Dies muss man immer tun! Darüber hinaus kann man gegebenenfalls auch darauf hinweisen, wann, wo und wie Befragungsergebnisse erfragt werden können oder veröffentlicht werden.

4.4 Feldarbeit

Neben der eigentlichen Durchführung der Interviews bzw. der Versendung von Fragebögen gehören zur Feldarbeit auch Vorarbeiten und flankierende Maßnahmen, die wir im Folgenden behandeln werden.

4.4.1 Interviewerrekrutierung und Interviewerschulung

Universitäre Forschungsvorhaben ohne Drittmittel-Finanzierung, aber auch Erhebungen im Rahmen einer Diplomarbeit, einer Dissertation oder eines Lehrforschungsprojekts sind im Regelfall finanziell eher schlecht ausgestattet und können kaum je mit größeren Stichproben (1.000 Befragte oder mehr) oder repräsentativen Befragungen operieren. Dementsprechend kann auch die Feldarbeit in einem solchen Umfrageprojekt nur selten an externe Institute mit einem größeren Interviewerstab delegiert werden, sondern ist selbst zu leisten.

In diesem Fall muss man zunächst Interviewer (für die meist notwendigerweise räumlich begrenzte Untersuchung bzw. für ein eindeutig abzugrenzendes Aggregat) rekrutieren. Aus den schon genannten Kostengründen sind dies häufig Studenten. Zu bedenken ist dabei aber, dass Studenten in allgemeinen Bevölkerungsumfragen erfahrungsgemäß vergleichsweise hohe Verweigerungsraten produzieren. Eine sehr viel größere Akzeptanz bei den Zielpersonen und damit auch bessere Ausschöpfungsquoten haben Frauen aus der Mittelschicht mittleren Alters, z. B. Frauen in der nachelterlichen Phase. Eine Untersuchung zum Zusammenhang von Interviewermerkmalen und Ausschöpfungsquoten, die Koch (1991) im Rahmen des ALLBUS-Programms durchgeführt hat, hatte folgendes Ergebnis:

> Frauen weisen eine um 5,6 Prozentpunkte höhere Ausschöpfung als Männer auf. Je älter die Interviewer, desto erfolgreicher sind sie. Die Ausschöpfungsquote der über 64jährigen liegt um 25 Prozentpunkte über derjenigen der 18 bis 24jährigen. Personen mit Fachhochschulreife bzw. Abitur liegen unter, Interviewer mit Realschulabschluß über dem Durchschnitt. Eine Ausschöpfungsquote von nur knapp 40 % erreichen Schüler und Studenten, nicht erwerbstätige Personen – zum überwiegenden Teil Hausfrauen sowie Rentner und Pensionäre – dagegen etwas mehr als 60 %. [...] Was die unterdurchschnittliche Ausschöpfung der Personen mit Fachhochschulreife oder Abitur anbelangt, so ergibt sich ein differenzierteres Bild, wenn man das Alter der Interviewer berücksichtigt. Knapp die Hälfte [...] der Interviewer mit Fachhochschulreife/Abitur sind jünger als 35 Jahre. Deren Ausschöpfungsquote liegt bei 40,6 %. Bei den über 54jährigen mit Fachhochschulreife/Abitur beträgt die Erfolgsquote dagegen 68,2 %. (Koch 1991, S. 44 f)

Ähnlich gilt für Telefonumfragen, dass Frauen vergleichsweise mehr Interviews realisieren können als Männer, weil sie meist angenehmere „Telefonstimmen" haben als diese. Sofern also die zur Verfügung stehenden Mittel eine schwerpunktmäßige Rekrutierung von nicht-studentischen Interviewern erlauben und das Geschlecht der Interviewer in keinem Zusammenhang zum Befragungsthema steht, sollten im Interesse einer optimalen Ausschöpfung primär Frauen mit den eben genannten Merkmalen eingesetzt werden.

Die übliche Rekrutierungsstrategie für nicht-studentische Interviewer sind Inserate in Tageszeitung, wobei man hervorheben sollte, dass es sich um universitäre Forschungsvorhaben handelt. Man kann aber auch versuchen, gezielt Interviewer zu rekrutieren. Hier bieten sich insbesondere Teilnehmer und Teilnehmerinnen von Volkshochschulkursen an, die häufig die oben genannten Merkmale aufweisen und ausweislich ihrer Teilnahme in solchen Kursen eine gewisse Affinität zu Bildung, Weiterbildung und Wissenschaft aufweisen.

Honorare werden in der Regel für realisierte Interviews gezahlt. Die genaue Höhe dieser Honorare ist unterschiedlich und zum einen natürlich von der Länge der Interviews, ihrem Schwierigkeitsgrad und der Erreichbarkeit der Zielgruppe abhängig, bemisst sich aber auch nach dem Lohnniveau alternativer Beschäftigungen auf dem jeweiligen regionalen Arbeitsmarkt. Da die Honorare nicht ganz unmaßgeblich für die Motivation der Interviewer sind, sollten sie allerdings so kalkuliert werden, dass bei realisierten Interviews ein Stundenlohn von umgerechnet mindestens 15 € erzielt werden kann. Spesen und Fahrtkosten sind gesondert zu kalkulieren und abzurechnen.[20] Die Verträge sollten die Klausel enthalten, dass bei nachgewiesenen Täuschungen oder Fälschungen die Honorierung aller Interviews entfällt.

Die Rekrutierung und anschließende Schulung des Interviewerstabs sollte zeitlich möglichst früh angesetzt werden, um noch Pufferzeiten für unvorhergesehene Probleme zu haben (Ausfall von schon eingeplanten Interviewern, Probleme bei der Schulung usw.). Dies gilt insbesondere für Telefoninterviews, weil dort neben der allgemeinen Schulung auch noch der Umgang mit der Technik geübt werden muss. Bei der allgemeinen Schulung des Interviewerstabs sind folgende Aspekte zu berücksichtigen:

- Informationen über die geplante Untersuchung, kurze Erläuterung der theoretischen Hintergründe und der Untersuchungsziele;
- kurze und anschauliche Einführung in die Messtheorie, die insbesondere deutlich machen soll, warum bei standardisierten Interviews alle von den Interviewern zu sprechenden Texte nicht eigenmächtig geändert und auch nicht wertend kommentiert werden dürfen. Oberste Regel muss immer sein, sich streng an den Fragebogen zu halten;
- detaillierte Vorstellung des Fragebogens und des Feldmaterials; genaue Erläuterung aller Fragen und Antwortvorgaben, Interviewanweisungen, Filterführungen, Listen usw.;
- gegebenenfalls Hinweise zu den Auswahlroutinen im Feld (Random-Route, Schwedenschlüssel usw.);
- Vorgaben zur Protokollierung offener Fragen;
- Verhaltensempfehlungen für die Kontaktaufnahme;
- Verdeutlichung der auch strafrechtlichen Konsequenzen bei Täuschungsversuchen und Interviewfälschungen;
- Genaue Erläuterung der Verhaltensregeln in der Erhebungssituation, wobei die Interviewer auch darauf hingewiesen werden müssen, auf ihr nonverbales Verhalten zu achten. Betonung der zentralen Bedeutung neutralen Verhaltens.

---

20 Im Zweifelsfall kann man bei der Kalkulation von Interviewkosten Hilfestellung bei der GESIS erhalten.

Gerade dieser letzte Aspekt ist von besonderer Bedeutung. Die Vorgabe von Verhaltensregeln soll zu einem standardisierten, weitgehend gleichen Interviewerverhalten führen, um damit der Idealvorstellung der Interviewer als „neutrale" Erhebungsinstrumenten so nahe wie möglich zu kommen. Die Vermittlung von Verhaltensstandards ist allerdings sicherlich der schwierigste Punkt bei Interviewerschulungen, zumal bei völlig neutralem Verhalten das in Abschnitt 2.2.2 schon angesprochene Problem auftauchen kann, dass Befragte dies als Desinteresse, Unhöflichkeit oder versteckte Missbilligung interpretieren können. „Angemessenes" oder „korrektes" Interviewerverhalten ist denn auch nur bedingt objektivierbar und standardisierbar und in Schulungen zu vermitteln. Wesentliche Bedeutung kommt hier auch konkreten Erfahrungen mit Interviews und Interviewpartnern zu.

> **!** Für Interviewer gilt das, was für viele andere praktische Tätigkeiten auch gilt: Eine hohe Qualifikation erreicht man durch Erfahrung, durch das Führen von Interviews. Erlernbare Regeln und Standards sind dabei notwendige, keineswegs aber hinreichende Bedingungen.

Sehr deutlich wird die Problematik angemessenen Interviewerverhaltens in einem Zitat von Maccoby und Maccoby (1965, S. 63), das sich aufgrund seiner prägnanten Zusammenfassung der genannten Aspekte gut als Merkposten für Interviewer eignet:

> In seinen Reaktionen muß sich der Interviewer in engen Grenzen halten – es ist sogar ein Grundprinzip jeder Befragung, daß der Interviewer versuchen muß, seine eigene Einstellung zum Untersuchungsgegenstand zu verbergen. Er darf auch kein Befremden oder Mißbilligung über irgendetwas zeigen, was der Befragte sagt, und auch nicht enthusiastisch nicken, wenn der Befragte die eigenen Ansichten des Interviewers zum Ausdruck bringt. [...] Es hat sich als wirksamer Kompromiß herausgestellt, daß der Interviewer eine Haltung freundlichen Gewährenlassens annimmt. Er lacht über die Witze des Befragten, er macht Ausrufe, wenn der Befragte etwas sagt, das offensichtlich Erstaunen erregen soll („wirklich?", „was Sie nicht sagen?"), macht unterstützende Bemerkungen wie etwa: „Ich sehe, was Sie meinen", [...] und verwendet auch andere Ausdrucksweisen, die in der betreffenden Lage normal sein würden. Er vermeidet jedoch gewissenhaft eine direkte Zustimmung oder Ablehnung der Einstellungen des Befragten – kurz: er argumentiert niemals mit dem Befragten und sagt auch nicht: „Ich denke genauso."

Zumindest darf nicht während des noch laufenden Interviews mit den Befragten diskutiert werden. Wenn diese unübersehbar und unabweisbar über Thema oder Art der Befragung sprechen wollen, sollte dies nach Abschluss des Interviews geschehen. Dabei sind Interviewer freier in ihren Reaktionen, sollten es aber dennoch vermeiden, sich mit Befragten auf kontroverse Diskussionen einzulassen.

> **!** Es ist sehr hilfreich, wenn Interviewer ihre Tätigkeit als qualifizierte und anspruchsvolle Arbeit ansehen (was sie bei korrekter Durchführung ja auch ist) und eine entsprechende professionelle Haltung entwickeln. Diesbezügliche Hinweise sollten bei Schulungen deshalb nicht fehlen.

Dabei werden vermutlich alle Interviewer nach einiger Erfahrung mit Interviews und Fragebögen einzelne Fragen für ungeeignet, unverständlich usw. halten. Solche Eindrücke sind für die Entwicklung und Modifikation von Fragen wichtig, dürfen aber auf keinen Fall dazu führen, dass Fragen eigenmächtig während laufender Untersuchungen umformuliert werden. Kritik und Verbesserungsvorschläge sollten den Autoren des jeweiligen Fragebogens vielmehr gesondert mitgeteilt werden. Mit Blick auf eine nachhaltige Verschlechterung der Teilnahmebereitschaft bei Zielpersonen sind Interviewer auch unmissverständlich darauf hinzuweisen, dass im Rahmen des Interviews keinerlei persönliche Interessen (Verkaufs- oder Werbeaktionen, Agitation für Interessengruppen usw.) verfolgt werden dürfen.

Sinnvoll (gerade bei Erstinterviewern) ist es, wenn im Rahmen der Interviewerschulung Probeinterviews durchgeführt werden. Zumindest aber sind die Interviewer anzuhalten, den Fragebogen mehrmals intensiv und auch laut durchzulesen, um sich mit seinem Inhalt vertraut zu machen und die Fragen nicht im Feld das erste Mal sprechen zu müssen.

Bei Telefoninterviews ist die Simulation mehrerer Interviews unverzichtbar, und zwar erst recht, wenn computerunterstützte Interviews durchgeführt werden. Interviewer müssen ihre „Telefonstimme" entwickeln und sicher mit dem PC und der entsprechenden Software umgehen können.

Aus den schon in Kapitel 2 genannten Gründen (Minimierung und breite Streuung von Interviewereffekten) sollten, wo immer die personellen Ressourcen dies zulassen, möglichst viele Interviewer pro Untersuchung eingesetzt werden und diese jeweils möglichst wenige Interviews durchführen (abhängig von der Stichprobengröße zwischen acht und 16 Interviews pro Interviewer). Schon bei der Interviewerschulung sollte jedem Interviewer eine Interviewernummer zugewiesen werden, die in der Datenauswertung als Identifikationscode für die jeweiligen Interviewer dient. Die Zuordnung von Interviews zu Interviewern ist damit problemlos möglich, wobei darauf zu achten ist, dass jede Nummer nur einmal vergeben wird.

4.4.2 Pretest

Bevor die eigentliche Befragung, das Hauptfeld, durchgeführt wird, sollte der Fragebogen (nebst unterstützendem Feldmaterial) auf jeden Fall einem Pretest unterzogen werden. Die Qualität der Daten, ihre Reliabilität und Validität hängt, wie wir gesehen haben, wesentlich von der Qualität des Messinstruments ab. Insofern sollte es sich angesichts der vielfältigen Schwierigkeiten und Probleme, die mit Befragungen verbunden sind, eigentlich von selbst verstehen, das Instrument vor der eigentlichen Feldphase intensiv zu testen. Bradburn, Sudmann und Wansink haben dazu angemerkt: „If you don't have the resources to pilot test your questionnaire, don't do the study" (2004, S. 317).

In der Praxis ist allerdings zu beobachten, dass Pretests recht stiefmütterlich behandelt werden und auf sie zumeist nur wenige zeitliche und finanzielle Ressourcen im Rahmen einer Umfrage entfallen. Demgegenüber kann die Botschaft nur lauten: So viel Testen wie möglich! Bei einem Pretest testet man einzelne Fragen wie auch den gesamten Fragebogenaufbau. Fragen werden daraufhin überprüft:
- ob sie verständlich sind und so verstanden werden, wie es beabsichtigt ist;
- ob wichtige Kategorien fehlen;
- ob den Fragen unterschiedliche Bedeutungen zugewiesen werden;
- ob Fragen als sensible, heikle oder provokante Fragen einzustufen sind.

Der Fragebogenaufbau wird überprüft hinsichtlich:
- möglicher Kontexteffekte
- Handhabbarkeit der Interviewanweisungen
- Dauer der Befragung.

Um die durchschnittliche Befragungsdauer bei Paper-Pencil-Befragungen festzustellen, sollte bei jedem Pretest-Interview spätestens nach jeder zweiten Seite des Fragebogens die Zeit notiert werden, weil sich nur so abschätzen lässt, wie lange einzelne Fragen dauern. Wenn die Intervalle zwischen den Zeitnotierungen zu groß werden, ist es im Nachhinein sehr schwierig, besonders zeitintensive Fragen zu identifizieren. Bei Onlinebefragungen und Telefonbefragungen ermöglicht es die Befragungssoftware, die Antwortzeiten für einzelne Fragen oder zumindest Frageseiten exakt zu messen.

Allerdings ist die Bezeichnung „Pretest" für dieses umfängliche Programm nicht ganz korrekt, da sich die genannten Aufgaben nicht in einem einzigen Test erledigen lassen. Vielmehr handelt es sich hier um eine Reihe unterschiedlicher Tests, die sukzessive durchlaufen werden sollten. ZUMA verwendet dafür den Begriff des „Multi-Method-Pretesting" (Prüfer und Rexroth 1996). Unterscheiden lassen sich dabei ganz grob Expertentests, Labortests[21] und Feldtests.

Expertenurteile zu einzelnen Fragen und dem ganzen Fragebogen lassen sich von der ersten Konzeptualisierung eines Themas bis hin zu einem kompletten Fragebogen immer wieder einholen. Experten sind Sozialforscher, die mit dem Instrument der Befragung einschlägige Erfahrungen haben. Man ist gut beraten, die hier bestehenden Möglichkeiten zur Methodenberatung an Universitäten oder bei der GESIS zu nutzen.

In die Phase der Konzeptualisierung fällt außerdem die schon erwähnte Fragebogenkonferenz, also die Entwicklung eines Fragebogens im Team. Die Fragebogenkonferenz erfüllt auch eine Pretest-Funktion, weil über den Sinn und Verständlichkeit von Fragen nicht nur eine Person befindet. Sofern die zur Verfügung stehenden Ressour-

---

21 Der Begriff wird hier nur in Abgrenzung zu dem Begriff Feld verwendet. Man benötigt für Labortests keine aufwendige Technik (obwohl ein Audio- oder Videomitschnitt mitunter hilfreich sein kann), sondern lediglich einen Raum, in dem ohne Störungen die Interviews durchgeführt werden können.

cen es erlauben, lassen sich solche Konferenzen bei Vorliegen eines ersten Fragebogens auch zu einer „Fokusgruppe" erweitern, indem man Personen der angepeilten Zielgruppe einlädt und um ihr Urteil zur Akzeptanz einzelner Themen und zur Verständlichkeit von Fragen bittet.

Labortests (Synonyme: kognitive Interviews oder Meta-Interviews) dienen dazu, Probleme bei einzelnen Fragen aufzudecken. Dazu zählen die oben schon genannten Aspekte (Verständlichkeit, Bedeutungskonvergenz, Akzeptanz usw.). Außerdem kann man bei Labortests auch eruieren, wie Befragte bei bestimmten Fragen zu einer Antwort kommen (Retrieval-Probleme: Werden bei Verhaltensreports Ereignisse geschätzt oder gezählt? Gibt man eine Antwort aufs Geratewohl? Ist man sich seiner Antwort sehr sicher oder eher unsicher?). Befragungspersonen bei Labortests sollten ebenfalls Mitglieder der Gruppe sein, die später befragt werden soll. Zu beachten ist, dass sich Interviewer bei Labortests genau entgegengesetzt verhalten sollen wie im Feld. Während im Feld Nachfragen oder sonstige Versuche, die Befragten zu Kommentaren zu animieren, strikt verboten sind, werden Laborinterviews genau mit diesem Ziel durchgeführt.

Eingesetzt (und kombiniert) werden im Labor meist folgende Verfahren (Prüfer und Rexroth 1996):

1. Think Aloud, Methode des lauten Denkens:
Befragte werden gebeten, während der Antwortformulierung oder unmittelbar danach alles zu Protokoll zu geben, was ihnen dabei in den Sinn gekommen ist. Zu bedenken ist gerade bei diesem Verfahren: Die Methode stellt hohe Anforderungen an Befragte wie auch an Interviewer und ist sehr zeitaufwendig. Sie eignet sich nicht für den gesamten Fragebogen, sondern sollte nur bei ausgewählten, schwierigen Fragen eingesetzt werden.

2. Probing, gezieltes Nachfragen:
Mit Zusatz- und Nachfragen erhebt man hier weitere Informationen. Solche Nachfragen können sich auf Verständnis-, Akzeptanz- oder Retrieval-Probleme beziehen.

3. Confidence-Rating:
Befragte bewerten nach der inhaltlichen Antwort den Grad der Verlässlichkeit ihrer Antwort auf einer vorgegebenen Skala. Sinnvoll einzusetzen ist Confidence-Rating allerdings nur bei Verhaltensreports und Wissensfragen. Bei Meinungsfragen und insbesondere bei Statements gibt es hier die Abwandlung des Rankings der subjektiven Schwierigkeit von Items (Difficulty-Ranking). Man lässt die Befragten Items danach ordnen, wie leicht ihnen deren Beantwortung gefallen ist. Bei schwer beantwortbaren Items kann man sich dann nach dem Grund dafür erkundigen.

4. Paraphrasing:
Befragte sollen Fragen mit eigenen Worten wiederholen. Dadurch kann man feststellen, ob und wie sie die Frage verstanden haben.

5. Response-Latency, Messung der Reaktionszeiten:
Gemessen wird hier die Zeitspanne zwischen Frage und Antwort. Längere Reaktionszeiten können ein Indikator für Fragemängel oder schwierige Fragen sein und sollten in jedem Fall Anlass für konkrete Nachfragen sein.

Diese kurze Vorstellung der Laborverfahren sollte deutlich gemacht haben, dass diese erstens in der Realisierung zeitaufwendig und für die Beteiligten auch recht anstrengend sind. Außerdem sind nicht alle Verfahren auch für alle Fragearten geeignet. Um es also noch mal zu wiederholen: Labortests sollten nicht dazu verwendet werden, einen kompletten Fragebogen zu testen, dessen Beantwortung unter Feldbedingungen schon 30 bis 90 Minuten dauert. Sie sollen vielmehr auf einzelne Fragen beschränkt bleiben, die nach vorlaufenden Expertentests als problematisch eingestuft worden sind oder die von den Befragten selber als schwierig angesprochen werden. Auch bei Labortests geht man mit den Befragten den gesamten Fragebogen durch, geht aber nur auf ganz bestimmte Fragen vertiefend ein. Will man auf jeden Fall eine Rückmeldung der Testpersonen auch zu solchen Fragen, die vorab nicht als überprüfungsbedürftig eingestuft worden sind, muss man die Testpersonen vorher natürlich entsprechend instruieren und bitten, alles anzumerken, was ihnen auffällt, unverständlich, unklar oder verbesserungsbedürftig erscheint. Dabei kann man die Testpersonen durchaus als Experten ansprechen, die ein Forscherteam bei der Optimierung eines Fragebogens unterstützen sollen. Die Motivation zur engagierten Teilnahme an einem Pretest wird so deutlich erhöht.

Zu achten ist bei Labortests darauf, dass man den Interviewern klare Instruktionen gibt, welche Fragen in welcher Form getestet werden sollen und wie mit spontanen Rückmeldungen der Befragten umzugehen ist (diese Forderung gilt natürlich auch für Tests im Feld). Dementsprechend sind vorher zusätzliche Testfragebögen (etwa im Sinne eines Leitfadens zu stellender Fragen und Nachfragen bei bestimmten Reaktionen und Antworten) zu entwickeln. Für Labor-Pretests sind außerdem gesonderte Interviewerschulungen vorzusehen.

Labor-Pretests sind zeitaufwendig und mithin natürlich auch teuer. Ob und wenn ja wie viele man durchführen kann, hängt von den verfügbaren Ressourcen ab. Da es bei Labortests aber nicht um die Ermittlung von Antwortverteilungen oder die Messung der Dauer eines Interviews, sondern um Probleme einzelner Fragen geht, kann die Fallzahl zu befragender Person durchaus klein ausfallen. Fünf bis zehn Interviews können hier schon ausreichen, um den Fragebogen entscheidend zu verbessern. Nach der Labortestphase sollten schwer verständliche, unklare, heikle Fragen weitgehend verbessert oder eliminiert worden sein. In der sich anschließenden Phase des Tests im Feld wird nun der gesamte Fragebogen überprüft. In noch höherem Maß als bei Labortests gilt hier:

> ! Die Pretest-Population muss der gleichen Grundgesamtheit entstammen wie die im Hauptfeld zu befragende Personenstichprobe.

Wenn man also z. B. eine allgemeine Bevölkerungsumfrage durchführen will, muss auch die Pretest-Population aus der allgemeinen Bevölkerung stammen. Auf gar keinen Fall genügt es hier, Studenten zu befragen.

Folgende Varianten der Feldtests erscheinen uns erwähnenswert:

1. Standard-Pretest:
Dieses Verfahren, auch unter den Begriffen „Old-Style-Pretest" oder „Klassischer Pretest" bekannt, ist das wohl populärste Pretest-Verfahren überhaupt – und häufig auch das einzige, das eingesetzt wird. Beim Standard-Pretest sollen der Fragebogen unter möglichst realistischen Bedingungen getestet und die durchschnittliche Befragungsdauer ermittelt werden. Gleichzeitig ist man durchaus auch an Rückmeldungen der Befragten interessiert, fordert diese aber nicht eigens zu solchen Kommentaren auf, da ansonsten eine realistische Zeitmessung nicht möglich ist. Der herkömmliche Standard-Pretest ist damit hinsichtlich der Reaktionen von Befragten ein passives Beobachtungsverfahren und produziert aufgrund der fehlenden expliziten Aufforderung auch nur wenige Rückmeldungen. Aufgrund dieser schwer zu vereinbarenden Aufgabenüberfrachtung ist der Standard-Pretest in der herkömmlichen Form ein weniger geeignetes Verfahren, wenn er nicht durch weitere Testverfahren ergänzt wird. Wir werden darauf nochmals zurückkommen.

2. Nachfragetechniken:
Wie im Labor kann man auch im Feld Fragen zur Verständlichkeit, Schwierigkeit der Items usw. stellen. Man muss sich dabei aber klar darüber sein, dass dieses Nachfragen Zeit kostet. Eine Variante der Nachfragetechniken, die wenig Vorbereitung erfordert, ist das Befragten-Debriefing. Dabei werden die Befragten dazu aufgefordert, alles, was ihnen auffällt, auch anzusprechen. Die Interviewer benötigen hier lediglich Erfassungsbögen, die für jede Frage des Fragebogens genügend Platz vorsehen, um solche Kommentare zu protokollieren. Befragten-Debriefing kann in zwei Varianten eingesetzt werden: Entweder kommentieren die Befragten jede Frage unmittelbar nachdem sie sie beantwortet haben (sofern sie dazu Anlass sehen), oder man geht nach der „regulären" Abarbeitung der Fragen den Fragebogen noch einmal mit den Befragten durch. Letztere Variante bietet den Vorteil, dass man in einem Arbeitsgang eine realistische Zeitmessung vornehmen kann und inhaltliche Kommentare zu den Fragen erhält, sie kostet aber insgesamt natürlich sehr viel mehr Zeit. Sofern dieses Vorgehen praktiziert werden soll, sind die Zielpersonen in jedem Fall also vorab über das geplante Programm zu informieren und darauf hinzuweisen, dass der geplante Test zeitaufwendig ist. Auch hier gilt wiederum, dass die Teilnahmemotivation durch den (im Übrigen ja auch völlig korrekten und eigentlich immer angebrachten) Hinweis auf die eminent wichtige Rolle, die Pretest-Befragte bei der Optimierung eines Fragebogens für eine wissenschaftliche Untersuchung haben, deutlich erhöht wird.

3. Analyse der Antwortverteilungen:
Diese Analyse der Antwortverteilungen ist im Grunde ein Sonderfall des Standard-Pretests. Diese Analyse kann dazu dienen, folgende Probleme zu identifizieren: Items, die Konstante messen oder extrem schiefe Verteilungen aufweisen, hohe Verweigerungsraten sowie hohe Anteile nicht verwertbarer Antworten („weiß nicht", „Frage betrifft mich nicht").

4. Split-Ballots:
Zwei oder mehr Varianten des Fragebogens mit je unterschiedlichen Fragen werden verschiedenen Teilgruppen präsentiert, um Formulierungs- und Platzierungsprobleme aufzudecken.

Die Größe der Pretest-Population bei Feldtests richtet sich zum einen natürlich nach den zur Verfügung stehenden Mitteln, aber auch nach den Zielen des Pretests. Wenn es lediglich um Tests auf Verständlichkeit usw., also um eine primär qualitative Überprüfung des Fragebogens und um Zeitmessungen geht, dann können 30 bis 50 Probeinterviews durchaus ausreichend sein. Ist man dagegen auch daran interessiert, erste Hinweise über Häufigkeitsverteilungen von Merkmalen zu erhalten, dann muss die Pretest-Stichprobe einen deutlich größeren Umfang haben. 100 Interviews sind dabei das Minimum, für allgemeine Bevölkerungsumfragen werden 150 bis 200 Interviews empfohlen. Diese Fallzahl sollte auch für Split-Ballots eingeplant werden. Es sollte sich von selbst verstehen, dass bei diesen Zielen die Pretest-Stichprobe Ergebnis einer Zufallsauswahl sein muss, wenn man dies auch für die Befragung im Hauptfeld anstrebt. Dagegen kann man sich bei einer „nur" qualitativen Überprüfung des Fragebogens durchaus auch mit einer quotierten Auswahl behelfen, da mathematisch-statistisch begründbare Generalisierungen hier von bestenfalls nachgeordneter Bedeutung sind.

Wie schon angemerkt, sollte der Standard-Pretest ergänzt werden. Sinnvoll erscheint es uns hier, im Feld zunächst eine Form von Befragten-Debriefing durchzuführen, um immer noch bestehende Formulierungs- und Verständnisprobleme zu identifizieren und zu verbessern. Erst im Anschluss an diese Testphase wird dann der klassische Standard-Pretest durchgeführt, mit dem zum einen die durchschnittliche Dauer des Interviews ermittelt werden soll und bei dem zum anderen auch zu prüfen ist, ob Layout, Filterführungen und sonstige Intervieweranweisungen sowie das unterstützende Feldmaterial noch Probleme aufweisen. Dementsprechend erscheint uns der in Tabelle 4.4 dargestellte Ablauf für die Pretest-Phase empfehlenswert.

Man wird davon ausgehen können, dass der Fragebogen nach jeder Testphase modifiziert wird. Mithin gibt es vor der endgültigen Feldversion bei dem hier skizzierten Vorgehen mindestens vier Pretest-Exemplare des Fragebogens (1. Expertentest, 2. Labortest, 3. Befragten-Debriefing, 4. Standard-Pretest).

Tab. 4.4: Ablauf des Pretests (Quelle: eigene Darstellung).

Phasen	Wo wird getestet	Testverfahren
Konzeptualisierung des Fragebogens	Büro	Expertenurteile Fragebogenkonferenz
Erste Testphase: Intensiver Test von einzelnen Fragen	Labor	Kombinationen von: Think Aloud Probing Confidence-Rating Difficulty-Ranking Paraphrasing Response-Latency
Zweite Testphase: Test des Fragebogens	Feld	Befragten-Debriefing Standard-Pretest

Sofern dieses Vorgehen aus Zeit- oder Kostengründen nicht realisiert werden kann, sollten zumindest ein Experten-Pretest und ein Standard-Pretest durchgeführt werden, bei dem anhand eines Beurteilungsbogens (z. B. in Form einer Checkliste) bestimmte Aspekte protokolliert werden. Eine solche Checkliste, die nach jedem Pretest-Interview (oder parallel dazu) von den Interviewern auszufüllen und dem Pretest-Fragebogen beizufügen ist, kann z. B. folgendermaßen gestaltet werden:

Checkliste für Pretest-Interview

Reaktionen des Befragten: Problem	Nummer der Fragen
Rückfragen wegen Verständnisproblemen Frage auf Verlangen wiederholt Längeres Überlegen, zögernde Beantwortung Antwortverweigerung Kommentare (stichwortartige Wiedergabe)	
Eigene Reaktionen: Problem	
Unverständliche Frage Unangenehmes Thema Peinliche Frage Zeitintensive Frage Unklare Intervieweranweisung Schlechte Filterführung Schwierige Formulierung (wenn möglich: Verbesserungsvorschlag): -- --	

Dieser Beurteilungsbogen und der ganze Sinn und Ablauf eines Pretests sind in der Interviewerschulung natürlich ebenfalls zu erläutern, sofern die Pretests von den gleichen Interviewern durchgeführt werden, die auch die Interviews im Hauptfeld führen. Falls der Projektetat dies erlaubt, sollte aber auch überlegt werden, ob Pretests nicht besser an erfahrene Interviewer zu delegieren sind. Ein umfangreiches Angebot zu kognitiven Pretests bietet das GESIS-Pretest-Labor, wobei dort Pretests in Form von mündlichen, telefonischen, postalischen und Onlinebefragungen durchgeführt werden. Eine wahre Fundgrube für Sozialforscher ist zudem die online zugängliche GESIS Pretest-Datenbank, die die Ergebnisse zahlreicher kognitiver Interviews vorstellt. Die Beispiele aus den unterschiedlichsten Bereichen verdeutlichen, dass für den Forscher klare Fragen von den Befragten vollkommen anders verstanden werden können. Häufig zeigt sich, dass bereits kleine Änderungen der Fragen die Datenqualität deutlich verbessern können. Die Pretest-Datenbank ist ideal dazu geeignet, ein Gespür dafür zu bekommen, worauf es bei der Entwicklung von Fragen ankommt – und was alles schiefgehen kann.

Ein Pretest-Programm für Telefoninterviews kann ähnlich gestaltet werden wie das hier dargestellte Verfahren für Face-to-Face-Interviews. Zumindest der letzte Feld-Pretest zur Messung der Befragungsdauer muss dabei aber natürlich telefonisch durchgeführt werden.

Für schriftliche Befragungen und Onlinebefragungen lässt sich z. B. folgendes Vorgehen realisieren: Personen der angestrebten Grundgesamtheit füllen den Fragebogen im Rahmen einer schriftlichen Gruppenbefragung aus. Die jeweiligen Beantwortungszeiten werden von den anwesenden Versuchsleitern notiert und dienen dazu, die durchschnittliche Beantwortungszeit zu schätzen. Nach dieser Phase werden Formblätter ausgeteilt, auf denen die Befragten für jede Frage des Fragebogens entsprechende Anmerkungen und Verbesserungsvorschläge machen können. Schließlich wird der Fragebogen in einer Gruppendiskussion sukzessive durchgegangen und jede Frage (sofern nötig) kommentiert. Dieses Vorgehen führt mit zehn bis fünfzehn Versuchspersonen zu durchaus akzeptablen Resultaten. Problematisch kann hier – je nach Untersuchungspopulation – allerdings die Rekrutierung der Pretest-Teilnehmer werden. Gegebenenfalls ist auch darüber nachzudenken, ob diese für den zeitlichen Aufwand honoriert werden müssen.

Es sollte deutlich geworden sein, dass Pretests im Forschungsprozess eine wichtige Bedeutung haben. Deshalb sollten im Sinne der Forderung nach Intersubjektivität, Systematik und Kontrolle auch die Ergebnisse eines Pretests in einem Pretest-Bericht festgehalten werden.

Dieser Bericht muss auch die Größe und sozialstrukturelle Zusammensetzung der Pretest-Stichprobe und der eingesetzten Interviewerpopulation beinhalten. Bei Vergabe der Befragung an ein externes Institut sollte man darauf achten, ob und in welcher Form das Institut Pretests durchführt und den Auftraggeber über deren Ergebnisse informiert. Ein Pretest-Report ist zwingender Bestandteil der wissenschaftlichen Publikation der Ergebnisse.

4.4.3 Ankündigungen

Ankündigungen von Befragungen haben sich für die Steigerung der Ausschöpfungsquote als ausgesprochen hilfreich erwiesen, weil sie die Seriosität einer Befragung dokumentieren. Anrufe oder Besuche werden so weniger leicht für einen Scherz oder den getarnten Versuch des Verkaufs eines Zeitungsabonnements oder einer Versicherung gehalten. Dabei gibt es prinzipiell zwei Varianten der Ankündigung: Man informiert die Bevölkerung durch die Medien über die anstehende Befragung oder kontaktiert Zielpersonen direkt.

Eine Information durch die Medien ist in der Regel allerdings nur bei regionalen Befragungen realisierbar (hier aber unbedingt zu empfehlen). Ein bis zwei Tage vor Feldbeginn sollte ein entsprechender kurzer Artikel in der jeweiligen Tageszeitung platziert werden, der ähnlich wie ein Einleitungstext über die Ziele, durchführende Institution und Auswahlmodalitäten der Befragungspersonen informiert und zudem für mögliche Rückfragen eine Kontaktadresse nebst Telefonnummer enthält. Sofern der Projektetat es erlaubt, ist es empfehlenswert, während der Feldphase eine Telefonnummer einzurichten, bei der man kostenfrei anrufen kann. Schnell (1997b) weist auf einen weiteren wichtigen Effekt einer solchen „Survey-Hotline" hin: Auch die Interviewer haben so einen Ansprechpartner für Probleme.

Ein Beispiel für eine Ankündigung in der Regionalpresse aus unserem eigenen Forschungsalltag

Patienten sind gefragt

TRIER. (wie) Im Jahr 2007 soll die elektronische Gesundheitskarte bundesweit eingeführt werden. Seit eineinhalb Jahren wird sie bereits in Trier getestet. Nun sollen Bürger zu ihren Erwartungen an die neue Karte befragt werden.

Es ist ein ehrgeiziges Projekt. Schrittweise sollen alle Arztpraxen, Apotheken, Krankenhäuser und Therapeuten miteinander vernetzt werden, damit Patienten die elektronische Gesundheitskarte nutzen können. Die Einführung der Karte gilt als das größte Projekt dieser Art in Europa. Mithilfe der modernen Chipkarte, die die Versicherungskarte ersetzen soll, haben Patienten und Ärzte Zugriff auf Notfalldaten, Diagnosen und Behandlungen. Rezepte können elektronisch gespeichert und gelesen werden. Auch Patientenakten und Arzneimittelverordnungen sollen jederzeit abrufbar sein.

Seit eineinhalb Jahren wird das Projekt in Trier getestet. 1.000 Versicherte, 50 Praxen und zwei Krankenhäuser nehmen bislang an dem Versuch teil. Seit Anfang des Jahres ist die Region eines von acht offiziellen Testgebieten, in denen die Karte vor der bundesweiten Einführung erprobt wird. Nun startet eine wissenschaftliche Begleitung des Projekts. Ärzte und Patienten werden derzeit von Soziologen der Uni Trier zu ihren Erfahrungen mit der elektronischen Patientenakte befragt. Zusätzlich werden ab Montag 1.000 zufällig ausgesuchte Trierer telefonisch von den Uni-Mitarbeitern interviewt. Dabei soll ermittelt werden, welche Befürchtungen und Hoffnungen künftige Nutzer der Karte mit der neuen Technologie verbinden. Kontaktadresse: Dr. Rüdiger Jacob, Fachbereich IV, Universität Trier, Telefon: 0651/201-XXXX

Darüber hinaus ist eine direkte Ansprache der Befragungspersonen vor der Befragung sinnvoll und auch bei bundesweiten Befragungen realisierbar. Bei Adressenstichproben kann man die Zielpersonen anschreiben, bei Ermittlung der Zielhaushalte durch Random-Route entsprechende Postkarten in die Briefkästen werfen und bei telefonischen Interviews wiederum entweder Ankündigungen verschicken[22] oder vorher Kontaktanrufe durchführen.

Bei postalisch verschickten Ankündigungsschreiben sollten die Zielpersonen im Interesse einer höheren Ausschöpfungsquote namentlich angesprochen werden und nicht mit einer allgemeinen Formel wie „Sehr geehrte Dame/sehr geehrter Herr".

Bei Zielpersonen, die vor dem eigentlichen Interview kontaktiert und informiert werden konnten, kann dann die Einleitung zu der Befragung sehr kurz ausfallen und dient nur der Vergewisserung, dass diese sich an den Erstkontakt erinnern und bereit sind, an der Befragung teilzunehmen.

Beispiel für eine Ankündigungskarte für Random-Walk

Sehr geehrte Dame, sehr geehrter Herr,

die GFM-GETAS, Hamburg, ist eines der führenden Markt- und Meinungsforschungsinstitute in der Bundesrepublik Deutschland. Wir führen im gesamten Bundesgebiet Umfragen durch zu allgemein interessierenden, aktuellen Themen aus unterschiedlichen Bereichen (z. B. Kultur, Wirtschaft, Presse, Fernsehen, Politik – um nur einige zu nennen). Die Teilnahme daran ist freiwillig. Berichte über derartige Markt- und Meinungsumfragen sind Ihnen sicher aus Fernsehen, Funk und Presse bekannt.

Für diese Befragung wurde durch ein statistisches Zufallsverfahren jetzt auch Ihr Haushalt zur Teilnahme ausgewählt. Aus diesem Grunde wird Sie ein Mitarbeiter unseres Institutes in den nächsten Tagen zu einem Interview aufsuchen. Unser Mitarbeiter darf für nichts werben, er darf nichts verkaufen; er kann sich mit seinem Ausweis als Interviewer der GFM-GETAS, Hamburg, legitimieren.

Wer in Ihrem Haushalt zu befragen ist, wird bei diesem Besuch durch eine Zufallsauswahl bestimmt. Es ist garantiert, dass alle von Ihnen gegebenen Auskünfte ausschließlich unserer Forschungsarbeit dienen und vollkommen anonym bleiben, also Ihr Name und Ihre Anschrift nicht mit Ihrer Meinungsäußerung in Verbindung gebracht wird. GFM-GETAS gewährleistet die Einhaltung der Vorschriften des Bundesdatenschutzgesetzes (BDSG). Es verwertet die Interviews nur in anonymisierter Form. Auch der Interviewer selbst ist nach § 5 BDSG zur streng vertraulichen Behandlung des Interviews verpflichtet.

Wir wünschen, dass es Ihnen Freude macht, unsere Arbeit kennenzulernen, und hoffen sehr auf Ihre Teilnahme an dieser Umfrage. Sie würden damit dazu beitragen, ein wirklichkeitsgetreues Bild von der Meinung der gesamten Bevölkerung zu gewinnen. Herzlichen Dank für Ihre Unterstützung.

Mit freundlichen Grüßen

GFM-GETAS Gesellschaft für Marketing-, Kommunikations- und Sozialforschung mbH

---

[22] Schnell (1997b) empfiehlt außerdem, in dem Ankündigungsschreiben den Namen des Interviewers zu nennen und ein Foto zu integrieren.

4.4.4 Durchführung der Befragung

Bei mündlichen Interviews sollten Interviewer sich bei Erstkontakten ausweisen. Dies unterstreicht die Seriosität der Befragung und der dahinterstehenden Institutionen und kann mögliche Ängste vor unbekannten Fremden abbauen. Der Interviewerausweis muss Name und Adresse des Interviewers sowie ein Foto enthalten, außerdem Name und Anschrift der für die Befragung verantwortlichen Institution. Auch der Interviewerausweis sollte vom verantwortlichen Forschungsleiter eigenhändig unterschrieben sein.

Beispiel: Interviewerausweis Universität Trier

Interviews sollten nach Möglichkeit in der Wohnung der Zielpersonen oder wenigstens in einer den Zielpersonen vertrauten Umgebung stattfinden. Bevor das Interview beginnt, muss die Befragungssituation soweit wie möglich standardisiert werden. Das Interview sollte in einer störungsfreien Atmosphäre ablaufen, d. h., Zielpersonen sollen keine Nebentätigkeiten ausführen, Dritte nicht anwesend und elektrische Geräte wie Radio oder Fernseher abgeschaltet sein. Bei Verwendung von Visualisierungen ist außerdem auf eine ausreichende Beleuchtung zu achten, eine evtl. notwendige Lesehilfe für ausgehändigte Antwortkarten, Grafiken oder die auch schon angesprochenen Selbstausfüllbögen sollte bei allen Befragten bereitliegen. Selbstverständlich können solche Modifikationen der Situation nur mit Einverständnis der Befragten vorgenommen werden. Dabei ist es hilfreich, diese kurz über den Sinn der jeweiligen Maßnahme zu informieren. Sofern sich Störquellen nicht abstellen lassen, sind diese nach dem Interview im Interviewprotokoll zu vermerken.

Beispiel für ein Interviewprotokoll

1. Wurde das Interview mit der Befragungsperson allein durchgeführt, oder waren während des Interviews dritte Personen anwesend? Wenn ja, welche?

❏ Interview mit Befragungsperson allein durchgeführt (weiter mit Frage 3)
❏ Ehegatte/Partner anwesend
❏ Kinder anwesend
❏ Andere Familienangehörige anwesend
❏ Sonstige Personen anwesend, und zwar: _____

2. Hat jemand von den anwesenden Personen in das Interview eingegriffen?

❏ Nein
❏ Ja, manchmal
❏ Ja, häufig

3. Wie war die Bereitschaft der Befragungspersonen, die Fragen zu beantworten?

❏ Gut
❏ Mittelmäßig
❏ Schlecht
❏ Anfangs gut/später schlecht
❏ Anfangs schlecht/später besser

4. Wie sind die Angaben der Befragungspersonen einzuschätzen?

❏ Insgesamt zuverlässig
❏ Insgesamt weniger zuverlässig
❏ Bei einigen Fragen weniger zuverlässig, und zwar bei Fragen: _____

5. Datum des Interviews

_____

6. Dauer des Interviews

_____ Minuten

7. Weitere Anmerkungen zum Interview

_____
_____
_____
_____
_____
_____

Bei größeren Befragungen mit mehr als fünf Interviewern ist es außerdem sinnvoll, auch eine Interviewerstatistik zu führen, die folgende Fragen enthält:

Beispiel für eine Interviewstatistik

1. Das wievielte Interview ist das für diese Befragung?   Das ist mein _____ Interview für diese Befragung.
2. Bitte notieren Sie die Anzahl der von Ihnen unternommenen telefonischen und persönlichen Kontakte und Kontaktversuche (einschließlich Interviewdurchführung):   Telefonische Kontakte/Kontaktversuche: _____   Persönliche Kontakte/Kontaktversuche: _____
3. Zu mir (INT.) selbst, ich bin: ❏ männlich   ❏ weiblich
4. Welchen höchsten allgemeinbildenden Schulabschluss haben Sie?   ❏ Kein Abschluss   ❏ Volks-, Hauptschulabschluss   ❏ Mittlere Reife, Realschule oder ähnlicher Abschluss   ❏ Fachhochschulreife oder Abitur   ❏ Sonstiger Abschluss: _____
5. Befragungsort   _____ PLZ

Außerdem müssen alle Interviewer durch ihre Unterschrift bestätigen, dass sie die Interviews ordnungsgemäß durchgeführt haben und sich an alle Bestimmungen des Datenschutzes halten. Wichtig ist diese Bestätigung vor allem dann, wenn eine nicht sachgemäße Durchführung von Interviews rechtliche Konsequenzen hat (siehe weiter oben).

Beispiel für Erklärung des Interviewers

Ich versichere hiermit, das Interview anweisungsgemäß durchgeführt zu haben und alle Bestimmungen des Datenschutzrechtes zu beachten. Insbesondere werde ich alle bei den Interviews gewonnenen Informationen streng vertraulich behandeln und alle Befragungsunterlagen zurückgeben.   Name, Vorname: _____   Datum und Unterschrift: _____

Bei Panel-Untersuchungen ist außerdem folgendes Problem zu lösen: Datensätze der verschiedenen Wellen müssen zwangsläufig konkreten Personen zugeordnet werden, ohne dass deshalb auch eine personenbezogene, deanonymisierte Auswertung möglich wird. Bewährt hat es sich hier, die Befragten selber einen individuellen Code eintragen zu lassen, der eine eindeutige Identifikation ihrer Fragebögen ermöglicht. Dieser individuelle Code sollte auf Fragen beruhen, die vom Befragten jederzeit wieder beantwortet werden können. Nicht geeignet wäre dazu ein Code, den der Befragte sich selbst ausdenken soll und an den er sich erinnern muss – etwa eine Folge von 12 Zeichen, darunter Ziffern und Sonderzeichen. Geeignet sind hingegen Fragen zu biografische Angaben. Zudem sollten die Antworten auf die Fragen unveränderlich sein. Demnach sollte man beispielsweise nach dem Geburtsort fragen, nicht aber nach dem aktuellen Wohnort. Darüber hinaus sollte der Befragte davon ausgehen, dass die Forscher die vollständigen Angaben nicht kennen und eine Deanonymisierung über den Panel-Code nicht möglich ist. Ein solcher Panel-Code kann beispielsweise folgendermaßen zusammengestellt werden:

Beispiel für einen Panelcode

Im Lauf dieser Untersuchung werden wir Ihnen mehrere Fragebögen zusenden. Damit wir später feststellen können, welche Fragebögen zusammengehören, bitten wir Sie, einen Geheimcode einzutragen. Wir können von diesem Code nicht auf Ihren Namen und Ihre Adresse schließen, aber bei der Auswertung der Daten alle weiteren Fragebögen mit dem heutigen zusammenbringen. Damit Sie sich den Code nicht merken müssen, wird er von Ihnen bei jeder Befragung erneut aus individuellen Merkmalen zusammengesetzt:

1. An erster Stelle tragen Sie bitte den Anfangsbuchstaben des Vornamens Ihrer Mutter ein, also M, wenn Ihre Mutter z. B. Marie heißt.
2. An zweiter Stelle tragen Sie bitte den letzten Buchstaben des Vornamens Ihrer Mutter ein, also E, wenn Ihre Mutter Marie heißt.
3. An dritter Stelle tragen Sie bitte den Anfangsbuchstaben des Vornamens Ihres Vaters ein, also P, wenn Ihr Vater z. B. Paul heißt.
4. An vierter Stelle tragen Sie bitte den letzten Buchstaben des Vornamens Ihres Vaters ein, also L, wenn Ihr Vater Paul heißt.
5. An fünfter Stelle tragen Sie bitte den Anfangsbuchstaben Ihres Geburtsortes ein, also K, wenn Sie z. B. in Köln geboren worden sind.
6. An sechster Stelle tragen Sie bitte den letzten Buchstaben Ihres Geburtsortes ein, also N, wenn Sie in Köln geboren worden sind.

Tragen Sie hier bitte Ihren Geheimcode ein:

1. Anfangsbuchstabe des Vornamens Ihrer Mutter ☐
2. Letzter Buchstabe des Vornamens Ihrer Mutter ☐
3. Anfangsbuchstabe des Vornamens Ihres Vaters ☐
4. Letzter Buchstabe des Vornamens Ihres Vaters ☐
5. Anfangsbuchstabe Ihres Geburtsortes ☐
6. Letzter Buchstabe Ihres Geburtsortes ☐

Ausschöpfungsquoten

Das Hauptproblem der Feldphase einer Befragung sind mittlerweile die zum Teil sehr niedrigen Ausschöpfungsquoten. Während noch in den 1960er- Jahren 80 % bis 90 % der ausgewählten Zielpersonen an mündlichen Interviews bei allgemeinen Bevölkerungsumfragen teilgenommen haben, kann man heute schon sehr zufrieden sein, wenn man eine 70-Prozent-Quote realisiert. „Normal" (im Sinn von weitverbreitet) sind bei akademischen, nichtkommerziellen Umfragen gegenwärtig 60 % bis 65 %.

Primär sind für diese niedrigen Ausschöpfungsquoten Teilnahmeverweigerungen, sogenannte *unit non responses* oder „Refusals" verantwortlich. Daneben gibt es außerdem Probleme wegen schwer erreichbarer Personen (*not-at-homes*) und Nicht-Befragbarer (*unable-to-answers*). Die Gründe für die mangelnde Beteiligungsbereitschaft sind vielfältig: Zum einen gibt es zum Teil recht ausgeprägte Ängste vor Unbekannten, die sich als Zeitungsverkäufer, Versicherungsvertreter oder schlimmstenfalls als Trickbetrüger oder Räuber entpuppen könnten. Zum anderen sind zunehmend mehr Personen nicht bereit, ihre freie Zeit unentgeltlich für irgendwelche Befragungen zu opfern, die sie kaum interessieren (ausführlich zu dem Non-Response-Problem Schnell 1997a).

Die Diskussion über die Seriosität von Umfragen ganz allgemein, wie auch die Inflation von Befragungen und insbesondere Telefonbefragungen und die bisweilen drastische Banalität und Trivialität der veröffentlichten Ergebnisse dürften die Teilnahmemotivation ebenfalls gesenkt haben. Zur Senkung der Teilnahmemotivation an echten Umfragen tragen wesentlich auch als Befragung getarnte Marketingaktionen bei. Zu nennen sind hier zum einen sogenannte „Haushaltsbefragungen", die sehr detailliert soziodemografische Daten und Konsumgewohnheiten erheben, um so Zielgruppen für Konsumgüterwerbung sehr trennscharf beschreiben zu können. Zu nennen sind hier auch Aktionen zum Verkauf von Zeitungs- und Zeitschriftenabonnements, wie sie in den letzten Jahren leider immer häufiger auch seriöse Verlage durchführen. Dabei wird dem Kunden suggeriert, seine Meinung zu bestimmten aktuellen Themen sei besonders wichtig, weshalb er bitte an einer Umfrage (bestehend aus fünf bis sieben höchst trivialen Fragen) teilnehmen möge. Zum Dank erhält er „exklusive Geschenke", nämlich z. B. eine Uhr (oder ein anderes Kleinod von unschätzbarem Wert) und mehrere Ausgaben der jeweiligen Zeitung oder Zeitschrift frei Haus zum Vorzugspreis. Die Uhr oder andere Pretiosen gibt es nur in Kombination mit der Abnahme des Mini-Abonnements. Das vermeintliche Geschenk muss mithin selbst bezahlt werden – von Dankeschön (wofür auch, an der „Befragung" ist der Verlag nicht interessiert) kann keine Rede sein. Im Kleingedruckten zu der Ankündigung des angeblichen Geschenks kann man dann noch lesen, dass sich das Abonnement automatisch verlängert, wenn man nicht zu einem bestimmten Termin kündigt. Elemente der Umfrageforschung für solche zweifelhaften Verkaufsaktionen zu missbrauchen verschlechtert die Feldbedingungen nachhaltig.

Das Wissen über die Bedeutung der informationellen Selbstbestimmung und den Datenschutz bzw. den immer häufiger in den Medien gemeldeten Datenmissbrauch oder den nicht mehr überschaubaren Datenmüll tut ein Übriges, die Kooperationsraten kontinuierlich sinken zu lassen.

Problematisch sind niedrige Ausschöpfungsquoten insbesondere bei Repräsentativbefragungen, da man nicht davon ausgehen kann, dass die Verweigerer ihrerseits eine repräsentative Auswahl aus der Grundgesamtheit darstellen. Häufig führen Verweigerungen und sonstige Ausfälle dazu, dass bestimmte Gruppen in der Stichprobe unterrepräsentiert sind. Bei allgemeinen Bevölkerungsumfragen wie etwa dem ALLBUS sind z. B. die Altersgruppe der über 75-Jährigen sowie Angehörige unterer Schichten häufig unter-, Personen mit höheren Bildungsabschlüssen dagegen überrepräsentiert.

Problematisch ist auch, dass man über Verweigerer naturgemäß nichts weiß und deshalb eine Spezifikation dieser Gruppe – abgesehen von globalen Vergleichen der sozialstrukturellen Zusammensetzung der Stichprobe mit entsprechenden Daten der amtlichen Statistik – sehr schwierig ist. Zur Einschätzung der Repräsentativität von Stichproben und der Bewertung des Verweigererproblems sind genauere Kenntnisse der Verweigerer aber sehr hilfreich.

Bei mündlichen Interviews gibt es zwei Varianten, genauere Informationen über Verweigerer zu erhalten, wobei diese Varianten von der Art der Stichprobenziehung abhängen. Bei Ermittlung der Zielpersonen durch Random-Walk können die Interviewer evidente Merkmale des Wohnhauses und des Wohnumfeldes der Verweigerer festhalten, um so zumindest plausible Hinweise auf die Schichtzugehörigkeit dieser Personen zu erhalten. Diese Überlegung basiert auf dem von der Siedlungssoziologie gut dokumentierten Phänomen der Segregation, also dem Umstand, dass Nachbarschaften vielfach statushomogen zusammengesetzt sind. Ein Instrument zur Beschreibung von Wohnquartieren wurde beispielsweise von Hoffmeyer-Zlotnik (2001) entwickelt. Es erfasst Merkmale wie den Typ des Hauses der Zielpersonen, die dominante Bebauungsart und die Bebauungsdichte des jeweiligen Wohngebietes, die Entfernung dieses Gebiets vom Stadtzentrum (bei Befragungen in Großstädten) oder die Art der Nutzung (reine Wohngegend, Einkaufsmöglichkeiten, auch Fabriken usw.)[23]. In Kombination mit Sozialstrukturmerkmalen eines Stadtteils oder einer kleineren Gemeinde, wie sie die amtliche Statistik bereitstellt[24], lässt sich so mit relativ hoher Wahrscheinlichkeit auch auf soziodemografische Merkmale der Verweigerer schließen. Zumindest erfährt man auf diese Art, ob und wenn ja in welchem Gebietstypus Verweigerungen besonders häufig zu beobachten sind.

Bei Adressstichproben aus den Karteien der Meldeämter kann man, sofern dem nicht Landesdatenschutzregelungen entgegenstehen und die Ämter kooperieren, neben der Adresse einige weitere soziodemografische Merkmale der Zielpersonen wie

---

[23] All diese Merkmale werden natürlich nicht nur für Verweigerer erfasst, sondern für alle ausgewählten Zielpersonen.
[24] Entsprechende Aufstellungen gibt es beispielsweise bei den jeweiligen statistischen Ämtern der Kommunalverwaltungen oder auch bei dem Deutschen Städte- und dem Deutschen Landkreistag.

Alter, Titel oder Beruf abrufen. Mit diesen Merkmalen lässt sich eine Verweigererstatistik zusammenstellen. Bei mündlichen Befragungen, die auf Adressenstichproben basieren, kann diese Vorgehensweise mit der Erfassung von Wohnquartiersmerkmalen kombiniert werden, so dass man über die Verweigerer dann noch weitere Informationen erhält.[25]

Primäres Interesse beim Umgang mit dem Verweigererproblem kann aber natürlich nicht dessen möglichst genaue Spezifikation sein, sondern muss in dessen Vermeidung bzw. Minimierung bestehen – anders ausgedrückt:

Wichtiger als die Erklärung der Verweigerungen ist es, eine möglichst hohe Ausschöpfungsquote zu realisieren.

Diesem Ziel[26] dienen die schon beschriebenen Maßnahmen im Vorfeld einer Befragung (Ankündigungen in den Medien, Briefe oder Anrufe), das strenge Einhalten professioneller Standards, ein seriöses Auftreten sowie ein korrektes und höfliches Benehmen der Interviewer. Dass bestimmte Interviewermerkmale die Beteiligungsbereitschaft erhöhen, haben wir ebenfalls schon dargelegt. Um die damit verbundene Schlussfolgerung nochmals zu wiederholen: Sofern die zur Verfügung stehenden Mittel eine schwerpunktmäßige Rekrutierung von nicht-studentischen Interviewern erlauben und das Geschlecht der Interviewer in keinem Zusammenhang zum Befragungsthema steht, sollten im Interesse einer optimalen Ausschöpfung primär Frauen ab ca. 50 Jahre mit mittleren und höheren Bildungsabschlüssen eingesetzt werden, die zuvor natürlich entsprechend geschult werden müssen. Dabei sollte insbesondere auch Wert auf die Vermittlung von Techniken zur Kontaktaufnahme gelegt werden.

Bei universitären Forschungsprojekten kann es unter Umständen auch sinnvoll sein, diese universitäre Einbindung stärker herauszustellen und darauf hinzuweisen, dass die Zielpersonen durch ihre Teilnahme an der Befragung wesentlich zum Gelingen eines wissenschaftlichen, also nichtkommerziellen Forschungsprojekts beitragen

---

25 Grundsätzlich besteht außerdem natürlich die Möglichkeit, durch sogenannte „Proxy-Interviews" Angaben über Verweigerer oder nicht erreichbare Personen von Dritten zu erhalten, beispielsweise von Nachbarn oder anderen Mitgliedern des Zielhaushalts. Dabei ist aber genauestens darauf zu achten, dass diese Proxy-Interviews nicht den Eindruck ungebührlicher Schnüffelei erwecken.

26 Verzerrungen durch Ausfälle lassen sich valide nur dadurch vermeiden, dass eben diese Ausfälle minimiert werden; denn alle sogenannten Korrekturverfahren für *non response* basieren auf schwer zu rechtfertigenden Annahmen. Dies gilt vor allem für das von Marktforschungsunternehmen häufig verwendete Redressment. Dabei werden die Häufigkeiten demografischer Merkmale in der Stichprobe durch Gewichtungsverfahren den aus anderen Statistiken bekannten Häufigkeiten in der Grundgesamtheit angeglichen. Wenn in der Grundgesamtheit 49 % der Personen männlich sind, in der Stichprobe aber durch Verweigerungen und andere Ausfälle nur 40 % der Teilnehmer männlich sind, dann werden beim Redressment die Angaben der Männer 1,2-mal gewertet (49/40 = 1,2). Zugleich werden die Angaben der Frauen niedriger gewichtet (51/60 = 0,85). Das Verfahren unterstellt, dass innerhalb der zur Gewichtung verwendeten Klassen die Ausfälle absolut zufällig erfolgen. Diese Annahme ist häufig unrealistisch. Das Non-Response-Problem wird durch Redressment damit nur verdeckt.

(was ja auch stimmt). Günstig ist es hier auch, auf geplante Veröffentlichungen der Ergebnisse aufmerksam zu machen.

Bei postalischen Befragungen, wo die Ausschöpfungsquoten noch sehr viel geringer sind, ist zur Optimierung des Rücklaufs darauf zu achten, dass sich die Aufmachung des Umschlages deutlich von Werbe- oder Postwurfsendungen unterscheidet. Der Absender ist deutlich hervorzuheben. Wenn es sich um ein universitäres Forschungsvorhaben handelt, sollte auch der Name der Universität deutlich sichtbar im Absender auftauchen. Mit Briefmarken frankierte Post ist zwar teurer als freigestempelte, weckt aber eher den Eindruck eines persönlichen Briefs und kann dadurch die Teilnahmemotivation erhöhen (vgl. dazu auch die Anmerkungen zur *total design method* in Dillman 1978).

Bei postalischen Befragungen können zur Erhöhung der Ausschöpfungsquote außerdem Erinnerungsschreiben verschickt oder Nachfassaktionen, sogenannte zweite Wellen (manchmal auch dritte Wellen) durchgeführt werden. Man muss dabei aber bedenken, dass solche Maßnahmen teuer sind, und entsprechende Beträge bereits bei der Projektplanung kalkulieren. Bei solchen Aktionen ist darauf zu achten, dass bei den angeschriebenen Zielpersonen nicht der Eindruck entsteht, dass ihre Anschrift sehr wohl registriert und mit ihren Angaben im Fragebogen in Verbindung gebracht werden kann – denn wie sonst sollten die Absender von Erinnerungsschreiben wissen, dass man noch nicht geantwortet hat? Es ist deshalb sinnvoll, entsprechende Maßnahmen bei der Rücklaufkontrolle in dem Anschreiben kurz zu erläutern, um solche etwaigen Befürchtungen zu zerstreuen.

Eine Möglichkeit der anonymisierten Rücklaufkontrolle besteht darin, dem Fragebogen eine Postkarte mit der aufgedruckten Adresse der jeweiligen Zielperson beizufügen und diese zu bitten, bei Rücksendung des Fragebogens auch diese Postkarte abzuschicken, damit man den Rücklauf kontrollieren kann. Diese Variante erfordert natürlich auch, wenn auch geringere, zusätzliche Portokosten.

Kostengünstiger ist es, die Freiumschläge für den Rücklauf mit einer zuvor für jede Zielperson festgelegten Codezahl zu versehen und anhand dieser Codezahlen den Rücklauf zu kontrollieren. In diesem Fall muss man natürlich zusichern, dass die Rücklaufkontrolle vor Öffnen der Umschläge durchgeführt wird. Da hier eine Deanonymisierung aber grundsätzlich nicht völlig ausgeschlossen werden kann, ist die Rücklaufquote bei diesem Verfahren möglicherweise etwas niedriger als bei der zuerst vorgestellten Variante. Man muss hier wiederum unter Berücksichtigung der zur Verfügung stehenden Mittel und der jeweiligen Zielgruppe der Befragung im konkreten Einzelfall entscheiden, welche Variante gewählt wird.

Eine dritte Variante besteht darin, ein kombiniertes Dankes- und Erinnerungsschreiben an alle Zielpersonen zu senden – den Teilnehmern wird für ihre Kooperation gedankt, und die Nicht-Teilnehmer werden an den Einsendeschluss erinnert. Zwar werden hier mehr Personen angeschrieben als bei den anderen Varianten, allerdings spart man hier das Porto für die separaten Postkarten beziehungsweise den organisatorischen Aufwand, den die Rücklaufkontrolle mit Codes mit sich bringt.

Bei telefonischen Befragungen hat der Zeitpunkt des Anrufs einen deutlichen Effekt auf die Teilnahmebereitschaft und auf die sozialstrukturellen Merkmale der Personen, die das Gespräch entgegennehmen. Vor ca. 18.00 Uhr erreicht man primär Hausfrauen, Schüler und Rentner. Telefoninterviews, die sich an die allgemeine Bevölkerung richten, sollten deshalb schwerpunktmäßig zwischen 17.00 und 21.00 Uhr durchgeführt werden. Zu späteren Zeitpunkten werden Anrufe von Fremden häufig als Belästigung empfunden und führen eher zu Verweigerungen. Man sollte auch nicht anrufen, wenn im Fernsehen Sendungen mit hoher Einschaltquote laufen, z. B. Fußballspiele mit deutscher Beteiligung oder aber Nachrichtensendungen. Zwischen 18.00 und 19.30 Uhr sollte man außerdem vorsichtshalber fragen, ob man gerade beim Abendessen stört und besser später noch einmal anrufen soll. Samstage können für Telefoninterviews genutzt werden, bei Sonn- und Feiertagen hängt dies von der Zielgruppe ab. Während ältere Befragte Anrufe an solchen Tagen eher als Belästigung empfinden, ist dies bei jüngeren Personen deutlich seltener der Fall. Für allgemeine Bevölkerungsumfragen ist von Interviewversuchen an Sonn- und Feiertagen deshalb abzuraten, bei Befragungen speziell in jüngeren Zielgruppen spricht allerdings nichts gegen Anrufe auch an diesen Tagen, wobei man wiederum das Bedürfnis des sonntäglichen Ausschlafen-Wollens berücksichtigen sollte: Nicht ist schwieriger, als ein Telefoninterview mit Personen realisieren zu wollen, die man durch den Anruf erst aus dem Schlaf gerissen hat.

Außerdem sind bei allen Befragungsvarianten Ferientermine zu beachten, da zu solchen Zeiten insbesondere Familien mit schulpflichtigen Kindern vergleichsweise häufiger nicht zu erreichen sind. Ähnliches gilt für gruppentypische Einkauf- oder andere Abwesenheitszeiten.

Interviewerbetreuung und -kontrolle
Während jeder Feldphase muss für die Interviewer ein Supervisor zur Verfügung stehen, an den diese sich bei Problemen wenden können. Dabei muss sichergestellt sein, dass dieser Supervisor auch die nötigen Kompetenzen und Vollmachten hat, um auftauchende Probleme zu lösen.

In Anbetracht der Fälschungsmöglichkeiten müssen Interviewer auch kontrolliert werden. Die größeren kommerziellen Institute kontrollieren pro Befragung zwischen 5 % und 10 % der eingesetzten Interviewer, so dass jeder Interviewer des Interviewerstabs in einem Ein- bis Zwei-Jahres-Rhythmus überprüft wird. Natürlich werden die jeweiligen Interviewer nicht darüber informiert, wann sie kontrolliert werden, sondern nur, dass sie jederzeit kontrolliert werden können.

Bei den Interviewerkontrollen wird überprüft, ob Interviewer die Interviews tatsächlich durchgeführt oder die Fragebögen alleine ausgefüllt haben. Dabei muss dann noch einmal zwischen Totalfälschungen und Partialfälschungen unterschieden werden. Bei Ersteren füllt der Interviewer den Fragebogen ganz alleine nach Gusto aus. Bei Partialfälschungen verfügt er über bestimmte Daten der Zielpersonen. In diesem

Fall waren die Zielpersonen bereit, ein Interview zu geben, wobei dann aber der Fragebogen vom Interviewer drastisch gekürzt wurde, um seinen Zeitaufwand zu minimieren. Gestützt auf die wenigen Angaben der Befragten „vervollständigt" der Interviewer den Fragebogen dann zu Hause.

Zur Ermittlung von Fälschungen werden die Angaben der Befragten zunächst auf Konsistenz geprüft. Gefälschte Fragebögen sind – wie auch entsprechende Experimente gezeigt haben – häufig konsistenter und widerspruchsärmer als echte Interviews. Konsistenz allein ist natürlich kein Beweis für eine Fälschung, da selbstverständlich auch wirklich Befragte konsistente Antworten geben können. Wenn sich durchgängig konsistente Interviews aber bei bestimmten Interviewern häufen, kann dies ein Hinweis sein, solche Interviewer genauer zu überprüfen. In der Methodenforschung gibt es derzeit mehrere Ansätze, solche Fälschungen zu prüfen. Beispielsweise hat Landrock die Interviewer selbst die Fragebögen ausfüllen lassen und mit realen und gefälschten Angaben verglichen. Dabei hat sich gezeigt, dass die gefälschten Angaben den Angaben des Interviewers glichen, die realen Angaben aber nicht (Landrock 2017). Aus diesen Experimenten kann allerdings noch kein Routineverfahren für die Praxis abgeleitet werden.

Auffällig ist auch eine überdurchschnittlich schnelle Feldzeit von Interviewern. Dies kann ebenfalls Anlass zu genaueren Überprüfungen sein. Die Interviewerkontrolle beim ALLBUS 1994 hatte z. B. zum Ergebnis, dass ehrliche Interviewer während der Feldzeit der Befragung durchschnittlich sechs Interviews durchgeführt hatten. Fälscher hatten dagegen durchschnittlich dreizehn bearbeitete Fragebögen zurückgeschickt (Koch 1995, S. 99 f). Da moderne CATI-Software die Dauer und den Zeitpunkt eines Interviews aufzeichnet, können viele in kurzer Zeit durchgeführte Interviews ein Anzeichen für Fälschungen sein.

Eine Möglichkeit, die ordnungsgemäße Feldarbeit zu überprüfen, besteht bei Adressenzuteilungen darin, den Interviewern auch Adressen zuzustellen, die es faktisch nicht gibt. In solchen Fällen müsste dies zurückgemeldet werden. Kommt stattdessen ein ausgefüllter Fragebogen zurück, hat sich der betreffende Interviewer unfreiwillig als Fälscher entlarvt.

Ansonsten kommen genaue Überprüfungen ohne Mitwirkung der jeweiligen Zielpersonen nicht aus. Da man weiß, welcher Interviewer welche Adressen bearbeiten sollte, kann man die Zielpersonen anrufen oder anschreiben (bei Adressstichproben werden Anschriften zugeteilt, bei Random-Walk-Verfahren verfügt das Institut entweder über Adressenprotokolle, oder die Interviewer müssen Namen und Adressen ihrer Zielpersonen auf einem gesonderten Formular zurückmelden. Gleiches gilt auch für bewusste Auswahlen).

Bei Rückfragen sollte den Zielpersonen allerdings nicht gesagt werden, dass es um Überprüfungen der Interviewer geht. Wenn das Interview stattgefunden hat, kann bei den Zielpersonen durch solche Rückfragen leicht der Eindruck entstehen, man habe es mit einem unprofessionellen Unternehmen und einem zweifelhaften Interviewer zu tun gehabt, dem offenbar nicht zu trauen ist. Ein solcher Eindruck ist der Teilnahmebereitschaft bei weiteren Interviews eher abträglich und dazu geeignet, die Feldbedingungen nachhaltig zu verschlechtern. Für den Fall, dass die Zielperson tatsächlich nicht interviewt wurde, sollte man ebenfalls nicht von einer Fälschung, sondern von einer Verwechslung sprechen und die Vermutung äußern, dass der Interviewer versehentlich falsche Adressen zurückgemeldet hat. In diesem Fall ist unter Umständen zur Zerstreuung von Bedenken das jeweilige Auswahlverfahren noch mal zu erläutern. Bei Kontrollen lassen sich beispielsweise folgende Strategien anwenden:

Man kann den Anruf als Teil einer erneuten Untersuchung tarnen, bei der es darum geht, die Teilnahmemotivation für weitere Befragungen nach konkreten Erfahrungen mit einem Interview zu ermitteln. Man wird dann die Zielpersonen fragen, ob sie vor einiger Zeit interviewt worden sind, worum es bei dieser Befragung ging und ob sie sich künftig grundsätzlich wieder interviewen lassen würden. Um Teilfälschungen aufzudecken, kann man außerdem fragen, ob sich die Zielpersonen noch an einzelne Fragen oder Themen erinnern, und sich diese nennen lassen.

Noch besser zur Aufdeckung von Teilfälschungen ist es natürlich, das ganze Interview zu wiederholen, was sich aufgrund der damit verbundenen zeitlichen Belastung aber nur für kürzere Befragungen anbietet. In diesem Fall kann man den Wunsch nach einem Wiederholungsinterview damit begründen, dass sämtliche Befragungsunterlagen des Interviewers X verloren gegangen seien (z. B. auf dem Postweg oder aufgrund des Diebstahls seiner Aktentasche).

Bei dem Nachweis einer Fälschung müssen sämtliche Interviews des betreffenden Interviewers aus der Datenanalyse ausgeschlossen werden, da es sehr wahrscheinlich ist, dass es bei allen Interviews zumindest Teilfälschungen gegeben hat und generell eine sachgemäße Feldarbeit solcher Interviewer sehr zu bezweifeln ist.

Allerdings stellen nach vorliegenden einschlägigen Untersuchungen Fälschungen bei weitem kein so großes Problem in der Forschungspraxis dar, wie es den Anschein hat, wenn man die Berichterstattung in den Medien über dieses Thema zur Kenntnis nimmt.

Gestützt auf mehrere Untersuchungen schätzt Schnell (1991b), dass durchschnittlich 5 % aller Interviews im Rahmen einer Untersuchung gefälscht werden. Schnell kommt zu dem Schluss:

Obwohl der Anteil der Fälschungen bei Surveyinterviews vermutlich klein ist, kann das Problem nicht ignoriert werden. [...] Die analytischen Ergebnisse zeigen für einfache Statistiken bei großen Fallzahlen und kleinen Anteilen von Fälschungen die Robustheit der Ergebnisse gegenüber Fälschungen. Die empirischen Ergebnisse der Erhebung dieser Studie und die Simulationsergebnisse legen dies auch für multivariate Statistiken nahe. Einzelne Belege, daß sich Fälschungen auch nicht auf die Ergebnisse multivariater Analysen auswirken, sind aber leider nicht in der Lage, das Argument der Verzerrung durch wenige Fälschungen vollständig zu entkräften. Prinzipiell sind solche Verzerrungen möglich, das Ausmaß hängt von den Gegebenheiten des speziellen Sachverhaltes ab. (Schnell 1991b, S. 34 f.)

Deshalb muss unmissverständlich deutlich gemacht werden, dass Fälschungen keine Kavaliersdelikte, sondern bewusste kriminelle Handlungen sind, die strafrechtlich verfolgt werden. Bei Fälschungen durch Studenten im Rahmen von universitären Lehr- und Forschungsprojekten oder Examensarbeiten sollte außerdem geprüft werden, ob diese Form des Betrugs nicht zu einem sofortigen Ausschluss der betreffenden Personen aus den jeweiligen Lehrveranstaltungen führen kann bzw. die Examensarbeit sofort wegen eines Täuschungsversuchs mit „nicht bestanden" zu bewerten ist. In jedem Fall sind Interviewer vor der Feldphase über solche Konsequenzen und über die Durchführung von Interviewerkontrollen zu informieren, um den Stellenwert einer ordnungsgemäßen Feldarbeit zu unterstreichen.

Methodenbericht
Für jede Befragung ist ein Methodenbericht zu erstellen, der mindestens folgende Angaben enthalten soll:
- Feldinstitut und verantwortlicher Projektleiter im Institut (sofern die Feldarbeit delegiert wird)
- Definition der Grundgesamtheit
- Dokumentation des Auswahlverfahrens
- Brutto- und Nettostichprobe, Ausschöpfungsquote
- soziodemografische Struktur der Stichprobe, bei Repräsentativbefragungen außerdem Vergleich mit den entsprechenden Daten der amtlichen Statistik
- detaillierte Erläuterung der Ausfallgründe
- Anwesenheit Dritter und sonstige Besonderheiten der Interviewsituation
- Befragungszeitraum
- durchschnittliche Länge der Interviews
- Zahl der eingesetzten Interviewer
- Anzahl der Interviews pro Interviewer
- maximale Kontaktversuche pro Zielperson
- soziodemografische Merkmale der Interviewer
- Interviewerschulung
- Interviewerkontrollen
- Sofern die Daten gewichtet werden, ist auch die Gewichtungsmethode darzustellen.

Sinn des Methodenberichts ist es, alle wesentlichen Details der Feldarbeit, die in Publikationen normalerweise nicht dokumentiert werden, für Dritte (bzw. bei Durchführung der Feldarbeit durch ein externes Institut auch für die Auftraggeber) nachvollziehbar zu machen, um so den zentralen wissenschaftlichen Kriterien nach Intersubjektivität, Systematik und Kontrolle gerecht zu werden.

! Eine gute Feldarbeit zeichnet sich auch dadurch aus, dass sie angemessen dokumentiert wird.

Methodenberichte werden als graue Literatur in der Regel zwar nicht veröffentlicht, sollten auf Anfrage aber verfügbar sein und müssen deshalb auch archiviert werden. Allerdings sollten bei einer Publikation der Ergebnisse in einer Monografie zumindest die Definition der Grundgesamtheit, das Auswahlverfahren, der Befragungszeitraum, die durchschnittliche Befragungsdauer und die Ausschöpfungsquote (die Hauptergebnisse des Methodenberichts also) dargestellt werden.[27]

Feldpflege
Auch hierauf wurde bereits hingewiesen, es kann aber nicht deutlich genug wiederholt werden: Umfrageforschung insgesamt ist keine einmalige Angelegenheit, sondern ein Dauerprojekt. Unentbehrlich dabei ist die Mitarbeit der jeweiligen Zielpersonen, die sich nicht von selbst versteht und auf die man keinen Anspruch hat – auch bei noch so hehren wissenschaftlichen oder gesellschaftspolitischen Zielen. Die Erhaltung bzw. Verbesserung der Teilnahmemotivation ist deshalb nicht nur im Hinblick auf die Optimierung von Ausschöpfungsquoten im jeweiligen konkreten Einzelfall von Bedeutung, sondern für den gesamten Forschungszweig der empirischen Sozialforschung äußerst wichtig.

Entsprechend vielschichtig sind auch die Maßnahmen zur Feldpflege, die dies sicherstellen sollen. Von jedem einzelnen Forscher oder Institut allein kaum zu verbessern sind allgemeine Rahmenbedingungen wie z. B. das Image der Meinungsforschung. Leider sind die individuellen Möglichkeiten einer nachhaltigen Verschlechterung solcher Rahmenbedingungen sehr viel größer, wie nicht zuletzt die öffentliche Diskussion über zweifelhafte Praktiken und Institute zeigt.

Unverzichtbar ist deshalb die Einhaltung professioneller Standards, wie sie in den vorherigen Kapiteln schon genannt wurden und hier nur noch stichwortartig wiederholt werden:
- genaue Dokumentation aller Arbeitsschritte
- Spezifikation von Grundgesamtheit, Stichprobe und Auswahlverfahren
- Dokumentation des Fragebogens
- Ankündigungen der Befragung, sofern möglich
- seriöses Auftreten der Interviewer: höfliche Umgangsformen, Dank für die Teilnahme, keine Vermischung von Interviewdurchführung und privaten Interessen der Interviewer

---

[27] Bisweilen findet sich in der Literatur auch der Begriff des Feldberichts. Ein Feldbericht ist umfassender als ein Methodenbericht und soll detailliert über alle Aspekte der Feldphase informieren. Dazu gehören neben den Informationen, die auch der Methodenbericht enthalten soll, Angaben zur Projektidentifikation (Name des Forschungsvorhabens, Zeitraum, beteiligte Personen, Auftrag-/Geldgeber, projektbezogene Publikationen), Pretest-Berichte, Fragebogen und Feldmaterial sowie ein Codeplan. Solche umfänglichen Feldberichte sind als Studiendokumentationen sehr hilfreich für spätere Sekundäranalysen des Datensatzes durch Dritte und sollten zumindest dann erstellt werden, wenn der Datensatz z. B. im GESIS Datenarchiv archiviert und für die allgemeine Nutzung freigegeben wird.

- Einhaltung von Datenschutzvorschriften
- Interviewerkontrollen
- Methodenbericht
- nachvollziehbare Darstellung von Befragungsergebnissen
- Einhalten von gemachten Versprechungen

Eine weitere Möglichkeit der Feldpflege besteht in symbolischen Gratifikationen für die Teilnahme an der Befragung, indem man den Zielpersonen ein Präsent mitbringt. Solche Maßnahmen sind natürlich kostenintensiv und werden vor allem bei Panel-Befragungen eingesetzt. Wenn ein Budget für Gratifikationen zur Verfügung steht, hat sich immer wieder gezeigt, dass sich der Rücklauf optimieren lässt, wenn jede Zielperson die Gratifikation vor der Befragung erhält (ein sog. Prepaid-Incentive) – egal, ob sie teilnimmt oder nicht. Eine geringere Wirkung ist dagegen zu erwarten, wenn nur die Teilnehmer ein Präsent erhalten, die auch an der Befragung teilgenommen haben (Postpaid-Incentive), oder wenn ein größerer Preis verlost wird.

Man kann außerdem nach der Befragung die Forschungsziele genauer erläutern, um deutlich zu machen, wozu die Daten gebraucht werden, und auf Veröffentlichungstermine hinweisen oder eine Telefonnummer für Rückfragen zur Verwendung der Daten angeben. Bei regionalen Befragungen kann es auch sinnvoll sein, nach Abschluss der Feldphase und Vorliegen erster Ergebnisse einen Artikel in der Tagespresse zu platzieren, der das Thema der Untersuchung anspricht und einige Ergebnisse enthält und in dem man allen Beteiligten nochmals herzlich für ihre Mitarbeit dankt.

4.5 Weiterführende Literatur

Schriftliche Befragung

Dillman, D. A.; Smyth, J. D.; Christian, L. M.: Internet, Phone, Mail, and Mixed-Mode Surveys: The Tailored Design Method, 4. Auflage, John Wiley & Sons, New York 2014

Kunz, F.: Mahnaktionen in postalischen Befragungen, in: Methoden, Daten, Analysen, 2, 2010, S. 127–155

Stadtmüller, S.: Rücklauf gut, alles gut? Zu erwünschten und unerwünschten Effekten monetärer Anreize bei postalischen Befragungen, in: Methoden, Daten, Analysen, 3, 2009, S. 167–185

Telefoninterviews

Daikeler, J.; Silber, H.; Bosnjak, M.; Zabal, A.; Martin, S.: A General Interviewer Training Curriculum for Computer-Assisted Personal Interviews (GIT-CAPI; Version 1, 2017), in: GESIS – Leibniz-Institute for the Social Sciences (Hrsg.): GESIS Survey Guidelines, Mannheim 2017, doi:10.15465/gesis-sg_en_022

Dillman, D. A.; Smyth, J. D.; Christian, L. M.: Internet, Phone, Mail, and Mixed-Mode Surveys: The Tailored Design Method, 4. Auflage, John Wiley & Sons, New York 2014

Gwartney, P. A.: The Telephone Interviewer's Handbook – How to Conduct Standardized Conversations, San Francisco 2007

Häder, M.; Kühne, M.: Mobiltelefonerfahrung und Antwortqualität bei Umfragen, in: Methoden, Daten, Analysen, 2, 2010, S. 105–125

Schnauber, A.; Daschmann, G.: States oder Traits? Was beeinflusst die Teilnahmebereitschaft an telefonischen Interviews?, in: Methoden, Daten, Analysen, 2, 2008, S. 97–123

Steinkopf, L.; Bauer, G.; Best, H.: Nonresponse und Interviewer-Erfolg im Telefoninterview, in: Methoden, Daten, Analysen, 1, 2010, S. 3–26

Onlinebefragungen

Dillman, D. A.; Smyth, J. D.; Christian, L. M.: Internet, Phone, Mail, and Mixed-Mode Surveys: The Tailored Design Method, 4. Auflage, John Wiley & Sons, New York 2014

Fielding, N.: The Sage Handbook for Online Research Methods, Los Angeles 2008

Jackob, N.; Schoen, H.; Zerback, T. (Hrsg.): Sozialforschung im Internet: Methodologie und Praxis der Online-Befragung, Wiesbaden 2009

Schlosser, S.; Höhne, J. K.: ECSP – Embedded Client Side Paradata, Göttingen 2018

Fragen

Faulbaum, F.; Prüfer, P.; Rexroth, M.: Was ist eine gute Frage?, Wiesbaden 2009

Lenzner, T.; Menold, N.: Frageformulierung, in: GESIS – Leibniz-Institut für Sozialwissenschaften (Hrsg.): GESIS Survey Guidelines, Mannheim, 2015, doi:10.15465/sdm-sg_017

Robinson, S. B.; Leonard, K. F.: Designing Quality Survey Questions, New York, 2019

Heikle Fragen

Andersen, H.; Mayerl, J.: Social Desirability and Undesirability Effects on Survey Response Latencies, in: Bulletin of Sociological Methodology, 135, 2017, S. 68–89

Skarbek-Kozielska, A.; Preisendörfer, P.; Wolter, F.: Leugnen oder gestehen? Bestimmungsfaktoren wahrer Antworten in Befragungen, in: Zeitschrift für Soziologie, 1, 2012, S. 5–23

Wolter, F.: Heikle Fragen in Interviews – Eine Validierung der Randomized Response-Technik, Wiesbaden 2012

Vignetten

Auspurg, K.; Hinz, T.; Liebig, S.: Komplexität von Vignetten, Lerneffekte und Plausibilität im Faktoriellen Survey, in: Methoden, Daten, Analysen, 1, 2009, S. 59–96

Steiner, P. M.; Atzmüller, C.: Experimentelle Vignettendesigns in faktoriellen Surveys, in: Kölner Zeitschrift für Soziologie und Sozialpsychologie, 2, 2006, S. 117–146

Skalierungsverfahren

Grady, R.; Greenspan, R.; Liu, M.: What Is the Best Size for Matrix-Style Questions in Online Surveys?, in: Social Science Computer Review, 2018, doi:10.1177/0894439318773733

Höhne, J. K.; Schlosser, S.; Krebs, D.: Investigating Cognitive Effort and Response Quality of Question Formats in Web Surveys Using Paradata, in: Field Methods, 29, 2017, S. 365–382

Wetzel, E.; Greiff, S.: The World Beyond Rating Scales: Why We Should Think More Carefully about the Response Format in Questionnaires, in: European Journal of Psychological Assessment, 34, 2018, S. 1–5

Netzwerke

Stegbauer, C. (Hrsg.): Netzwerkanalyse und Netzwerktheorie, Wiesbaden 2008

Demografie

Arbeitsgruppe Regionale Standards (Hrsg.): Regionale Standards, 2. Auflage, Mannheim 2013
Statistisches Bundesamt (Hrsg.): Demographische Standards – Ausgabe 2016, Wiesbaden 2016

Feldarbeit

Lynn, P.; Nandi, A.; Parutis, V.; Platt, L.: Design and Implementation of a High Quality Probability Sample of Immigrants and Ethnic Minorities: Lessons Learnt, in: Demographic Research 38, 2017, S. 513–548

Pretest

Lenzner, T.; Neuert, C.; Otto, W.: Kognitives Pretesting, in: GESIS – Leibniz-Institut für Sozialwissenschaften (Hrsg.): GESIS Survey Guidelines, Mannheim, 2015, doi:10.15465/gesis-sg_010

Presser, S.; Couper, M. P.; Lessler, J. T.; Martin, E.; Martin, J.; Rothgeb, J. M.; Singer, E.: Methods for Testing and Evaluating Survey Questions, in: Public Opinion Quarterly, 1, 2004, S. 109–130

Ausschöpfungsquoten und Verweigerungen

Castiglioni, L.; Pforr, K.; Krieger, U.: The Effect of Incentives on Response Rates and Panel Attrition: Results of a Controlled Experiment, in: Survey Research Methods, 2, 2008, S. 151–158

Haunberger, S.: Teilnahmeverweigerung in Panelstudien, Wiesbaden 2011

Krieger, U.: A Penny for your Thoughts. The Use of Cash Incentives in Face-to-Face Surveys, Mannheim, 2018

Lipps, O.: Prognose von Verweigerungsgründen in telefonischen Panelbefragungen, in: Methoden, Daten, Analysen, 1, 2012, S. 3–20

Menold, N.; Züll, C.: Standardisierte Erfassung von Verweigerungsgründen in Face-to-Face-Umfragen, in: Methoden, Daten, Analysen, 1, 2011, S. 91–108

Saßenroth, D.: Der Einfluss von Persönlichkeitseigenschaften auf die Kooperationsbereitschaft in Umfragen, in: Methoden, Daten, Analysen, 1, 2012, S. 21–44

Wohnquartierbeschreibung

Hoffmeyer-Zlotnik, J. H. P.: Wohnquartiersbeschreibung: Ein Instrument zur Regionalisierung von Nachbarschaften, in ZUMA How-to-Reihe, Nr. 7, 2001

Fälschungen

Köstner, H.; Glück, M.: Dingfest – Innovative Methode zur Aufdeckung gefälschter Interviews, in: Research & Results, 1, 2008, S. 46–47

Landrock, U.: How Interviewer Effects Differ in Real and Falsified Survey Data: Using Multilevel Analysis to Identify Interviewer Falsifications, in: Methods, Data, Analyses, 11(2), 2017, S. 163–188

5 Der Forschungsprozess: Eingabe, Analyse und Präsentation der Daten

Der Feldphase folgt die Phase der Datenaufbereitung und Datenanalyse. Wie schon im Vorwort angekündigt, belassen wir es in diesem Abschnitt bei wenigen allgemeinen Anmerkungen und Hinweisen und verweisen hier auf die gerade zu diesem Thema sehr vielfältige und sehr gute weiterführende Literatur.

Die Präsentations- oder Verwendungsphase ist die letzte Stufe eines Forschungsprozesses, der damit endet, dass die Ergebnisse publiziert und die Daten archiviert werden. Die Publikation von Forschungsergebnissen dient – neben der Verbreitung eines damit möglicherweise verbundenen Erkenntnisgewinns – insbesondere der Erfüllung der zentralen Postulate wissenschaftlichen Arbeitens nach Intersubjektivität und Kontrolle.

Mit der Veröffentlichung von Forschungsergebnissen haben Dritte die Möglichkeit, diese kritisch zu sichten und gegebenenfalls zu kritisieren. Um diese Kontrollfunktion zu erleichtern, muss ein Forschungsbericht bestimmte Kriterien erfüllen. Zu nennen sind hier zunächst formale Erfordernisse, wie sie in den vielen Handbüchern zur Gestaltung wissenschaftlicher Arbeiten nachzulesen sind: Forschungsberichte müssen klar gegliedert und systematisch aufgebaut sein, Überlegungen und Beiträge anderer sind durch entsprechende Zitationen zu kennzeichnen, die verwendete Literatur ist im Literaturverzeichnis zu dokumentieren usw.

Eine häufige Form der Darstellung ist der Forschungsbericht, der zumindest als sogenannte graue Literatur verfügbar ist, häufig aber auch in Form einer Monografie oder eines Beitrags für eine Fachzeitschrift publiziert wird. Gerade bei ausgedehnten Forschungsvorhaben, die mit großen Stichproben arbeiten, werden ausgewählte Ergebnisse zunächst in Zeitschriften veröffentlicht, eine umfassendere Monografie erscheint dann später. Auch wenn sich die genannten Publikationsarten voneinander unterscheiden, so haben sie doch einen gemeinsamen Aufbau: Zunächst verdeutlichen die Forscher die Relevanz der untersuchten Forschungsfrage, dann erläutern sie ihre Hypothesen, die sie theoriegestützt abgeleitet haben (siehe als Beispiel die Forschungsfrage in Abschnitt 3.1), danach beschreiben sie die angewandten Methoden, um schließlich die Ergebnisse zu präsentieren und mit den Hypothesen abzugleichen (siehe dazu Abschnitt 5.1, an dessen Ende die als Beispiel gewählte Forschungsfrage wieder aufgegriffen und beantwortet wird).

5.1 Datenaufbereitung und Datenanalyse

Wir empfehlen gerade Anfängern auf dem Gebiet der empirischen Forschung und insbesondere Studenten der Sozialwissenschaften, sich ausführlich mit Fragen der Datenanalyse auseinanderzusetzen. Auch wenn die Daten in vorbildlicher Art und Weise erhoben worden sind, hat man davon gar nichts, wenn man sie nicht adäquat auswerten kann. Außerdem – dies gilt insbesondere für Studenten der Sozialwissenschaften – lassen sich die Arbeitsmarktchancen durch fundierte Methodenkenntnisse deutlich verbessern.

Bei Umfragen, die von einem externen Institut erledigt werden, gehört es üblicherweise zum Leistungsumfang, dass man als Auftraggeber einen fehlerbereinigten Datensatz erhält,[1] inklusive Datendefinition (Vergabe von Variablennamen und erläuternden Etiketten für die Variablen und deren Merkmalsausprägungen). Somit kann sich der Auftraggeber auf Instrumententests und die Bildung von Skalen, Indices und sonstigen für die Analyse benötigten Zusammenfassungen oder Änderungen von ursprünglichen Merkmalen konzentrieren.

Sofern Daten aus einem Papierfragebogen einzugeben sind, stehen zwei Möglichkeiten zur Verfügung: die manuelle Eingabe und das Scannen. Bei der manuellen Eingabe der Daten hat es sich bewährt, dies von zwei Personen erledigen zu lassen, wobei die eine Person die Zahlen vorliest und die Eingabe kontrolliert, die andere tippt. Diese Vorgehensweise ist effektiver (gerade auch in zeitlicher Hinsicht) als die Eingabe von Daten durch zwei Einzelpersonen und sollte, wo möglich, stets realisiert werden. Noch schneller sind Daten mithilfe eines Scanners zu erfassen, wobei sich wegen der hohen Kosten entsprechende Erfassungssoftware nur dann rentiert, wenn häufig Daten aus Formularen einzulesen sind. Sofern aber eine solche Ausrüstung zur Verfügung steht, wird der Zeitaufwand für das Erstellen einer Erfassungsmaske nach unserer Erfahrung bereits ab wenigen hundert Fragebögen durch die hohe Einlesegeschwindigkeit aufgewogen.

Vor der Erstellung einer Eingabemaske ist ein Codeplan zu entwickeln, bei dem für jede Variable ein Name und entsprechende Codezahlen festgelegt werden. Variablennamen können in beliebiger Weise vergeben werden und müssen lediglich den Syntaxregeln des jeweiligen Analyseprogramms entsprechen. Oberste Maxime bei der Vergabe von Variablennamen sollte Anwenderfreundlichkeit sein. Wir haben gute Erfahrungen mit folgender Vorgehensweise gemacht: Variablen, die dem inhaltlichen Teil des Fragebogens entstammen, erhalten alle den Buchstaben V und werden dann entsprechend der Nummerierung im Fragebogen durchnummeriert. Frage 2 wird damit zu V2. Enthält eine Frage (z. B. eine Statement-Batterie) mehrere Variablen, kann man diese entsprechend als V5.A, V5.B usw. bezeichnen. Auf diese Weise weiß man nach einem Blick in den Fragebogen sofort, wie die entsprechende Variable heißt. Bei Fragen aus dem Statistikteil wird entsprechend verfahren, nur dass hier der Buchstabe S verwendet wird. In gleicher Weise lassen sich weitere selbstsprechende Untergliederungen vornehmen, indem z. B. Variablen des Interviewerfragebogens alle den Buchstaben I erhalten.

---

[1] Der Forscher sollte jedoch als Auftraggeber eine entsprechende Dokumentation der Fehlerbereinigungsschritte einfordern, um diese im Zweifel nachvollziehen zu können.

Zu beachten ist bei der Erstellung eines Codeplanes auch, dass für jeden Fall stets eine Identifikationsnummer als laufende Nummer (Variablenname „ID" oder „Ident") zu vergeben ist, anhand derer später die einzelnen Fälle identifiziert und auseinandergehalten werden können.

Für neu konstruierte Variablen empfehlen wir, selbstsprechende Namen zu verwenden. Die Variable Altersklassen erhält z. B. den Namen „ALTK". Dadurch wird bei einem Blick in die Datenmatrix sofort klar, welche Variablen auf Originalfragen basieren und welche erst in der Datenaufbereitungsphase konstruiert worden sind.

Beispielfragebogen zur Lehrevaluation (Auszug)

ID: _____

1. Warum besuchen Sie die Veranstaltung? (Mehrfachnennungen möglich)

❑ Aus Interesse	0/1	V1.1
❑ Weil diese Veranstaltung Pflichtveranstaltung ist (mit Schein)	0/1	V1.2
❑ Weil Sie denken, dass diese Veranstaltung wichtig für Ihre Ausbildung ist	0/1	V1.3
❑ Weil Sie denken, dass diese Veranstaltung wichtig für Ihren späteren Beruf ist	0/1	V1.4
❑ Wegen des Veranstalters	0/1	V1.5

2. An wie vielen Sitzungen der Veranstaltungen haben Sie nicht teilgenommen?

❑ An drei oder mehr als drei Sitzungen	1	V2
❑ An weniger als drei Sitzungen	2	
❑ Ich habe an jeder Sitzung teilgenommen	3	
	9 = k. A.	

3. Wie finden Sie die Arbeitsbelastung in dieser Veranstaltung?

❑ Zu gering	1	V3
❑ Etwa richtig	2	
❑ Übertrieben	3	
	9 = k.A.	

4. Es folgen nun Statements zur Veranstaltung und zum Dozenten, die Sie bitte mit „trifft voll und ganz zu" bis „trifft überhaupt nicht zu" bewerten sollen. Dabei stehen Ihnen folgende Einstufungen zur Verfügung:

1 = „trifft voll und ganz zu"; 2 = „trifft zu"; 3 = „teils/teils"; 4 = „trifft weniger zu"; und 5 = „trifft überhaupt nicht zu"

	1	2	3	4	5		
Der Dozent beherrscht den Stoff sehr gut	❑	❑	❑	❑	❑	1–5, 9 = k. A	V4.1
Der Stoff ist gut gegliedert, so dass man dem Inhalt gut folgen kann	❑	❑	❑	❑	❑	1–5, 9 = k. A	V4.2
Der Dozent ist offen für Kritik und die Anliegen der Teilnehmer	❑	❑	❑	❑	❑	1–5, 9 = k. A	V4.3

usw.

In jedem Fall ist ein Codebuch zu erstellen, in das die verwendeten Variablennamen einzutragen sind. Sinnvollerweise wird dazu wie im vorstehenden Beispiel der Fragebogen verwendet und entsprechend ergänzt. Günstig ist es auch, die Häufigkeitsverteilungen der jeweiligen Merkmale dort einzutragen. Neu gebildete Variablen sollten diesem Codebuch in Form von univariaten Tabellen ebenfalls beigefügt werden. Dabei darf auch die jeweilige Konstruktionsanweisung solcher Variablen nicht fehlen, damit man auch später noch nachvollziehen kann, woraus sich ein Index oder eine Skala eigentlich zusammensetzt.

Diese Verknüpfung von Fragebogen, Variablennamen und relativen Häufigkeiten als erste Ergebnisse der Befragung und die entsprechende Anführung dieser Kombination im Anhang von Forschungsberichten und anderen Publikationen hat sich nach unseren Erfahrungen sehr bewährt: Jeder Leser erhält höchst anschaulich einen Einblick in das Erhebungsinstrument und einen ersten Eindruck zu den Ergebnissen in der ausgewählten und realisierten Population.

Organisiert werden die Daten in Form einer Datenmatrix. Jedes Statistikprogramm arbeitet mit einer solchen Datenmatrix, die stets rechteckig ist. Eine zur vorstehenden Lehrevaluation passende Matrix würde folgendermaßen aussehen:[2]

Beispiel für die Datenmatrix der Lehrevaluation (Auszug)

ID	V1.1	V1.2	V1.3	V1.4	V1.5	V2	V3	V4.1	V4.2	V4.3
1	0	1	0	1	1	9	1	9	9	9
2	0	1	0	1	0	2	1	3	1	5
3	0	0	0	0	1	9	9	3	2	2
4	1	1	0	1	0	1	3	2	2	1
⋮	⋮	⋮	⋮	⋮	⋮	⋮	⋮	⋮	⋮	⋮
247	1	1	0	1	0	1	9	2	2	1

Wie man sieht, wird jede einzelne Variable in eine Spalte der Matrix überführt. Die Angaben jedes einzelnen Merkmalsträgers werden hingegen in eine Zeile überführt. Demnach wären die Angaben der obigen Datenmatrix in Kombination mit dem Beispielfragebogen zur Lehrevaluation so zu lesen: Die Person mit der ID 1 besucht die Veranstaltung nicht aus Interesse (V1.1 = 0), sondern weil sie eine Pflichtveranstaltung ist (V1.2 = 1); sie hält die Veranstaltung hinsichtlich der Ausbildung nicht für wichtig (V1.3 = 0), hinsichtlich des späteren Berufs hingegen schon (V1.4 = 1), zudem besucht sie die Veranstaltung wegen des Veranstalters (V1.5 = 1). Zur Zahl der besuchten Lehrveranstaltungen liegen uns keine Angaben vor (V2 = 9) usw.

---

[2] Diese rechteckige Form von Datenmatrizen macht es erforderlich, dass fehlende Angaben nicht etwa einfach weggelassen werden, sondern mit einem speziellen Code zu versehen sind. Üblicherweise wird dafür die 9, bei zweispaltigen Merkmalen die 99 vergeben. Dabei ist natürlich darauf zu achten, dass die Zahl 9 nicht auch einen inhaltlich gültigen Wert repräsentiert (wie z. B. bei Monatsangaben).

Datenanalyseverfahren greifen stets auf diese Datenmatrix zurück. Dabei ist die Vorgehensweise im Regelfall spaltenorientiert, d. h. die Ausprägungen einer Variablen werden für alle Merkmalsträger verglichen. Bei multivariaten Verfahren werden dementsprechend simultan mehrere Spalten berücksichtigt. Faktorenanalysen haben eine Komprimierung der Spalten einer Datenmatrix zum Ziel, indem mehrere Variablen auf eine reduziert werden, also gewissermaßen zusammengezogen werden sollen. Faktorenanalysen werden vor allem zu Tests auf Eindimensionalität bei Skalen eingesetzt. Demgegenüber ist das Vorgehen bei Cluster-Analysen zeilenorientiert. Mit diesen Verfahren sollen Typen von Merkmalsträgern gefunden werden, die sich hinsichtlich einer Reihe von Merkmalsausprägungen sehr ähnlich sind. Cluster-Analysen komprimieren die Datenmatrix gewissermaßen zeilenweise und reduzieren viele konkrete Personen auf wenige abstrakte Typen. Ein typischer Anwendungsfall von Cluster-Analysen sind Untersuchungen zu Lebensstilen und sozialen Milieus.

Der Datenaufbereitung folgt die Datenanalyse, üblicherweise untergliedert in uni-, bi- und multivariate Analysen. Ein wichtiges Element der univariaten Analyse ist die absolute und relative Häufigkeitsauszählung aller verwendeten Merkmale. Die Ergebnisse der univariaten Analyse sollten dabei in den Fragebogen integriert werden. Die univariate Analyse liefert erste Hinweise dazu, ob Merkmalsausprägungen zusammengefasst werden sollten. Dies ist oft für die weitere Analyse dann sinnvoll und notwendig, wenn Kategorien nur schwach besetzt sind und es theoretisch plausibel ist, diese mit Nachbarkategorien zusammenzufassen. Außerdem zeigt die univariate Analyse, welche Merkmale näherungsweise normalverteilt, gleichverteilt oder schiefverteilt sind bzw. ob im Extremfall annähernd eine Konstante abgefragt wurde.

Es sollte klar sein, dass sich Kausalanalysen, aber auch die Exploration komplexer Merkmalskonfigurationen oder die Ermittlung von bestimmten Typen mit univariaten Analysen alleine nicht leisten lassen. Univariate Analysen werden zwar häufig als „Ergebnisse" von Umfrageforschungsprojekten präsentiert (insbesondere in den Medien), solche Häufigkeitsverteilungen sind aber für den seriösen Sozialforscher nicht das Ende, sondern der Ausgangspunkt der Datenanalyse.

Nach der univariaten Analyse und den in der Regel immer nötigen Datenmodifikationen (Bildung neuer Variablen) folgt die bivariate Analyse, wobei es sich im Regelfall um Korrelationsanalysen bzw. Kreuztabellierungen handelt. Sofern komplexere Fragestellungen untersucht werden sollen, sind darüber hinaus auch multivariate Verfahren angezeigt. Hier gibt es eine breite Palette von Analyseverfahren für explorative und hypothesentestende Analysen. Zu Ersteren zählen beispielsweise die Faktoren-, die Cluster- und die Korrespondenzanalyse, zu Letzteren loglineare Verfahren, Korrelations-, Regressions- und Pfad- sowie Varianzanalysen.[3] Die Wahl des Analy-

---

[3] Hinsichtlich möglicher Bedenken wegen des Messniveaus der erhobenen Daten bei Verfahren des allgemeinen linearen Modells (also allen Mittelwert-basierten Verfahren) verweisen wir auf die Überlegungen in Abschnitt 2.1.2. Außerdem gibt es auch leistungsfähige Analyseverfahren wie die Korrespondenzanalyse oder loglineare Verfahren, die gerade für Merkmale nominalen Messniveaus entwickelt worden sind.

severfahrens hängt von der Forschungsfrage ab, generelle Empfehlungen gibt es hier nicht – außer der, verschiedene Verfahren durchaus auch mal auszuprobieren. Wenn der Datensatz bestimmte Strukturen aufweist (etwa derart, dass Personen, die in einem protestantischen Milieu sozialisiert worden sind, ausgeprägtere interne Kontrollüberzeugungen aufweisen als Personen aus katholischen Milieus), müssen sich diese Strukturen auch in den Ergebnissen unterschiedlicher Analyseverfahren wiederfinden. Dabei sollte es eine Selbstverständlichkeit sein, dass man bei der Darstellung der Analyseergebnisse auch die jeweiligen relevanten Koeffizienten ausweist.

Dieses Kapitel abschließend, präsentieren wir noch ein Beispiel, anhand dessen der Ablauf einer Datenanalyse inklusive Tests auf Zuverlässigkeit und Gültigkeit veranschaulicht wird.

Im Abschnitt 3.1 haben wir thesenartig die theoretische Begründung einer Untersuchung über gesellschaftliche Folgen von AIDS vorgestellt. Dabei sind wir unter anderem von der Annahme ausgegangen, dass es bei schweren Krankheiten spezifische ätiologische Vorstellungen gibt, welche die jeweilige Krankheit auf individuelle Verfehlungen und schuldhaftes Verhalten zurückführen und als Strafe interpretieren. Zusammen mit diffusen Ansteckungsvorstellungen führen solche laienätiologischen Vorstellungen dann häufig zu Kontaktmeidungswünschen und Ausgrenzungstendenzen (Wir verweisen hier insbesondere auf Abbildung 3.1, wo dieser Zusammenhang grafisch dargestellt wurde).

Relevante Untersuchungsdimensionen sind mithin (unter anderem) laienätiologische Krankheitsvorstellungen und Schuldattributionen, Ansteckungsängste sowie Ausgrenzungstendenzen.

Laienätiologische Krankheitsvorstellungen, Schuldattributionen und Ausgrenzungstendenzen wurden in Form von Likert-skalierten Statements gemessen. Zur Überprüfung der Statements auf Eindimensionalität wurde mit allen Statements eine Faktorenanalyse durchgeführt. In dem endgültigen Faktorenmodell wurden alle Statements belassen, die mit mehr als .5 auf einem Faktor geladen haben. Die Faktorlösung zeigt, dass es sich bei Schuldattributionen und Ausgrenzungsbereitschaften um zwei deutlich getrennte Dimensionen handelt. Im Einzelnen sind die folgenden Items den jeweiligen Einstellungsdimensionen zugeordnet worden. Unter Faktor 1 sind die Faktorladungen der Items abgebildet, die sich dem Faktor „Laientheoretische Krankheitsvorstellungen und Schuldzuschreibungen" zuordnen lassen. Die ersten sechs Items haben Faktorladungen größer als .5 – sie „laden auf diesen Faktor hoch". Auf den Faktor 2 laden hingegen diejenigen Items hoch, die Ausgrenzungstendenzen beschreiben (Tabelle 5.1).

Nach dieser Dimensionalitätsprüfung wurden aus den Statements Skalen gebildet. Die Codezahlen jedes beantworteten Statements (1 = stimme sehr zu, 5 = lehne sehr ab) wurden für jeden Befragten addiert, durch die Gesamtzahl der Antworten geteilt und gerundet. Die so errechneten Skalenwerte haben die gleiche Dimension wie die sie konstituierenden Variablen und sind unmittelbar interpretierbar: Sie schwanken ebenfalls zwischen 1 und 5.

Tab. 5.1: Matrix rotierter Faktorladungen.

Statement	Faktor Nr.: 1	2
„Schuld an AIDS sind die Hauptrisikogruppen."	.742	
„Durch AIDS gefährdet sind doch in erster Linie ganz bestimmte Gruppen wegen ihres Lebenswandels."	.735	
„Unsere heutige Zeit mit ihrer Vergnügungssucht und all den Ausschweifungen hat AIDS erst möglich gemacht."	.724	
„Wenn alle so leben würden wie ich, gäbe es kein AIDS, und wir alle müssten keine Angst vor Ansteckung haben."	.714	
„AIDS-Infizierte haben meist einen fragwürdigen Lebenswandel."	.693	
„AIDS ist die Geißel der Menschheit und die Strafe für ein unmoralisches, zügelloses Leben."	.599	
„Vereine sollten die Möglichkeit haben, nur Gesunde aufzunehmen."		.838
„Ich hätte Verständnis dafür, wenn die Gesunden sich zusammenschließen und für sich bleiben."		.815
„Zumindest in der Freizeit sollten sich die Gesunden Bereiche schaffen dürfen, wo man vor AIDS sicher ist."		.795
„Es ist unverantwortlich, AIDS-kranke Kinder zusammen mit gesunden Kindern spielen zu lassen."		.737
„Ein AIDS-Kranker in meiner Nachbarschaft würde mich stören."		.730
„Wenn ich es mir recht überlege, möchte ich mit AIDS-Infizierten doch lieber gar keinen Kontakt haben."		.707
Hauptkomponentenanalyse, orthogonale Rotation, Varimax		

Tab. 5.2: Verteilung der Skalen zu Schuldzuschreibung und Ausgrenzungsbereitschaft (Quelle: eigene Erstellung).

	Laienätiologische Krankheitsvorstellungen und Schuldzuschreibungen	Ausgrenzung Betroffener
Stimme sehr zu	11,2 %	2,9 %
Stimme eher zu	38,9 %	20,2 %
Teils/teils	35,2 %	30,4 %
Lehne eher ab	12,2 %	29,3 %
Lehne sehr ab	2,5 %	17,1 %
N	2.095	2.102

Diffuse Ansteckungsängste wurden durch folgende Items mittels eines Kartenspiels operationalisiert.

Beispiel für eine schriftliche Abfrage der diffusen Ansteckungsängste.

Welche der folgenden Situationen sind Ihrer Meinung nach für eine AIDS-Infektion gefährlich, welche ungefährlich?		
	Gefährlich	Ungefährlich
Flüchtige Körperkontakte	❏	❏
Besuche beim Zahnarzt	❏	❏
Küsse	❏	❏
Insektenstiche	❏	❏
Besuch eines Schwimmbads	❏	❏
Öffentliche Toiletten und Waschräume	❏	❏
Nutzung von Geschirr in Gaststätten	❏	❏
Besuch von Großveranstaltungen	❏	❏

Diese Items wurden zu einem Summenindex verknüpft, der ausweist, wie viele der vorgegebenen Situationen der Alltagsroutine als ansteckungsrelevant angesehen werden (Tabelle 5.3).

Tab. 5.3: Zahl der als infektiös eingeschätzten Alltagssituationen (Quelle: eigene Erstellung).

Zahl der als infektiös eingeschätzten Alltagssituationen	Prozent
0	37,0
1	20,5
2	16,4
3	11,2
4 oder mehr	6,8

N = 2067

Die Frage nach der Gültigkeit der einzelnen Messinstrumente wurde durch einen Test auf Konstruktvalidität geprüft. Noch einmal zur Erinnerung: Unsere These war, dass Ansteckungsängste und Schuldattributionen zu Meideverhalten und Ausgrenzungsbereitschaft führen. Wenn sich dies empirisch bestätigt, dann kann man davon ausgehen, dass die verwendeten Indikatoren gültig sind, also das messen, was sie messen sollen – siehe Abschnitt 2.1.1. Zudem wird auch die Forschungshypothese gestützt.

Der einfachste Fall eines Tests auf Konstruktvalidität besteht in einer Korrelationsanalyse (Eine anschauliche Form, dieses darzustellen, ist ein sog. Pfadmodell, wie in Abbildung 5.1 dargestellt). Ansteckungsängste und Schuldattributionen müssen im

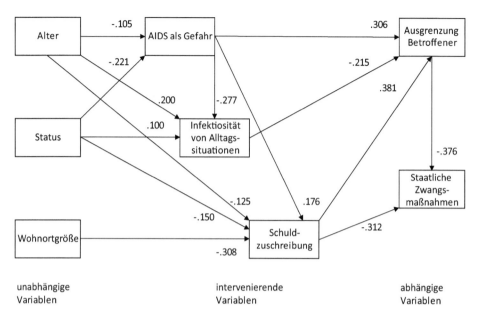

Abb. 5.1: Pfadmodell zu AIDS als Gefahr oder Risiko? (Quelle: eigene Erstellung in Anlehnung an Eirmbter, Hahn und Jacob 1993).

Sinn der Ausgangsthese mit Ausgrenzungsbereitschaften hoch korrelieren. In der Tat ist dies bei unserer Untersuchung der Fall. Der Korrelationskoeffizient (in diesem Fall Gamma als Koeffizient für ein ordinales Messniveau) zwischen Ansteckungsängsten und Ausgrenzungsbereitschaften beträgt −.447, der zwischen Schuldzuschreibungen und Ausgrenzungsbereitschaften sogar .615,[4] was für sozialwissenschaftliche Untersuchungen sehr hoch ist. Inhaltlich bedeutet dies: Je ausgeprägter Ansteckungsängste und die Neigung zu Schuldattributionen sind, umso ausgeprägter ist auch die Bereitschaft zur Ausgrenzung Betroffener aus dem Alltag.

Natürlich kann man auch das gesamte, in Abbildung 3.1 schematisch dargestellte Kausalmodell testen (womit im Bestätigungsfall die Gültigkeit der verwendeten Konstrukte ebenfalls als hinlänglich gesichert angenommen werden kann). Verfahren der Wahl ist dann eine Pfadanalyse. Eine solche Analyse hatte folgendes Pfadmodell zum Ergebnis:[5]

Dieses Modell lässt sich zusammenfassend folgendermaßen interpretieren: AIDS wird umso eher als Gefahr eingeschätzt, je älter die Betreffenden sind und je niedriger

---

[4] Das Vorzeichen verweist auf einen konkordanten (gleichsinnigen) bzw. diskordanten (gegenläufigen) Zusammenhang und hängt mit der Polung der Konstrukte zusammen.
[5] Zu Einzelheiten dieser Pfadanalyse und einer genauen Dokumentation der verwendeten Variablen: Eirmbter, Hahn und Jacob 1993.

ihr sozialer Status ist.[6] Diese Sichtweise prägt in grundlegender Weise spezifische alltagstheoretische Vorstellungen von AIDS, die sich derart auswirken, dass eine Reihe von unbedenklichen Situationen des täglichen Lebens als ansteckungsrelevant angesehen werden, dass die Existenz von AIDS bestimmten Gruppen angelastet und als Folge von schuldhaftem Verhalten interpretiert wird. In gleicher Weise beeinflussen auch höheres Alter, niedriger Sozialstatus und eher ländlich strukturierter sozialräumlicher Kontext die Beurteilung der Gefährlichkeit von Alltagssituationen oder die Neigung zu Schuldzuschreibungen. Personen, die AIDS in dieser spezifischen Weise wahrnehmen und interpretieren, sind dann auch in hohem Maß bereit, Betroffene aus dem Alltag auszugrenzen, und befürworten die Einführung einer Reihe administrativer Zwangsmaßnahmen zum Schutz der Gesunden. Bestimmte Phänomene, Ereignisse oder Situation als gefährlich anzusehen, bedeutet immer eine Sichtweise der Hilflosigkeit, des Ausgesetzt-Seins, der Abhängigkeit: Gefahren erleidet man, ohne selbst etwas tun zu können, dementsprechend fallen dann die oben angeführten Reaktionen und Forderungen an Dritte aus. Dieses Ergebnis stützt die Untersuchungshypothesen und zeigt, dass die verwendeten Konstrukte valide sind.

5.2 Der Forschungsbericht: Checkliste

Grundsätzlich gilt für einen Forschungsbericht, dass alle Phasen des Forschungsprozesses so dargestellt werden müssen, dass sie für Dritte nachvollziehbar sind. Dazu gehören auch folgende Punkte, die wir hier explizit aufzählen, weil sie in der Praxis immer wieder nicht beachtet werden. Hier gilt die allgemeine Faustregel, dass nicht oder nur nachlässig dokumentierte Ergebnisse, die den folgenden Standards nicht genügen, wissenschaftlich zumindest fragwürdig sind. Im Einzelnen bedeutet dies:
- Das Erhebungsdesign muss detailliert dargestellt werden. Das bedeutet: Auswahlplan und Art der Auswahl (zufällige oder bewusste Auswahl und ihre jeweiligen Spezifikationen) sind zu dokumentieren. Bei Standardverfahren wie dem ADM-Design genügt es, darauf zu verweisen und gegebenenfalls entsprechende Literaturhinweise zu liefern. Selbst entwickelte Auswahlpläne sind nachvollziehbar zu erläutern.
- Bei Zufallsauswahlen muss die Grundgesamtheit definiert werden. Gerade bei allgemeinen Bevölkerungsumfragen genügt es keineswegs, hier von „der" Bevölkerung der Bundesrepublik (oder einer sonstigen Gebietseinheit) zu sprechen, da diese nicht exakt definiert ist und in dieser vagen Allgemeinheit auch nie Grundgesamtheit für eine Auswahl ist (meist handelt es sich konkret um die erwachse-

---

[6] Eine mehrfaktorielle Varianzanalyse hatte zudem zum Ergebnis, dass zwischen diesen beiden Variablen ein signifikanter Interaktionseffekt besteht, wenn deren gemeinsamer Einfluss auf eine Sichtweise von AIDS als Gefahr analysiert wird. Personen, die älter sind und zugleich niedrigeren sozialen Schichten zugerechnet werden können, sehen in AIDS am ehesten eine allgegenwärtige Gefahr.

ne, deutschsprachige Wohnbevölkerung in Privathaushalten). Zudem ist die Art der Stichprobenziehung darzustellen. Das Kürzel „repräsentative Befragung" alleine ist inhaltsleer und kann in der Praxis faktisch alles Mögliche bedeuten (Karteiauswahl, Auswahl von Haushalten mit Telefonanschluss, ein- oder mehrstufige Auswahl, Quotenauswahl).
- Bei bewussten Auswahlen ist die Art der Auswahl ebenfalls darzustellen. Beispielsweise muss bei Quotenauswahlen der Quotenplan erklärt werden.
- Die Größe der Stichprobe (Zahl der befragten Personen) muss angegeben werden. Bei Zufallsauswahlen ist außerdem die Ausschöpfungsquote zu nennen. Explizite Angaben über Brutto- und Nettostichprobe sowie Ausfallgründe sind ebenfalls empfehlenswert und sollten zumindest in einem Methodenbericht dokumentiert werden, auf den bei Bedarf zurückgegriffen werden kann.
- Sofern die Stichprobe gewichtet wird, ist darauf hinzuweisen. Die Art der Gewichtung ist ebenfalls darzulegen – zumindest in einem Methodenbericht. Gewichtungsfaktoren als Betriebsgeheimnisse zu behandeln mag zwar möglicherweise betriebswirtschaftlich sinnvoll sein, widerspricht aber ganz eindeutig zentralen wissenschaftlichen Standards. Eine kritische Würdigung solcher Ergebnisse ist nicht möglich.
- Die Feldzeiten sind anzugeben.
- Grundsätzlich empfehlenswert ist die Erstellung eines Methodenberichtes, der die im Abschnitt „Methodenbericht" in Abschnitt 4.4.4 genannten Punkte enthält. Dieser Bericht kann einem Forschungsbericht entweder als Anhang beigefügt oder als graue Literatur verfügbar gehalten werden. In letzterem Fall ist ein entsprechender Hinweis im Forschungsbericht bzw. in der Publikation angebracht.

Bei der Darstellung der Ergebnisse sind folgende Aspekte zu beachten:
- Alle Fragen sind in ihrem genauen Wortlaut abzudrucken. Empfehlenswert ist hier die Dokumentation des Fragebogens in der Feldversion. Ergänzt um die jeweiligen relativen Häufigkeiten der Nennungen bietet dieser Fragebogen zugleich einen guten Überblick über die Antwortverteilungen.
- Durchgeführte Instrumententests (Faktorenanalysen, Berechnung von Alpha-Koeffizienten usw.), Datenmodifikationen und Skalierungen sind darzustellen, ebenso die Verteilungen der neuen Variablen.
- Grafiken und Tabellen müssen auch ohne Rückgriff auf den fortlaufenden Text für sich selbst lesbar und verstehbar sein.
- Bei der Präsentation von Kreuztabellen sollte man sich an den zentralen Konventionen zur Gestaltung von Tabellen orientieren: Unabhängige Variablen (x) werden an der Kopfseite der Tabelle, abhängige (y) an der Stirnseite dargestellt. Prozentuiert wird dann spaltenweise, eine Interpretation (im Sinn eines Vergleiches von Prozentsätzen) erfolgt somit zeilenweise. Neben einer Tabellenüberschrift muss jeder Tabelle eine Fußzeile angefügt werden, welche das jeweili-

ge Gesamt-N (alle in der Analyse verwendeten Fälle) und relevante statistische Maßzahlen enthält (für Grafiken, die bivariate Zusammenhänge ausweisen, gilt Entsprechendes).
- Eine statistische Maßzahl, die bei bivariaten Zusammenhängen immer auszuweisen ist, ist das jeweilige Assoziationsmaß. Dabei genügt es nicht, dieses pauschal als Korrelation auszuweisen, da es unterschiedliche Korrelationskoeffizienten gibt. Anzugeben ist hier die genaue Bezeichnung (Phi, Gamma, Pearson's r usw.), wobei das Messniveau der verwendeten Merkmale zu berücksichtigen ist. Dabei sollte man aber keinesfalls den Fehler machen, alle Koeffizienten, die ein bestimmtes Analyseprogramm im Angebot hat, berechnen zu lassen und auszuweisen. Dieses Vorgehen dokumentiert vor allem, dass der jeweilige Autor nichts von Datenanalyse versteht.
- Während die Angabe des jeweiligen Assoziationsmaßes bei bivariaten Zusammenhängen immer sinnvoll ist, gilt dies für das Signifikanzniveau nicht. Die Berechnung und Darstellung des Signifikanzniveaus ist wichtig und angezeigt, wenn man die Ergebnisse der Stichprobe auf die Grundgesamtheit generalisieren will. Dies ist aber nur bei zufällig ausgewählten Befragungspersonen möglich.
- Bei der Präsentation der Ergebnisse multivariater Analysen sind die entsprechenden Prozeduren nachvollziehbar zu benennen und die jeweiligen Koeffizienten auszuweisen. Wir verweisen dazu auf die einschlägige weiterführende Literatur.

5.3 Weiterführende Literatur

Statistik, Datenanalyse

Sehr zu empfehlen sind die kostenlosen Anleitungen von Bernhard Baltes-Götz zu zahlreichen statistischen Themen und ihrer Umsetzung in SPSS, LISREL und AMOS, die zu finden sind unter www.uni-trier.de/index.php?id=54994 (letzter Abruf: 26.04.2019)

Backhaus, K.; Erichson, B.; Plinke, W.; Weiber, R.: Multivariate Analysemethoden – Eine anwendungsorientierte Einführung, 15. Auflage, Berlin 2018
Backhaus, K.; Erichson, B.; Weiber, R.: Fortgeschrittene multivariate Analysemethoden – Eine anwendungsorientierte Einführung, 3. Auflage, Berlin 2015
Bortz, J.; Schuster, C.: Statistik – Für Human- und Sozialwissenschaftler, 7. Auflage, Berlin 2016
Bühl, A.: SPSS 25, 16. Auflage, München 2019
Bühner, M.; Ziegler, M.: Statistik für Psychologen und Sozialwissenschaftler, 2. Auflage, München 2016
Eid, M.; Gollwitzer, M.; Schmitt, M.: Statistik und Forschungsmethoden, 5. Auflage, Weinheim 2017
Kohler, U.; Kreuter, F.: Datenanalyse mit Stata: allgemeine Konzepte der Datenanalyse und ihre praktische Anwendung, 5. Auflage, Berlin, 2016
Luhmann, M.: Grundlagen der Datenanalyse mit R: Eine anwendungsorientierte Einführung (Statistik und ihre Anwendungen), Wiesbaden, 2015
Wolf, C.; Best, H. (Hrsg.): Handbuch der sozialwissenschaftlichen Datenanalyse, Wiesbaden 2010

Aufbereitung von Daten in Berichten

Krämer, W.: So lügt man mit Statistik, Frankfurt a. M. 2015
Krämer, W.; Schoffer, O.; Tschiersch, L.: Datenanalyse mit SAS – Statistische Verfahren und ihre grafischen Aspekte, Berlin 2009

Wissenschaftliches Arbeiten

Hofmann, A.: Scientific Writing and Communication – Papers, Proposals and Presentations, 3. Auflage, New York 2016
Jacob, R.: Wissenschaftliches Arbeiten – Eine praxisorientierte Einführung für Studenten der Sozial- und Wirtschaftswissenschaften, Opladen 1997
Theisen, M. R.: Wissenschaftliches Arbeiten: Erfolgreich bei Bachelor- und Masterarbeit, 17. Auflage, München 2017

6 Forschungsinfrastruktur

In Deutschland existiert eine weltweit ziemlich einmalige sozialwissenschaftliche Forschungsinfrastruktur, die gerade auch für eine nicht-kommerzielle, wissenschaftliche Umfrageforschung sehr gute Voraussetzungen bietet. Unterscheiden lassen sich dabei öffentlich finanzierte Serviceeinrichtungen für die empirische Sozialforschung einerseits und eine Fülle von privatwirtschaftlich organisierten Markt- und Meinungsforschungsinstituten ganz unterschiedlicher Größe und unterschiedlichen Angebotsspektrums andererseits. Zu den vielen Instituten und Forschungseinrichtungen in Deutschland findet sich eine Linkliste auf der Homepage des Faches Soziologie/Empirische Sozialforschung an der Universität Trier (www.uni-trier.de/index.php?id=61912; letzter Abruf: 26.04.2019).

6.1 Infrastruktureinrichtungen der empirischen Sozialforschung

Im Dezember 1986 wurde die *Gesellschaft Sozialwissenschaftlicher Infrastruktureinrichtungen e. V.* (heute: GESIS – Leibniz-Institut für Sozialwissenschaften) gegründet. Die GESIS erbringt grundlegende sozialwissenschaftliche Dienstleistungen für Wissenschaft und Praxis, indem sie:
- quantitative Daten akquiriert, aufbereitet, archiviert und bereitstellt,
- Forschungs- und Literaturdatenbanken aufbaut und bereitstellt,
- Methoden entwickelt und Sozialforscher hinsichtlich der Forschungsmethoden schult und berät,
- Repräsentativbefragungen und Dauerbeobachtung gesellschaftlicher Entwicklungen organisiert (siehe Abschnitt 7.2).

Diese Aufgaben wurden bis zur Strukturreform der GESIS 2009/2010 von den drei Mitgliedsinstituten, dem *Zentralarchiv für empirische Sozialforschung*, Köln (ZA), dem *Informationszentrum Sozialwissenschaften*, Bonn (IZ) und dem *Zentrum für Umfragen, Methoden und Analysen*, Mannheim (ZUMA) erfüllt.

Seit der Strukturreform ist die GESIS in sechs wissenschaftliche Abteilungen gegliedert:
- Das Datenarchiv für Sozialwissenschaften – DAS ist zuständig für die Archivierung und Bereitstellung von Daten sozialwissenschaftlicher Untersuchungen einschließlich der Fragebögen und Codebücher. Daten dort archivierter Untersuchungen wurden für Sekundäranalysen aufbereitet und sind der interessierten Öffentlichkeit zugänglich. Zusätzlich zu weiteren Aufgaben berät die Abteilung ihre Nutzer auch hinsichtlich der Recherche nach geeigneten Datensätzen und deren Analyse.

- Die Abteilung Dauerbeobachtung der Gesellschaft – DBG ist u. a. verantwortlich für das German Microdata Lab – GML, das ihren Nutzern den Zugang zu amtlichen Mikrodaten ermöglicht. Darüber hinaus arbeitet die Abteilung auch am ALLBUS und weiteren Umfragen mit.
- Die zentrale Aufgabe der Abteilung Survey Design and Methodology – SDM ist die Methodenberatung, wobei alle für eine Umfrage wichtigen Punkte von der Designentwicklung über die Stichprobenziehung bis zur Datenanalyse abgedeckt werden. Dazu bietet SDM unter anderem Kurse an, veröffentlicht entsprechende Berichte und berät Forscher auch individuell. Zusätzlich können Fragebögen einem Pretest unterzogen werden. Weiterhin ist die Abteilung am European Social Survey beteiligt, und sie bietet Forschern die Gelegenheit, im GESIS-Panel kostenfrei Daten zu erheben
- In der Abteilung Wissenstechnologien für Sozialwissenschaften – WTS werden die informationstechnischen Grundlagen für die Arbeit der GESIS geschaffen. Unter anderem entwickelt WTS Fachportale, verlinkt Publikationen mit Forschungsdaten und vernetzt Daten der GESIS mit externen Datenquellen.
- Die Abteilung Wissenstransfer entwickelt ein breites Angebot an Formaten zur Vermittlung des sozialwissenschaftlichen Wissens und den Transfer in die Praxis.
- Die neue Abteilung Computational Social Science – CSS erforscht neuartige Daten (z. B. digitale Verhaltensdaten aus dem Web) und arbeitet im Bereich neuer Analyseverfahren (z. B. maschinelles Lernen, Data Mining).

Eine weitere, für die Sozialwissenschaften wichtige, allerdings nicht zur GESIS gehörende Serviceeinrichtung ist das Leibniz-Zentrum für psychologische Information und Dokumentation (ZPID) an der Universität Trier. Das ZPID erstellt und aktualisiert Datenbanken, unter anderem Psyndex, die ebenfalls online abgefragt werden können. Psyndex informiert über psychologische Literatur und psychologierelevante Beiträge aus Nachbardisziplinen der Psychologie. Zudem findet man in Psyndex Tests ausführliche Beschreibungen und Bewertungen von psychologischen Tests, Skalen und Statement-Batterien, Fragebögen sowie apparativen psychologischen Verfahren. Zudem archiviert das ZPID Primärdaten aus psychologischen Untersuchungen, leistet Auftragsrecherchen und bietet Zitationsanalysen sowie eine Autorendatenbank deutschsprachiger Psychologen an.

Zu nennen ist unter der Überschrift „Infrastruktureinrichtungen" außerdem das Statistische Bundesamt, welches eine Vielzahl von Erhebungen durchführt und auf dem Gebiet der Mikrodaten und der Sozialindikatoren eng mit GESIS kooperiert. Anzusprechen ist hier auch das Wissenschaftszentrum für Sozialforschung, Berlin (WZB), welches ebenfalls an der Erstellung des *Datenreports* maßgeblich beteiligt ist. Erwähnen wollen wir schließlich noch das Deutsche Jugendinstitut (DJI) in München, welches neben dem Familiensurvey eine Vielzahl von Surveys in den Zielgruppen „Jugendliche" und „junge Erwachsene" durchführt, sowie das Mannheimer Zentrum für

Europäische Sozialforschung (MZES). Selbstverständlich ist diese Aufzählung nicht vollständig, und es ist insbesondere zu erwähnen, dass viele weitere Institutionen im Grenzbereich der Sozialwissenschaften zu Nachbardisziplinen angesiedelt sind, wie z. B. das Deutsche Institut für medizinische Information und Dokumentation (DIMDI), Köln.

6.2 Markt- und Meinungsforschungsinstitute

Es gibt in Deutschland weit über 500 kommerzielle, privatwirtschaftlich organisierte Institute, die Dienstleistungen im Bereich der Markt-, Meinungs- und Sozialforschung anbieten. Einen umfassenden und sehr leserfreundlichen Überblick bietet das *BVM Handbuch der Institute und Dienstleister*, das vom Berufsverband Deutscher Markt- und Sozialforscher e. V.. (BVM) herausgegeben und in unregelmäßigen Abständen aktualisiert wird. Die aktuelle Ausgabe ist 2019 erschienen. Auf dem Sektor der privaten Institute lassen sich nach Art und Umfang des Leistungsangebotes folgende Unternehmenstypen unterscheiden (in Klammern ist die Zahl der Institute angegeben, die der BVM unter www.marktforschungsanbieter.de aufführt; letzter Abruf: 26.04.2019):
– Forschungsinstitute (140)
– Felddienstleister (25)
– Marktforschungsberater (14)
– Studios (44)
– sonstige Dienstleister (10)

Die Vollservice-Institute sind die mit Abstand größte Gruppe und bieten komplette Untersuchungen von der Planung und Konzeption bis zur Ergebnispräsentation an. Unterschiede bestehen hier hinsichtlich der Größe und Zusammensetzung des Interviewerstabs, der eingesetzten Erhebungs- und Analysemethoden sowie der Erfahrungen mit spezifischen Untersuchungsfragen und Zielgruppen. Felddienstleister haben sich auf die Feldarbeit, also die Durchführung von Befragungen spezialisiert und verfügen dementsprechend über große Interviewerstäbe. Feldorganisationen bieten keine Dienstleistungen bei der Konzeption und Entwicklung von Fragebögen an. Marktforschungsberater arbeiten in der Regel als freiberufliche Unternehmensberater und werden insbesondere von kleineren Unternehmen konsultiert, die sich keine eigene Marktforschungsabteilung leisten können oder wollen. Bei Teststudios handelt es sich um dauerhaft eingerichtete Räume in größeren Städten. In diesen Studios werden Interviews und Tests durchgeführt, die aufgrund des damit verbundenen technischen Aufwands (etwa, indem man den Zielpersonen Werbespots vorführt) nicht in den Wohnungen der Befragungspersonen realisiert werden können. In die Kategorie der sonstigen Dienstleister fallen Anbieter mit hochgradiger Spezialisierung, die spezifische Nischen besetzt haben und Leistungen offerieren, die Vollservice-Institute nicht im Programm haben.

7 Replikative Surveys und amtliche Statistik

In den heutigen unübersichtlichen Massengesellschaften sind fundierte und differenzierte Informationen über die Lebensbedingungen der Bevölkerung bei politischen und wirtschaftlichen Entscheidungen eine unabdingbare Voraussetzung. Dementsprechend gibt es eine amtliche Statistik, die mittels Volkszählungen, Mikrozensen, Einkommens- und Verbrauchsstichproben und sonstigen speziellen Erhebungen eine Fülle von soziodemografischen und sozioökonomischen Daten erhebt. Diese Daten ermöglichen eine recht umfassende Bestandsaufnahme der objektiven Lebensbedingungen der Bevölkerung sowie eine Analyse von aktuellen oder potentiellen künftigen Problemlagen.

Allerdings beschränkt sich die amtliche Statistik weitestgehend auf die Erhebung objektiver Daten, Fragebögen der amtlichen Statistik enthalten nahezu ausschließlich Faktfragen. Art und Umfang der Fragen bedürfen der gesetzlichen Festlegung, entsprechend schwierig und langwierig ist es, bestimmte amtliche Daten durch entsprechende Erhebungen zu produzieren, weil häufig jedes zu messende Datum einer bestimmten Interessengruppe als problematisch erscheint und der gesamte rechtliche Bewilligungsprozess damit zum kaum lösbaren Politikum wird, von den zusätzlichen Kosten ganz zu schweigen.

Zu nennen ist hier an erster Stelle der Mikrozensus. Dabei handelt es sich um eine jährlich durchgeführte Befragung, bei der 1 % aller Haushalte in Deutschland zufällig ausgewählt und Daten über alle Personen in den Zielhaushalten erhoben werden. Das Standarderhebungsprogramm des Mikrozensus umfasst folgende Merkmale: Geschlecht, Alter, Familienstand, Haushaltsgröße und -zusammensetzung, Staatsangehörigkeit der Haushaltsmitglieder, Angaben zur Hauptwohnung und gegebenenfalls zu Nebenwohnungen, Angaben zur Erwerbsbeteiligung und beruflichen Mobilität, Quellen des Lebensunterhalts, Höhe des Einkommens, Angaben zur Krankenversicherung. Weitere heute interessierende Variablen, die beispielsweise den vielbeschworenen Individualisierungsprozess betreffen, werden nicht erfasst.

Ebenso bleiben Meinungen, Hoffnungen, Wünsche, Bewertungen und Erwartungen, also subjektive Aspekte des Lebens, bei den Befragungen der amtlichen Statistik ausgeklammert. Für diese Beschränkung des Erhebungsprogramms amtlicher Umfragen auf objektive Tatbestände gibt es natürlich Gründe. So ist hier schlicht auf die Historie zu verweisen: Wie wir in Abschnitt 1.3 (in aller Kürze) dargestellt haben, gibt es eine amtliche Statistik in Deutschland ungefähr seit der Mitte des letzten Jahrhunderts, ihre direkten Vorläufer reichen zurück bis ins frühe 17. Jahrhundert. Nicht zuletzt aufgrund der Orientierung an den Forschungs- und Methodenidealen der damaligen Naturwissenschaften war man bei der Beobachtung von gesellschaftlichen Phänomenen zunächst nahezu ausschließlich an direkt mess- und beobachtbaren (und damit verifizierbaren) Sachverhalten interessiert – wir erinnern hier nur an Quetelet. Dementsprechend wurde das Erhebungsprogramm der amtlichen Statistik gestaltet und sukzessive ausgebaut.

Daneben gibt es die schon erwähnten rechtlichen Gründe für die Beschränkung auf objektive Daten, unter anderem auch deshalb, weil bei Erhebungen der amtlichen Statistik für die ausgewählten Personen Auskunftspflicht besteht. Damit ist die Teilnahme an Befragungen der statistischen Ämter obligatorisch und steht nicht im Ermessen des Einzelnen. Dieser Zwangscharakter amtlicher Erhebungen muss in demokratisch verfassten und rechtsstaatlichen Gesellschaften legitimiert werden, und dies geschieht durch entsprechende Gesetze. Für jede amtliche Erhebung gibt es ein entsprechendes Gesetz, welches auch alle Fragen im Wortlaut enthält. Änderungen an den Fragen (und erst recht an dem kompletten Fragenprogramm) können von den Ämtern nicht nach Gusto vorgenommen werden, sondern obliegen der jeweils zuständigen Legislative und durchlaufen das für Gesetzesnovellierungen übliche parlamentarische Verfahren.

Unübersehbar ist aber das Informationsdefizit, welches durch eine einseitige Fixierung auf die Messung objektiver Lebensbedingungen entsteht. Denn völlig ausgeblendet bleibt so die Frage, wie die Bevölkerung eines Landes ihre objektiven Lebensbedingungen einschätzt und bewertet, wie zufrieden oder unzufrieden sie damit ist, ob sie ähnliche Probleme wie amtliche Experten sieht, ob und in welcher Form Partizipationsbereitschaften bestehen und ob es bei all diesen Fragen gruppenspezifische Unterschiede gibt. Denn ganz im Sinn des Thomas-Theorems sind es nicht so sehr tatsächlich feststellbare objektive Zustände, sondern deren subjektive Interpretation und Bewertung, die zur Artikulation von Interessen, zu geändertem Wahlverhalten, zu Politikverdrossenheit, zu Gewaltbereitschaft, zu Protesten, Demonstrationen und Unruhen oder kurz zu sozialem Wandel führen.

Auf solche, unter Umständen recht schnell einsetzende Entwicklungen kann die amtliche Statistik aufgrund des Gesetzesvorbehaltes ihrer Erhebungen nicht reagieren. Aus dem gleichen Grund ist sie darüber hinaus auch nicht in der Lage, kurzfristig zusätzliche Indikatoren zur Messung der Lebensbedingungen zu erheben. Für eine leistungsfähige gesellschaftliche Dauerbeobachtung und differenzierte Analyse sozialen Wandels, die auch als Frühwarnsystem für künftige Probleme und Konflikte fungiert, sind Kenntnisse über Bewertungen und Erwartungen, Wünsche, Ängste und Befürchtungen in der Bevölkerung wie auch über Lebensbereiche, die die amtliche Statistik nicht abdeckt, allerdings unverzichtbar. Die Erhebung entsprechender Indikatoren, die auch unter dem Begriff „Sozialindikatoren" firmieren, ist die Domäne der sozialwissenschaftlichen Umfrageforschung, die mit ihrem Instrumentarium auf sich ändernde Rahmenbedingungen und neue Informationsbedürfnisse sehr viel schneller und flexibler reagieren kann als die amtliche Statistik.

Eine umfassende Sozialberichterstattung muss beide Aspekte in differenzierter und ausführlicher Form enthalten: objektive Lebensbedingungen und deren subjektive Bewertung. Amtliche Statistik und sozialwissenschaftliche Umfrageforschung sind dabei keine Konkurrenten, sondern liefern komplementäre Beiträge. Beispielhaft gelöst und im Ergebnis dargestellt wird diese Arbeitsteilung beispielsweise seit 1985 im zweijährig erscheinenden *Datenreport – Ein Sozialbericht für die Bundesrepublik*

Deutschland. Bei diesem Datenhandbuch handelt es sich um eine umfassende und kontinuierlich aktualisierte Sozialberichterstattung für die Bundesrepublik Deutschland, die vom Statistischen Bundesamt in Zusammenarbeit mit dem Wissenschaftszentrum für Sozialforschung Berlin sowie dem Sozio-oekonomischen Panel (SOEP) am Deutschen Institut für Wirtschaftsforschung erstellt wird.

Bei allen bisherigen Ausführungen gilt, was Müller in der Einleitung zu dem ersten *Datenreport* bereits 1985 festgestellt hat:

> Verläßliche Informationen und die Kenntnis sozialer Gesetzmäßigkeiten garantieren nicht, daß eine „gute" Politik gemacht wird. Aber ohne gute Informationen kann es eine solche Politik nicht geben. [...] Wenn Entscheidungsträger in ihrem Handeln vorliegende Erkenntnisse nicht in Rechnung stellen, weil etwa der Wahlzyklus dies nicht als opportun erscheinen läßt, ist dieses nicht den Zahlen anzulasten, die eine drohende Krise mit Vorlauf signalisieren und frühzeitige Maßnahmen zu ihrer Abwendung prinzipiell möglich machen. (Müller 1985, S. 22 f.).

Im Einzelnen bietet die sozialwissenschaftliche Umfrageforschung für diese Aufgabe der gesellschaftlichen Dauerbeobachtung (unter anderem) folgende Datenquellen:

7.1 Sozio-oekonomisches Panel (SOEP)

Das SOEP ist eine Befragung des Deutschen Instituts für Wirtschaftsforschung (DIW), die seit 1984 jährlich durchgeführt wird, die Feldarbeit erledigt TNS Infratest Sozialforschung (jetzt KANTAR). Ziel des Projektes ist die Messung von Stabilität und Wandel der Lebenslagen der Wohnbevölkerung in Deutschland. Zu diesem Zweck werden Angaben zu objektiven Lebensbedingungen und ihrer subjektiven Wahrnehmung und Bewertung erhoben. Ähnlich wie bei dem ALLBUS-Programm gibt es Standardthemen, die jährlich abgefragt werden, und Schwerpunktthemen, die in größeren Intervallen wiederholt werden.

Das Panel kombiniert eine Haushalts- mit einer Individuenbefragung, d. h. alle Personen, die älter als 16 Jahre sind und zu einem Haushalt gehören, werden jährlich befragt. Dies bedeutet auch, dass nachwachsende Generationen nach Überschreiten dieser Altersgrenze automatisch berücksichtigt werden. Personen, die einen ausgewählten Haushalt verlassen, werden (nach Möglichkeit) weiterhin befragt. Ebenso werden Personen aufgenommen, die zu einem ausgewählten Haushalt dazukommen, etwa durch Heirat. Die Stichprobe des SOEP wird mithin im Lauf der Zeit trotz Panel-Mortalität größer.

Die Ausgangsstichprobe des Panels (1984) umfasste 5.921 Haushalte mit 12.245 Personen. Von dieser Ausgangsbasis nahmen 2016 Jahre später immer noch 1.857 Haushalte mit 3.187 Personen teil. 1990 kamen aus den neuen Ländern 2.179 Haushalte mit 6.131 Personen dazu, seit 1994 gibt es außerdem eine Zuwandererstichprobe, bestehend aus ursprünglich 236 Haushalten und 733 Personen. Seit 2002 werden zusätzlich Bezieher hoher Einkommen überrepräsentiert. Insgesamt umfasst das SOEP mit sogenannten Ergänzungsstichproben mittlerweile rund 30.000 Personen in 11.000 Hauhalten. Die Daten des Panels stehen Wissenschaftlern für Sekundäranalysen zur Verfügung und können über das DIW bezogen werden. Hierzu ist ein Nutzervertrag mit dem DIW abzuschließen.[1]

Zudem gibt es inzwischen eine Reihe von Studien in Deutschland, die als SOEP-Related Studies (SOEP-RS) organisiert sind. Dies bedeutet, dass diese Studien ähnlich organisiert werden wie das SOEP und Fragen aus SOEP in den Fragebogen dieser Studien aufgenommen wurden, um die Ergebnisse dieser Studien mit dem SOEP als Vergleichsstichprobe in Verbindung bringen zu können. Hierzu zählen die folgenden Befragungen.
- BASE-II (Berliner Altersstudie II)
- GERPS (German Emmigration and Remigration Panelstudy)
- FiD (Familien in Deutschland)
- PIAAC-L (Programme for the International Assessment of Adult Competencies – Longitudinal)
- SOEP-ECEC Quality (Nachgelagerte Befragung von Kinderbetreuungseinrichtungen)
- SOEP-LEE (Nachgelagerte Betriebsbefragung)
- TwinLife

7.2 Allgemeine Bevölkerungsumfrage der Sozialwissenschaften (ALLBUS)

Das ALLBUS-Programm ist ein Forschungsprogramm zur kontinuierlichen Erhebung aktueller Daten über Einstellungen, Kenntnisse, Verhaltensdispositionen und die Sozialstruktur der erwachsenen Bevölkerung Deutschlands. Seit 1980 wird alle zwei Jahre im Frühjahr ein repräsentativer Querschnitt der erwachsenen Wohnbevölkerung befragt (seit 1992 N = 3.500, 2.400 West, 1.100 Ost). Dabei werden einige Fragen in jeder Welle gestellt, andere variieren je nach Schwerpunkt der Befragung, wobei dieser bislang wiederum nach einigen Jahren wiederholt wird.

Das Fragenprogramm des ALLBUS ermöglicht die Erstellung von Zeitreihen und die Analyse von Trends. Allerdings ist der ALLBUS designbedingt kein Panel, für jede Befragung wird eine neue Stichprobe gezogen. Bis 1994 wurde die Stichprobe für den ALLBUS gemäß ADM-Design gezogen, 1994 kam dann erstmals eine Adressenstichprobe zum Einsatz. Dieses Verfahren wurde 1996 wiederholt und ist in allen Erhebungen seit 2000 genutzt worden.

Die Abteilung Dauerbeobachtung der Gesellschaft der GESIS ist für die inhaltliche Gestaltung des Fragebogens und das Erhebungsdesign zuständig. Zudem bereitet

---

[1] Nähere Informationen zum SOEP und zum Datenzugang sind zu finden unter www.diw.de/soep (letzter Abruf: 26.04.2019).

sie die Daten auf, dokumentiert und archiviert sie. Der interessierten Öffentlichkeit werden die Daten sowohl in Form von Datensätzen der Einzelbefragungen als auch als kumulierte Datensätze zur Verfügung gestellt. Nicht registrierte Nutzer können dazu reduzierte Datensätze aus dem Internet herunterladen, registrierte Nutzer erhalten dagegen Vollversionen.

Für Methodenforscher ist besonders interessant, dass im ALLBUS häufig Methodenexperimente durchgeführt werden. So können etwa Reihenfolgeeffekte oder Effekte unterschiedlicher Formulierungen von Fragen mithilfe von Split-Ballot-Experimenten überprüft werden. Des Weiteren sind im Datenarchiv der GESIS Datensätze zu Methodenstudien verfügbar, die zu den Themen Test-Retest-Reliabilität und *non response* durchgeführt wurden.[2]

7.3 International Social Survey Programme (ISSP)

Bei dem ISSP handelt es sich um ein fortlaufendes interkulturell vergleichendes Fragenprogramm, an dem sich mittlerweile 48 Nationen beteiligen. Die erste Befragung wurde 1985 in Australien, Deutschland, Großbritannien und den USA durchgeführt. Die jeweiligen Themen und Fragen werden von einer international besetzten Arbeitsgruppe entwickelt und von der jährlich stattfindenden Vollversammlung aller ISSP-Mitgliedsländer überprüft und gegebenenfalls modifiziert. ISSP-Fragen müssen für alle Mitgliedsländer relevant sein, allerdings beteiligen sich nicht immer alle Länder an jeder Befragung. Der Original-Fragebogen wird in Englisch entwickelt und dann in die Sprachen der übrigen beteiligten Länder übersetzt. Die Feldarbeit obliegt den jeweiligen Mitgliedsländern. Dies hat zur Konsequenz, dass der Fragebogen zwar international einheitlich ist, die Definition der Grundgesamtheit und das Erhebungsdesign dagegen nicht. Außerdem wird die Befragung in einigen Ländern mündlich, in anderen postalisch durchgeführt. Die Ergebnisse von ISSP-Befragungen sind mithin nur bedingt vergleichbar. In Deutschland ist der ISSP-Fragebogen seit 1986 Teil des ALLBUS. Die GESIS archiviert für alle Teilnehmerländer die Daten und macht sie allen Interessierten zugänglich, die sich lediglich registrieren müssen.[3]

7.4 Eurobarometer

Das Eurobarometer-Programm der Europäischen Kommission ist hinsichtlich der Zielsetzung gewissermaßen das europäische Pendant zu dem ALLBUS-Programm. Eu-

---

[2] Nähere Informationen zum ALLBUS und zum Datenzugang bietet www.gesis.org/allbus (letzter Abruf: 26.04.2019).
[3] Informationen zum ISSP sind zu finden unter www.issp.org, die Daten sind erhältlich bei der GESIS unter www.gesis.org/issp/home/ (letzter Abruf: 26.04.2019).

robarometer-Befragungen werden seit 1974 mit einem identischen Fragenprogramm in allen Mitgliedsstaaten der EU durchgeführt, und zwar jährlich im Frühjahr und Herbst. Thematisch umfassen Eurobarometer-Befragungen ein ähnliches Spektrum wie ALLBUS- und Wohlfahrtssurvey. Seit 1990 gibt es neben den beiden Standardumfragen bis zu drei Zusatzstudien pro Jahr, die spezifische Themen erheben (z. B. Informationsquellen zum Thema Gesundheit).

Wie auch bei dem ISSP-Programm wird die Feldarbeit beim Eurobarometer von den jeweiligen Ländern organisiert. Hier ist kritisch anzumerken, dass Eurobarometer-Stichproben bis 1989 sowohl als Random- als auch als Quotenauswahlen gezogen worden sind. Die Ergebnisse sind mithin kaum vergleichbar und erst recht nicht auf die Bevölkerung der EU generalisierbar. Erst seit 1989 wird die Stichprobe europaeinheitlich ähnlich wie beim ADM-Design als mehrstufige Zufallsauswahl gezogen. Befragt werden pro Mitgliedsland der EU rund 1.000 Personen, die Feldarbeit wird in Deutschland seit 2004 von der TNS Infratest Sozialforschung GmbH durchgeführt (jetzt KANTAR). Die Primärdaten der Eurobarometer-Befragungen werden im Datenarchiv der GESIS archiviert und für die Forschung bereitgestellt.[4]

7.5 European Social Survey (ESS)

Der European Social Survey ist ein replikativer Survey zur sozialen und politischen Einstellung der Einwohner Europas. Die Feldzeit der Befragungsrunde 1 endete im Dezember 2002, damals nahmen 22 Länder teil. Seiher wurde die Befragung alle zwei Jahre wiederholt. Im Mai 2018 wurden die Primärdaten der Runde 8 veröffentlicht, an der 24 Länder teilnahmen. Befragt wird die Wohnbevölkerung der jeweiligen Länder in Form von persönlich-mündlichen Interviews. Bei jeder Befragung gibt es Kernmodule sowie Zusatzmodule. In den Kernmodulen wird unter anderem nach Vertrauen in Institutionen, politischem Engagement, Wohlbefinden und Sozialkapital gefragt. Zusatzthemen waren z. B. Migration und Asyl in Runde 1 und Vertrauen in die Justiz in Runde 5.

Der ESS eignet sich, um die genannten Themen im europäischen Vergleich und im Zeitverlauf zu erforschen. Ein großer Vorteil ist dabei, dass jeder Interessierte nach einer einfachen Registrierung (Name und E-Mail-Adresse) online auf die Daten zugreifen kann.[5] Koordiniert wird der ESS vom Centre for Comparative Social Surveys der City University London und sechs weiteren Institutionen, darunter die GESIS.

---

[4] Die Europäische Kommission informiert über das Eurobarometer unter www.ec.europa.eu/commfrontoffice/publicopinion/index.cfm (letzter Abruf: 26.04.2019). Die Primärdaten sind erhältlich im Archiv der GESIS unter www.gesis.org/eurobarometer-data-service/home/ (letzter Abruf: 26.04.2019)
[5] Weitere Informationen und die Primärdaten bietet www.europeansocialsurvey.org/ (letzter Abruf: 26.04.2019).

8 So nicht: Beispiele für schlechte Fragen

Beispiele für schlecht operationalisierte Fragen finden sich in der Praxis leider zuhauf, Fehler unterlaufen dabei auch immer wieder einmal durchaus erfahrenen Umfrageforschern, wie die Beispiele aus unseren eigenen Untersuchungen gezeigt haben.

Wir haben die folgenden Beispiele aus der Fülle des Materials (das inzwischen zahlreiche Aktenordner und Dateien füllt) unter dem Gesichtspunkt einer möglichst großen Streuung ausgewählt, um zu zeigen, wie vielfältig (und teilweise leider auch ausgesprochen dumm) die Fehler in der Praxis sind. Dabei geht es darum, anderen bei ihren Untersuchungen diese oder ähnliche Fehler zu ersparen. Wir nennen für die einzelnen Fragen deshalb auch keine Quellen, es sei denn, sie stammen von uns oder sind publiziert worden.

Wir gehen in diesem Kapitel so vor, dass wir zunächst die Beispielfragen im Wortlaut präsentieren und in dem anschließenden Kommentar auf die Fehler hinweisen. Wer hier selbst auf Fehlersuche gehen will, sollte deshalb zunächst nur die Frage lesen und sich dem dazugehörigen Kommentar erst nach eigenen Überlegungen zuwenden.

Beispiel 1

Im ersten Teil der folgenden Aussagen sollen Sie lediglich ankreuzen, wie wahrscheinlich es ist, dass Ihr Auto das genannte Kriterium aufweist (Bsp.: Dass der Fiat Panda sehr sportlich ist, ist sehr unwahrscheinlich. Es ist nicht danach gefragt, wie sportlich der Fiat Panda ist). Im zweiten Teil sollen Sie dann bitte ankreuzen, wie gut oder schlecht Sie es bewerten, dass Ihr Auto das genannte Kriterium aufweist (Bsp.: Wenn der Fiat Panda sehr sportlich ist, so ist das sehr gut).

1. Dass Ihr Auto sehr zuverlässig ist, ist							
sehr wahrscheinlich	O	O	O	O	O	O	sehr unwahrscheinlich
Wenn Ihr Auto sehr zuverlässig ist, so ist das							
sehr gut	O	O	O	O	O	O	sehr schlecht
2. Dass Ihr Auto einen geringen Spritverbrauch hat, ist							
sehr wahrscheinlich	O	O	O	O	O	O	sehr unwahrscheinlich
3. Wenn Ihr Auto einen geringen Spritverbrauch hat, so ist das							
sehr gut	O	O	O	O	O	O	sehr schlecht

Im Originalfragebogen folgen noch weitere acht Fragen dieser Art.

Kommentar: Hier ist wenig anzumerken. Diese Frage ist ein idealtypisches Beispiel dafür, wie man ein Artefakt konstruiert. Die Aufgabenstellung ist konfus und nicht zu durchschauen. Gefragt wird nach mehr oder weniger objektiv feststellbaren Merkmalen des eigenen PKWs (Spritverbrauch, Zuverlässigkeit usw.). Es handelt sich mithin um Faktfragen, die man z. B. mittels quantifizierender Skalen erheben könnte (Höhe des Spritverbrauchs, Grad der Zuverlässigkeit). Hier aber ausgerechnet Abstufungen von Wahrscheinlichkeiten zu verlangen, geht doch sehr weit an der üblichen Behandlung solcher Themen vorbei. Mit der Bewertung objektiver Eigenschaften wie Spritverbrauch oder Zuverlässigkeit dürften nach aller Erfahrung Konstanten abgefragt werden – es sei denn, man trifft auf *thrill-seeker* mit abweichender Präferenzstruktur und eigenwilliger Mentalität, die es goutieren, wenn ihr Auto nachts um drei Uhr in einer einsamen ländlichen Gegend liegenbleibt. Ansonsten aber ist schwerlich vorstellbar, dass jemand es schlecht findet, wenn er ein sehr zuverlässiges und verbrauchsarmes Auto besitzt.

Bei solchen Fragen gibt es typischerweise zwei Reaktionen seitens der damit traktierten Zielpersonen. Gutwillige Befragte wollen den Fragesteller unterstützen und kreuzen irgendeine Kategorie an. Weniger gutwillige Befragte betrachten solche Fragen (völlig zu Recht) als Zumutung und verweigern (ebenfalls zu Recht) die Antwort und vielleicht auch gleich die ganze Befragung, wozu man eigentlich auch nur raten kann, denn solche Befragungen verdienen es nicht, ernst genommen zu werden.

Beispiel 2

Bitte stellen Sie sich die folgende Situation in Ihrem persönlichen Lebensalltag möglichst lebhaft vor. Wie würden Sie reagieren? Geben Sie Ihre möglichen Reaktionstendenzen durch Ankreuzen auf den Skalen an. Lassen Sie keine Zeile aus.

Situation 1:
Vor einer Teamsitzung (im Beruf/in der Ausbildung) sagt Ihnen ein Kollege, dass es schon immer die Aufgabe der Frauen gewesen ist, Kaffee zu kochen, und dass es auch hier so sein sollte.
Ich würde folgendermaßen reagieren:

	Ganz bestimmt nicht					Ganz bestimmt			
Ich versuche, Gegenargumente zu finden.	-4	-3	-2	-1	0	1	2	3	4
Ich lehne das Gesagte ab.	-4	-3	-2	-1	0	1	2	3	4
Ich beginne eine Diskussion mit dem Sprecher/der Sprecherin	-4	-3	-2	-1	0	1	2	3	4
Ich greife den Sprecher/die Sprecherin verbal an.	-4	-3	-2	-1	0	1	2	3	4
Ich kritisiere das Gesagte.	-4	-3	-2	-1	0	1	2	3	4
Ich widerspreche	-4	-3	-2	-1	0	1	2	3	4
Ich antworte mit einer Frage.	-4	-3	-2	-1	0	1	2	3	4
Ich wende mich ab.	-4	-3	-2	-1	0	1	2	3	4
Ich gehe weg.	-4	-3	-2	-1	0	1	2	3	4
Ich gehe deutlich auf Distanz.	-4	-3	-2	-1	0	1	2	3	4
Ich wende mich abrupt ab.	-4	-3	-2	-1	0	1	2	3	4
Ich breche den Kontakt ab.	-4	-3	-2	-1	0	1	2	3	4
Ich versuche, nicht zu reagieren.	-4	-3	-2	-1	0	1	2	3	4
Ich sage nichts.	-4	-3	-2	-1	0	1	2	3	4
Ich lasse es durchgehen.	-4	-3	-2	-1	0	1	2	3	4
Ich akzeptiere es.	-4	-3	-2	-1	0	1	2	3	4
Ich ignoriere es.	-4	-3	-2	-1	0	1	2	3	4
Ich schalte einfach ab.	-4	-3	-2	-1	0	1	2	3	4
Ich ertrage es.	-4	-3	-2	-1	0	1	2	3	4
Ich beginne einen Streit.	-4	-3	-2	-1	0	1	2	3	4

...

Ich weise das Gesagte zurück.	−4	−3	−2	−1	0	1	2	3	4
Ich reagiere feindlich und aggressiv.	−4	−3	−2	−1	0	1	2	3	4
Ich bleibe neutral.	−4	−3	−2	−1	0	1	2	3	4
Ich wechsle das Thema.	−4	−3	−2	−1	0	1	2	3	4
Ich stimme zu.	−4	−3	−2	−1	0	1	2	3	4
Ich empöre mich.	−4	−3	−2	−1	0	1	2	3	4
Ich appelliere an den „gesunden Menschenverstand".	−4	−3	−2	−1	0	1	2	3	4
Ich entschärfe die Situation durch Witz oder Ironie.	−4	−3	−2	−1	0	1	2	3	4
Ich mache den anderen lächerlich.	−4	−3	−2	−1	0	1	2	3	4
Ich strafe den anderen mit Nichtachtung.	−4	−3	−2	−1	0	1	2	3	4
Ich tadle den anderen.	−4	−3	−2	−1	0	1	2	3	4
Ich komme dem anderen zur Hilfe und unterstütze ihn.	−4	−3	−2	−1	0	1	2	3	4

Situation 2:
Sie kommen zu einem Verkehrsunfall mit mehreren Verletzten. Einer der bereits anwesenden Helfer fordert Sie auf, bei einem der Verletzten die erheblichen Blutungen zu stillen.
Antwortkategorien wie oben

Der Originalfragebogen besteht aus insgesamt acht solcher Situationen (stets mit den gleichen Reaktionsoptionen) und einigen Fragen zur Demografie.

Kommentar: Ein solcher Fragebogen darf unter gar keinen Umständen ins Feld gehen. In noch stärkerem Maß als bei der eben vorgestellten Frage werden hier Artefakte produziert und Befragungspersonen irritiert und verärgert.

Grundsätzlich sind hypothetische Fragen problematisch. Solche Fragen beziehen sich oft auf Situationen, mit denen Befragte keine Erfahrungen haben. Sie sind insofern, wenn die Befragten sich ernsthaft mit der Frage auseinandersetzen, anstrengend und daher auf ein Minimum zu reduzieren. Acht solcher Fragen in Folge sind in jedem Fall eine Überforderung, auch wenn sie gut formuliert sind, was hier jedoch eindeutig nicht der Fall ist.

Die Liste der Reaktionsoptionen ist viel zu lang, die Kategorien darüber hinaus zum Teil inhaltlich ausgesprochen wirklichkeitsfremd und bisweilen arg befremdlich formuliert. Die stereotype Wiedergabe der immer gleichen Reaktionsoptionen ist zudem den jeweils vorgegebenen Situationen überhaupt nicht angemessen. Besonders deutlich wird dies bei der Situation, in der ein Verkehrsunfall beschrieben wird. Bis auf wenige Kategorien wie „Ich wende mich ab", „Ich gehe weg", oder „Ich komme dem anderen zur Hilfe und unterstütze ihn" sind alle vorgegebenen Reaktionsmöglichkeiten absolut deplatziert und dürften einem auch kaum in den Sinn kommen, wenn man sich tatsächlich in die geschilderte Situation hineinversetzt. Die Reaktion der Befragten kann hier eigentlich nur darin bestehen, sich veralbert zu fühlen (selbst hartnäckigste Frohnaturen werden die angespannte Situation bei einem schweren Verkehrsunfall nicht durch „Witz oder Ironie" zu „entschärfen" versuchen).

Völlig verfehlt ist es auch, die vorgegebenen Reaktionen mit einer 9er-Skala zu messen. Üblicherweise beantwortet man Fragen nach Reaktionen mit „ja, würde ich tun", „nein, würde ich nicht tun", oder „kommt darauf an", möglicherweise auch in Form von abgestuften Wahrscheinlichkeiten („sehr wahrscheinlich", „weniger wahrscheinlich", „unwahrscheinlich"). Dementsprechend sind dabei grundsätzlich 3er-Skalen mit verbaler Benennung aller Skalenpunkt angebracht. Auf gar keinen Fall aber darf man die neutrale Mittelkategorie optisch so hervorheben, wie dies hier der Fall ist. Damit fordert man deren bevorzugte Wahl geradezu heraus.

Angebracht wäre daher im vorliegenden Fall eine Frage mit Mehrfachnennungsoption, man kreuzt nur die (wenigen) Reaktionen an, die man für sich selbst als die wahrscheinlichsten ansieht. Dabei kann (und sollte) man dem Befragten die Beantwortung dadurch erleichtern, dass die möglichen Reaktionen nach Ähnlichkeit gruppiert werden.

Beispiel 3

Kommen Sie mit den Ihnen regelmäßig zur Verfügung stehenden Mitteln aus? Bitte nur eine der folgenden Einschätzungen ankreuzen

- ❏ Ja, aber nur weil ich bei meinen Eltern wohne.
- ❏ Nein, ich habe bei Verwandten, Freunden Schulden machen müssen.
- ❏ Nein, ich habe bei anderen Stellen ein Darlehen aufnehmen müssen (nicht BAföG).
- ❏ Nein, ich musste meine Ersparnisse angreifen.
- ❏ Ja, aber nur durch eigentlich unzumutbare finanzielle Einschränkung in meiner Lebensführung.
- ❏ Es geht gerade so.
- ❏ Ja, ich komme ohne Probleme mit meinem Geld aus.
- ❏ Ja, ich kann darüber hinaus etwas zurücklegen.

Kommentar: Die Antwortkategorien sind nicht eindimensional, nicht exhaustiv und zudem völlig ungeordnet (Folge: ja, nein, nein, nein, ja, es geht, ja, ja). Gefragt wird nur danach, ob man mit den regelmäßig zur Verfügung stehenden Mitteln auskommt. Diese Frage ist eine Alternativfrage, die mit „ja" oder „nein" beantwortet werden kann und die Zielgruppe in zwei Untergruppen teilt. Eine Verknüpfung dieser Antworten mit weiteren Dimensionen ist nicht sinnvoll und dazu geeignet, Befragte zu verwirren. Stattdessen sollte jede der beiden Untergruppen durch entsprechende Filterführung differenzierter befragt werden. Personen, die nicht mit ihrem regelmäßig zur Verfügung stehenden Geld auskommen, kann man beispielsweise danach fragen, wie sie dieses Problem der Finanzknappheit gelöst haben.

Dabei fehlt zumindest eine wichtige Antwortvorgabe. Die Befragung richtete sich, wie unschwer an der Frage zu erkennen, an Studenten. Bei dieser Zielgruppe wird es zunehmend üblicher, dass diese zur Finanzierung ihres Studiums jobben müssen, wobei solche Jobs durchaus nicht immer regelmäßig neben dem Studium absolviert werden, sondern saisonal schwanken. Insofern müsste bei der weitergehenden Frage danach, wie man seine zu knappen Mittel aufbessert, auch das Thema „jobben" angesprochen werden.

Problematisch sind die Vorgaben für Befragte, die mit ihrem Geld auskommen. Sinnvoll ist zwar die Unterscheidung zwischen denen, die (nur) mit ihrem Geld auskommen, und denen, die darüber hinaus noch etwas sparen können. Die Ersteren danach weiter zu differenzieren, ob sie nun problemlos oder nur mit Mühe mit ihrem Geld auskommen, kann ebenfalls von Interesse sein. Allerdings sollte man zu diesem Zweck eine Skala vorgeben. Kategorien mit suggestiven Formulierungen wie „eigentlich unzumutbare finanzielle Einschränkungen in meiner Lebensführung", die den Eindruck vermitteln, auch die Forscher seien der Meinung, Studenten würden unzumutbar knapp gehalten, sind bei politisch brisanten Themen wie der Frage nach der Finanzierung des Studiums fehl am Platz und bergen das Risiko der Artefaktbildung aufgrund eines strategischen Antwortverhaltens.

Die Antwortvorgabe „ja, aber nur weil ich bei meinen Eltern wohne", hat bei dieser Frage nichts zu suchen. Angesprochen wird damit ein regelmäßiger Finanzier des Studiums (eben die Eltern), der in diesem speziellen Fall neben finanziellen Zuwendungen auch geldwerte Leistungen (mietfreies Wohnen, Essen usw.) zur Verfügung stellt. Dies sind regelmäßige Zuwendungen. Wenn diese Zuwendungen nach Finanziers differenziert werden, dann müssten hier konsequenterweise alle möglichen Geldgeber abgefragt werden, also auch (Ehe-)Partner, sonstige Verwandte oder der Staat (Vorgabe etwa: „Ja, weil ich BAföG bekomme"). Woher Geld und andere regelmäßig zur Verfügung stehende Ressourcen stammen, betrifft eine andere Dimension und sollte in einer separaten Frage angesprochen werden.

Zur Objektivierung der Antworten auf die Frage, ob und wie man mit seinem Geld auskommt, sollte natürlich auch nach der Höhe dieser Mittel gefragt werden, außerdem natürlich danach, wo und wie man wohnt und welche fixen Kosten von dem regelmäßig zur Verfügung stehenden Geld zu finanzieren sind.

Beispiel 4

Eigentlich habe ich keine Angst, Opfer eines Verbrechens zu werden.
Stimme sehr zu. (15 %) Stimme eher zu. (47 %) Lehne eher ab. (25,1 %) Lehne sehr ab. (11,8 %)[1]

Kommentar: Dieses Statement stammt aus einer Untersuchung, die wir selbst durchgeführt haben. Insgesamt haben diesem Statement 62 % der Befragten zugestimmt. Inhaltlich würde dies bedeuten, dass diese Personen keine Angst haben, Opfer eines Verbrechens zu werden. Die unmittelbar anschließende Frage lautete: „Haben Sie manchmal Angst, Sie selbst könnten Opfer einer Straftat werden?" Diese Frage wurde

---

[1] An 100 fehlende Prozent: fehlende Werte.

von 57,7 % bejaht und von 41,6 % verneint. Eine Kreuztabellierung beider zeigt, dass 42,8 % der Befragten (= 190 Personen), die entsprechend ihrer Antwort auf das Statement eigentlich keine Viktimisierungsängste aufweisen dürften, die nachfolgende, wesentlich leichtere und verständlichere Alternativfrage genau in diesem Sinn beantworten. Deutlicher kann man im Grunde nicht zeigen, dass doppelte Verneinungen in Statement-Batterien auf jeden Fall zu vermeiden sind, weil sie vielen Befragten große Schwierigkeiten bereiten.

Beispiel 5
Die folgende Frage war die Eröffnungsfrage in einem schriftlichen Fragebogen.

Haben Sie Interesse an einer Zusammenarbeit mit Institutionen aus Wirtschaft, Politik, Verwaltung und anderen gesellschaftlichen Einrichtungen?

❑ Ja
❑ Nein
Wenn nein, weshalb nicht: _____

Kommentar: Es ist grundsätzlich problematisch, Begründungen für Antworten abzufragen. Dies gilt erst recht für einseitige Begründungen und dabei insbesondere für Verneinungen von Fragen. Zielpersonen werden so in einen für diese unter Umständen recht unangenehmen Rechtfertigungsdruck versetzt, zumindest aber macht eine ernsthafte Antwort Mühe, weil man die Gründe für sein Desinteresse reflektieren, formulieren und aufschreiben muss.

Dementsprechend gibt es hier zwei wahrscheinliche Reaktionsweisen: Entweder kreuzt man unabhängig von seinen tatsächlichen Interessen die einfachere Kategorie „Ja" an, oder gibt den Fragebogen gleich zum Altpapier. Diese letztere Möglichkeit ist in dem vorliegenden Fall die wahrscheinlichere, da die Befragung mit dieser ausgesprochen problematischen Frage beginnt. Genau dies spiegelt sich auch in der Rücklaufquote: Von ca. 300 versandten Fragebögen wurden rund 50 zurückgeschickt, die Ausschöpfungsquote lag mithin bei rund 17 %.

Beispiel 6

Welche Schule haben Sie zuletzt besucht, ich meine, welchen Schulabschluss haben Sie? Falls Sie sich gerade in einer Schulausbildung befinden, nennen Sie mir bitte den von Ihnen bisher erreichten Abschluss:

❑ Haupt-/Volksschulabschluss ohne abgeschlossene Lehre oder Berufsausbildung
❑ Haupt-/Volksschulabschluss mit abgeschlossener Lehre oder Berufsausbildung
❑ Mittel-/Realschule oder Gymnasium/Oberschule ohne Abschluss verlassen
❑ Mittlere Reife
❑ Abitur
❑ Hochschulstudium mit Abschluss

Kommentar: Die Frage ist in ihren Antwortvorgaben nicht eindimensional, da hier allgemeinbildender Schulabschluss und Berufsausbildung kombiniert werden. Dies gilt auch für die Kategorie „Hochschulstudium", womit man einen Berufs-, aber keinen Schulabschluss erwirbt.[2] Außerdem sind die beiden letzten Kategorien nicht wechselseitig exklusiv, da das Abitur Voraussetzung für die Aufnahme eines Hochschulstudiums ist. Auch die beiden Kategorien „Mittel-/Realschule oder Gymnasium/Oberschule ohne Abschluss verlassen" und „Mittlere Reife" sind nicht wechselseitig exklusiv, da jemand z. B. das Gymnasium in der Oberstufe, aber vor dem Abitur verlassen haben kann und damit die „mittlere Reife" erworben hat. Schließlich ist die Frage nicht exhaustiv, weil Kategorien fehlen, z. B. die eindeutige Kategorie „kein Abschluss"[3], die Kategorie „Fachhochschulreife" und eine Sammelkategorie „sonstiger Abschluss, welcher?: ...".

Beispiel 7
Die Frage stammt aus einem Fragebogen zur Ermittlung von Kundenprofilen einer Firma aus dem Bereich der Unterhaltungselektronik, der Fragebogen lag den Produkten dieser Firma bei.

Beruf
- ❏ Beamter
- ❏ Arbeitgeber
- ❏ Angestellter
- ❏ Selbstständig/Geschäftsinhaber
- ❏ Schüler/Student
- ❏ Hausfrau
- ❏ Pensioniert

Kommentar: Zunächst fällt die Kategorie „Arbeitgeber" auf. Man wird hier wohl vermuten dürfen, dass es sich um einen sehr groben Tippfehler handelt, und eigentlich „Arbeiter" gemeint ist. Zwar sollte man eigentlich davon ausgehen, dass Fragebögen zumindest formal korrekt ins Feld gehen, das Exemplar, dem diese Frage entstammt, hat uns hier aber eines Besseren (bzw. Schlechteren) belehrt.[4]

Wie auch schon bei dem vorherigen Beispiel sind die Antwortkategorien mehrdimensional und nicht exhaustiv. Ziel des Fragebogens dürfte die Erstellung einer Kundentypologie mit spezifischen Zielgruppen sein, die sich durch ihre finanziellen Möglichkeiten und vermutlich auch durch differenzielle Lebensstile sowie kulturelle Vor-

---

2 Dies ist in der Praxis häufig zu beobachten, bei der Frage nach dem höchsten allgemeinbildenden Schulabschluss wird oft die Kategorie „Hochschulstudium" aufgeführt.
3 Gefragt wird zwar danach, ob jemand ohne regulären Abschluss von der Realschule oder Gymnasium abgegangen ist (wobei diese Kategorie die eben schon genannten Probleme aufweist), nicht aber danach, ob jemand die Volks- oder Hauptschule ohne Abschluss verlassen hat.
4 Der Fragebogen umfasste 12 Fragen, und passenderweise beinhaltete er auch 12 Fehler, Inkonsistenzen in der Gestaltung nicht mitgezählt.

lieben und Abneigungen unterscheiden. Ein objektiver Indikator für solche Dimensionen ist der soziale Status einer Person, welcher wiederum häufig über die berufliche Position operationalisiert wird.[5]

Die Messung des sozialen Status ist mit der vorliegenden Frage allerdings aus den schon im Abschnitt „Soziodemografische Fragen" in Abschnitt 4.2.3 genannten Gründen kaum möglich. Erfasst wird mit der Frage (bzw. mit dem Original, dessen Kopie ist hier nur schlecht gelungen) der versorgungsrechtliche Status einer erwerbstätigen Person, nicht die genaue berufliche Position. Dabei ist die Kategorie „Pensioniert" völlig fehl am Platz. Bei definitionsgemäßer Auslegung fallen darunter alle aus dem Staatsdienst in den Ruhestand übergewechselten Personen. In dem vorliegenden Fragebogen dürften sich alle ehemals abhängig Beschäftigten angesprochen fühlen (also vormalige Beamte, Arbeiter, Angestellte). Die Kategorie ist mithin ausgesprochen heterogen und eignet sich zur Abgrenzung von Zielgruppen überhaupt nicht. Dagegen fehlen bei der vorliegenden Frage die Kategorien „Landwirt" und „akademischer freier Beruf". „Schüler/Student" und „Hausfrau" bezeichnen weder eine versorgungsrechtliche Stellung noch einen Beruf. Zur Messung des sozialen Status einer Person kann man diese Kategorien gleichwohl verwenden, wobei die Sammelkategorie „Hausfrau" wiederum sehr heterogen ist und um weitere Informationen (z. B. über den Bildungsgrad oder frühere Berufstätigkeiten und Ausbildungen) ergänzt werden müsste. Wenn diese Kategorie schon auftaucht, sollte aus Gründen der Vollständigkeit außerdem auch die Bezeichnung „Hausmann" aufgeführt werden.

Beispiel 8

Wenn Sie der Meinung sind, dass sich seit der Wiedervereinigung die Umweltqualität im Westen im Allgemeinen verbessert hat, worauf führen Sie das zurück?

Dass sich die Umweltqualität im Westen seit der Wiedervereinigung verbessert hat, liegt an

	Überhaupt nicht				Sehr stark
	1	2	3	4	5
...	❏	❏	❏	❏	❏
der Marktwirtschaft	❏	❏	❏	❏	❏
der kapitalistischen Ideologie	❏	❏	❏	❏	❏

Kommentar: Die vorstehende Frage ist ein Musterbeispiel für die Artefakterzeugung. Der Begriff „Marktwirtschaft" ist im Vergleich zum Begriff „kapitalistische Ideologie" eine wertneutrale Beschreibung der in Deutschland vorherrschenden Wirtschaftsweise. Befragte können mit diesem Begriff durchaus Verbesserungen der Umweltqua-

---

[5] Ein weiterer wichtiger Indikator ist der formale Bildungsabschluss, der hier aber nicht erfragt wurde.

lität begründen. Der inhaltsgleiche Begriff „kapitalistische Ideologie" ist hingegen eindeutig negativ besetzt, was die Befragten in ein Dilemma bringen kann: Wenn Befragte Umweltverbesserungen der „Marktwirtschaft" zuschreiben, müssten sie dies logischerweise auch der „kapitalistischen Ideologie" zuschreiben. Typischerweise werden diese Befragten aber den negativ konnotierten Begriff ablehnen, so dass der Forscher erstaunt feststellt, dass wahrgenommene Umweltverbesserungen unter Umständen von den Befragten zugleich sehr stark und überhaupt nicht mit der vorherrschenden Wirtschaftsweise in Verbindung gebracht werden. Ein weiteres Problem ist, dass die Frage vielen Befragten merkwürdig vorkommen wird: Die Frage zielt auf Umweltverbesserungen im Westen Deutschlands nach der Wiedervereinigung ab. Da sich jedoch hier die Wirtschaftsweise – wie immer sie genannt wird – nicht geändert hat, dürften wahrgenommene Verbesserungen der Umweltqualität kaum mit der Wirtschaftsweise in Verbindung gebracht werden. Sinnvoll ist die Frage lediglich für den Osten Deutschlands, da dort ein Übergang von der Zentralverwaltungswirtschaft zur Sozialen Marktwirtschaft stattfand.

Beispiel 9

Was fühlen Sie? In diesem Teil unseres Fragebogens haben wir eine ganze Reihe von Gefühlen aufgeführt, die man angesichts der gegenwärtigen Situation im Osten und Westen haben kann.

	Gar nicht				Sehr stark
	1	2	3	4	5
…	❏	❏	❏	❏	❏
Ich habe Gewissensbisse, weil unser materieller Wohlstand viel größer ist als im anderen Teil Deutschlands.	❏	❏	❏	❏	❏

Kommentar: Spätestens bei der Auswertung wird der Forscher merken, dass die Antwortvorgabe „gar nicht" gar nicht interpretierbar ist, weil „gar nicht" zweierlei bedeuten kann: Es kann bedeuten, dass der Befragte keine Gewissensbisse hat, obwohl er der Meinung ist, dass sein materieller Wohlstand größer ist. Es kann aber auch bedeuten, dass der Befragte überhaupt nicht der Meinung ist, dass sein Wohlstand höher ist und er somit gar keinen Grund für Gewissensbisse hat. Anders ausgedrückt führen zwei sehr unterschiedliche Einstellungen zur gleichen Antwort – ohne dass der Forscher nachträglich eine Chance hat herauszufinden, welche Einstellung jeweils zutrifft. Der Fehler liegt in der kausalen Verknüpfung zweier Aussagen. Dabei wird implizit vorausgesetzt, dass die Befragten dem zweiten Teil der Aussage auch zustimmen – was aber in diesem Fall sehr fraglich erscheint. Besser wäre es gewesen, beide Aussagen getrennt abzufragen und erst bei der Auswertung zu prüfen, ob es Zusammenhänge zwischen den Meinungen bestehen.

Zwischenfazit

Bei allen bisherigen Beispielen wurden Fehler gemacht, die bei Beachtung der ja nicht erst seit dem erstmaligen Erscheinen des vorliegenden Lehrbuchs vorhandenen Literatur und teilweise einfach auch durch Benutzung des Gehirns hätten vermieden werden können. Angesichts der Vielzahl schlecht operationalisierter Erhebungsinstrumente stellt sich also die Frage nach tiefergehenden Ursachen. In unseren Methodensprechstunden beobachten wir dazu immer wieder folgende Phänomene, die die jeweiligen Projekte scheitern lassen:

Häufig ist die Forschungsfrage nicht klar formuliert. Zunächst sollte sich der Forscher im Klaren darüber sein, was er überhaupt wissen will! Dieses Ziel sollte schriftlich fixiert werden und anschließend in untergeordnete Dimensionen heruntergebrochen werden. Zu diesen Dimensionen sollten schließlich geeignete Fragen entwickelt werden. Bei einem eigenen Forschungsprojekt zur elektronischen Gesundheitskarte gingen wir so vor: Das Ziel der Forschung war, die Akzeptanz der Gesundheitskarte in der Ärzteschaft zunächst zu messen und Faktoren zu finden, die Änderungen in der Akzeptanz erklären können. Dabei vermuteten wir, dass die Dimension „Akzeptanz" durch die Dimensionen „Qualitätserwartungen", „Datenschutzbedenken" und „Kostenerwartungen" erklärt werden kann. Im nächsten Schritt wurden zu den noch recht abstrakten Dimensionen konkrete Items gebildet. Zur Ermittlung der Akzeptanz wurden den Ärzten zwei Fragen gestellt: „Würden Sie die elektronische Gesundheitskarte anbieten?" und „Würden Sie Ihren Patienten das Führen der elektronischen Gesundheitskarte empfehlen?" Zu den restlichen Dimensionen wurden jeweils fünf Items formuliert. Nach der Datenerhebung wurde mithilfe einer Faktorenanalyse geprüft, ob die Items auf die entsprechenden Faktoren hochladen, anschließend wurden die postulierten Beziehungen zwischen den Variablen geprüft.

Statt einer systematischen Vorgehensweise ist dagegen eher die Strategie „Schrotschuss" vorherrschend: Das Thema und die Hypothesen bleiben eher vage und werden theoretisch nicht fundiert, stattdessen werden alle Fragen, die jemals zu dem Thema gestellt wurden, gesammelt und mit einer Vielzahl eigener Fragen ergänzt. Bei der anschließenden Auswertung stellt der Forscher dann regelmäßig fest, dass die Forschungsfrage doch nicht beantwortet werden kann, weil wichtige Fragen nicht gestellt, dafür aber viele irrelevante Daten erhoben wurden. Das Sammeln von Fragen und eigene Entwicklungen in der Initialphase eines Projekts sind sinnvoll und notwendig, allerdings sollte diese Sammlung dann im Sinn eines evolutionären Prozesses sukzessive verbessert und rigoros gekürzt werden, bis nur noch die besten Fragen übrigbleiben. Dabei ist unabdingbar zu prüfen, ob die Antworten voraussichtlich helfen werden, die Forschungsfrage zu beantworten. Unter anderem sind bei allen Fragen folgende Aspekte zu prüfen: Haben die Fragen mit der Realität der Befragten zu tun? Sind Verzerrungen zu erwarten, etwa durch sozial wünschenswertes Antwortverhalten? Sind alle interessierenden Dimensionen abgedeckt? Verfügen die Befragten über das notwendige Wissen, um die Fragen zu beantworten? Gibt es Fragen, die nicht zur Beantwortung der Forschungsfrage beitragen? Eine einfache Kontrollfrage, die immer gestellt werden sollte, ist: „Wozu will ich das wissen?" Sollte dem Forscher keine plausible Antwort auf diese Frage einfallen, ist dies ein guter Indikator für eine überflüssige Frage. Wenn der einzige verbalisierbare Grund für eine Frage ist, dass man damit doch „Interessantes" erfahren könne, so ist diese ersatzlos zu streichen.

Weil man nicht „alles" fragen kann, muss man Prioritäten setzen. Wenn der Leiter eines bestehenden Supermarktes wissen will, weshalb die Kundschaft ausbleibt, sollte sich die Forschergruppe bei einer Umfrage auf die Dinge konzentrieren, die der Leiter beeinflussen kann, wie Preise, das Sortiment, die Qualität der Ware, die Werbung und die Personalauswahl. Aspekte wie die Konjunktur des Landes, die Lage des Supermarktes und die Verkehrsanbindung spielen zwar eine Rolle, sie sollten in der Befragung aber keine dominante Rolle einnehmen, da der Marktleiter sie nicht beeinflussen kann.

„Schrotschussfragebögen" sind häufig das Resultat von Bequemlichkeit bei der Entwicklung des Instruments, die sich aber bei der Auswertung rächt. Diese Bequemlichkeit hindert Forscher auch daran, sich in die Lage der Befragten zu versetzen, so dass oft irrelevante Fragen gestellt werden. Vor der Befragung sollte der Forscher den Befragungsgegenstand so gut wie möglich kennenlernen. Im Supermarktbeispiel sollte die Forschergruppe den Markt besucht haben und vorher mit dem Personal, und gegebenenfalls auch einigen Kunden und Lieferanten sprechen.

Ein weiteres Phänomen, das für missratene Erhebungsinstrumente sorgt, ist die Ausrichtung der Fragen an den Erfordernissen der Datenauswertung, wobei meist an mittelwertbasierte Verfahren des allgemeinen linearen Modells gedacht wird. Bisweilen finden sich solche unsinnigen Empfehlungen sogar in Lehrbüchern, so etwa bei Volker Dreier in dem Band *Empirische Politikforschung*, München 1997, in dem er auf S. 134 schreibt: „Da mit höherem Meßniveau die Anwendbarkeit bedeutender Analyseverfahren zunimmt, kann man aufgrund dieser Eigenschaft aus einem sehr einfachen Grund die Regel angeben, immer wenn möglich zu versuchen, Theorien auf möglichst hohem Meßniveau zu formulieren, d. h. über metrische Begriffe." (Als Beispiel für solche Begriffe fallen Dreier aber auch nur das Alter und die Körpergröße ein, und zumindest Letztere spielt im Kontext sozialwissenschaftlicher Theorien zumindest bislang keine prominente Rolle).

Multivariate Analysen sind bei vielen Forschungsfragen unverzichtbar, allerdings sollten sie nicht bestimmen, wie gefragt wird, ansonsten wedelt der Schwanz mit dem Hund. Forscher sollten genau andersherum vorgehen: Die Fragen sollen einzig und allein helfen, die Forschungsfrage zu beantworten, und sie sind an den Befragten auszurichten. Welches Auswertungsverfahren genutzt wird, richtet sich wiederum nach den Fragen den dazugehörigen Skalenniveaus – nicht umgekehrt! Dies muss umso mehr gelten, als es bereits seit Jahren auch genügend leistungsfähige multivariate Verfahren für kategoriale Daten gibt.

Nun haben wir eben darauf hingewiesen, dass man viele Fehler hätte vermeiden können, wenn man die einschlägige Literatur zur Kenntnis genommen hätte. Leider erfüllen nicht alle Bücher, die sich selbst diesen Anspruch geben, die Qualitätsstandards, die für Lehrbücher gelten. Vielmehr muss man bedauerlicherweise feststellen, dass der Markt auch Publikationen bereithält, die man nur als Papiervergeudung bezeichnen kann. In diese Kategorie fällt auch *Der Fragebogen* von Sabine Kirchhoff, Sonja Kuhnt, Peter Lipp und Siegfried Schlawin (2008). Das Büchlein ist im VS-Verlag erschienen, umfasst etwas über 100 Seiten und liegt mittlerweile in der 5. Auflage vor, was im Wesentlichen an dem überschaubaren Umfang und dem Preis von 14,95 € liegen dürfte. Leider korrespondiert das Niveau dieses Druckwerks ebenfalls mit dem Preis und dem Umfang. In dem Buch präsentieren die Verfasser einen Erlebnisbericht über eine „Befragung", der sich so liest, als sei es die erste, die sie jemals durchgeführt haben.

Diese Befragung richtete sich an Studenten der Hochschulen in Dortmund und wurde in den Jahren 1995 und 1996 durchgeführt. Das Buch versammelt eine Fülle von Beispielen für schlechte Fragen und weitere Fehler, z. B. bei der Datenanalyse und der Präsentation der Ergebnisse. Unerfindlich bleibt beispielsweise, warum in einem Büchlein über „den Fragebogen" die „erste Tabelle" der Auswertung abgedruckt wird (S. 48), die nur absolute Werte (und keine relativen Häufigkeiten) enthält und von den Autoren zu Recht so qualifiziert wird: „Tabellen dieser Art verwirrten uns beim nächsten Hinsehen eher, als das sie hilfreich waren. […] Lagen dann, wie in unserem Fall, noch gleich mehrere solcher Tabellen auf dem Schreibtisch, war das Chaos perfekt. So kamen wir schnell überein, uns ein paar grundlegende Gedanken zum Tabellenaufbau zu machen" (S. 48). Tabellen fallen nicht vom Himmel, sondern werden von Statistikprogrammen so ausgegeben, wie die Anwender sie angefordert haben. Zur richtigen Gestaltung von Tabellen gibt es eine umfängliche Literatur, man muss sich hier keine „grundlegenden Gedanken" mehr machen. In keinem Fall aber sollte man in einem Lehrbuch für Anfänger die eigene Ignoranz so deutlich schildern und die Leser über eigene Lernprozesse informieren.

Eben dies hat aber Methode in dem Büchlein. Einige Seiten weiter stellen die Verfasser Befragungsergebnisse bivariater Analysen auf S. 62 in Form eines Tortendiagramms dar. Damit war aber ein Teil des Teams (zu Recht, denn Tortendiagramme sind wenig erhellend) nicht zufrieden, deshalb „wurde ein alternativer Vorschlag ausgetüftelt"[6] (S. 62) und der gleiche Zusammenhang dann auch noch durch ein Säulen- und

---

[6] Überhaupt ist der Umgang mit der Sprache sehr schlampig, die Autoren machen häufig Anleihen bei der Umgangssprache, die in wissenschaftlichen Publikationen gänzlich fehl am Platz ist, etwa wenn die Rede davon ist, „einen Fragebogen zu stricken" (S. 19), wenn in „Anschreiben und Co." mit einer Verlosung „gewunken" wird (S. 25), weitere Maßnahmen „ausgeheckt" werden (S. 32), wenn man „prima" streiten kann (S. 47) oder bestimmte Datenanalysen, die die Autoren durchgeführt haben, „totaler Quatsch" (S. 76) sind – womit die Autoren immerhin Recht haben. Offen bleibt die Frage, warum sie dann überhaupt erwähnt werden.

ein Stapeldiagramm dargestellt, in allen Fällen fehlen aber (wie auch an den anderen Stellen) statistische Maßzahlen. Bei der Cluster-Analyse, die die Autoren zur multivariaten Analyse verwendet haben, lassen sie die Leser an der ebenfalls offenkundig erst während der Datenanalyse gewonnenen Erkenntnis teilhaben, dass sich nominal skalierte Merkmale für die Berechnung quadrierter euklidischer Distanzen nicht eignen (S. 76). Am problematischsten aber sind die Fragen und der Fragebogen, die hier als Beispiele für „gute Praxis" präsentiert werden, tatsächlich aber – dafür aber sehr gute – Beispiele für eine extrem schlechte Praxis sind.

Beispiel 10

Nationalität (Mehrfachnennungen erforderlich!)
- ❏ Deutsch
- ❏ In Ostdeutschland geboren und aufgewachsen
- ❏ In Westdeutschland geboren und aufgewachsen
- ❏ Im Ausland geboren und aufgewachsen

Kommentar: Vermutlich um Platz zu sparen, wurde hier versucht, zwei Dimensionen mittels einer Frage zu messen: Die Nationalität und das Umfeld der Sozialisation. Solche Versuche führen regelmäßig dazu, dass wichtige Kombinationen vergessen werden. Im Beispiel könnten im Ausland geborene, aber in Deutschland aufgewachsene Personen keine passende Kategorie ankreuzen. Zudem dürfte der Fragestimulus „Nationalität (Mehrfachnennungen erforderlich!)" in seiner Kürze als unhöflich empfunden werden und die Befragten verwirren, da nur eine Dimension als Stimulus genannt wird, aber zwei Dimensionen als Antwort erwartet werden.

Beispiel 11

Wenn Sie nicht unmittelbar nach Erwerb der Studienberechtigung das Studium begonnen haben, welche Gründe hatten Sie dafür?

	Trifft voll zu	Trifft zu	Trifft teilweise zu	Trifft kaum zu	Trifft nicht zu
Ich erhielt nicht den gewünschten Studienplatz.	O	O	O	O	O
Ich leistete Zivil- oder Wehrdienst.	O	O	O	O	O
Ich war in einer Ausbildung/Lehre.	O	O	O	O	O
usw.	O	O	O	O	O

Kommentar: Die genannten Gründe benennen ausschließlich Fakten, die entweder zutreffen oder nicht. Von der Anlage her handelt es sich um dichotome Fragen. Eine Skalierung ist hier sowohl unnötig als auch unsinnig.

Beispiel 12

Hätten Sie ohne die veränderten Bedingungen, die sich im Prozess der deutschen Vereinigung ergeben haben, die gleiche Studienwahl getroffen?
❏ Ja, ich hätte die gleiche Studienwahl getroffen.
❏ Nein, ich hätte stattdessen: _____

Kommentar: Die Frage ist hinsichtlich mehrerer Aspekte hochproblematisch. Erstens ist sie sehr hypothetisch. Die Mehrzahl der Zielpersonen dürfte zum Zeitpunkt der deutschen Vereinigung zwischen 12 und 14 Jahren alt gewesen und mehrheitlich in Westdeutschland aufgewachsen sein. Es ist daher äußerst fraglich, ob die Befragungspersonen zu diesem Zeitpunkt schon ihre Studienwahl festgelegt haben und mögliche Änderungen mit der Wiedervereinigung in Verbindung bringen – zumal sich für Westdeutsche durch die Vereinigung weniger geändert hat als für Ostdeutsche. Zweitens erfordert diese retrospektive Frage eine hohe Erinnerungsleistung. Selbst wenn die Befragungspersonen sich im fraglichen Alter schon für ein Studium entschieden haben, ist fraglich, ob sie ihre Entscheidungen nach fünf Jahren noch korrekt rekonstruieren konnten. Drittens ist das Wort „Studienwahl" mehrdeutig: Ist das Studienfach gemeint, der Ort des Studiums oder eine Kombination aus beidem?

Beispiel 13

Warum haben Sie sich grundsätzlich für ein Studium entschieden?
Ich habe mich für ein Studium entschieden, weil ich meinte:

	Sehr wichtig	Wichtig	Teilweise wichtig	Fast unwichtig	Ganz unwichtig
Zeit zu gewinnen, um mir über meine Zukunft klar zu werden.	○	○	○	○	○
höheres Ansehen zu genießen.	○	○	○	○	○
usw.	○	○	○	○	○

Die Frage umfasst insgesamt 11 mögliche Gründe.

Kommentar: Wiederum wird für eine dichotome Frage eine Skala zur Beantwortung vorgegeben. „Warum-Fragen" beantwortet man typischerweise durch Nennung oder Ankreuzen der jeweils relevanten Gründe. Will man die Wichtigkeit von möglichen Gründen raten lassen, sollte man danach auch explizit fragen. Die vorgegebene Skala ist in den Formulierungen unausgewogen. Der Vorgabe „wichtig" entspricht nicht die Vorgabe „fast unwichtig".

Beispiel 14

Zum Schluss möchten wir Sie bitten, uns Ihre Sichtweise von Wissenschaft mitzuteilen. Stellen Sie sich vor, ein außerirdisches Wesen kommt hierher, und Sie sollen diesem Wesen erklären, was Wissenschaft ist. Sie können dies in Worte fassen, aufzeichnen oder beides. Vielen Dank.

Kommentar: Auch diese offene Frage ist in mehrfacher Hinsicht hochproblematisch. Es dürfte vielen Befragten schwerfallen, einen so komplexen Gegenstand wie Wissenschaft zu erklären – insbesondere auch deshalb übrigens, weil sie sich bis zu dieser Frage durch 14 Seiten eines schlechten Fragebogens quälen mussten. Solche Begründungsfragen provozieren ein hohes Maß an *item non response*. Offen bleibt auch, weshalb die Autoren hier auf das nun wirklich weit hergeholte Szenario mit Außerirdischen zurückgreifen, anstatt als Gesprächspartner etwa die Eltern der Studenten zu nennen, was deren Lebenswelt fraglos eher entspricht. Die Option, zu dem abstrakten Begriff „Wissenschaft" alternativ auch ein Bildchen malen zu lassen, ist zusätzlich geeignet, sehr berechtigte Zweifel an der Ernsthaftigkeit der Frage aufkommen zu lassen.

Die „gesammelten Tipps" am Ende des Buches (S. 113 f.) sind keine Tipps, sondern bestenfalls Plattitüden, schlimmstenfalls Frechheiten. Wirkliche Tipps zur Formulierung von Fragen sucht man dagegen vergeblich.

Beispiel „You can't have it all": Der Hauptgrund, warum man nicht „alles" fragen kann, besteht nicht darin, dass man nicht an alles denken kann – wie die Autoren (selbstreferenziell?) meinen, sondern dass Befragungen zeitlich zu begrenzen sind, weil sie die Zeit der Zielpersonen in Anspruch nehmen und bei allzu langen Befragungen (völlig zu Recht) die Teilnahmebereitschaft deutlich sinkt.

Beispiel „Wer nicht fragt, bleibt dumm …": In der Tat tut es einem Forschungsprojekt gut, wenn bereits bei der Planung Experten für Befragungen und Personen aus der Zielgruppe einbezogen werden. Man nennt dies „Pretest", auch dazu existiert sehr gute Literatur und mit der GESIS auch eine Institution, an die man sich eigens zu diesem Zweck wenden kann. Rekapituliert man das Büchlein, hat man den Eindruck, dass die Autoren selbst gerade diesen Tipp nun gar nicht beherzigt haben. Einer unserer Studenten sagte nach Lektüre dieses Werks sehr treffend: „Wenn ich das erste Mal Wasser koche und das dann auch noch anbrennt, schreibe ich danach sicher kein Kochbuch, aber in der Forschung gelten wohl andere Standards."

Dialektisch betrachtet handelt es sich bei *Der Fragebogen* gleichwohl um ein Lehrbuch (sogar ein gutes), welches man als kompakte und gelungene Fehlersammlung im fortgeschrittenen Datenerhebungsseminar zur Analyse schlecht operationalisierter Fragen einsetzen kann. In diesem Sinn sind wir den Autoren sogar dankbar für ihren Erlebnisbericht. Nur sollten Anfänger dieses Buch niemals als Anleitung verwenden.

Anhang: Checkliste für Fragebögen

Die folgende Liste soll eine Arbeitshilfe sein und dazu dienen, Fragebogenentwürfe zu prüfen und zu verbessern, bevor die ersten Pretests mit Testpersonen durchgeführt werden. Wir wollen damit die wichtigsten Aspekte der Entwicklung von Fragebögen aus dem gesamten Lehrbuch zusammenfassen, so dass Sie als Nutzer die häufigsten Fehler vermeiden können. In Klammern ist vermerkt, in welchen Abschnitten des Lehrbuchs die jeweiligen Aspekte theoretisch und anhand von Beispielen erläutert werden. Zur besseren Handhabung ist diese Liste auch im Internet im Format A4 und mit expliziten Verweisen auf Seiten erhältlich unter: orbilu.uni.lu/handle/10993/39403 (letzter Abruf: 26.04.2019).

Checkliste für einzelne Fragen

Grundsätzlich zu prüfen:
- Die **Generalfrage**: Wozu will ich das wissen? Wenn diese zentrale Frage nicht schlüssig beantwortet werden kann, ist die Frage zu streichen. (Abschnitt 3.1)
- Kann ich davon ausgehen, dass die Befragten über das notwendige Wissen verfügen, um die Frage beantworten zu können? (Beispiele in Kapitel 8, Regeln zur Frageformulierung in Abschnitt 4.2.1, Wissensfragen in Abschnitt 4.2.3)
- Erfordert die Frage hohe Erinnerungsleistungen? (Probleme des mentalen Informationsabrufs bei Verhaltensreports in Abschnitt 4.2.3, Beispiele in Kapitel 8)
- Ist die Frage sehr hypothetisch? (Beispiele in Kapitel 8)
- Erfordert die Frage größere Rechenleistungen? (vgl. Gebot 10 in Abschnitt 4.2.1)
- Hat die Frage mit der Lebenswirklichkeit der Befragten zu tun, oder ist sie vermutlich zu abstrakt? (vgl. Gebot 9 in Abschnitt 4.2.1 sowie Beispiele in Kapitel 8)
- Ist bei der Frage mit dem Problem des sozial wünschenswerten Antwortverhaltens zu rechnen? Wurden entsprechende Fragetechniken eingesetzt, um das Problem zu mindern? (vgl. Abschnitt 2.2.2 sowie zum Report von Sozial nicht wünschenswerte Verhaltensweisen Abschnitt 4.2.3)

Formulierung (vgl. die 13 Gebote der Fragenformulierung in Abschnitt 4.2.1 sowie Beispiele in Kapitel 8)
- Passt die Formulierung der Frage zu den vorgegebenen Antworten? (Beispiele in Kapitel 8)
- Kann die Frage einfacher formuliert werden (Schachtelsätze vermeiden, nicht geläufige Fremdwörter vermeiden, ...)? (Gebot 2 in Abschnitt 4.2.1)
- Ist die Frage als vollständiger Satz formuliert? (Gebot 2 in Abschnitt 4.2.1)
- Enthält die Frage Reizwörter, die durch neutrale Formulierungen zu ersetzen sind? (Gebot 3 in Abschnitt 4.2.1)

- Ist die Frage suggestiv formuliert, so dass die Befragten zu einer bestimmten Antwort gedrängt werden? (Gebot 4 in Abschnitt 4.2.1)
- Enthält die Frage eine doppelte Verneinung? (Gebot 11 in Abschnitt 4.2.1)
- Enthält die Frage eine Kausalkonstruktion? (Gebot 12 in Abschnitt 4.2.1)
- Enthält die Frage mehrdeutige Begriffe, die durch präzisere Begriffe ersetzt werden sollten? (Gebot 13 in Abschnitt 4.2.1)
- Sind die Antwortvorgaben vollständig, d. h. enthalten sie alle Antworten, die theoretisch vorkommen können? (Gebot 5 in Abschnitt 4.2.1 sowie Ausführungen in Abschnitt 2.2.2)
- Ist die Frage eindimensional, oder werden mehrere Aspekte gleichzeitig abgefragt? (Gebot 6 in Abschnitt 4.2.1 sowie Ausführungen in Abschnitt 2.2.2)
- Wenn nur eine Antwort vorgesehen ist: Schließen sich die Antwortvorgaben tatsächlich gegenseitig aus, oder sind Mehrfachnennungen zuzulassen? (Gebot 7 in Abschnitt 4.2.1)
- Wenn Antwortvorgaben zusammengefasst werden: Sind die Zusammenfassungen inhaltlich sinnvoll oder werden mit der Zusammenfassung Gruppen zusammengefasst, die sich inhaltlich zu sehr unterscheiden? (Gebot 8 in Abschnitt 4.2.1)

Besonderheiten bei bestimmten Fragetypen

Bei Skalen:
- Ist eine Skalierung/Abstufung der Antworten tatsächlich sinnvoll? (Beispiele in Kapitel 8)
- Sind die Antwortvorgaben ausgewogen, d. h., sind gleich viele positive und negative Antwortausprägungen vorgesehen? (Gebot 5 in Abschnitt 4.2.1)
- Bei Polaritätsprofilen: Bezeichnen die Pole tatsächlich Gegensätze? (Polaritätsprofile in Abschnitt 4.2.4)

Checkliste Fragebogen

- Werden alle interessierenden Dimensionen abgefragt? (Abschnitt 3.1)
- Werden Dimensionen abgefragt, die nicht gebraucht werden oder die nicht theoretisch begründet wurden? (Abschnitt 3.1, Beispiele in Kapitel 8)
- Wird der Fragebogen mit einer einfach zu beantwortenden Eingangsfrage begonnen? Nicht mit Fragen zur Soziodemografie oder heiklen Fragen beginnen! (Funktionsfragen in Abschnitt 4.2.3)
- Sind bei der Reihenfolge der Fragen verzerrende Kontexteffekte zu erwarten? (Abschnitt 2.2.2, Abschnitt 4.2.4)
- Ist der Fragebogen möglicherweise zu lang? (Abschnitt 4.1.5)
- Demografie (soziodemografische Fragen Abschnitt 4.2.3)

- Stehen die Fragen zur Demografie am Ende des Fragebogens? (Abschnitt 4.1.5)
- Werden die demografischen Angaben nach der Vorgabe *Demografische Standards* erhoben (Statistisches Bundesamt 2016)? (soziodemografische Fragen Abschnitt 4.2.3)
- Werden die Fragen zur beruflichen Stellung und zum sozialen Status sinnvoll erhoben? (Abschnitt 2.1.1, Abschnitt 4.2.3, Beispiele in Kapitel 8)

Checkliste Layout und Filter

- Sind die Fragen gut lesbar?
- Ist das Layout einheitlich?
- Sind die Filteranweisungen korrekt?

Bei Papierfragebögen

- Sind die Filteranweisungen für den Befragten bzw. den Interviewer einfach nachzuvollziehen?
- Werden Fragen auf die Folgeseite umgebrochen?

Glossar

Access-Panel: Register von Personen, die sich zur Teilnahme an mehreren Befragungen eines Instituts bereit erklärt haben.

ADM: Die Abkürzung steht für „Arbeitskreis Deutscher Marktforschungsinstitute e. V.", ein Wirtschaftsverband, der die Interessen der privatwirtschaftlichen Markt- und Sozialforschungsinstitute in Deutschland vertritt. Zusammen mit anderen Verbänden gibt der ADM Richtlinien für die Forschungspraxis heraus.

ADM-Design: Mehrstufiges Auswahlverfahren zur Ziehung von Stichproben aus räumlich weit gestreuten Grundgesamtheiten. Wird vor allem zur Ziehung von Stichproben bei bundesweiten repräsentativen Bevölkerungsumfragen eingesetzt.

Aggregatdaten: Daten, die sich stets auf eine Gruppe von Merkmalsträgern beziehen und in Form von Raten, Quoten oder Anteilswerten vorliegen.

Akquieszenz: Inhaltsunabhängige Zustimmungstendenz. Die tatsächliche Meinung wird dadurch verzerrt, die Messung fehlerhaft bzw. reaktiv.

ALLBUS: Allgemeine Bevölkerungsumfrage Sozialwissenschaften. Repräsentative Mehrthemenbefragung, die alle zwei Jahre mit einem konstanten und einem variablen Fragenprogramm durchgeführt wird. Die erhobenen Daten stehen der interessierten Öffentlichkeit für Sekundäranalysen zur Verfügung.

Alpha (Cronbachs Alpha): Maß für die interne Konsistenz einer Skala (Eindimensionalität der verwendeten Statements). Normiert auf den Bereich von 0 bis 1. Allgemein werden Alpha-Werte über .8 als gut angesehen.

Alternativfrage: Frage mit nur zwei Antwortvorgaben.

Analysemethoden: Statistische Verfahren der Datenanalyse mit dem Ziel der Beschreibung und ursächlichen Erklärung von Merkmalen und Merkmalszusammenhängen. Je nachdem, wie viele Variablen in die Analyse einbezogen werden, unterscheidet man uni-, bi- und multivariate Analysen. Bei univariaten Analysen wird nur eine Variable betrachtet. Univariate Analysen sind rein deskriptiv und dienen vor allem dazu, einen Überblick über die Verteilung von Merkmalsausprägungen oder statistischen Kennwerten zu liefern. Bivariate Analysen untersuchen Zusammenhänge zwischen zwei Variablen, multivariate Analysen zwischen mindestens drei. Bei multivariaten Analyseverfahren wird außerdem unterschieden zwischen der Gruppe der datenreduzierenden Verfahren (z. B. Cluster-analytischen Verfahren), die dazu dienen, den Merkmalsraum zu komprimieren, und damit eine anschaulichere Präsentation der Ergebnisse ermöglichen, und hypothesentestenden Verfahren (z. B. Pfadanalysen).

Artefakt: Messfehler, der durch verzerrte Stichproben oder Interviewer-, Instrument- oder Situationseffekte entsteht.

Auswahlverfahren: Stichprobenverfahren zur Auswahl von Elementen einer Grundgesamtheit. Grundsätzlich lassen sich Zufallsauswahlverfahren und bewusste Auswahlverfahren unterscheiden.

Ausschöpfungsquote: Anteil der Personen einer Bruttostichprobe, die tatsächlich befragt wurden.

Ausfallquote: Anteil der Personen einer Bruttostichprobe, die nicht befragt werden konnten. Gründe für Ausfälle sind: Zielperson ist verzogen oder verstorben, verreist oder aus sonstigen Gründen nicht erreichbar. Zielperson verweigert die Teilnahme an der Befragung. Dieser letzte Ausfallgrund ist mit Abstand der häufigste.

Bewusste Auswahlverfahren: Auswahlverfahren, bei denen subjektive Kalküle die Auswahl der Zielpersonen steuern. Generalisierungen auf der Basis mathematisch-statistischer Modelle sind bei bewussten Auswahlen nicht möglich, weil kein entsprechend fundiertes Auswahlmodell existiert. Anwendungsfälle bewusster Auswahlverfahren sind: Auswahl typischer Fälle, Schneeballauswahl und Quotenauswahl.

Ceiling-Effekt: Ein solcher Effekt kann – ähnlich wie sein Gegenteil, der sogenannte Floor-Effekt – bei Rating-Skalen auftreten, wenn man den Befragten vor dem Rating der jeweiligen Einzelobjekte nicht die vollständige Liste der zu beurteilenden Objekte vorlegt. Denn wenn man dies unterlässt, kann es passieren, dass die Endpunkte der Skala relativ früh belegt werden und später genannte Extremobjekte der einzustufenden Gruppe dann nicht mehr hinlänglich differenziert eingestuft werden können. Bei Ceiling-Effekten werden mehrere Beurteilungsobjekte mit durchaus unterschiedlichen Merkmalsausprägungen im obersten Teil der Skala zusammengedrängt, bei Floor-Effekten im untersten. Bedeutsam sind diese Effekte beispielsweise bei der Einstufung von Politikern auf einem Links-Rechts-Kontinuum.

CATI: Computer-Assisted Telephone Interview. Telefoninterviews, die mittels unter Computerunterstützung und im Idealfall unter Verwendung von entsprechender CATI-Software durchgeführt werden.

CAPI: Computer-Assisted Personal Interview. Persönliche Interviews, bei denen die Angaben der Befragten nicht mehr in Fragebögen angekreuzt, sondern die jeweiligen Codezahlen während des Interviews in den Computer eingegeben werden. Durch stetig kleinere, leichtere und billigere transportable Computer wird diese Variante des persönlichen Interviews auch bei Erhebungen im Feld zunehmend häufiger angewendet.

Codezahlen: Zahlen, mit denen die Merkmalsausprägungen eines Merkmals codiert werden. Dabei gilt: Unterschiedliche (oder zu unterscheidende) Ausprägungen erhalten unterschiedliche Codezahlen. Bei der Erstellung eines Codeplans und der Vergabe von Codezahlen ist außerdem das Messniveau des jeweiligen Merkmals zu beachten. Bei nominalen Merkmalen bezeichnen Codezahlen lediglich Unterschiede zwischen den Merkmalsausprägungen, bei ordinalen zeigen sie eine hierarchische Ordnung an, bei metrischen Merkmalen stellen sie exakte Quantifizierungen dar.

Datenmatrix: Tabellarische Organisationsform von Daten für die computergestützte Datenanalyse. Datenmatrizen sind rechteckig. In den Zeilen der Matrix werden die einzelnen Merkmalsträger aufgelistet, in den Spalten die jeweils untersuchten Merkmale, in den Zellen der Matrix die Codezahlen der Merkmalsausprägungen eingetragen.

Demografie: 1. Wissenschaft von der Bevölkerung mit Schwerpunkt auf der Bevölkerungsstruktur und -entwicklung. 2. Bezeichnung für den Teil des Fragebogens, in dem soziodemografische Informationen (Alter, Geschlecht, Bildungsabschluss, Beruf, Konfessionszugehörigkeit usw.) erhoben werden.

Demoskopie (Umfrageforschung, Meinungsforschung, Survey-Research): Untersuchung sozialer Sachverhalte mithilfe von Befragungen.

Dichotome Variable: Merkmal, bei dem nur zwei Ausprägungen möglich sind. Unterscheiden lassen sich natürliche dichotome Merkmale wie das Geschlecht und künstliche, wo der Merkmalsraum durch sogenannte Alternativfragen, die nur zwei Antwortkategorien vorsehen, (u. U. drastisch) eingeengt wird.

Eindimensionalität: Zentrale Eigenschaft einer Skala. Alle verwendeten Indikatoren müssen den gleichen Sachverhalt anzeigen.

Einleitungsfrage: Auch Eisbrecher- oder Kontaktfrage genannt. Gehört zu den Funktionsfragen. Dient der Eröffnung einer Befragung und sollte deshalb das Interesse an der Befragung wecken, keine sensitiven oder intimen Themen ansprechen und von jedem Befragten beantwortbar sein.

Einstellung (Attitude): Bezeichnung für eine erlernte und relativ stabile mentale Disposition, auf Objekte in einer bestimmten Art und Weise zu reagieren. Dabei ging der ältere Einstellungsbegriff von einem engen Zusammenhang zwischen kognitiven, emotionalen und verhaltensbezogenen Komponenten aus (mehrdimensionaler Einstellungsbegriff) und postulierte eine Tendenz zur Konsistenz zwischen Einstellungen und Verhaltensweisen. Da sich eben diese empirisch nicht hat nachweisen lassen, geht der jüngere Einstellungsbegriff von einer weitgehenden Unabhängigkeit von Einstellungen und Verhaltensweisen aus. Als Einstellung wird hier eine gelernte, aber ausschließlich affektiv-evaluative Bereitschaft zur Reaktion auf ein Objekt bezeichnet. Als Indikatoren für Einstellungen werden verbalisierbare Meinungen verwendet.

Erhebungsdesign: Gesamtheit aller Entscheidungen, welche die Untersuchungspopulation betreffen. Dazu gehören die Definition der Grundgesamtheit der Untersuchung, die Spezifikation der Stichprobe und des Auswahlverfahrens sowie die Festlegung der Untersuchungsart (Querschnitt- oder Längsschnittuntersuchung).

Exploration: Erkundung eines Forschungsgebiets, über das bisher nur wenige Erkenntnisse vorliegen. Explorationen dienen häufig der Vorbereitung größerer quantifizierender Untersuchungen mit standardisiertem Instrumentarium. Bei Explorationen werden dagegen vor allem wenig strukturierte, qualitative Instrumente eingesetzt (z. B. narrative Interviews oder Leitfadeninterviews).

Faktorenanalyse: Multivariate Analysemethode. Wird üblicherweise zur Datenreduktion und zum Testen von Skalen auf Eindimensionalität verwendet. Die Faktorenanalyse geht von der Annahme aus, dass Gruppen von Variablen Indikatoren für einen gemeinsamen, diesen Variablen zugrundeliegenden Faktor sind und entsprechend verdichtet werden können. Ziel der Faktorenanalyse ist die Ermittlung solcher Faktoren.

Feldbericht: Bericht, der im Idealfall detailliert über alle Aspekte der Feldarbeit informiert. Dazu gehören: Name des Forschungsprojekts, durchführende Institution, Datenerhebungsinstitut, beteiligte Personen, Auftrag-/Geldgeber, vollständiger Fragebogen mit allen Feldmaterialien, Pretest-Bericht, Stichprobenziehung, Zeitraum von Pretest und Feldphase, genaue Angaben zu Interviewerstab und Interviewerschulung, Zahl der Interviews pro Interviewer, Kontaktversuche pro Zielperson, Ausfälle und Ausfallgründe, Interviewerkontrollen, Gewichtungsfaktoren.

Feldphase: Zeitraum in einem Umfrageforschungsprojekt, in dem die Befragung durchgeführt wird.

Feldmaterial: In der weiteren Fassung des Begriffes wird damit sämtliches Material bezeichnet, dass in der Feldphase benötigt wird (Begehungsprotokolle, Fragebögen, Interviewerfragebögen, Listen, Kartenspiele usw.). In der engeren Fassung werden damit nur solche Materialien bezeichnet, die Befragten bei mündlichen Interviews zur visuellen Unterstützung der Fragen vorgelegt werden (Listen, Kartenspiele, Grafiken, Bilder).

Filterfrage: Gehört zu den Funktionsfragen. Dient dazu, Zielpersonen, für die bestimmte Fragen irrelevant sind, zu identifizieren und von diesen Fragen auszuschließen.

Floor-Effekt: Siehe Ceiling-Effekt.

Fragetrichter: Spezielle Technik bei der Fragebogenkonstruktion zur langsamen Hinführung auf ein sensitives, intimes oder heikles Thema. Man formuliert dabei zunächst sehr allgemeine Fragen zu dem jeweiligen Thema, die dann sukzessive spezieller werden.

Faktfrage: Frage, die objektive Information über Befragte erhebt. Zu Faktfragen zählen demnach soziodemografische Fragen, Verhaltensfragen und Fragen zur Ausstattung mit bestimmten Ressourcen und Gütern.

Funktionsfrage: Fragen, die für den Ablauf einer Befragung wichtig ist. Man unterscheidet: Einleitungsfragen, Pufferfragen, Filterfragen, Kontrollfragen und Schlussfragen.

Gabler-Häder-Design: Auswahlverfahren zur Generierung repräsentativer Telefonstichproben. Dabei wird der gesamte Zahlenbereich der Telefonanschlüsse des Befragungsgebietes in viele gleich große Blöcke aufgeteilt. Anschließend wird geprüft, ob laut Telefonverzeichnis in den jeweiligen Blöcken Telefonnummern vergeben wurden. Ist dies der Fall, werden innerhalb dieses Blocks Telefonnummern zufällig generiert und angerufen. Mit diesem Verfahren können auch Personen in die Stichprobe gelangen, die nicht im Telefonverzeichnis aufgeführt sind. Damit wird die Auswahl nicht verzerrt, wie es bei einer Zufallsauswahl aus dem Telefonverzeichnis zu erwarten wäre. Gleichzeitig ist dieses Verfahren wesentlich effizienter als die Generierung von Zufallszahlen aus dem gesamten Zahlenbereich, da die Stellenzahlen bei Vorwahl- und Teilnehmernummern in Deutschland variieren und so sehr viele nicht existierende Telefonnummern generiert würden.

Grundgesamtheit (Population): Zielgruppe einer Untersuchung. Wichtig ist die definitorische Abgrenzung der Grundgesamtheit, um eine nachvollziehbare Auswahl treffen und exakt angeben zu können, für wen die Untersuchungsergebnisse Gültigkeit beanspruchen können.

Gültigkeit (Validität): Meint, dass Messinstrumente tatsächlich das gemessen haben, was in der theoretischen Begründung zu der Untersuchung und der Ableitung der Untersuchungsdimensionen postuliert wurde.

Index: Zusammenfassung mehrerer Indikatoren zu einem Messwert. Wird in der Regel zur Messung mehrdimensionaler Konstrukte verwendet. (Bekanntes Beispiel für ein solches Konstrukt ist die soziale Schicht.)

Indikator: Stellvertreter („Anzeiger"). Beobachtbares Merkmal, welches den Schluss auf die Merkmalsausprägungen eines nicht direkt beobachtbaren, theoretischen Konstrukts ermöglichen soll. In der Regel werden zur Messung solcher theoretischen Konstrukte mehrere Indikatoren verwendet (Konzept multipler Indikatoren), um die Zuverlässigkeit und Gültigkeit dieses Schlusses zu erhöhen.

Individualdaten: Daten, die für einzelne Untersuchungseinheiten oder Merkmalsträger erhoben worden sind, z. B. durch eine Umfrage.

Instrumenteffekt: Einfluss der Art oder Formulierung der Fragen, ihrer Reihenfolge oder Präsentation auf das Antwortverhalten.

Interviewereffekt: Einfluss äußerer Merkmale der Interviewer auf das Antwortverhalten.

Item: Allgemeine Bezeichnung für Fragen, wird insbesondere für Aussagen bei Skalen verwendet.

Item non response: Antwortverweigerung bei einer bestimmten Frage.

Konexteffekt (Ausstrahlungseffekt): Beantwortung einer Frage in Abhängigkeit von den Antworten auf vorherige Fragen.

Kontrollfrage: Gehört zu den Funktionsfragen. Dient dazu, mögliche inhaltsunabhängige Antwortstrategien wie Akquieszenz oder sozial wünschenswertes Antwortverhalten aufzudecken.

Längsschnitt: Untersuchungsart, bei der in der gleichen Grundgesamtheit zu mindestens zwei Zeitpunkten Daten erhoben werden. Längsschnittuntersuchungen dienen der Erstellung von Zeitreihen und der Prognose von Trends.

Likert-Skala: Von Rensis Likert entwickeltes Skalierungsverfahren zur Messung von Einstellungen. In der Praxis werden damit inzwischen alle (meist) fünfpoligen verbalen Rating-Skalen bezeichnet.

Messen: Zuordnung von Zahlen (den Messwerten) zu bestimmten Objekten bzw. Zuständen von Objekten anhand bestimmter Regeln. Man unterscheidet dabei zwischen der (empirischen) Objektmenge und der (numerischen) Symbolmenge. Durch eine Messung werden als relevant angesehene Eigenschaften der Elemente der Objektmenge durch Elemente der Symbolmenge abgebildet. Man verwendet als Symbole in der Regel Zahlen, weil man nur mit Zahlen mathematisch-statistische Analysen durchführen kann. Die Zuordnung von Zahlen zu bestimmten empirischen Zuständen wird auch als Quantifizierung bezeichnet. Die wichtigste Regel bei einer Messung ist die Forderung nach strukturtreuer Abbildung. Es ist darauf zu achten, dass die (als relevant erachteten) Relationen der Objektmenge in der Symbolmenge erhalten bleiben, so dass man die Objekte entsprechend diesen Eigenschaften unterscheiden und gegebenenfalls auch ordnen kann.

Messniveau (auch Skalenniveau): Bezeichnet die in der Datenanalyse zulässigen Rechenoperationen entsprechend den zugrundeliegenden Merkmalen. Man unterscheidet hierbei zwischen Nominalskala, Ordinalskala, Intervallskala und Ratioskala und den dazugehörigen Messniveaus. Für Merkmale, die einer Intervall- oder Ratioskala zugeordnet werden können, spricht man zusammenfassend auch von metrischem Messniveau. Auf nominalem Messniveau kann man Objekte lediglich unterscheiden, auf ordinalem Messniveau lassen sie sich in eine Rangfolge bringen, bei Intervallskalen ist der Abstand zwischen den einzelnen Messpunkten genau bestimmbar, bei Ratioskalen kann man zudem das Verhältnis solcher Distanzen berechnen.

Mikrozensus: Vom Statistischen Bundesamt jährlich durchgeführte Haushaltsstichprobe, wobei rund 1 % der Haushalte erfasst werden. Daraus ergibt sich ein N von rund 740.000 Befragungspersonen. Grundgesamtheit ist die Wohnbevölkerung der Bundesrepublik Deutschland.

Non-Pubs: Personen, die zwar über einen Telefonanschluss verfügen, diesen aber nicht haben eintragen lassen, so dass sie über Telefonbuch-basierte Auswahlverfahren nicht ermittelt werden können.

Operationalisierung: Theoretisch begründete Spezifikation direkt beobachtbarer Merkmale (Indikatoren), anhand derer man auf das Vorliegen und die Ausprägung theoretischer Konstrukte schließen kann.

PAPI: Paper-Assisted Personal Interview. In Anlehnung an die neueren Verfahren computergestützter Interviews (CAPI, CATI) neue Bezeichnung für das klassische persönliche Interview mit einem Papierfragebogen.

Panel: Sonderfall der Längsschnittuntersuchung. Eine ganz bestimmte Gruppe wird über einen längeren Zeitraum in regelmäßigen Abständen mit einem weitgehend gleichen Fragebogen interviewt.

Polaritätsprofil: (Semantisches Differenzial, Eindrucksdifferenzial) Zusammenstellung mehrerer bipolarer Rating-Skalen zur mehrdimensionalen Messung der Einschätzung eines Objektes.

Pretest: Der eigentlichen Befragung (dem „Hauptfeld") vorgeschaltete Befragung mit deutlich kleinerer Stichprobe, bei der die Fragen und das Feldmaterial auf Verständlichkeit und Handhabbarkeit überprüft werden.

Primacy-Effekt: Tendenz von Befragten, bei Fragen mit mehreren Antwortkategorien unabhängig vom Inhalt der Kategorien stets die erste Kategorie zu wählen.

Proxy-Interview: Interview, bei dem Dritte über die eigentlichen Zielpersonen befragt werden. Proxy-Interviews werden insbesondere dann eingesetzt, wenn Zielpersonen nicht angetroffen werden oder das Interview verweigern, um so Informationen für eine Non-Response-Statistik zu bekommen.

Proxy-Reporting: Angaben, die Zielpersonen im Rahmen eines Interviews über Dritte machen (z. B. über Partner oder andere Haushaltsmitglieder).

Pufferfrage: (Überleitungsfrage) Gehört zu den Funktionsfragen. Wird verwendet, wenn man Kontexteffekte vermeiden will. Sie soll die Aufmerksamkeit der Befragten von dem zuvor behandelten Thema ablenken. Pufferfragen sollen leicht beantwortbar sein und keine heiklen oder sensitiven Themen ansprechen.

Querschnitt: Untersuchung zu einem bestimmten Zeitpunkt bzw. in einem begrenzten Zeitraum.

Rating-Skala: Skala, mit der die Beurteilung eines Objekts gemessen werden soll. In der Regel wird dabei der Grad der Wichtigkeit, der Zustimmung oder Ablehnung usw. erfragt.

Reaktivität: Verzerrung, Messfehler bei sozialwissenschaftlichen Messungen, der dadurch auftreten kann, dass die Messobjekte zugleich autonome Subjekte sind und auf solche Messungen in spezifischer Weise reagieren können.

Recency-Effekt: Tendenz von Befragten, bei Fragen mit mehreren Antwortvorgaben unabhängig vom Inhalt der Vorgaben stets die letzte oder eine der letzten Kategorien zu wählen. Ein Recency-Effekt ist insbesondere bei Fragen mit vielen Antwortvorgaben ohne Listenunterstützung zu erwarten, weil die zuletzt vorgelesenen Kategorien noch im Gedächtnis präsent sind.

Redressment: In der Marktforschung verwendetes „Korrekturverfahren" bei Ausfällen Dabei werden die Häufigkeitsverteilungen demografischer Merkmale in der Stichprobe durch Gewichtungsverfahren den Verteilungen in der Grundgesamtheit angeglichen. Das Verfahren setzt voraus, dass innerhalb der zur Gewichtung verwendeten Klassen die Ausfälle absolut zufällig erfolgen. Diese Annahme ist häufig unrealistisch. Das Non-Response-Problem wird durch Redressement also nur verdeckt, aber nicht korrigiert.

Replikativer Survey: (Wiederholungsbefragung) Anders als bei einem Panel werden bei replikativen Surveys nicht immer gleiche Personengruppen befragt, sondern nur wiederholt Stichproben aus der gleichen Grundgesamtheit gezogen. Durch Wiederholung der Befragung kann jede Querschnittbefragung in einen replikativen Survey umgewandelt werden.

Repräsentativität: Eigenschaft einer Zufallsstichprobe. Innerhalb angebbarer Fehlergrenzen ist es dabei möglich, von der Verteilung bestimmter Merkmale und Zusammenhänge in der Stichprobe auf die Verteilung dieser Merkmale und Zusammenhänge in der eigentlich interessierenden Grundgesamtheit zu schließen. Eine Stichprobe kann nur dann korrekt als „repräsentativ" bezeichnet werden, wenn sie auf einer Zufallsauswahl basiert. Eine repräsentative Auswahl ist kein exaktes verkleinertes Abbild einer Grundgesamtheit, sondern nur ein näherungsweise genaues Modell.

Sample: Stichprobe, Auswahl.

Schlussfrage: Gehört zu den Funktionsfragen Beendet den inhaltlichen Teil der Befragung und leitet zu den soziodemografischen Fragen über. Empfehlenswert ist es, dem Befragten hier eine Art Resümee zum Thema der Befragung (bzw. bei Mehrthemenbefragung des letzten Befragungsblocks) anzubieten, indem nach einer allgemeinen Einschätzung oder Bewertung gefragt wird.

Schwedenschlüssel (Kish-Selection-Grid): Verfahren zur zufälligen Auswahl von Befragungspersonen in Mehr-Personen-Haushalten. Die Auswahl der Zielpersonen erfolgt in Abhängigkeit vom Alter der Haushaltsmitglieder und der Größe des Haushalts. Eine weniger aufwendige Variante zur Ermittlung von Zielpersonen in Haushalten ist die Next- oder Last-Birthday-Methode (die Person im Haushalt, die als nächste Geburtstag hat oder zuletzt Geburtstag hatte, wird befragt). Dieses Verfahren wird insbesondere bei Telefonbefragungen eingesetzt.

Selbstausfüller: Fragebogen, der während eines mündlichen Interviews von Befragten selbst ausgefüllt wird, ohne dass Interviewer sehen, wie die Befragten antworten. Gut geeignet zur Erhebung sensitiver oder heikler Fragen.

Sensitive Fragen: Fragen, die Themen ansprechen, über die Befragte nur ungern sprechen, weil diese als sozial nicht wünschenswert gelten, strafbare Verhaltensweisen thematisieren oder in sonstiger Weise tabuisiert sind.

Situationseffekt: Einfluss der Situation, in der die Befragung stattfindet, auf das Antwortverhalten.

Skala: Menge von Items zur Messung eines ganz bestimmten Sachverhalts, deren jeweilige Codezahlen in der Datenanalyse zu einem Gesamtwert (Skalenwert) zusammengefasst werden. Primär werden Skalen zur Messung von Einstellungen verwendet.

Split-Ballot-Experiment (Methodensplit, gegabelte Befragung): Eine Stichprobe wird zufällig in zwei oder mehr Substichproben geteilt, diese werden dann mit verschiedenen Fragebogenversionen untersucht. Split-Ballot-Experimente dienen der Untersuchung von Instrumenteffekten.

Social-Desirability-Response-Set: Tendenz zu Antworten, die den Befragten als sozial wünschenswert erscheinen.

Sponsorship-Bias: Beeinflussung des Antwortverhaltens durch Kenntnis des Auftraggebers einer Untersuchung.

Statement (Behauptungssatz): Indikator für eine bestimmte Einstellung in einer Skala.

Statement-Batterie: Auflistung mehrerer Behauptungssätze, die von den Befragten beurteilt werden sollen. In der Regel fragt man dabei nach dem Grad der Zustimmung.

Survey: Untersuchung einer größeren Stichprobe von Untersuchungsobjekten mit einem einheitlichen, standardisierten Instrument. Der Begriff wird häufig als Synonym für Befragung verwendet. Auch wenn Befragungen in der Tat der zentrale Anwendungsfall von Survey-Forschung sind, so ist diese Gleichsetzung dennoch nicht korrekt, weil Surveys auch der Erhebung objektiver Daten dienen können, ohne dass man auf Auskünfte der Untersuchungspersonen angewiesen wäre. Solche Erhebungen werden z. B. im Rahmen umweltepidemiologischer Untersuchungen durchgeführt.

Szenario: Bestimmte Frageform, in der unterschiedliche Meinungen zu einem Sachverhalt in Form einer kürzeren Geschichte oder einer Diskussion zwischen zwei oder mehr Partnern präsentiert werden.

Theoretisches Konstrukt: Nicht direkt beobachtbarer, sondern nur theoretisch begründbarer Sachverhalt, mit dessen Hilfe bestimmte Phänomene im Rahmen einer Theorie erklärt werden. Aus der Begründung eines theoretischen Konstrukts leiten sich auch die Indikatoren ab, mit deren Hilfe solche Konstrukte gemessen werden sollen.

Unit non response: Verweigerung der Befragung durch die Zielperson.

Variable: Merkmal, das verschiedene Ausprägungen annehmen kann.

Vignettenanalyse: Befragungstechnik zur Ermittlung der Bedingungen, unter denen Sachverhalte bewertet werden. Dazu bewerten die Befragten mehrere Vignetten (Kurzbeschreibungen einer sozialen Situation o. Ä.). In jeder Vignette werden Details der Kurzbeschreibung geändert, so dass die Auswirkungen der Änderungen analysiert werden können.

Zufallsauswahl: Verfahren, bei dem alle Elemente der Grundgesamtheit eine angebbare Chance haben, in die Stichprobe zu gelangen, und mit dem man berechnen kann, mit welcher Wahrscheinlichkeit Stichprobenwerte (wie Stichprobenmittelwerte, prozentuale Häufigkeiten von Merkmalsausprägungen usw.) den Werten der Grundgesamtheit innerhalb bestimmter Fehlergrenzen entsprechen.

Dadurch wird eine Generalisierung der Ergebnisse auf die Grundgesamtheit möglich. Einfache Zufallsauswahlverfahren sind: Urnenauswahl, Listenauswahl, Karteiauswahl, Geburtstagsverfahren. Komplexe Zufallsauswahlverfahren sind: Geschichtete Auswahl, Klumpenauswahl und mehrstufige Auswahl.

Zuverlässigkeit (Reliabilität): Meint, dass Messinstrumente bei wiederholter Messung unter gleichen Bedingungen auch das gleiche Ergebnis produzieren müssen.

Quellenverzeichnis

ADM Arbeitskreis Deutscher Markt- und Sozialforschungsinstitute e. V. (Hrsg.): Zahlen/Statistik – Quantitative Interviews der Mitgliedsinstitute des ADM (Stand: 22.06.2018), www.adm-ev.de/fileadmin/user_upload/PDFS/Jahresbericht_00.pdf (letzter Abruf: 31.07.2017)

Allerbeck, K.: Meßniveau und Analyseverfahren – Das Problem „strittiger Intervallskalen", in: Zeitschrift für Soziologie, 7, 1978, S. 199–214

ASA (Hrsg.): Code of Ethics June 2018, www.asanet.org/sites/default/files/asa_code_of_ethics-june2018.pdf (letzter Abruf: 27.07.2018)

Auspurg, K.; Hinz, T.; Liebig, S.: Komplexität von Vignetten, Lerneffekte und Plausibilität im Faktoriellen Survey, in: Methoden, Daten, Analysen, 1, 2009, S. 59–96

Bandilla, W.; Bosnjak, M.; Altdorfer, P.: Effekte des Erhebungsverfahrens? Ein Vergleich zwischen einer Web-basierten und einer schriftlichen Umfrage zum ISSP-Modul Umwelt, in: ZUMA-Nachrichten, 25(49), 2001, S. 7–28

Berufsverband Deutscher Markt- und Sozialforscher e. V. (Hrsg.): BVM Handbuch der Institute und Dienstleister 2019/2020, Berlin 2019

Bieber, I. E.; Bytzek, E.: Online-Umfragen: Eine geeignete Erhebungsmethode für die Wahlforschung?, in: Methoden – Daten – Analysen, 6(2), 2012, S. 185–211

Blasius, J.; Reuband, K.-H.: Postalische Befragung in der empirischen Sozialforschung: Ausschöpfungsquoten und Antwortmuster, in: Planung und Analyse, 1, 1996, S. 35–41

Bosnjak, M.; Poggio, T.; Becker, K. R.; Funke, F.; Wachenfeld, A.; Fischer, B.: www.aapor.org/AAPOR_Main/media/AnnualMeetingProceedings/2013/Session_I-5-2-Bosnjak.pdf, Präsentation, AAPOR 2013, Boston, MA, USA, 18. Mai 2013

Bradburn, N. M.: Response Effects, in: Rossi, P. H.; Wright, J. D.; Anderson, A. B. (Hrsg.): Handbook of Survey Research, Orlando 1983, S. 289–328

Bradburn, N. M.; Sudman, S.; Wansink, B.: Asking Questions: The Definitive Guide to Questionnaire Design – For Market Research, Political Polls, and Social and Health Questionnaires, San Francisco 2004

Bryson, M. C.: The Literary Digest: Making of a Statistical Myth, in: The American Statistican, 30, 1976, S. 184–185

Bungard, W.; Lück, H. E.: Forschungsartefakte und nicht-reaktive Meßverfahren, Stuttgart 1974

Cantril, H.: The Pattern of Human Concerns, New Brunswick 1965

Cernat, A.; Liu, M.: Radio Buttons in Web Surveys: Searching for Alternatives, in: International Journal of Market Research, 61(3), 2019, S. 266–286

Comte, A.: Soziologie; Jena 1923

Converse, J. M.: Survey Research in the United States: Tools and Emergence 1890–1960, Berkeley 1987

Couper, M. P.; Conrad, F. G.; Tourangeau, R.: Visual Context Effects in Web Surveys; in: Public Opinion Quarterly, 71(4), 2007, S. 623–634

Coutts, E.; Jann, B.: Sensitive Questions in Online Surveys: Experimental Results for the Randomized Response Technique (RRT) and the Inmatched Count Technique (UCT), in: Sociological Methods und Research, 40, 2011, S. 169–193

Décieux, J. P.: Modeeffekte bei Onlineumfragen – Ein multivariater Methodenvergleich unter Zuhilfenahme eines Propensity Score Matchings. München 2012

Décieux, J. P.; Heinen, A.; Willems, H.: Social Media and its Role in Friendship-Driven Interactions among Young People: A Mixed Methods Study, in: Young, 27(1), 2019, S. 18–31

Décieux, J. P.; Hoffmann, M.: Antwortdifferenzen im Junk und Crime Survey: Ein Methodenvergleich mit goffmanscher Interpretation, in: Löw, M. (Hrsg.): Vielfalt und Zusammenhalt. Verhandlungen des 36. Kongresses der Deutschen Gesellschaft für Soziologie in Bochum und Dortmund 2012. Frankfurt a. M. 2014

Décieux, J. P.; Mergener, A.; Neufang, K.; Sischka, P.: Implementation of the Forced Answering Option within Online Surveys: Do Higher Item Response Rates Come at the Expense of Participation and Answer Quality?, in: Psihologija, 48, 2015, S. 311–326

De Leeuw, E. D.; Hox, J. J.: Internet surveys as part of a mixed-mode design, in: Das, M.; Ester, P.; Kaczmirek, L. (Hrsg.), European Association for Methodology series. Social and behavioral research and the Internet: Advances in applied methods and research strategies (pp. 45–76). New York, NY, US: Routledge/Taylor & Francis Group

Deutsche Gesellschaft für Soziologie (Hrsg.): Ethik-Kodex der Deutschen Gesellschaft für Soziologie (DGS) und des Berufsverbandes Deutscher Soziologinnen und Soziologen (BDS), www.soziologie.de/fileadmin/user_upload/DGS_Redaktion_BE_FM/DGSallgemein/Ethik-Kodex_2017-06-10.pdf (letzter Abruf: 27.07.2018)

Diehl, J. M.; Kohr, H. U.: Deskriptive Statistik, 13. Auflage, Eschborn 2004

Diekmann, A.: Empirische Sozialforschung – Grundlagen, Methoden, Anwendungen, 20. Auflage, Hamburg 2009

Dillman, D. A.: Mail and Telephone Surveys – The Total Design Method, New York 1978

Dillman, D. A.: Mail and Internet Surveys: The Tailored Design Method – 2007 Update with new Internet,Visual, and Mixed-mode Guide. John Wiley & Sons, New York 2011

Dillman, D. A.; Smyth, J. D.; Christian, L. M.: Internet, Phone, Mail, and Mixed-mode Surveys: The Tailored Design Method. John Wiley & Sons, New York 2014

Dornheim, J.: Kranksein im dörflichen Alltag – Soziokulturelle Aspekte des Umgangs mit Krebs, Tübingen 1983

Dreier, V.: Empirische Politikforschung, München 1997

Eirmbter, W. H.; Hahn, A.; Jacob, R.: AIDS und die gesellschaftlichen Folgen, Frankfurt a. M. 1993

Eirmbter, W. H.; Jacob, R.: Fragen zu Fragen: Instrumentbedingte Antwortverzerrungen?, in: ZUMA-Nachrichten, 38, 1996, S. 90–111

Faas, T.: Offline rekrutierte Access-Panels: Königsweg der Online-Forschung?, in: ZUMA-Nachrichten, 27(53), 2003, S. 58–76

Fleck, C.: Transatlantische Bereicherungen – Zur Erfindung der empirischen Sozialforschung, Frankfurt a. M. 2007

Flick, U. (Hrsg.): Handbuch qualitative Sozialforschung – Grundlagen, Konzepte, Methoden und Anwendungen, 2. Auflage, Weinheim 1995

Geißler, R.: Zur Problematik des Begriffs der sozialen Schicht, in: Geißler, R. (Hrsg.): Soziale Schichtung und Lebenschancen, Stuttgart 1987, S. 5–24

Gillhofer, M.: Teilnehmerrekrutierung in der Online-Sozialforschung, Lohmar 2010

Gummer, T.; Quoß, F.; Roßmann, J.: Does Increasing Mobile Device Coverage Reduce Heterogeneity in Completing Web Surveys on Smartphones?, in: Social Science Computer Review, 37(3), 2019, S. 371–384

Grice, H. P.: Logic and Conversation, in: Cole, P.; Morgan, J. L. (Hrsg.): Syntax and Semantics: 3 Speech Acts, New York 1975, S. 41–58

Groves, R. M.: Survey Errors and Survey Costs, New York 1989

Güther, B.: Gesundheitsmonitor – Stichprobe und Erhebungsmethode sowie Qualitätsaspekte der Ergebnisse, in: Böcken, J.; Braun, B.; Landmann, J. (Hrsg.): Gesundheitsmonitor 2006 – Gesundheitsversorgung und Gestaltungsoptionen aus der Perspektive von Bevölkerung und Ärzten, Gütersloh 2006, S. 309–322

Häder, M.: Empirische Sozialforschung – eine Einführung, 3. Auflage, Wiesbaden 2015

Häder, M.; Häder, S. (Hrsg.): Telefonbefragungen über das Mobilfunknetz, Wiesbaden 2009
Häder, S.: Stichproben in der Praxis (Version 1.1), in: GESIS – Leibniz-Institut für Sozialwissenschaften (Hrsg.): GESIS Survey Guidelines, Mannheim 2015, doi:10.15465/gesis-sg_014
Hahn, A.; Braun, H.: Wissenschaft von der Gesellschaft – Entwicklung und Probleme, Freiburg 1973
Hald, A.: A History of Probability and Statistics and their Applicants before 1750, New York 1990
Heckel, C.: Weiterentwicklung der ADM-CATI-Auswahlgrundlage, in: Gabler, S.; Häder, S. (Hrsg.): Mobiltelefonie – Eine Herausforderung für die Umfrageforschung, in: ZUMA Spezial 13, Mannheim 2007, S. 25–38
Heinz, A.: Koordination und Kommunikation im Gesundheitswesen – Kosten, Nutzen und Akzeptanz der elektronischen Gesundheitskarte, Marburg 2009
Heinz, A.; Steffgen, G.: Führt eine negative Erfahrung mit der Polizei zwangsläufig zu einer negativen Bewertung der Polizei? Die Rolle von Assimilations- und Kontrasteffekten bei „part-whole question sequences", in: Monatsschrift für Kriminologie und Strafrechtsreform, 98(4), 2015, S. 320–334
Hill, P. B.: Unterschiedliche Operationalisierungen von egozentrierten Netzwerken und ihr Erklärungsbeitrag in Kausalmodellen, in: ZUMA-Nachrichten, 22, 1988, S. 45–57
Höglinger, M.; Jann, B.; Diekmann, A.: Sensitive Questions in Online Surveys: An Experimental Evaluation of Different Implementations of the Randomized Response Technique and the Crosswise Model, in: Survey Research Methods, 10, 2016, S. 171–187
Hoffmeyer-Zlotnik, J. H. P.: Wohnquatiersbeschreibung: Ein Instrument zur Regionalisierung von Nachbarschaften, in ZUMA How-to-Reihe. Nr. 7, 2001
Hradil, S.: Die „neuen sozialen Ungleichheiten" – und wie man mit ihnen (nicht) theoretisch zurechtkommt, in: Giesen, B.; Haferkamp, H. (Hrsg.): Soziologie der sozialen Ungleichheit, Opladen 1987, S. 115–144
ICC/ESOMAR (Hrsg.): ICC/ESOMAR Internationaler Kodex zur Markt-, Meinungs- und Sozialforschung sowie zur Datenanalytik, 2017, www.adm-ev.de/standards-richtlinien/ (letzter Abruf: 27.07.2018)
Initiative D21 e. V. (Hrsg.): D21 –Digital-Index 2017/2018: Jährliches Lagebild zur Digitalen Gesellschaft, Berlin 2018
Jacob, R.: Krankheitsbilder und Deutungsmuster – Wissen über Krankheit und dessen Bedeutung für die Praxis, Opladen 1995
Jacob, R.; Eirmbter, W. H.; Hahn, A.; Hennes, C.; Lettke, F.: AIDS-Vorstellungen in Deutschland: Stabilität und Wandel, Berlin 1997
Jahoda, M.; Lazarsfeld, P. F.; Zeisel, H.: Die Arbeitslosen von Marienthal, Frankfurt a. M. 1975
Jakoby, N.; Jacob, R.: Messung von internen und externen Kontrollüberzeugungen in allgemeinen Bevölkerungsbefragungen, in: ZUMA-Nachrichten, 45, 1999, S. 61–71
John, V.: Geschichte der Statistik – Ein quellenmäßiges Handbuch für den akademischen Gebrauch wie für den Selbstunterricht. Bd. 1, Stuttgart 1884
Kennedy, G.: Einladung zur Statistik, 2. Auflage, Frankfurt a. M. 1993
Kern, H.: Empirische Sozialforschung – Ursprünge, Ansätze, Entwicklungslinien, München 1982
Kirchhoff, S.; Kuhnt, S.; Lipp, P.; Schlawin, S.: Der Fragebogen – Datenbasis, Konstruktion und Auswertung, 4. Auflage, Wiesbaden 2008
Kish, L.: Survey Sampling, New York 1965
Koch, A.: Zum Zusammenhang von Interviewermerkmalen und Ausschöpfungsquoten, in: ZUMA-Nachrichten, 28, 1991, S. 41–53
Koch, A.: Gefälschte Interviews: Ergebnisse der Interviewerkontrolle beim ALLBUS 1994, in: ZUMA-Nachrichten, 36, 1995, S. 89–105
König, R.: Soziologische Orientierungen, Köln 1965
Krauth, J.: Testkonstruktion und Testtheorie, Weinheim 1995

Labovitz, S.: The Assignment of Numbers to Rank Categories, in: American Sociological Review, 35, 1970, S. 515–524

Landrock, U.: How Interviewer Effects Differ in Real and Falsified Survey Data: Using Multilevel Analysis to Identify Interviewer Falsifications, in: Methods, Data, Analyses, 11(2), 2017, S. 163–188

Lazarsfeld, P. F.: Notes on the History of Quantification in Sociology – Trends, Sources and Problems, in: Woolf, H. (Hrsg.): A History of the Meaning of Measurement in the Natural and Social Sciences, Indianapolis 1961, S. 147–203

Lepsius, M. R.: Die Entwicklung der Soziologie nach dem Zweiten Weltkrieg 1945–1967; in: Lüschen, G. (Hrsg.): Deutsche Soziologie seit 1945, Kölner Zeitschrift für Soziologie und Sozialpsychologie, Sonderheft 21, 1979, S. 25–70

Levin, K. A.; Currie, C.: Reliability and Validity of an Adapted Version of the Cantril Ladder for Use with Adolescent Samples, in: Social Indicators Research, 119(2), 2014, S. 1047–1063

Loftus, E.; Palmer, J. C.: Reconstruction of Automobile Destruction: An Example of the Interaction Between Language and Memory, in: Journal of Verbal Learning and Verbal Behavior, 13, 1995, S. 585–589

Loftus, E.; Pickrell, J. E.: The Formation of False Memories, in Psychiatric Annals, 25(12), 1995, S. 720–725

Lugtig, P.; Toepoel, V.: The Use of PCs, Smartphones, and Tablets in a Probability-Based Panel Survey: Effects on Survey Measurement Error, in: Social Science Computer Review, 32(1), 2016, S. 78–94

Lugtig, P.; Glasner, T.; Boevé, A. J.: Reducing Underreports of Behaviors in Retrospective Surveys: The Effects of Three Different Strategies, in: International Journal of Public Opinion Research, 28(4), 2016 S. 583–595

Maccoby, E. E.; Maccoby, N.: Das Interview: Ein Werkzeug der Sozialforschung, in: König, R. (Hrsg.): Praktische Sozialforschung, Bd. 1, 4. Auflage, Köln 1965, S. 37–85

Maus, H.: Zur Vorgeschichte der empirischen Sozialforschung, in: König, R. (Hrsg.): Handbuch der empirischen Sozialforschung, Bd. 1, 3. Auflage, Stuttgart 1973, S. 21–56

Meinefeld, W.: Einstellung und soziales Handeln, Reinbek 1977

Mergener, A.; Décieux, J. P.: Die „Kunst" des Fragenstellens. Praxisorientierte Hinweise zur Optimierung der Fragebogenqualität, in: Keller, B.; Klein, H.-W.; Wirth, T.: Qualität und Data Science in der Marktforschung. Prozesse, Daten und Modelle der Zukunft, Wiesbaden 2018, S. 81–97

Mergener, A.; Maier, T.: Immigrants' Chances of Being Hired at Times of Skill Shortages: Results from a Factorial Survey Experiment among German Employers, in: Journal of International Migration and Integration, 20(1), 2019, 155–177

Mergener, A.; Sischka, P.; Décieux, J. P.: To force or not to force. That is the question!": Die Auswirkungen des Einsatzes von Forced-Response-Fragen auf die Qualität der Befragungsergebnisse, in: Lessenich, S. (Hrsg.): Routinen der Krise – Krise der Routinen. Verhandlungen des 37. Kongresses der Deutschen Gesellschaft für Soziologie in Trier 2014, DGS-Verhandlungsband 37, 2015

Mika, T.: Wer nimmt teil an Panel-Befragungen? Untersuchungen über die Bedingungen für sozialwissenschaftliche Untersuchungen, in: ZUMA-Nachrichten, 51, 2002, S. 38–48

Müller, W.: Gesellschaftliche Daten – Wissen für die Politik, in: Bundeszentrale für politische Bildung (Hrsg.): Datenreport 1985, Bonn 1985, S. 17–30

Noelle-Neumann, E.; Petersen, T.: Alle, nicht jeder – Einführung in die Methoden der Demoskopie, 4. Auflage, München 2005

Payne, S. L.: The Art of Asking Questions, 7. Auflage, Princeton 1971

Pearson, K.: The History of Statistics in the 17th and 18th Centuries against the Changing Background of Intellectual, Scientific and Religious Thought, New York 1978

Peters, W. S.: Counting for Something – Statistical Principles and Personalities, New York 1987

Petersen, T.: Das Feldexperiment in der Umfrageforschung, Campus Forschung Band 841, Frankfurt a. M. 2002

Pfenning, A.; Pfenning, U.: Ego-zentrierte Netzwerke: Verschiedene Instrumente – verschiedene Ergebnisse?; in: ZUMA-Nachrichten, 21, 1987, S. 64–77

Porst, R.; Briel, C. von: Wären Sie vielleicht bereit, sich gegebenenfalls noch einmal befragen zu lassen? Oder: Gründe für die Teilnahme an Panelbefragungen, ZUMA-Arbeitsbericht, Nr. 95/04, Mannheim 1995

Prüfer, P.; Rexroth, M.: Verfahren zur Evaluation von Survey-Fragen: ein Überblick, in: ZUMA-Arbeitsbericht, Nr. 96/05, Mannheim 1996

Robinson, S. B.; Leonard, K. F.: Designing Quality Survey Questions, New York 2019

Roßmann, J.; Gummer, T.; Silber, H.: Mitigating Satisficing in Cognitively Demanding Grid Questions: Evidence from Two Web-Based Experiments, in: Journal of Survey Statistics and Methodology, 6(3), 2018, S. 376–400

Rotter, J. B.: Social Learning and Clinical Psychology, New York 1954

Scheuch, E. K.; Daheim, H.: Sozialprestige und soziale Schichtung, in: Glass, D. W.; König, R. (Hrsg.): Soziale Schichtung und soziale Mobilität, 4. Auflage, Opladen 1985, S. 65–103

Schlosser, S.; Höhne, J. K.: ECSP – Embedded Client Side Paradata, Göttingen 2018

Schlosser, S.; Mays, A.: Mobile and Dirty: Does Using Mobile Devices Affect the Data Quality and the Response Process of Online Surveys?, in: Social Science Computer Review, 36(2), 2018, 212–230

Schneid, M.: Einsatz computergestützter Befragungssysteme in der Bundesrepublik Deutschland, in: ZUMA-Arbeitsbericht, Nr. 91/20, Mannheim 1991

Schnell, R.: Der Einfluß gefälschter Interviews auf Survey-Ergebnisse, in: Zeitschrift für Soziologie, 20, 1991b, S. 25–35

Schnell, R.: Die Homogenität sozialer Kategorien als Voraussetzung für „Repräsentativität" und Gewichtungsverfahren, in: Zeitschrift für Soziologie, 22, 1993, S. 16–32

Schnell, R.: Nonresponse in Bevölkerungsumfragen – Ausmaß, Entwicklung und Ursachen, Opladen 1997a

Schnell, R.: Praktische Ziehung von Zufallsstichproben für Telefon-Surveys, in: ZA-Informationen, 40, 1997b, S. 45–59

Schnell, R.: Survey Interviews: Methoden standardisierter Befragungen, Wiesbaden 2012

Schuman, H.: Questions and Answers in Attitude Surveys – Experiments on Question Form, Wording, and Context, Maryland 1996

Schuman, H.; Presser, S.: Questions and Answers in Attitude Surveys, New York 1996

Schwarz, N.: Judgement in a Social Context: Biases, Shortcomings, and the Logic of Conversation, in: Zanna, M. (Hrsg.): Advances in Experimental Social Psychology, San Diego 1994, S. 123–162

Schwarz, N.; Bless, H.: Constructing Reality and its Alternatives: Assimilation and Contrast Effects in Social Judgement, in: Martin, L. L.; Tesser, A. (Hrsg.): The Construction of Social Judgement, Hillsdale 1992a, S. 217–245

Schwarz, N.; Bless, H.: Scandals and the Public's Trust in Politicians: Assimilation and Contrast Effects, in: Personality and Social Psychology Bulletin, 18, 1992b, S. 574–579

Schwarz, N.; Hippler, H.; Biemer, P.; Groves, R. M.; Lyberg, L.; Mathiowetz, N.; Sudman, S.: Response Alternatives: The Impact of their Choice and Ordering, in: Biemer, P.; Groves, R. u. a. (Hrsg.): Measurement Error in Surveys, Chichester 1991, S. 41–56

Schwarz, N.; Hippler, H.: Subsequent Questions May Influence Answers to Preceding Questions in Mail Surveys, in: Public Opinion Quarterly, 59, 1995, S. 93–97

Schwarz, N.; Hippler, H. J.; Deutsch, B.; Strack, F.: Response Categories: Effects on Behavioral Reports and Comparative Judgments, in: Public Opinion Quarterly, 49, 1985, S. 388–395

Schwarz, N.; Knäuper, B.; Hippler, H. J.; Noelle-Neumann, E.; Clark, F.: Rating Scales: Numeric Values May Change the Meaning of Scale Labels, in: Public Opinion Quarterly, 55, 1991, S. 618–630

Schwarz, N.; Strack, F.: Context Effects in Attitude Surveys: Applying Cognitive Theory to Social Research, in: Stroebe, W.; Hewstone, M. (Hrsg.): European Review of Social Psychology, 2, Chichester 1991a, S. 31–50

Schwarz, N.; Strack, F.: Evaluating One's Life: a Judgment Model of Subjective Well-Being, in: Strack, F.; Argyle, M.; Schwarz, N. (Hrsg.): Subjective Well-being, London 1991b, S. 27–47

Schwarz, N.; Strack, F.; Hippler, H. J.; Bishop, G.: The Impact of Administration Mode on Response Effects in Survey Measurement, in: Applied Cognitive Psychology, 5, 1991, S. 193–212

Schwarz, N.; Strack, F.; Mai; H. P.: Assimilation and Contrast Effects in Part-Whole Question Sequences: A Conversational Logic Analysis, in: Public Opinion Quarterly, 55, 1991, S. 3–23

Schwarz, N.; Sudman, S. (Hrsg.): Context Effects in Social and Psychological Research, New York 1992

Schwibbe, G.: Laientheorien zum Krankheitsbild „Krebs". Eine volksmedizinische Untersuchung, Göttingen 1989

Simons, D. J.; Chabris, C. F.: Gorillas in our midst: sustained inattentional blindness for dynamic events, in: Perception, 28, 1999, S. 1059–1074

Sniehotta, F. F.; Scholz, U.; Schwarzer. R.: Bridging the Intention-Behaviour Gap: Planning, Self-Efficacy, and Action Control in the Adoption and Maintenance of Physical Exercise, in: Psychology und Health 20, 2005, S. 143–160

Stange, M.; Barry, A.; Smyth, J.; Olson, K.: Effects of Smiley Face Scales on Visual Processing of Satisfaction Questions in Web Surveys. Social Science Computer Review, 36, 2018, S. 356–766

Statistisches Bundesamt (Hrsg.): Demographische Standards – Ausgabe 2016, Wiesbaden 2016

Statistisches Bundesamt (Hrsg.): Äquivalenzeinkommen, https://www.destatis.de/DE/ZahlenFakten/GesellschaftStaat/Bevoelkerung/MigrationIntegration/Migrationshintergrund/Begriffserlaeuterungen/Aequivalenzeinkommen.html, (letzter Abruf: 10.01.2013)

Stevens, S. S.: On the Theory of Scales of Measurement, in: Science, 103, 1946, S. 677–680

Strack, F.; Martin, L. L.: Thinking, Judging and Communicating: a Process Account of Context Effects in Attitude Surveys, in: Hippler, H. J.; Schwarz, N.; Sudman, S. (Hrsg.): Social Information Processing and Survey Methodology, New York 1987, S. 123–148

Sudman, S.; Bradburn, N. M.; Schwarz, N.: Thinking About Answers – The Application of Cognitive Processes to Survey Methodology, San Francisco 1996

Thomas, W. I.; Thomas, D. S.: The Child in America, New York 1932

Thomas, W. I.; Znaniecki, F.: The Polish Peasant in Europe and America, New York 1919

Verres, R.: Krebs und Angst – Subjektive Theorien von Laien über Entstehung, Vorsorge, Früherkennung, Behandlung und die psychosozialen Folgen von Krebserkrankungen, Berlin 1986

Warner, S. L.: Randomized Response: a Survey Technique for Eliminating Evasive Answer Bias, in: Journal of the American Statistical Association, 60, 1965, S. 63–69

Weidmann, C.; Schmich, P.; Schiller-Born, S.: Der Einfluss von Kontrollüberzeugungen der Interviewer auf die Teilnahme an telefonischen Befragungen, in: Methoden, Daten, Analysen, 2, 2008, S. 125–147

Winkler, J.; Stolzenberg, H. (1999): Der Sozialschichtindex im Bundes-Gesundheitssurvey, in: Gesundheitswesen, 61, 1999, S. 178–183

Zhang, C.; Conrad, F.: Speeding in Web Surveys: The tendency to Answer Very Fast and its Association with Straightlining, in: Survey Research Methods 8(2), 2014, S. 127–135

Weiterführende Literatur

Ajzen, I.; Krebs, D.: Attitude Theory and Measurement: Implications for Survey Research, in: Borg, I.; Mohler, P. (Hrsg.): Trends and Perspectives in Empirical Social Research, Berlin 1994, S. 250–265
Arbeitskreis Deutscher Marktforschungsinstitute (Hrsg.): Muster-Stichproben-Pläne für Bevölkerungsstichproben in der Bundesrepublik Deutschland und West-Berlin, München 1979
Bandilla, W.; Hauptmann, P.: Internetbasierte Umfragen als Datenerhebungstechnik für die empirische Sozialforschung?, in: ZUMA-Nachrichten, 43, 1998, S. 36–53
Berner, H.: Die Entstehung der empirischen Sozialforschung, Gießen 1983
Bernsdorf, W.; Knospe, H. (Hrsg.): Internationales Soziologenlexikon – Beiträge über bis Ende 1969 verstorbene Soziologen, Bd. 1, 2. Auflage, Stuttgart 1980
Bernsdorf, W.; Knospe, H. (Hrsg.): Internationales Soziologenlexikon – Beiträge über lebende oder nach 1969 verstorbene Soziologen, Bd. 2, 2. Auflage, Stuttgart 1984
Beutelmeyer, W.; Kaplitza, G.: Sekundäranalyse, in: Roth, E. (Hrsg.): Sozialwissenschaftliche Methoden – Lehr- und Handbuch für Forschung und Praxis, 5. Auflage, München 1999, S. 293–308
Bickmann, L.; Rog, D.: The Sage Handbook for Applied Social Research, 2. Auflage, Los Angeles 2009
Biemer, P. P.; Groves, R. M.; Lyberg, L. E.; Mathiowetz, N. A.; Sudman, S.: Measurement Errors in Surveys, New York 1991
Blasius, J.: Zur Stabilität von Ergebnissen bei der Korrespondenzanalyse, in: ZA-Information, 23, 1988, S. 47–62
Blasius, J.; Reuband, K.-H.: Telefoninterviews in der empirischen Sozialforschung: Ausschöpfungsquoten und Antwortmuster, in: ZA-Information, 37, 1995, S. 64–87
Borg, I.; Noll, H. H.: Wie wichtig ist „wichtig", in: ZUMA-Nachrichten, 27, 1990, S. 36–48
Bortz, J.; Döring, N.: Forschungsmethoden und Evaluation für Sozialwissenschaftler, 4. Auflage, Berlin 2006
Bortz, J.; Lienert, G. A.: Kurzgefasste Statistik für die klinische Forschung – Ein praktischer Leitfaden für die Analyse kleiner Stichproben, 3. Auflage, Berlin 2008
Bradburn, N. M.; Sudman, S.: Polls and Surveys – Understanding What they Tell Us, San Francisco 1988
Bradburn, N. M.; Blair, E.; Sudman, S.: Improving Interview Method and Questionnaire Design – Response Effects to Threatening Questions in Survey Research, 2. Auflage, San Francisco 1980
Bradburn, N. M.; Sudman, S.; Blair, E.; Stocking, C.: Question Threat and Response Bias, in: Public Opinion Quarterly, 42, 1978, S. 221–234
Bungard, W.; Lück, H. E.: Nichtreaktive Meßverfahren, in: Patry, J. L. (Hrsg.): Feldforschung, Bern 1982, S. 317–340
Cantril, H.: Gauging Public Opinion, New York 1972
Colombotos, J.: Personal versus Telephone Interviews: Effects on Responses, in: Public Health Reports, 84, 1969, S. 773–782
Converse, J. M.; Presser, S.: Survey Questions – Handcrafting the Standardized Questionnaire, Beverly Hills 1987
Daniel, W. W.: Nonresponse in Sociological Surveys, in: Sociological Methods and Research, 3, 1975, S. 291–307
Davis, J. A.; Smith, T. W.: The NORC General Social Survey – A User's Guide, Newbury Park 1992
De Leeuw, E. D.; Hox, J. J.; Dillman, D. A. (Hrsg.): International Handbook of Survey Methodology, New York 2008
DeMaio, T. J.: Refusals: Who, Where and Why, in: Public Opinion Quarterly, 1980, S. 223–233

DeMaio, T. J.: Social Desirability and Survey Measurement: A Review, in: Turner, C. F.; Martin, E. (Hrsg.): Surveying Subjective Phenomena, Bd. 2, New York 1984, S. 257–282

Deutsche Gesellschaft für Soziologie (Hrsg.): Beschränkung des Datenzugangs, in: Soziologie. Mitteilungsblatt der Deutschen Gesellschaft für Soziologie, 1, 1979, S. 79–93

Deutsche Gesellschaft für Soziologie (Hrsg.): Berufsethik für Soziologen? Aufruf zur Diskussion, in: Soziologie. Mitteilungsblatt der Deutschen Gesellschaft für Soziologie, 2, 1989, S. 205–217

Diehl, B.; Schäfer, B.: Techniken der Datenanalyse beim Eindrucksdifferential, in: Bergler, R. (Hrsg.): Das Eindrucksdifferential, Bern 1975, S. 157–211

Diekmann, A. (Hrsg.): Methoden der Sozialforschung, Wiesbaden 2004

Dillman, D. A.; Gallegos, J.; Frey, J. H.: Reducing Refusal Rates for Telephone Interviews, in: Public Opinion Quarterly, 40, 1976, S. 66–78

Dillman, D. A.; Sinclair, M. D.; Clark, J. R.: Effects of Questionnaire Length, Respondent-Friendly Design, and a Difficult Question on Response Rates for Occupant-Addressed Census Mail Surveys, in: Public Opinion Quarterly, 57, 1993, S. 289–304

Duncan, O. D.; Steinbeck, M.: Are Likert Scales Unidimensional?, in: Social Science Research, 16, 1987, S. 245–259

Eckert, R.; Jacob, R.: Kultur- oder Freizeitsoziologie? Fragen an Gerhard Schulze, in: Soziologische Revue, 17, 1994, S. 131–138

Ehling, M.; Heyde von der, C.; Hoffmeyer-Zlotnik, J. H. P.; Quint, H.: Eine deutsche Standarddemographie, in: ZUMA-Nachrichten, 31, 1992, S. 29–46

Eirmbter, W. H.: Profilanalytische Verfahren zur Identifikation von Umwelten in mehrebenenanalytischen Erklärungsansätzen, in: Trierer Beiträge – Aus Forschung und Lehre an der Universität Trier, Trier 1978, S. 38–47

Eirmbter, W. H.: Zur Theorie und Methodik von Mehrebenenanalysen, in: Kölner Zeitschrift für Soziologie und Sozialpsychologie, 31, 1979, S. 709–733

Engel, U.; Reinecke, J.: Analysis of Change – Advanced Techniques in Panel Data Analysis, Berlin 1996

Engels, F.: Die Lage der arbeitenden Klasse in England, Leipzig 1845

Erzberger, C.: Die Kombination von qualitativen und quantitativen Daten – Methodologie und Forschungspraxis von Verknüpfungsstrategien, in: ZUMA-Nachrichten, 36, 1995, S. 35–60

Esser, H.: Kooperation und Verweigerung beim Interview, in: Erbslöh, E.; Esser, H.; Reschka, W.; Schöne, D.: Studien zum Interview, Meisenheim 1973, S. 71–141

Esser, H.: Soziale Regelmäßigkeiten des Befragtenverhaltens, Meisenheim 1975

Esser, H.: Response Set – Methodische Problematik und soziologische Interpretation, in: Zeitschrift für Soziologie, 6, 1977, S. 253–263

Esser, H.: Aus dem Leben der Forschung – Können Befragte lügen, in: Kölner Zeitschrift für Soziologie und Sozialpsychologie, 38, 1986, S. 314–336

Esser, H.: Über die Teilnahme an Befragungen, in: ZUMA-Nachrichten, 18, 1986, S. 38–47

Faulbaum, F.: Panelanalyse im Überblick, in: ZUMA-Nachrichten, 23, 1988, S. 26–44

Faulbaum, F.; Prüfer, P.; Rexroth, M.: Was ist eine gute Frage? Wiesbaden 2009

Feger, H.: Netzwerkanalyse in Kleingruppen: Datenarten, Strukturregeln und Strukturmodelle, in: Pappi, U. (Hrsg.): Methoden der Netzwerkanalyse, München 1987, S. 203–266

Fowler, F. J.: Improving Survey Questions, Thousand Oaks 1995

Fowler, F. J.: Survey Research Methods, 3. Auflage, Thousand Oaks 2002

Fowler, F. J.; Mangione, T. W.: Standardized Survey Interviewing – Minimizing Interviewer-Related Error, Newbury Park 1990

Frey, J. H.: Survey Research by Telephone, 2. Auflage, Beverly Hills 1989

Frey, J. H.; Kunz, G.; Lüschen, G.: Telefonumfragen in der Sozialforschung, Opladen 1990

Friedrichs, J.: Methoden empirischer Sozialforschung, 14. Auflage, Opladen 1990

Fuchs, M.: Umfrageforschung mit Telefon und Computer, Weinheim 1994
Gabler, S.; Häder, S.: Überlegungen zu einem Stichprobendesign für Telefonumfragen in Deutschland, in: ZUMA-Nachrichten, 41, 1998, S. 7–18
Gabler, S.; Häder, S. (Hrsg.) Mobilfunktelefonie – Eine Herausforderung für die Umfrageforschung, in: ZUMA-Spezial Band 13, Mannheim 2007
Gabler, S.; Hoffmeyer-Zlotnik, J. H. P.; Krebs, D.: (Hrsg.): Gewichtung in der Umfragepraxis, Opladen 1994
Gehring, U. W.; Weins, C.: Grundkurs Statistik für Politologen, 5. Auflage, Opladen 2009
Geißler, R.: Kein Abschied von Klasse und Schicht – Ideologische Gefahren der deutschen Sozialstrukturanalyse, in: Kölner Zeitschrift für Soziologie und Sozialpsychologie, 48, 1996, S. 319–338
Groves, R. M.: Actors and Questions in Telephone and Personal Interview Surveys, in: Public Opinion Quarterly, 43, 1979, S. 190–205
Groves, R. M.; Biemer, P. P.; Lyberg, L. E.; Massey, J. T.; Nicholls II, W. L.; Waksberg, J.: Telephone Survey Methodology, New York 1988
Groves, R. M.; Kahn, R. L.: Surveys by Telephone – A National Comparison with Personal Interviews, New York 1979
Groves, R. M.; Magilavy, L. J.: Increasing Response Rates to Telephone Surveys: A Door in the Face for Foot-in-the-Door? in: Public Opinion Quarterly, 45, 1981, S. 346–358
Häder, S.: Auswahlverfahren bei Telefonumfragen, in: ZUMA-Arbeitsbericht, Nr. 94/03, Mannheim 1994
Häder, S.: Wer sind die Nonpubs? Zum Problem anonymer Anschlüsse bei Telefonumfragen, in: ZUMA-Nachrichten, 20, 1996, S. 45–68
Häder, S.; Häder, M.; Kühne, M. (Hrsg.): Telephone Surveys in Europe – Research and Practice, Berlin 2012
Hanefeld, U.: Das sozio-ökonomische Panel, Frankfurt a. M. 1987
Hansen, J.: Das Panel – Zur Einführung von Verhaltens- und Einstellungswandel, Opladen 1982
Hartmann, P.: Wie repräsentativ sind Bevölkerungsumfragen? Ein Vergleich des ALLBUS und des Mikrozensus, in: ZUMA-Nachrichten, 26, 1990, S. 7–30
Hartmann, P.: Interviewing when the Spouse is Present, in: International Journal of Public Opinion Research, 3, 1994, S. 298–306
Hartmann, P. H.; Schimpl-Neimans, B.: Zur Repräsentativität sozio-demographischer Merkmale des ALLBUS – Multivariate Analysen zum Mittelschichtsbias der Umfrageforschung, in: ZUMA-Arbeitsbericht, Nr. 92/01, Mannheim 1992
Heilig, G.: Probleme bei der Beschaffung von Daten aus amtlichen Statistiken. Einige Überlegungen aus der Sicht einer demographisch interessierten Sozialwissenschaft, in: Zeitschrift für Soziologie, 15(3), 1986, S. 221–229
Hippler, H. J.; Schwarz, N.; Noelle-Neumann, E.; Knäuper, B.; Clark, L.: Der Einfluß numerischer Werte auf die Bedeutung verbaler Skalenpunkte, in: ZUMA-Nachrichten, 28, 1991, S. 54–64
Hippler, H. J.; Schwarz, N.; Singer, E.: Der Einfluß von Datenschutzzusagen auf die Teilnahmebereitschaft an Umfragen, in: ZUMA-Nachrichten, 27, 1990, S. 54–67
Hoag, W. J.: Interviewer- und Situationseffekte in Umfragen: Eine log-lineare Analyse, in: Zeitschrift für Soziologie, 10, 1981, S. 413–426
Hoag, W. J.: Der Bekanntenkreis als Universum: Das Quotenverfahren der SHELL-Studie, in: Kölner Zeitschrift für Soziologie und Sozialpsychologie, 38, 1986, S. 123–132
Hoffmeyer-Zlotnik, J. H. P.: Wohnquartierbeschreibung – die Entwicklung eines Instruments zur sozial-räumlichen Klassifikation städtischer Teilgebiete, in: ZUMA-Nachrichten, 18, 1986, S. 63–78

Hoffmeyer-Zlotnik, J. H. P.: Egozentrierte Netzwerke in Massenumfragen: Ein ZUMA-Methodenforschungsprojekt, in: ZUMA-Nachrichten, 21, 1987, S. 37–43

Hoffmeyer-Zlotnik, J. H. P.: Regionalisierung von Umfragen, in: ZUMA-Nachrichten, 34, 1994, S. 35–57

Hoffmeyer-Zlotnik, J. H. P.: Welcher Typ Stadtbewohner dominiert welchen Typ Wohnquartier? Merkmale des Wohnquartiers als Hintergrundmerkmale zur Regionalisierung von Umfragen, in: ZUMA-Nachrichten, 37, 1995, S. 35–62

Hoffmeyer-Zlotnik, J. H. P.; Warner, U.: Die Messung von Einkommen im nationalen und internationalen Vergleich, in: ZUMA-Nachrichten, 42, 1998, S. 30–65

Hopf, C.: Fragen der Forschungsethik in der Soziologie, in: Glatzer, W. (Hrsg.): 25. Deutscher Soziologentag 1990 – Die Modernisierung moderner Gesellschaften (Beitrag in der Ad-hoc-Gruppe: Ethische Fragen in der Soziologie), Opladen 1991 S. 824–827

Infratest Gesundheitsforschung (Hrsg.): Der Gesundheitssurvey – Design, Methoden, Feldergebnisse, München 1986

Kohli, M.: „Offenes" und „geschlossenes" Interview: Neue Argumente zu einer alten Kontroverse, in: Soziale Welt, 29, 1978, S. 1–25

Krebs, D.: Richtungseffekte von Itemformulierungen, in: ZUMA-Arbeitsbericht, Nr. 93/15, Mannheim 1993

Kurz, K.; Prüfer, P.; Rexroth, M.: Zur Validität von Fragen in standardisierten Erhebungen – Ergebnisse des Einsatzes eines kognitiven Pretestinterviews, in: ZUMA-Nachrichten, 44, 1999, S. 83–107

Laga, G.: Interviewsituation und Antwortverhalten – Ergebnisse einer Studentenuntersuchung, in: Meulemann, H.; Reuband, K. H. (Hrsg.): Soziale Realität im Interview, Frankfurt a. M. 1984, S. 81–94

Lazarsfeld, P. F.; Berleson, B.; Gaudet, H.: The People's Choice, 3. Auflage, New York 1969

Mangione, T. W.: Mail Surveys – Improving the Quality, London 1995

Marsh, C.: The Survey Method: The Contribution of Surveys to Sociological Explanation, London 1982

Martin, E.: Surveys as Social Indicators: Problems in Monitoring Trends; in: Rossi, P. H.; Wright, J. D.; Anderson, A. B. (Hrsg.): Handbook of Survey Research, Orlando 1983, S. 677–743

Metschke, R.; Wellbrock, R.: Datenschutz in Wissenschaft und Forschung – Materialien zum Datenschutz Nr. 28, 2002 www.uni-muenchen.de/einrichtungen/orga_lmu/beauftragte/dschutz/regelungen/ds_wiss_und_fo.pdf

Mohr, H. M.: Dritte beim Interview – Ergebnisse zu Indikatoren aus dem Bereich Ehe und Partnerschaft mit Daten des Wohlfahrtsurvey 1984, in: ZA-Information, 19, 1986, S. 52–71

Müller, H. P.: Lebensstile, in: Kölner Zeitschrift für Soziologie und Sozialpsychologie, 41, 1989, S. 53–71

Pappi, F. U. (Hrsg.): Methoden der Netzwerkanalyse, München 1987

Pappi, F. U.; Wolf, G.: Wahrnehmung und Realität sozialer Netzwerke – Zuverlässigkeit und Gültigkeit der Angaben über beste Freunde im Interview, in: Meulemann, H.; Reuband, K. H. (Hrsg.): Soziale Realität im Interview, Frankfurt a. M. 1984, S. 281–300

Porst, R.: Allgemeine Bevölkerungsumfrage der Sozialwissenschaften, Kurseinheit 1: Ziele, Anlagen, Methoden und Resultate, Fernuniversität Hagen 1983

Porst, R.: Ausfälle und Verweigerungen bei einer telefonischen Befragung, in: ZUMA-Arbeitsbericht, Nr. 91/10, Mannheim 1991

Porst, R.: Ausschöpfungen bei sozialwissenschaftlichen Umfragen – Annäherung aus der ZUMA-Perspektive, in: ZUMA-Arbeitsbericht, Nr. 96/07, Mannheim 1996

Porst, R.: Im Vorfeld der Befragung: Planung, Fragebogenentwicklung, Pretesting, in: ZUMA-Arbeitsbericht, Nr. 98/02, Mannheim 1998

Porst, R.: Erfahrung mit und Bewertung von Umfragen – Was unsere Befragten über Umfragen denken, in: ZUMA-Arbeitsbericht, Nr. 98/03, Mannheim 1998

Reinecke, J.: Kausalanalytischer Erklärungsversuch von Verzerrungen durch soziale Erwünschtheit: Die Schätzung von Kern-, Meß- und Methodentheorie; in: Zeitschrift für Soziologie, 14, 1985, S. 386–399

Reuband, K.-H.: Soziale Erwünschtheit und unzureichende Erinnerung als Fehlerquelle im Interview – Möglichkeiten und Grenzen bei der Rekonstruktion von früherem Verhalten – das Beispiel Drogengebrauch, in: ZA-Information, 23, 1988, S. 63–72

Reuband, K.-H.: Interviews, die keine sind – „Erfolge" und „Mißerfolge" beim Fälschen von Interviews, in: Kölner Zeitschrift für Soziologie und Sozialpsychologie, 42, 1990, S. 706–733

Reuband, K.-H.: Quoten- und Randomstichproben in der Praxis der Sozialforschung – Gemeinsamkeiten und Unterschiede in der sozialen Zusammensetzung und den Antwortmustern der Befragten, in: ZA-Informationen, 43, 1998, S. 48–80

Reuband, K.-H.; Blasius, J.: Verweigerung im Interview als stabiles oder instabiles Handlungsmuster? Ein Vergleich von Face-to-face- und telefonischen Befragungen, unveröffentlichtes Manuskript, Köln 1995

Reuband, K.-H.; Blasius, J.: Face-To-Face, Telefonische und postalische Befragungen, in: Kölner Zeitschrift für Soziologie und Sozialpsychologie, 48, 1996, S. 296–316

Robert Koch-Institut (Hrsg.): Gesundheit in Deutschland, Berlin 2015

Rossi, P. H.; Wright, J. D.; Anderson, A. B. (Hrsg.): Handbook of Survey Research, Orlando 1983

Rossi, P. H.; Wright, J. D.; Anderson, A. B.: Sample Surveys: History, Current Practice, and Future Prospects, in: Rossi, P. H.; Wright, J. D.; Anderson, A. B. (Hrsg.): Handbook of Survey Research, Orlando 1983, S. 1–20

Schelsky, H.: Die Bedeutung des Schichtungsbegriffes für die Analyse der gegenwärtigen deutschen Gesellschaft, in: Schelsky, H.: Auf der Suche nach der Wirklichkeit. Gesammelte Aufsätze, Düsseldorf 1965, S. 331–336

Schenk, M.; Mohler, P. P.; Pfenning, U.; Ell, R.: Egozentrierte Netzwerke in der Forschungspraxis: Ausschöpfungsquoten und Validität soziodemographischer Variablen, in: ZUMA-Nachrichten, 31, 1992 S. 87–120

Scheuch, E. K.: Das Interview in der empirischen Sozialforschung, in: König, R. (Hrsg.) Handbuch der empirischen Sozialforschung, Bd. 2, Stuttgart 1973

Scheuch, E. K.: Auswahlverfahren in der Sozialforschung, in: König, R. (Hrsg.): Handbuch der empirischen Sozialforschung, Bd. 3a, 3. Auflage, Stuttgart 1974, S. 1–96

Scheuch, E. K.: Eigendynamik beim Datenschutz, in: Soziologie. Mitteilungsblatt der Deutschen Gesellschaft für Soziologie, 1, 1985, S. 63–71

Scheuch, E. K.: Die Entwicklung der Umfrageforschung in der Bundesrepublik in den siebziger und achtziger Jahren, in: ZUMA-Nachrichten, 45, 1999, S. 7–22

Scheuch, E. K.; Zehnpfennig, H.: Skalierungsverfahren in der Sozialforschung, in: König, R. (Hrsg.): Handbuch der empirischen Sozialforschung, Bd. 3a, 3. Auflage, Stuttgart 1974, S. 97–203

Schwarz, N.; Bless, H.: Response Scales as Frames of Reference: The Impact of Frequency Rage on Diagnostic Judgment, in: Applied Cognitive Psychology, 5, 1991, S. 37–50

Schwarz, N.; Hippler, H. J.; Noelle-Neumann, E.: A Cognitive Model of Response Order Effects in Survey Measurement, in: Schwarz, N.; Sudman, S. (Hrsg.): Context effects in social and Psychological Research, New York 1992, S. 187–201

Schwarz, N.; Hippler, H. J.; Strack, F.: Kognition und Umfrageforschung: Themen, Ergebnisse und Perspektiven, in: ZUMA-Nachrichten, 22, 1988, S. 15–28

Schwarz, N.; Hippler, H. J.; Noelle-Neumann, E.: Retrospective Reports: The Impact of Response Alternatives, in: Schwarz, N.; Sudman, S. (Hrsg.): Autobiographical Memory and the Validity of Retrospective Reports, New York 1994, S. 187–292

Schwarz, N.; Strack, F.; Müller, G.; Chassein, B.: The Range of Response Alternatives May Determine the Meaning of the Question: Further Evidence on Informative Functions of Response Alternatives, in: Social Cognition, 6, 1988, S. 107–117

Schwarz, N.; Sudman, S.: Autobiographical Memory and the Validity of Retrospective Reports, New York 1994

Schwarz, N.; Sudman, S.: Answering Questions, San Francisco 1995

Singer, E.: Incentives for Survey-Participation: Research on Intended and Unintended Consequences, in: ZUMA-Nachrichten, 42, 1998, S. 7–29

Singer, E.; Frankel; M. R.; Glassman, M. B.: The Effect of Interviewer Characteristics and Expectations on Response, in: Public Opinion Quarterly, 47, 1983, S. 68–83

Späth, H.: Cluster-Analyse-Algorithmen zur Objektklassifizierung und Datenreduktion, 2. Auflage, München 1977

Statistisches Bundesamt (Hrsg.): Statistisches Jahrbuch 2016, Wiesbaden 2017

Steinert, H.: Das Interview als soziale Interaktion, in: Meulemann, H.; Reuband, K.-H. (Hrsg.): Soziale Realität im Interview – Empirische Analysen methodischer Probleme, Frankfurt a. M. 1984, S. 17–59

Sudman, S.; Bradburn, N. M.: Response Effects in Surveys: A Review and Synthesis, Chicago 1974

Sudman, S.; Bradburn, N. M.: Asking Questions, San Francisco 1982

Sullivan, J. L.; Feldman, S.: Multiple Indicators – An Introduction, Beverly Hills 1979

Tanur, J. M.: Questions about Questions – Inquiries into the Cognitive Bases of Surveys, New York 1992

TNS: Elektronische Kommunikation und digitaler Binnenmarkt, Spezial Eurobarometer 462, 2017, doi:10.2759/260295

Tversky, A.; Kahneman, D.: Availability: A Heuristic for Judging Frequency and Probability, in: Cognitive Psychology, 5, 1973, S. 207–232

Wänke, M.: Die Vergleichsrichtung bestimmt das Ergebnis von Vergleichsurteilen, in: ZUMA-Nachrichten, 32, 1993, S. 116–129

Weichbold, M.; Bacher, J.; Wolf, C. (Hrsg.): Umfrageforschung: Herausforderungen und Grenzen, Wiesbaden 2009

Wilks, S. S.: Some Aspects of Quantification in Science, in: Woolf, H. (Hrsg.): A History of the Meaning of Measurement in the Natural and Social Sciences, Indianapolis 1961, S. 5–13

Zentralarchiv für Empirische Sozialforschung (Hrsg.): ALLBUS 1994, Köln 1994

Stichwortverzeichnis

Access-Panel 92, 279
ADM 279
ADM-Design 80, 84, 279
Aggregatdaten 279
Akquieszenz 44, 150, 279
ALLBUS 20, 78, 84, 95, 116, 125, 252, 257, 258, 279
Alter 172
Alternativfrage 279
Anschlussdichte *siehe* Eintragsdichte
Anschreiben 122, 203
Antwortverhalten 25, 44, 119
Artefakt 4, 25, 41, 42, 44, 174, 190, 267, 279
Assimilationseffekt 49
Aufbau des Fragebogens 200
Ausfallquote 279
Ausschöpfungsquote 93, 108, 113, 115, 119, 130, 208, 220, 225, 279
Ausstrahlungseffekt 49
Auswahl typischer Fälle 87
Auswahlverfahren 279

Beeinflussung der Wahrnehmung durch Erwartungen 55
Befragtenreaktion 42
Befragungsart 106, 129
berufliche Position 172
Berufsprestige 31, 143
Berufsverband Deutscher Markt- und Sozialforscher e. V. 253
bewusste Auswahl 87, 280
Bildungsabschluss 163, 170
biografische Angabe 163
Branching 193
Buh-Test 155
Bureau of Applied Social Research 15
Burt-Netzwerkgenerator 166
Bus-Befragung 107

CAPI 51, 113, 115, 280
CATI 51, 107, 112, 126, 280
Ceiling-Effekt 196, 280
CELLA 109
Chicago School 16
Cluster-Analyse 242
Codeplan 239, 280

Codezahlen 280
Codierfehler 34
Codierung 26
Columbia School 16
Confidence-Rating 213
Cronbachs Alpha 38, 39, 279

Datenanalyse 36, 154, 168
Datenarchiv für Sozialwissenschaften – DAS 251
Datenmatrix 241, 280
Dauerbeobachtung der Gesellschaft – DBG 252
Debriefing 215
Demografie 8, 149, 207, 280
Demoskopie 9, 21, 280
deskriptive Forschung 66
Deutsche Universitätsstatistik 12
Deutsches Jugendinstitut 252
dichotome Variable 280
digitale Kluft 124
doppelte Verneinung 141, 265
Dual-Frame-Ansatz 110

Eindimensionalität 242, 263, 280
einfache Zufallsauswahl 75
Einkommen 32, 35, 169, 175
Einleitungsfrage 148, 281
Einleitungstext 201, 265
Einstellung 152, 281
Einstellungsfrage 48, 152
Eintragsdichte 76
empirische Sozialforschung 8, 11, 14, 21
Engelsches Gesetz 10
Erhebungsdesign 281
Erhebungseffekt 42
Erholungsfrage 150
Erinnerungsschreiben 121, 130, 228
Eurobarometer 258
European Social Survey 259
evaluative Forschung 69
Exklusionseffekt 49
Experimente zur Wahrnehmung 55
Expertentest 212
Exploration 281

Faktfrage 119, 151, 260, 272, 282
Faktorenanalyse 156, 242, 269, 281
faktorieller Survey 198

Fälschung 229
Familiensurvey 252
Feldarbeit 207
Feldbericht 281
Feldmaterial 144, 281
Feldpflege 233
Feldphase 40, 281
Feldverschlüsselung 108
Feldzeit 97, 98, 111, 121
Festnetz 109
Filterfrage 150, 205, 263, 281
Filterführung 121
Flächenstichprobe 17, 79
Floor-Effekt 196
Forschungsantrag 102
Forschungsbericht 247
Forschungsfrage 4, 29, 58, 60, 65, 103, 269
Forschungsprozess 58, 60
Fotos 147
Fragearten 148
Fragebogen 25
Frageform 180
Frageformulierung 133
Fragenblock 204
fragenspezifisches Mixed-Mode-Design 130
Fragetrichter 205, 281
Frankfurter Schule 14, 18
Funktionsfrage 148, 282

Gabler-Häder-Design 76, 282
Gallup 16, 72
Gebietsdatentabelle 174
Gedächtnis 163
gegabelte Befragung *siehe* Split-Ballot
Gesamtnetzwerk 166
geschichtete Auswahlen 77
geschlossene Frage 25, 46, 105
Gesetz der großen Zahl 11, 12
GESIS 21, 98, 101, 109, 113, 168, 251
Gewichtung 78
grafische Schätzskala 192
Grundgesamtheit 2, 4, 16, 58, 70, 282
Gültigkeit 40, 41, 245, 282

Halo-Effekt 49
heikle Frage 9, 43, 117, 149, 169, 204, 205
Hybridfrage 105
hypothesentestende Forschung 67
hypothetische Frage 262, 273

Identifikationsnummer 241
Index 282
Indikator 29, 36, 63, 282
Individualdaten 282
Induktion 2, 71, 91
Informationsabruf bei Verhaltensreports 160
Informationszentrum Sozialwissenschaften 251
Inklusionseffekt 49
Institut für Angewandte Sozialforschung 19
Instrumenteffekt 42, 43, 282
Intercept-Befragung 124
International Social Survey Programme 258
Intervallskala 34
Interviewer 4, 27
Interviewerausweis 221
Interviewereffekt 27, 42, 43, 116, 122, 282
Interviewerkontrolle 108, 229
Interviewerrekrutierung 208
Interviewerschulung 27, 112, 208
Interviewprotokoll 221
Item 184, 269, 282
item non response 117, 123, 282

Kartenspiel 145
kategoriale Frage 180
kausalanalytische Forschung 67
Kausalkonstruktion 142, 268
Kausalmodell 246
Kish-Selection-Grid 284
Klumpenauswahl 78
kognitiver Prozess 25
Kohortenanalyse 96
Kölner Schule 14, 19
kombinierte Quotenauswahl 88
komplexe Zufallsauswahlen 77
Konstruktvalidierung 40
Konstruktvalidität 245
Kontaktfrage 148, 281
Kontaktmodus 130
Kontexteffekt 43, 50, 51, 117, 149, 200, 204, 282
Kontextinformation, räumliche 174
Kontrasteffekt 49, 50
Kontrollfrage 150, 204, 282
Kontrollüberzeugungen 156
Konzeptspezifikation 29, 32
Kreuztabellen 248
Kunin-Skala 189

Längsschnitt 69, 92, 94, 164, 282
Leibniz-Zentrum für psychologische Information und Dokumentation 252
Leiterskala 190
Likert-Skala 16, 187, 283
Liste 144
Literary Digest 16, 71
Lost in the Mall 163
Low-Cost-Situation 5, 105

Manipulation 22
Mehrdeutigkeit 143
Mehrdimensionalität 138, 272
Mehrfachnennung 181
mehrstufiges Auswahlverfahren 80
Meinungsfrage 45
mentale Repräsentation 48, 163, 195
Messen 26, 283
Messfehler 2, 27, 32, 37, 114, 158
Messniveau 33, 184, 270, 280, 283
Messtheorie 26, 98
Messung 32
Meterstabskala 190
Methodenbericht 232
Methodensplit *siehe* Split-Ballot
metrische Frage 183
Mikrozensus 254, 283
Mitläufereffekt 158
Mittelschicht-Bias 93
Mixed-Mode-Design/Mixed-Method-Design 130
mobile Befragung 128
mobile onlys 109
Mobiltelefon 109
Moralstatistik 10, 11
Multi-Methoden-Untersuchung 14
Multi-Method-Pretesting 212
multiple Indikatoren 32
mündliches Interview 25, 113, 129

Nachfragetechniken 215
Netzwerkanalyse 165
Netzwerkgenerator 166
nicht-zufällige Auswahlen 86
Nominalskala 33
Non Response 9, 174, 258
Non Screening Approach 110
Non-Attitude-Effekt 44
Non-Pubs 283
Non-Response 113

not-at-homes 225
Number-of-levels-Effekt 199
numerische Skala 192

offene Frage 25, 46, 105
Office of Public Opinion Research 16, 17
Online-Access-Panel 93, 125
Onlinebefragung 120, 128, 129, 131
Operationalisierung 25, 29, 32, 63, 283
ordinale Frage 182
Ordinalskala 33

Panel 94, 283
Panel-Code 224
Panel-Mortalität 95
PAPI 283
Paralleltestmethode 38
Paraphrasing 213
Permutationsliste 83
Persönlichkeitsmerkmal 156
perzipiertes Meinungsklima 155
Pfadmodell 246
Polaritätsprofil 111, 154, 193, 283
politische Arithmetik 10
postalische Befragung 115, 129
Postleitzahl 174
Pretest 107, 148, 174, 200, 211, 283
Primacy-Effekt 283
Probing 213
prognostische Forschung 67
Propensity-Gewichtung 125
Proxy-Report 168, 284
psychometrische Skala 190
Psyndex 252
Pufferfrage 149, 284
Punktschätzer 2

quantifizierende Skala 184
Quantifizierung 7, 11, 26
Querschnitt 94, 284
Quick-and-Dirty-Forschung 20
Quotenauswahl 17, 74, 88, 90
Quotenplan 88, 89
Quotenvorgabe 89

Random-Digit-Dialing 76
randomisiertes Mixed-Mode-Design 130
Random-Last-Digit 76
Random-Route 81

Ranking-Skala 154
Rating-Skala 35, 46, 111, 154, 184, 186, 284
Ratioskala 34, 35
Reaktionszeit 164, 214
Reaktivität 284
Recency-Effekt 111, 284
Redressment 93, 284
Referenzzeitraum 161
Reizwort 135
Reliabilität 37, 118, 286
replikativer Survey 95, 284
Repräsentativität 2, 17, 71, 85, 90, 93, 113, 124, 126, 226, 284
responderspezifisches Mixed-Mode-Design 130
Response-Latency 214
Response-Order-Effekt 51
Resümee 150
retrospektive Frage 163, 204
Rotation 108, 148
Rücklaufkontrolle 228

Sample 284
Sampling-Point 81
Schichtungsindex 31, 169
Schichtzugehörigkeit 31, 40, 169, 267
Schlussformel 207
Schlussfrage 150, 284
schriftliche Befragung 54, 115
schriftliche Gruppenbefragung 115, 119, 129
Schulabschluss 34, 163, 171, 266
Schwedenschlüssel 82, 284
Screening 77
Screening-Approach 109
Selbstausfüller 117, 179, 206, 285
semantisches Differenzial 193
sensitive Frage *siehe* heikle Frage
Situationseffekt 42, 43, 285
Skala 16, 33, 184, 243, 285
Skalierung 46, 144, 272
Smartphone 128
Social-Desirability-Response-Set 44
Sozialberichterstattung 20, 255
soziale Erwünschtheit 54
soziale Schicht 31
Sozialindikator 252
Sozialstatus *siehe* Schichtzugehörigkeit
Soziodemografie 28, 36, 168, 207, 226, 267
Sozio-oekonomisches Panel 20, 95, 256
Split-Ballot 46, 108, 149, 185, 216, 258, 285

Split-Half-Methode 38
Sponsorship-Effekt 47, 285
Standarddemografie 168, 170, 172
Standardisierung 27, 42
Standard-Pretest 215
Statement 285
Statement-Batterie 145, 204, 239, 285
Statistik 8, 12
Statistisches Bundesamt 252
Stichprobe 70, 72
Stichprobenumfang 73
Summenindex 245
Survey 285
Survey Design and Methodology – SDM 252
Szenario 111, 148, 154, 196, 285

Tabellenanalyse 10, 15
Tablet 128
Telefoninterview 76, 98, 107, 129, 131, 193, 229
Test-Retest-Methode 37, 258
theoretisches Konstrukt 25, 29, 36, 65, 153, 285
Thermometerskala 190
Think Aloud 213
Thomas-Theorem 61, 186, 187, 255
Total Design Method 115, 118, 228
Typologie 242, 266

Überleitungsfrage 149
unabhängige Quoten 88
unechtes Panel 95
unit non response 123, 174, 225, 285
unsichtbarer Gorilla 55

vage Quantifizierung 186
Validität 40, 118, 164, 169, 282
Verein für Socialpolitik 13
Vergleich 154, 195
Verhaltensreports 157
Verweigerer 226
Verweigerungsraten 32
Vignette 111, 198, 285

Wahrnehmung 55
Wahrscheinlichkeitstheorie 12
Warum-Frage 154
willkürliche Auswahl 86
Wissensfrage 45, 119, 151, 204
Wissenstechnologien für Sozialwissenschaften – WTS 252

Wohlfahrtssurvey 20, 95
Wohnort 173
Wohnquartier 173

Zeitplan 58, 97, 98, 100
Zentralarchiv für empirische Sozialforschung 19, 251
ZPID 252
Zufallsauswahl 17, 71–73, 76, 86, 90, 285
Zufriedenheit 54, 189, 191
Zuverlässigkeit 39, 41, 286